아웅 산 수 지,
희망을 말하다

아웅 산 수 지, 희망을 말하다

2011년 10월 1일 초판 인쇄
2011년 10월 5일 초판 발행

지은이 | 아웅 산 수 지 · 앨런 클레멘츠
옮긴이 | 구미정
펴낸이 | 이찬규
교정교열 | 정난진
펴낸곳 | 북코리아
등록번호 | 제03-01240호
주소 | 462-807 경기도 성남시 중원구 상대원동 146-8
       우림2차 A동 1007호
전화 | 02-704-7840
팩스 | 02-704-7848
이메일 | sunhaksa@korea.com
홈페이지 | www.bookorea.co.kr
ISBN | 978-89-6324-145-6 (03330)

값 19,000원

* 본서의 무단복제를 금하며, 잘못된 책은 바꾸어 드립니다.
* 이 책은 환경보호를 위해 재생종이를 사용하여 제작하였으며 한국간행물윤리위원회가 인증하는
  녹색출판 마크를 사용하였습니다.
* 이 도서의 국립중앙도서관 출판시도서목록(CIP)은 e-CIP홈페이지(http://www.nl.go.kr/ecip)와
  국가자료공동목록시스템(http://www.nl.go.kr/kolisnet)에서 이용하실 수 있습니다.
  (CIP제어번호: CIP2011004199)

아웅 산 수 지,
희망을 말하다

아웅 산 수 지 · 앨런 클레멘츠 지음 | 구미정 옮김

북코리아

변화되어야 할 것을 변화시킬 힘이 우리 안에 있다고 믿는다. 그러나 독재로부터 자유민주주의로의 이행이 쉬울 것이라거나 민주정부가 우리의 모든 문제들을 해결해주리라고 착각하지는 않는다. 우리 앞에는 커다란 도전들이 놓여 있으며, 안정되고 민주적인 사회를 건설하기 위한 투쟁은 평생이 걸려도 다 이루지 못할 과업임을 잘 알고 있다. 하지만 우리는 혼자가 아니라는 것도 안다. 우리가 추구하는 자유와 정의의 큰 뜻이 세계 곳곳에서 공감대를 형성하고 있다. 생각하고 느낄 줄 아는 사람들이라면, 그가 어느 곳에 살든지, 피부색과 신앙이 무엇이든지 상관없이, 의미 있는 삶을 살고자 하는 욕구가 단순한 물질적 욕망의 충족을 넘어서 인간 실존에 깊이 뿌리박힌 욕구임을 인식할 것이다. 정치적인 권리를 온전히 누릴 수 있는 사회에서 살아갈 만큼 충분한 행운을 가진 사람들은 자신보다 운이 덜한 사람들, 지구의 다른 영역에서 고통스럽게 사는 형제들을 돕기 위해 손을 내밀어야 한다.

　　　　　　　　　　　　　　　　　　　　　　　　－ 아 웅 산 수 지

CONTENTS

일러두기

1. 이 책에서 아웅 산 수 지 여사는 현재 버마의 공식 국호인 미얀마 대신에 본래 국호를 선호한다. 수도인 양곤 역시 랭군이라는 본래 이름으로 불리고 있다. 이것은 아웅 산 수 지 여사를 비롯한 민주주의 지지자들이 군사정부를 인정하지 않는다는 항거의 표시이므로 독자들께서도 이 점을 유의하여 읽어주시기 바란다.

2. 이 책에 나오는 인명과 지명은 가급적 버마식 발음에 충실하려고 애썼다. 버마에서는 성인남성의 이름 앞에 '우(U)'가 붙는 경우가 많은데, 이는 영어의 '미스터(Mr.)'와 같은 의미다. 따라서 이를테면 NLD(민족민주동맹)의 부의장 '우띤우(U Tin U)'도 '띤우 선생님'으로 이해해야 옳다. 그러나 현재 우리나라 언론이 '우띤우'로 표기하고 있으므로 혼동을 피하기 위해 이 책에서도 그대로 따랐다. 참고로 성인여성의 이름 앞에는 '도(Daw ― 영어의 Mrs.에 해당)'를 붙이는 것의 예이다. 그래서 아웅 산 수 지 여사를 버마인들은 '도 아웅 산 수 지'로 부른다.

3. 시, 잡지, 신문, 음반, 영화, 방송 등의 제목은 〈 〉로 묶었고, 수필 제목은 「 」로, 단행본 제목은 『 』로 묶었다.

아웅 산 장군과 킨 지 여사의 결혼식 날 [개인소장]

7세 무렵의 아웅 산 수 지,
어머니 그리고 오빠 아웅 산 우와 함께
[버마 프로젝트 소장]

아웅 산 장군
[버마 프로젝트 소장]

6세 때의 아웅 산 수 지
[개인소장]

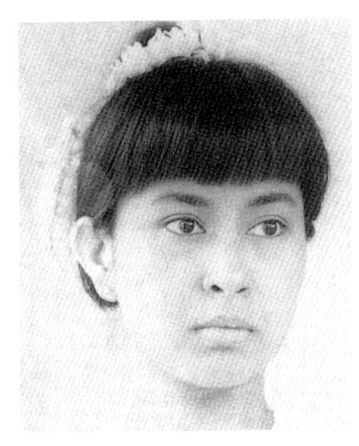

18세 무렵의 아웅 산 수 지
[개인소장]

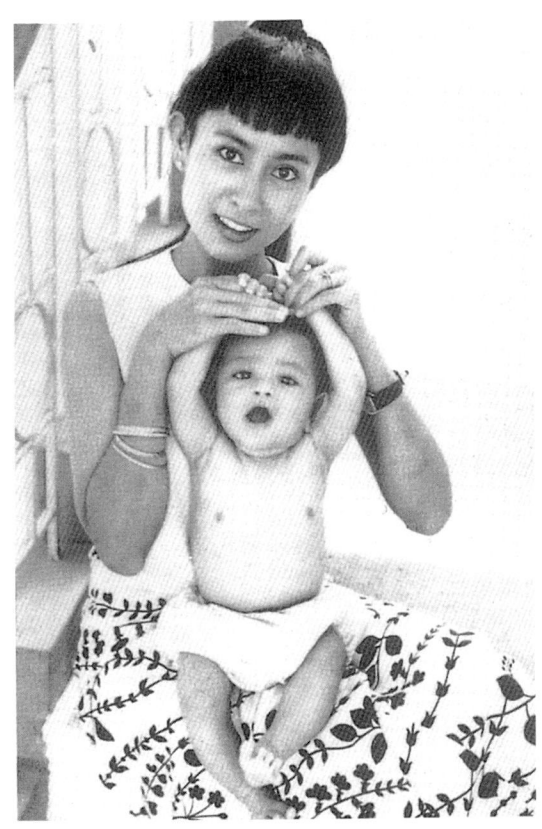

첫째 아들 알렉산더와 함께.
1973년 네팔
[개인소장]

일당독재 종식과 민주주의를 요구하며 단식투쟁을 벌이는 학생들. 1988년 랭군
[주네타 리델(Zunetta Liddell), 런던 소재 인권감시조사단 아시아 담당]

시위 도중 군화에 입을 맞추는
학생. 1988년 8월 랭군
[료 다케다(Ryo Takeda)]

1993년 두 아들과 함께. 왼쪽이 알렉산더, 오른쪽이 킴. 아웅 산 수 지 여사가 가택연금 중에 찍은 희귀사진이다. [개인소장]

아웅 산 수 지 여사의 집 뒤편으로 인야 호수와 건설 중인 호화 호텔들이 보인다.
[앨런 클레멘츠/ 버마 프로젝트]

랭군 시내 대학로 54번지에 위치한 아웅 산 수 지 여사의 가택 [앨런 클레멘츠/ 버마 프로젝트]

버마에서 사슬에 묶인 채 강제
노동을 하고 있는 사람들
[피터 콘래드(Peter Conrad)]

가택연금에서 석방된 날 대문 밖으로 나온 아웅 산 수 지. 1995년 7월 10일
[스튜어트 이세트(Stuart Isett), 프리랜서 사진가]

가택연금에서 석방된 지 며칠 후 집 앞에서 해외 언론의 카메라 세례를 받는 아웅 산 수 지. 1995년 7월
[야마모토 무네수케(Yamamoto Munesuke)]

아웅산수지 여사의 주말연설은 녹음되어 전국으로 은밀히 확산된다. 이 연설은 그녀를 따르는 수백만의 시민들에게 다가 자신의 목숨을 감당하면 독재로부터의 해방을 이룰 수 있다는 확신을 불러일으킨다. 1996년 주말연설의 한 장면 [스튜어트 아이제트]

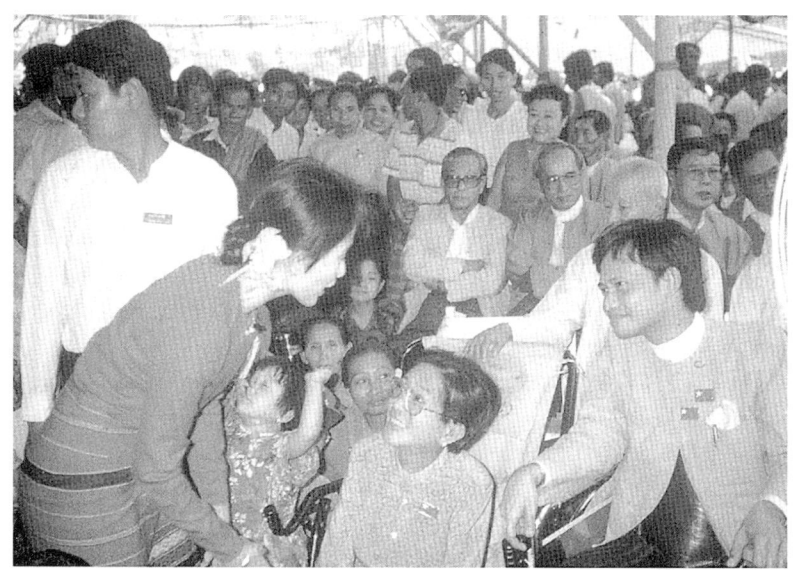

자신의 집에서 독립기념일 축하연을 베푸는 아웅 산 수 지. 그녀와 이야기를 나누고 있는 남녀는
SLORC(국법과질서회복위원회) 당국이 자행한 고문의 여파로 하반신마비가 되었다. 1996년 1월 4일
[앨런 클레멘츠/ 버마 프로젝트]

NLD(민족민주연맹) 부의장 우띤우 선생
[앨런 클레멘츠/ 버마 프로젝트]

NLD 대표들과 함께
집에서 비공식 오찬을
즐기고 있는 아웅 산 수 지.
1995년 12월
[야마모토 무네수케]

타마냐(Thamanya) 대선사에게
존경을 표하는 아웅 산 수 지.
1995년 10월 버마 카렌 주
[버마 프로젝트]

집 앞에서
우지멍 선생과 함께
[레슬리 킨(Leslie Kean)/
버마 프로젝트]

1995년 매들린 올브라이트와 함께. 당시 주 유엔 미국 대표부 대사였던 올브라이트는 랭군을 방문하여
아웅 산 수 지 여사를 만났고, SLORC의 제1서기인 킨윤과도 회동을 가졌다. [버마 프로젝트]

1996년 초, 자신의 집 대문에서 연설 중인 아웅 산 수 지. 앞쪽에는 NLD 청년 경호원들이 서 있다. 이듬해 SLORC는 그녀의 정기적인 주말연설을 금지했다. [앨런 클레멘츠/ 버마 프로젝트]

SLORC의 제1서기이자
군사정보부장인 킨윤 중장.
1996년 2월
[앨런 클레멘츠/ 버마 프로젝트]

NLD 집행위원들, 1996년. 앞줄 왼쪽부터 우루인, 우지멍, 우엉슈웨, 우띤우, 아웅 산 수 지 [버마 프로젝트]

1995년 12월 19일 랭군에서 찍은 가족사진. 왼쪽부터 알렉산더, 킴, 아웅 산 수 지, 마이클 에어리스 [아키라 타자키(Akira Tazaki)]

아웅산수지 여사가 자신의 집 앞에 모여든 민주주의 활동가들에게 연설하고 있다. 1996년 랑군 [스튜어트 이세트]

랑군에서 군사 정권에 맞서 가두시위를 벌이며 행진하는 승려들. 2007년 9월 24일 [AP 통신]

새 판에 붙이는 머리글

체코슬로바키아에서 일어난 비폭력 벨벳 혁명의 지도자 바츨라프 하벨(Václav Havel)은 자신이 처음 경험한 정치적 행동주의에 대해 다음과 같이 말한다. "나는 세계가 나아지기만을 기다리는 것을 포기하고, 그 세계에 간섭할 권리 또는 적어도 그것에 관해 자신의 의견을 표명할 권리를 행사하였다." 미국의 위대한 작가이자 인권 옹호가인 하워드 진(Haward Zinn)은 우리에게 다음과 같은 사실을 상기시킨다. "역사상 중요했던 수많은 순간에 가장 용감하고 효과적인 정치적 행위는 인간의 목소리 그 자체였다."

우리는 지금 버마로부터 위대한 가치들이 표현되는 것을 보고 듣는다. 그것은 바로 무력한 자들의 힘과 인간의 목소리에 기댄 행동주의, 곧 양심의 소리다. 5천만 인구 전체가 불교도일 정도로 신심이 두드러진 이 불교 국가에서 지금 이 순간에도 많은 사람이 자신의 운명을 스스로 선택할 권리, 요컨대 세상에서 가장 악랄한 군부 통치로부터 벗어날 자유를 위해 목숨을 내놓고 있다.

『아웅 산 수 지, 희망을 말하다』는 지구상에서 정치적으로 가장 황폐하지만, 영적으로 가장 활기가 넘치는 사회를 보여준다. 아웅 산 수 지 여사와 나눈 대화를 통해 우리는 이 시대에 가장 큰 경외감을 불러일으키는 비폭력 혁명가 중 한 사람을 만나게 된다. 민주적으로 선출된 버마 지도자인 그녀는 오늘날까지도 폭력적인 군사 정권에 의해 감금되어 있다.

나는 이 놀라운 인물과 1995년에 처음 만났다. 그녀가 6년간의 가택 연금에서 풀려난 지 불과 2~3주밖에 되지 않은 때였다. 그 후로도 두 차례에 걸친 장기간의 추가 감금이 이어졌다. 인터뷰에서 그녀는 내게 말했다. "제가 풀려났어도 변한 건 아무것도 없어요. ……우리 국민 전체가 이 나라 안에 여전히 갇혀 있는 수인(囚人)이라는 걸 온 세상에 알려주세요."

이 책이 처음 발간된 때로부터 열두 해가 흘렀다. 그 사이 버마는 달라졌을까.

1989년 7월 20일에 최초로 감금된 아웅 산 수 지는 2007년 10월 24일자로 열두 번째 감금에 들어갔다. 버마 감옥에는 여전히 수천 명의 양심수들이 갇혀 있다. 끈질긴 인종청소, 곧 소수민족에 대한 살인, 고문, 강간으로 3천 개 이상의 마을이 파괴되었다. 그 나라를 떠난 난민의 수가 거의 백만 명에 달하며, 또 다른 백만 명 이상의 사람들이 말라리아가 들끓는 원시 정글로 쫓겨나 근근이 살아가고 있다. 수천 수백의 버마 시민들은 도로, 다리, 댐, 관광 유적지 건설 등에 강제 동원되어 노예처럼 일한다. 수백만 명 이상이 세계에서 가장 규모가 큰 상비군에 의해 압제당하고 있다. 독재자 딴슈웨(Than Shwe) 장군은 40만 명의 개인 사병들을 거느린다. 그중 7만 명이 아동인데, 심지어 열한 살짜리 어린아이도 있다.

전체주의적인 공포에 휩싸여 있다는 점에서 버마는 조지 오웰의 『동물농장』에 나오는 악몽을 떠올리게 한다. 이른바 '인권'을 전혀 고려하지 않는다. 그런 건 아예 기대조차 할 수 없는 상황이다. 5천만 인구가 자기 나라에서 볼모로 잡혀 있는 나라, 그 기이한 나라가 바로 버마다.

지난 12년 사이에 달라진 것이 있을까.

한 가지 눈에 띄는 변화가 있다. '희망의 목소리'가 빠르게 퍼져나가고 있다는 사실이다.

아웅 산 수 지, 그녀 자신의 언어로 표현하면, 버마 국민에게 용기를 갖도록 통찰을 준다. 비록 격리되어 아무 말도 못하지만, 그녀의 목소리와 그녀의 존재는 버마 국민에게 강인한 힘과 자유의 비전을 불어넣는다. 그녀의 말을 들어보자. "버마의 민주주의를 위해 일하기로 결심한 사람들은 억압적인 사회에서 잠자코 노예로 사는 안전한 삶보다는 기본적인 인권을 수호하기 위해 위험을 감수하는 편이 더 낫다고 확신하기에 그런 선택을 한 것입니다. 아울러 우리의 운동이 비폭력 운동인 까닭은 인간의 본성이 공정함과 자비심을 애호한다고 믿기 때문이지요. 어떤 사람은 인간이 일차적으로 물질적인 행복만을 추구하는 경제적 동물이라고 주장할는지 모릅니다. 이것은 인간 종에 대해 너무나도 편협한 시각입니다. 자신의 깊은 신념과 원칙을 옹호하기 위해 잔혹한 박해를 견뎌낸 용감한 남녀가 헤아릴 수 없이 많기 때문입니다. 그런 남녀가 오늘날 우리나라에도 존재한다는 것이 저의 자랑이자 기쁨입니다."

2007년 8월 19일에서 10월 2일 사이에 일어난 버마 사태는 이 나라의 국민이 수그러들 줄 모르고 줄기차게 독재에 항거하고 있음을 여실히 보여준다. 그들의 도덕적 용감성은 이 세상에서 비폭력에 입각한 영적 행동주의의 새로운 기준점이 되고 있다. 수백만의 사람들과 마찬가지로 나 역시 텔레비전을 통해 법복을 입은 승려들이 세계의 도움을 구하면서 목숨을 내걸고 위험을 무릅쓰는 장면을 보았다. 수만 명의 비구와 비구니들이 그 나라의 주요 도시들에서 평화로운 거리 행진을 벌였다. 자유에 대한 확고한 신념에 도덕적 권위를 두고 그들은 수십 년간 지속되어온 폭정과 약탈, 노예 상태가 종식되기를 요구했다.

바로 그때 세계는 버마 전국에서 일어난 영적 혁명의 아름다움에 넋을 잃고 멈추었다. 두 세력이 마주 서 있는 전형적인 대치 국면이었다.

군인들이 승려들을 죽일 태세로 소총을 들고 줄지어 서 있었다. 그런데 그런 그들과 마주 선 승려들이 자비의 기도를 염송하기 시작한 것이다! 이 장면은 그것을 바라보는 사람들에게 하나의 메시지를 흘려보내면서 전 세계에 잔잔한 파문을 불러일으켰다. 항거가 최고조에 달한 9월 21일, 5백 명의 승려들이 강경 진압을 선언한 정권의 위협에 맞서 랭군에 있는 아웅 산 수 지의 집 앞을 행진하였다. 그들은 살아 있는 모든 존재에게 자비를 기원하는 성스러운 기도문을 염송하였다. 그 순간 전 세계가 놀란 일이 벌어졌다. 버마 국민에 의해 민주적으로 선출된 지도자이자 노벨 평화상 수상자 가운데 유일하게 감금당하고 있는 그녀가 어쩐 일로 용케 잠시나마 집에서 빠져나올 수 있게 된 것이다. 높은 담이 둘러쳐진 집의 대문에 서서 승려들을 향해 기도하며 공손히 머리를 숙일 때, 그녀는 울고 있었다. 2003년에 다시 가택연금을 당한 이후, 그녀가 처음 세상에 얼굴을 비친 순간이었다.

며칠 뒤 신문의 국제면 주요 뉴스에는 다음과 같은 암울한 소식들이 실렸다.

> 군인들이 평화롭게 시위하던 민간인들에게 총을 쏘다.
> 승려들까지 죽이고 체포하다.
> 정권이 전국의 사찰을 공격함에 따라 승려들에 대한 살상이 계속되다.
>
> 랭군이 폐쇄되다. 거리는 조용하고 사찰들은 비어 있다.
> 대규모 체포와 광범위한 고문이 밤새도록 계속되다.

두렵다, 슬프다, 혐오스럽다, 화가 난다……. 이런 단어들만으로는 언론에 담긴 감정을 제대로 표현할 수 없다. 세계 지도자들은 경악을 표시했다. 정권이 승려들과 시위자들에게 잔인한 폭행을 가하는 장면이 담긴 몇 장의 사진과 화면, 실황 방송에 수많은 사람의 시선이 완전히 고정되었다.

자동소총에서 연기가 뿜어져 나오고 최루가스가 발사되자 도시의 거리는 순식간에 텅 비었다. 거의 모든 길모퉁이마다 군인들이 배치되었고, 승려들은 사라졌다. 버마 주재 미국 대사인 샤리 빌라로사(Shari Villarosa)는 다음과 같이 성명을 발표했다. "우리는 모든 사찰이 파괴된 사진을 확보했다. 랭군만 하더라도 최소한 열다섯 군데의 사찰이 완전히 텅 비었다." 반체제 집단에서 나온 또 다른 보고에 따르면 수천 명의 승려들이 버마 북쪽에 감금되어 있다고 한다. 사찰들은 텅 빈 채로 깨진 유리와 핏자국들만 남았다.

국제적으로 격렬한 항의가 있었지만 별다른 변화는 없었다. 수많은 사찰이 봉쇄되거나 무장한 군인들의 감시를 받아야 했다. 밤마다 체포가 지속되었다. 고문과 투옥에 대한 보고가 잇따랐다. 시골에 숨거나 실종되는 승려들도 많았다. 전국에 걸쳐서 국영 신문들은 선전물을 찍어냈다. 인터넷 접근이 제한되고, 기자들이 투옥되고, 사진사들이 공격당하고, 작가들이 검열당하고, 출판이 금지되었다. 도대체 얼마나 많은 승려들과 시위자들이 죽거나 고문당하거나 구금당했는지 알 방도가 없었다. 버마 정부의 공식기구에서는 사망자가 모두 열다섯 명이라고 발표했지만 아무도 이 발표를 믿지 않았다. 노르웨이에 근거지를 둔 〈버마 민주의 소리〉는 지금까지 사망한 사람이 총 138명이라고 어림잡았다. 부상자는 아마도 수백, 아니 수천 명이 넘을 것이다. 이렇게 무시무시한 상황은 버마 정부가 1988년에 민주주의를 옹호하는 평화 행진을 유혈사태로 만든 것을 연상시킨다.

마하트마 간디는 언젠가 이런 말을 했다. "절망할 때면 나는 모든 역사를 통틀어 진리와 사랑의 길이 언제나 승리했음을 기억하면서 마음을 추스릅니다. 폭군과 살인자는 늘 있었습니다. 한때는 천하무적처럼 보였던 그들도 결국에는 늘 망하고 맙니다. 항상 이것을 생각하십시오."

진실로 희망이 있을까.

한편으로 생각하면 버마 사태는 중국이 천안문 광장에서 민주주의를 잔인하게 진압한 것과 쉽게 비교할 수 있다. 혹은 좀 더 멀리 가면, 수단의 다르푸르 참사나 칠레의 피노체트가 행한 살인적인 공포 정치의 졸렬한 모방처럼 보인다. 그러나 다른 한편으로는 아웅 산 수 지가 자기네 나라에서 일어나고 있는 민주주의 투쟁에 대해 언급할 때 종종 사용한 용어대로 버마의 '정신 혁명'은 '남아프리카공화국의 기적'이나 루마니아의 니콜라이 차우세스쿠 정권이 빛의 속도로 몰락한 것 혹은 하벨의 벨벳 혁명이나 벨그라데에서 봇물이 터져 마침내 슬로보단 밀로셰비치를 전범 재판에 회부한 군중 시위와 유사하다.

그렇다. 희망은 있다. 이 책이 바로 내가 희망을 보는 이유다.

버마 혁명의 중심에는 삶을 변화시키는 은유로서 전체주의의 어둠을 밝히는 희망의 촛불이 놓여 있다. 쉬지 않고 깜빡거리는 그 촛불이 활활 타오르는 불길로 퍼질 때, 모든 사람의 양심에 천둥번개와도 같은 불꽃을 일으킬 것이다. 이것은 마음을 일깨워 행동하라는 초대다. 단순히 버마와 아웅 산 수 지를 지지하라는 것이 아니라 자유의 메시지와 희망에 대한 믿음을 포기하지 말라는 초대인 것이다. 그리하여 우리는 이 세상에서 여태껏 본 중에서 가장 용감하고 가장 강렬한 영적 감동을 일으키는 비폭력 혁명에 동참할 수 있다. "언제나 자유롭다고 여기십시오." 아웅 산 수 지는 용기를 내어 혁명에 뛰어든 모든 이들에게 이와 같이 격려한다. "그들이 (당신의) 몸은 가둘 수 있을지언정, 아무도 (당신의) 마음을 가둘 수는 없습니다. ……마음의 주인이 되십시오. (그러면) 아무도 당신을 학대할 수 없습니다. 이 사실을 기억해야 합니다. ……언제나 자유롭다고 여기십시오."

자유로워지라는 초대를 어떻게 받아들일 수 있을까. 버마의 정신 혁명에 어떻게 참여할 수 있을까.

아웅 산 수 지 여사를 만난 것은 내 생애 가장 잊을 수 없는 경험이었다. 많은 질문을 던졌다. 그중 첫 번째 질문은 그처럼 압도적인 군부세력에 맞서서 혁명을 성공적으로 만들 수 있었던 핵심이 무엇인가 하는 것이었다. 얼버무림 없이 그녀가 단도직입적으로 대답했다. "용기입니다! 내가 사람들에게 연설할 때 당신도 거리에 계셨지요? 군중 속에는 불교인들이 있었습니다. 하지만 그들뿐만 아니라 힌두교인과 기독교인 그리고 회교도인도 있었지요. 그들 모두가 똑같은 것을 원합니다. 바로 자유이지요. 그 자유에 참여하기 위해 장기 투옥과 고문의 위험을 무릅쓴 것입니다. 그러려면 용기가 필요합니다."

그녀는 용기의 본질에 대해서도 들려주었다. "자기 자신의 필요만 바라보던 눈을 높이 들어 자신을 둘러싼 세상의 진실, 곧 버마처럼 인권이 없는 곳이 존재한다는 진실과 대면하려면 용기를 내야 합니다. 진실을 외면하지 않기, 거기서 빠져나갈 궁리를 하지 않기, 두려움으로 주저앉지 않기, 이런 일에는 심지어 더 큰 용기가 필요합니다. 진실을 느끼고 자신의 양심을 느끼는 일에 진실로 용기가 필요한 까닭은, 일단 그것을 느끼고 나면 살아 있음의 근본 목적에 참여하지 않을 수 없기 때문입니다. 우리는 그저 게으르게 앉아서 자유가 주어지기만을 기다릴 수 없습니다. 해방은 그런 식으로 이루어지지 않으니까요. 모든 사람이 제 몫을 다해야 한다는 사실을 깨달을 때라야 비로소 우리의 혁명이 성공할 것입니다. 이 점에서 용기에는 세 가지 요소가 있다고 생각합니다. 볼 수 있는 용기, 느낄 수 있는 용기, 행동할 수 있는 용기입니다. 만약에 이 세 영역이 모두 실현된다면 우리의 혁명도 성공하겠지요."

아웅 산 수 지는 박해의 세월 동안에 줄곧 '일상의 혁명'이 중요하다는 점을 강조했다. 일상의 혁명이란 삶을 통해 해방을 표현하는 행동주의요, 예술이다. "사랑은 단지 마음의 상태가 아니라 행동입니다." 아웅 산 수지가 내게 들려준 말이다. "가만히 앉아서 자애로운 마음을 보내는 것만으로는 충분하지 않습니다. 그 사랑을 반드시 행동으로 옮겨야 합니다."

버마에서의 경험은 나로 하여금 양심이 꿈틀거릴 때, 그리하여 선한 사람들이 더 위대한 선을 위하여 행동하는 일에 깊이 관여할 때 무슨 일이 일어나는가를 보게 하였다. 그 뒤로 가장 최근까지 승려들의 주동 아래 항쟁이 일어나는 것을 지켜보면서, 나는 버마의 민주적 자유를 위한 투쟁이 사실상 더 큰 그림의 축소판임을 깨닫게 되었다. 그 큰 그림이란 바로 압제를 극복하고 폭력을 종식시키며 자유사회를 건설하고자 애쓰는 세계적인 투쟁이다.

희망하기를 멈추지 않는 것이야말로 사실상 어마어마한 저항 행위라고 확신한다. 여러 해에 걸쳐 혁명이 발전하고 성숙되어 가면서 버마는 점점 민주주의 국가에 가깝게 변신하고 있다. 좀 더 자비롭고 온정이 넘치는 그런 사회 말이다. 긴 세월 억압적인 폭정 아래서도 굴하지 않고 자존감과 인간 존엄성을 보존하도록 도움을 준 것은 일상의 무수한 용기 있는 행동들이었다. 아웅 산 수 지의 비폭력 정신 혁명은 지구 공동체 전체에게 다원화된 사회 혹은 독재 사회에 어떻게 평화롭게 참여할 수 있는가를 보여주는 경이로운 모델이다. 그것은 진정한 사회적 · 정치적 변화를 일으킬 잠재력을 제공해준다. 우리 각자가 저마다 독특한 방식으로 일상의 혁명에서 비폭력 행동주의를 새롭게 표현해 낼 때, 세계가 더욱 안전하고 살기 좋은 곳이 되리라고 나는 굳건히 믿는다. 그리하여 마침내 우리는 해방된 버마와 자유의 몸이 된 아웅 산 수 지를 보게 될 것이다. 민주주의의 새롭고도 더욱 계몽된 표현을 세계 공동체에 제공해주는 한 나라를 보게 될 것이다. 이러한 민주주의는 인간의 얼굴을 한 민주주의, 곧 지배를 넘어서 대화를, 잔인함을 넘어서 친절함을, 살해를 넘어서 자비를 구현하는 그런 민주주의가 될 것이다.

궁극적으로 버마 혁명은 우리 모두가 나아가야 할 방향에 대해 도전을 준다. 탄압 기구들에 맞서서 어디서나 민주주의의 품위를 지키는 목소리를 내라는 것이다. 그것은 지구 전체를 위한 메시지다.

버마의 정신 혁명을 어떻게 우리 자신의 개인 혁명으로 만들 수 있을까. 대답은 우리 속에 있다. 끈질긴 '희망의 목소리'가 그 대답이다. 아웅산 수 지 여사와 더불어 나는 언젠가 우리 모두가 해방된 버마를 경축하는 세상에서 살게 될 날이 꼭 오기를 기도한다.

2007년 11월
앨런 클레멘츠

서문

　이 책을 쓰게 된 기본적인 동기는 남다른 한 여성, 현재 세계적으로 가장 유명한 정치적 반체제 인사인 아웅 산 수 지 여사와의 아주 특별한 대화를 기록으로 남겨두려는 것이다. 버마 국민에게 정의와 자유, 민주주의를 가져다주기 위한 비폭력 투쟁의 과정에서 용기 있는 리더십을 보여준 덕분에 그녀는 노벨상 및 기타 국제적으로 명망 있는 상들을 수상하기도 했다. 바츨라프 하벨의 말을 빌리면, 아웅 산 수 지는 약자의 힘을 보여주는 가장 탁월한 본보기의 하나다.

　아웅 산 수 지는 랭군에 있는 그녀의 자택에서 1995년 10월부터 1996년 6월까지 무려 아홉 달 동안이나 계속된 대화를 통해 자신의 이야기를 들려주었다. 그러므로 이 대화를 흘깃 엿듣는 것만으로도 우리는 이 비범한 여성이 지향하는 가치와 철학을 그녀 자신의 언어로 생생하게 들을 수 있다. 그녀는 버마 국민, 곧 '존엄한 삶을 보장해줄 원칙과 권리를 위해 매일매일 목숨을 거는 수많은 남녀들'이 벌이는 투쟁에 합류하기 위해, 그리고 궁극적으로 그 투쟁을 이끌기 위해 어째서 자신이 모든 위험을 감수하기로 했는지 설명한다. 이 책은 바로 지금 이 순간에도 그들 중 다수가 자신의 운명을 선택할 권리를 얻고자 목숨을 거는 4천 5백만

인구를 가진 동남아 국가 버마의 격동하는 상황에서 일어난 투쟁의 정신으로 우리를 안내한다.

이 책이 왜 지금의 순서대로 편집되었는지, 그러니까 실제 대화한 순서 그대로 옮겨 적는 방식을 따른 이유가 무엇인지를 언급해야겠다. 원래는 대화 내용들을 엄밀한 연대순으로 그리고 주제별로 정돈할 계획이었다. 그러나 일단 버마에 들어가자 그 계획을 접어야 했다. 아웅 산 수지 여사가 석방되었음에도 앞으로 다가올 상황이 얼마나 불확실할지 전혀 예측할 수 없었다. 언제든지 그녀가 다시 감금될 가능성이 있다는 사실을 염두에 두어야만 했다. 이에 덧붙여, 나로 말하자면 어느 때라도 추방될 위험에 처해 있었다. (최근에 파리 대사관에서 비자를 신청하면서 알게 된 사실인데, 내 이름이 버마 정부에서 영구적으로 블랙리스트에 올라 있다고 한다.) 우리가 나눈 대화 하나하나는 어쩌면 마지막이 될지도 모른다는 인식 하에서 이루어졌다. 이 점을 충분히 염두에 새겼기에, 나는 어떤 한 가지 주제에 집중하기보다는 광범위한 주제들을 총망라하는 방식으로 대화를 진행하기로 마음먹었다. 그러므로 독자들은 앞으로 읽게 되는 내용이 실제로 행해진 대화라고 보시면 되겠다. 다만 녹음기에 담긴 대화 내용을 글로 옮기는 과정에서 약간의 수정이 가미되었는데, 이 역시 아웅 산 수 지 여사의 허락을 받았음을 밝혀둔다.

이 책이 어떻게 해서 세상에 태어나게 되었는지를 구구절절 설명하기란 좀 복잡하다. 하지만 몇 가지 설명을 드리는 것이 지금의 버마 위기가 전개된 양상을 이해하는 데 도움이 되리라 생각한다.

내가 처음 버마와 인연을 맺게 된 사연은 1977년까지 거슬러 올라간다. 당시 나는 7일짜리 단기비자를 발급받아 버마에 첫발을 디뎠다. 불교 승려로 계(戒)를 받을 수 있을지, 또 사찰에 머물면서 불법(佛法)을 연마할 수 있을지 그 가능성을 타진하기 위함이었다. 그때 내가 버마에 대해 아는 것이라고는 고대 불교문화의 보존지라는 것, 전국에 산재한 5천여 사찰에 대략 백만여 명의 비구와 비구니가 살고 있다는 정보가 전부였다. 하지만 나는 이내 그 나라가 또한 네윈(Ne Win) 장군이 지배하는 전체주의적인 '테러국가'임을 발견하고는 놀라지 않을 수 없었다. 그는 외국인을 혐오하는 괴팍스럽고 무자비한 독재자였다.

1962년 3월, 군사 쿠데타로 권력을 장악한 이후, 네윈 장군이 이끄는 새로운 혁명의회는 헌법을 중지시키고 나라 밖의 감시를 피하기 위해 즉각 국가를 봉쇄하였다. 스스로 '버마식 사회주의 노선'이라고 부른 고립주의 정책을 촉진하면서 그는 외국기자들을 추방했다. 또한 대부분의 산업시설과 경제기구들을 국유화하고 언론을 장악했으며 공포와 진압과 고문에 기반을 둔 경찰국가를 수립하였다.

비자가 만료되자 나는 버마를 떠나야 했다. 꼭 다시 돌아와서 스님들의 지도 아래 2,500년 전통의 불교를 수련하고픈 소망을 이루겠다고 결심했다. 드디어 1979년, 나는 장기 '승려' 비자를 발급받았다. 승려가 되는 것을 허락받은 것이다. 그 후로 8년간 랭군의 사찰에 머물면서 최고의 시간들을 보냈다. 그 기간 동안에 나는 국가적 긴장이 고조되어가는 것을 느낄 수 있었다. 절에 오는 사람들마다 자신이 겪고 있는 절망과 자포자기, 부패와 궁핍에 대해 토로하는 일이 빈번해졌다. 그 기간 동안 은행권 지폐가 두 번이나 철회되는 바람에 전체 통화의 거의 70퍼센트가 무용지물이 되었다. 오로지 신도들의 시주에 의존하는 사찰로서는 이러한 통화 가치 하락의 영향을 직접적으로 느낄 수 있었는데, 그것은 공양이 대폭 줄어들었기 때문이다. 그 뒤 얼마 지나지 않아서 나는 비자 연장을 거부당하여 절을 떠나 미국으로 되돌아왔다.

1988년 3월, 소규모의 버마 학생들이 근본적인 정치적 변화를 촉구하며 랭군 거리로 쏟아져 나왔다. 네윈 독재에 저항한다는 것은 전례가 없는 사건이었다. 따라서 이 용감한 항거의 결말은 충분히 예측 가능한 일이었다. 단 한 번의 무력 진압으로 41명의 학생들이 부상당했는데, 그들은 모두 경찰의 호송 차량 안에서 질식사했다. 이처럼 잔인한 정부의 대응은 오히려 학생운동의 투지와 헌신을 고무시킴으로써 학생운동에 점차 탄력이 붙게 만들었다.

3월 말, 아웅 산 수 지는 영국인 학자인 남편 마이클 에어리스 박사와 두 아들 알렉산더 그리고 킴과 함께 옥스퍼드에 살고 있던 중, 운명적인 전화 한 통을 받는다. 어머니가 심각한 뇌졸중으로 고생하고 있다는 소식이었다. 23년간 해외에 거주하면서 정기적으로 버마를 방문해왔지만, 그녀는 이제 어머니의 임종을 지키기 위해 곧장 랭군으로 돌아가야 했다. 아웅 산 수 지는 버마에서 가장 유명하며 존경받는 지도자인 아웅 산 장군의 딸이었다. 아웅 산 장군은 버마가 거의 150년 동안이나 식민 지배를 받고 나서 1947년에 독립할 때 나라를 이끈 인물이다.

1988년 7월 23일, 네윈 장군은 돌연 텔레비전 연설을 통해 자신의 정당인 버마 사회주의 계획당(BSPP: Burma Socialist Program Party)을 사임하고, 버마의 정치적 미래를 위해 국민투표를 실시하겠다고 발표했다. 전국이 놀라고 환호했다. 30년이 넘도록 철권통치 아래 신음한 국민은 상상치 못한 그의 결정에 열광하지 않을 수 없었다. 그러나 독재정치에서 진정한 민주주의로의 권력 이양이 신속히 이루어지리라는 희망은 이내 좌절되고 말았다. 네윈의 동료 당원들이 그의 제안을 즉각 반대하고 나섰기 때문이다. 수백만의 격분한 시민은 — 그러나 그 저항을 참으로 아름답게 표현하면서 — 전국의 모든 도시와 마을에서 평화 행진을 벌였다. 그들의 요구는 단순했다. 민간인에 의한 과도정부를 수립하고, 자유롭고 공정한 선거를 통해 민주적인 다당(多黨) 제도를 확립하며 기본적인 시민의 자유를 회복하라는 것이었다. 이러한 시위가 여세를 몰아가자 네윈에게 충성하는 군사령관들이 수천 명의 정예부대를 파견하는 것으로 대응했다. 이들 부대는 학살 명령을 수행했다.

시위에 참가했던 한 여학생은 훗날 이렇게 보고했다. "수천 명의 사람들이 군인들 앞에서 무릎을 꿇었습니다. 그러고는 그들을 향해 노래를 불렀지요. '당신을 사랑합니다. 당신은 우리의 형제. 우리가 원하는 것은 오직 자유뿐. 당신들은 국민의 군대이니 제발 우리 편이 되어주세요.'" 1988년 8월 8일에 발생했다 하여 이른바 '8888 대학살'로 알려지게 된 그 사건은 일 년 뒤 중국 천안문 광장에서 일어난 대학살을 능가할 만큼 비극적이었다. 피바다가 된 그 기간 동안 무장하지 않은 수천 명의 시위대가 살해되었으며 수백 명이 부상당했고 수천 명이 투옥되었다.

그러나 이 숨 막히는 어둠에서도 한 줄기 희망의 빛이 솟아났다. 새로운 지도자가 등장한 것이다. 1988년 8월 26일, 랭군의 슈웨다공(Shwedagon) 사원 근처 광장에 어림잡아 50여 만 명의 사람이 참석한 집회에서 아웅 산 수 지는 민주주의 투쟁에 뛰어들겠다는 자신의 결심을 천명했다. 그녀의 연설을 들어보자. "이 위대한 투쟁은 온전한 민주주의 의회 정치를 바라는 국민의 강렬하고도 깊은 열망에서 시작되었습니다. 아버지의 딸로서 나는 지금 일어나고 있는 일들에 무관심한 채로 있을 수 없습니다."

이제 운동은 막대한 지지를 끌어 모으기 시작했다. 영감 넘치는 운동을 전개해 나감에 있어 아웅 산 수 지는 민주주의를 추구하는 일에 비폭력과 시민 불복종의 전략을 취함으로써 마하트마 간디와 마틴 루터 킹의 발자취를 좇아갔다. 그녀는 본래 불교의 가르침에 토대한 자기책임(self-responsibility)의 메시지를 핵심으로 삼아서 그녀 스스로 버마의 '정신혁명'이라고 부른 고결한 정치적 이데올로기로 발전시켰다.

1988년 9월 18일, 민주적인 변화가 임박한 것처럼 보이자 '은퇴한' 독재자 네윈은 다시 나라를 집어삼키기 위해 쿠데타를 일으켜 막후에서 군대를 조종했다. 그러고는 국법과질서회복위원회(SLORC: the State Law and Order Restoration Council, 이하 SLORC로 표기)로 알려진 21명의 군사령관 집단에게 버마의 통치권을 넘겨주었다. SLORC는 계엄령을 복원시켰다. 이 계엄령에는 4인 이상이 모일 경우 무조건 투옥하고 야간 통행금지를 실시하며 군사재판이 민사법정을 대신한다는 내용이 포함되어 있었다. 이미 8월의 대학살로 인해 쓰라린 고통을 당한 국민에게 이 발표는 불난 데 부채질하는 격이었다. 수천 명의 사람이 체포되었다.

1990년 봄, SLORC는 국민의 분노를 진정시킬 요량으로 '자유롭고 공정한 다당제 선거'를 실시하겠다고 공표했다. 석 달도 채 지나기 전에, 선관위원회에 등록한 정당만도 2백 개가 넘었다. 그 가운데 가장 대중적인 유력 정당은 당연 아웅 산 수 지와 그녀의 최측근 동료들이 세운 민족민주연맹(NLD: National League for Democracy, 이하 NLD로 표기)이었다.

군부가 민주정당 지지자들을 악랄하게 괴롭히자 목격자들과 민주지도자들은 SLORC가 제시한 화해의 표현들이 거짓에 불과하다는 사실을 금세 깨달았다. 1989년과 1990년 두 차례에 걸쳐 〈뉴욕 타임스〉는 50만 명이 넘는 버마 시민이 주요 도심지로부터 질병이 창궐하는 '위성도시'로 강제 이주 당했다고 보도했다. SLORC에 의해 철수된 지역은 민주주의 운동의 본거지이자 아웅 산 수 지를 지지하는 사람들의 고향이나 다름없었다.

그러는 사이에 1989년 7월 20일, 아웅 산 수 지는 가택연금에 들어갔고, 다른 정당의 지도자들은 수감되었다.

1990년 5월 27일, 마침내 선거가 실시되었다. 아웅 산 수 지가 이끄는 NLD당은 유권자의 80퍼센트 이상의 지지를 받아 485석 중 392석을 차지하며 압도적인 승리를 거두었다. 그러나 SLORC는 약속대로 권력을 이양하는 대신에 선거에서 당선한 국회의원 다수를 투옥하고 전국적인 탄압을 자행하였다. 일부 인사들은 나라를 떠나 망명하였고, 또 다른 이들은 침묵을 택했다.

그처럼 격동의 나날들을 보내며 버마 내부에서는 지면에 일일이 옮길 수 없을 정도로 수많은 일이 벌어졌다. 그 가운데 한 가지 사실이 두드러지게 눈에 띈다. 1995년 7월 11일, 무려 6년간의 억류 끝에 아웅 산 수지가 석방된 것이다. 석방된 지 4개월 만에 처음으로 대화를 나누는 자리에서 그녀는 내게 솔직한 말을 들려주었다. "제가 풀려났어도 변한 건 아무것도 없어요. ……우리 국민 전체가 이 나라 안에 여전히 갇혀 있는 수인(囚人)이라는 걸 온 세상에 알려주세요."

이것이 바로 우리가 나눈 이야기의 배경이다. SLORC가 지배하는 버마, 그 거대한 전체주의의 감옥이 연출하는 억압적이고 광기 어린 분위기 속에서 국민 전체가 볼모로 잡혀 있다는 사실이다. 그 감옥에서 저항과 희망의 목소리가 흘러나온다. 누군가 들어주기를 기다리면서.

1995년 10월, 나는 버마에 재입국했다. 그전까지 한 번도 아웅 산 수지와 만나거나 이야기를 나눠본 적은 없었지만, 그녀는 내게 낯선 인물이 아니었다. 앞서 7년에 걸쳐 나는 그녀의 나라가 처한 위기에 관해 『버마: 다음번 킬링필드가 될 것인가?(Burma: The Next Killing Fields?)』라는 제목으로 책을 썼던 것이다. 아울러 나는 두 번째 책으로 『버마의 정신 혁명(Burma's Revolution of the Spirit)』이라는 제목의 사진집을 공동집필하고 편찬하기도 했다. 그 밖에도 버마의 투쟁을 그린 존 부어만 감독의 장편영화 〈비욘드 랭군(Beyond Rangoon)〉의 자문 겸 대본 수정 작업을 도왔다. 심지어는 버마에서 밀반출되는 비디오테이프들을 몇 시간씩 본 적도 있다. 아웅 산 수 지의 연설문들을 수도 없이 읽었으며, 그녀를 알거나 그녀와 만났던 사람들에게 그녀에 관해 물어보았다. 버마의 민주화 운동에 관해, 특히 그것이 불교와 어떤 상관관계에 있는지에 관해 수차례 강연을 했다. 그러니 어떻게 내가 아웅 산 수 지를 모를 수 있겠는가. 그녀에 대해 알면 알수록 다른 모든 사람이 그러했듯이 그녀에게 매료되었다. 그녀는 자신을 아는 모든 사람에게 해준 것처럼 나에게도 위대한 비전을 선물해주었다. 물질적이고 경제적인 관심보다도 자기존중과 인간의 존엄성, 자비와 사랑을 우위에 놓는 그런 비전 말이다.

나는 아웅 산 수 지의 개인적인 성격에 대해서는 아무것도 아는 바가 없다. 그녀의 과거사와 관련된 기초적이고 간단한 역사적 사실들은 그녀 자신의 말을 통해서나 나의 말을 통해서 이 책에 기록되어 있지만, 그녀의 사생활은 세상 사람들의 눈에 노출된 적이 없다. 매번 가택연금을 당할 때마다 몇 년씩 가족들과 떨어져 지내면서도 그녀는 끝내 침묵을 지켰으며, 그럼으로써 살아 있는 전설이 되었다. 마침내 또다시 석방된다 해도, 그녀는 SLORC의 전체주의라고 하는 감옥 문을 열기 위해 도전적으로 연설하고 대담하게 행동하기를 그만두지 않을 것이다.

이것이 바로 내가 아는 아웅 산 수 지 여사다. 자신이 세운 원칙에 대해 흔들리지 않는 확신으로 가득 차 있으며 정의감과 의무감으로 삶을 지탱해나가는 역동적인 여성 말이다. 그녀는 자신의 단점은 인정하되, 위선은 혐오한다. 그녀가 말하는 자비는 손에 잡힐 듯 구체적이다. 그녀를 가장 잘 말해주는 또 한 가지 특징이 성실성인데, 그 중심에는 자신의 삶을 스스로 연단해 나가는 데 대한 확신이 있다. 아웅 산 수 지는 자신의 삶을 도구로 삼아 더 깊고 위대한 진리를 깨달아가는 구도자이며 영혼의 순례자다. 그녀는 조용하고 꾸밈없이 자신의 영성을 섬세하게 수놓는다. 이처럼 격식을 차리지 않는 모습이 모든 이들을 더욱 즐겁게 만든다. 무엇보다도 그녀는 자유롭게 잘 웃는다.

어찌 보면 훌륭한 도자기를 닮은 것 같기도 하다. 그 자태의 아름다움이 일본의 하이쿠(haiku, 短詩)만큼이나 고전적이어서, 머리의 꽃 장식이며 깔끔하게 다림질해 입은 우아한 전통의상이며 어느 것 하나 어울리지 않는 것이 없다. 그녀의 목소리는 다정하고 듣기 좋다. 음색이 마치 음악가의 선율을 닮았다. 그녀의 말은 단순하다. 때로는 놀라울 정도로 너무 쉽다. 하지만 모호하지 않다. 그녀는 솔직하게 직선적으로 말한다.

그녀에게도 단점이 있을까. 그녀의 단점을 가장 잘 아는 사람은 아마도 그녀 자신일 것이다. 그렇다면 나는 그녀와 나눈 대화에서 만족했는가. 사실 나는 그녀가 주고자 했던 것보다 더 많은 것을 원했다. 하지만 아웅 산 수 지는 지독하리만치 남에게 자신의 사적인 이야기를 하지 않는 여성이어서, 자신의 개인사나 내면세계의 측면에 대해서는 비밀에 부쳤다. 나는 그녀가 어떤 영역에서는 봉인된 금고 같고, 또 다른 영역에서는 개방된 우주 같다고 느꼈다. 서서히 나는 그녀에 대해 더 많이 알고 싶다는 욕망이 나 스스로 만들어낸 허상이라는 것을 깨닫게 되었다. 첫 대면에서 그녀는 이 점을 정확히 짚고는 이렇게 말했다. "당신이 알고 싶은 것을 물어보세요. 하지만 내가 대답하고 싶은 대로 대답하도록 배려해주셨으면 합니다." 아웅 산 수 지는 모든 면에서 독보적인 인물이다. 함께했던 시간 동안 내가 발견한 그녀의 진가는 바로 이러한 측면이었다. 그녀는 다른 사람들의 독립을 위해 싸우는 한편, 자신의 주권과 행복을 즐길 줄 아는 여성이었다.

이 책은 아웅 산 수 지 여사의 절친한 동료인 우띤우(U Tin U)와 우지멍 (U Kyi Maung)* 두 사람과 나눈 대화로 끝난다. 이들은 1988년 9월에 아웅 산 수 지와 더불어 창립한 민족민주연맹(NLD)의 지도부를 맡고 있다. 아웅 산 수 지의 허락을 받아 그들과의 대화가 이 책에 독점적으로 수록되었음을 밝힌다. 진실로 그들의 기여가 있었기에 아웅 산 수 지의 항거가 더욱 선명하게 부각될 수 있었으며, 민주화 투쟁이 더욱 역동적으로 전개될 수 있었다.

그래서 우리의 대화는 어떻게 시작되었던가.

---

* 버마에서는 성인남성의 이름 앞에 '우(U)'를 붙이는 경우가 많은데, 이는 영어의 '미스터(Mr.)'에 해당하는 의미다. 반면에 성인 여성에게는 '미시즈(Mrs.)'의 뜻으로 '도(Daw)'를 붙인다. ─옮긴이

바야흐로 1995년 12월 초였다. 나는 랭군의 한 호텔방에서 6주 동안 머물며 아웅 산 수 지와 처음으로 녹음 인터뷰를 하기 위해 사무실에서 연락이 오기만을 기다리고 있었다. 10월 초쯤 우리가 그 계획에 대해 논의했을 때 그녀는 이런 설명을 덧붙였다. "SLORC 치하에서는 상황을 도무지 예측할 수 없으니 기다려주세요. 물론 얼마나 걸릴지 장담할 수는 없지만, 한번 해봅시다." 나를 문까지 배웅해주고는 잠시 멈추더니 그녀가 말을 이었다. "아버지는 항상 '최선의 것을 희망하고, 최악의 것에 대비하라'고 말씀하시곤 했어요. 그 방법이 언제나 정답인 것 같아요."

하루하루 정치적 위기가 고조되고 있었다. 11월 말경, NLD의 대표자들이 국제적으로 지탄받는 SLORC 주도의 국가회의를 탈퇴한 후, 버마에서 발행되는 유일한 영자 신문이자 SLORC의 하수인인 〈미얀마의 새 빛(New Light of Myanmar)〉이 아웅 산 수 지와 그녀의 동료인 우띤우 그리고 우지밍을 줄기차게 공격하기 시작했다. 12쪽에 달하는 지면은 군부의 슬로건과 인종차별적 선동 및 외국인에 대한 흑색선전으로 도배되어 있었고, 반쪽짜리 사설에서는 거의 매일 같이 아웅 산 수 지와 두 명의 동료를 폭력적인 언사로 매도하였다. 이윽고 군부는 '국가의 안보'를 어지럽히는 '파괴주의자들'을 '말살'시키겠다고 공언했다.

11월 30일 목요일이었다. 나는 NLD 부의장이자 오랜 친구인 우띤우와 만나려고 어두운 밤길을 걷고 있었다. 그는 1980년에 감옥에서 석방된 뒤 나와 함께 승려 노릇을 했던 적이 있다. 사방이 고요한 가운데 근처 사찰에서 승려들의 염송 소리가 들려왔다. "아니카 바타 산카라 우파다비오 다미노(Annica vatta sankara upadavio dhammino)". "세상 만물이 다 부질없나니!" 나는 걸음을 늦추어 천천히 걸었다. 염송 소리가 희미해지자 어느덧 우띤우의 집 앞에 도착해 있었다. 8명의 무장한 헌병들이 차가운 눈빛으로 나를 노려보았다.

그들을 지나서 큰 대문을 열고 서둘러 현관문 앞으로 갔다. 우띤우의 아내가 결연한 눈빛으로 인사하더니 말했다. "그이는 의약품과 소지품을 챙기러 위층에 올라갔어요. 제가 가서 곧 모셔올게요."

몇 분 후에 우띤우가 내려왔다. "걱정하지 말게." 미소를 지으며 그가 말했다. "자네는 여기 있으면 안 되네. 아웅 산 수 지 여사도 다시 감금될 준비를 하고 계신다네. 그분은 지금 당 지도부를 이양하는 문제와 앞으로 할 일들에 관해 방향을 제시하는 문서를 준비 중이네. 자, 가시게. 자네까지 문제에 휘말리면 안 되니." 그는 부드럽게 내 손을 잡고는 문까지 바래다주었다.

일단 호텔로 돌아온 나는 출판사 앞으로 얼른 팩스부터 보냈다. "이번 책은 아무래도 취소해야 할 것 같다."는 짧은 내용을 담아서. 그러고는 다음 날 오후에 버마를 떠나기로 계획하고 짐을 싼 후에 잠자리에 들었다.

그런데 바로 다음 날 아침 일찍 전화벨이 울린 것이다. 아웅 산 수 지의 대외 홍보 책임자인 우애윈(U Aye Win: 그는 1996년 5월 21일, SLORC에 의해 체포되어 아직도 감옥에 있다)의 목소리였다. "아웅 산 수 지 여사와의 첫 번째 면담 약속이 월요일 오후 3시 30분으로 잡혔습니다."

약속한 날 오후 3시 20분, 나는 대학가 54번지에 있는 커다란 철문을 두드렸다. 몇 명의 젊은 NLD 요원들이 나를 재빨리 안내했다. 이들은 아웅 산 수 지 여사의 자택에 머무르면서 비무장 경호원으로 활동하기로 헌신한 청년 그룹이었다(이들 중 몇 사람도 1996년 5월에 체포되었다). 그들은 나를 호위하여 대문 바로 안쪽에 있는 나무로 된 작은 초소로 데리고 갔다. SLORC 산하 군 정보부 검문소였다. 책임자는 나에게 서명을 하고 신상 정보를 적도록 요구했다. 그러는 사이에 다른 남자가 초소 밖으로 나오더니 내 사진을 찍었다. 그런 다음 그들은 나에게 고개를 끄덕여 보이더니 이내 하던 일로 되돌아가서 체스를 두거나 책을 읽었다.

하얀색 벽토가 칠해져 있고 식민지 양식으로 지은 주택은 인야(Inya) 호수의 둑을 따라 길게 늘어선 야자수 진입로 끝에 자리하고 있었다. 군데군데 벗겨진 페인트칠과 몬순 기후 특유의 집중호우가 남긴 커다란 얼룩 때문에 약간 낡아 보였지만, 황폐한 채로 남아 있는 그 집이 마음에 들었다. 그런 황폐함조차 어쩐지 그 건축물의 위상을 한껏 높이는 것처럼 보였다. 바깥의 전체주의적인 억압에 비하면 그 공관은 마치 일종의 오아시스나 고요한 섬 같이 평온함으로 충만했다.

현관문 바로 앞 추녀 아래서 잠시 기다리자 우애원이 살짝 얼굴을 내밀며 말했다. "들어오세요." 그는 나를 데리고 현관 입구를 지나 천장이 높은 널찍한 거실로 안내했다. "아웅 산 수 지 여사께서 곧 나오실 겁니다."

나는 그 자리에 서서 이 집의 역사를 훑어보았다. 한쪽 벽은 그녀의 아버지 보초크 아웅 산(Bogyoke Aung San)의 커다란 바틱 초상화가 차지하고 있었다. 다른 쪽 벽에는 어린 소녀인 아웅 산 수 지가 가족과 찍은 사진들이 오래된 액자에 걸려 있었다. 그런 장식들이 없었다면 그 방은 나무 의자 하나, 일본제 찻주전자와 두 개의 찻잔 옆으로 꽃병이 놓인 작고 둥근 철제 테이블, 그리고 커다란 커튼이 드리워진 내닫이창 아래로 벽의 윤곽에 맞추어 길쭉하게 나란히 놓인 소파만이 덩그렇게 놓여 있을 뿐, 텅 빈 것처럼 보였을 것이다.

나는 베란다로 나갔다. 호수는 잔잔했다. 부드러운 미풍이 불어와 더위를 식혀주었다. 방 안에는 정적이 감돌았다.

정확히 3시 30분, 문이 열리더니 아웅 산 수 지 여사가 방으로 들어왔다. 그녀는 환한 얼굴에 에너지가 넘쳐 보였으며, 동시에 침착한 자신감과 더불어 균형 잡힌 모습이었다. 그녀의 우아한 투지가 칠흑 같이 검은 머리에 꽂은 작고 하얀 난초 가지들을 더욱 돋보이게 했다. 그러나 나를 편안하게 해준 것은 그녀의 따뜻함과 신속함이 배어 나오는 감각이었다. 긴 의자의 가장자리께 자리를 잡은 그녀가 미소를 지으며 말했다. "자, 이제 이 책을 진척시켜 나가야죠." 나는 녹음 버튼을 눌렀다. 이야기가 시작되었다.

01

조국에서
우리는 여전히 죄수입니다

앨런 클레멘츠: 아웅 산 장군은 아마도 버마의 오랜 역사에서 가장 저명한 분일 것입니다. 돌아가신 지 50년이 넘은 지금까지도 여전히 그분의 이름은 국민 사이에서 경외심을 불러일으키고 있습니다. 그분은 영적인 구도자이자 자유를 위해 싸운 영웅이셨고, 위대한 정치인이셨다고 생각합니다. 여사께서는 1988년 8월 26일 버마의 민주화 투쟁에 뛰어드실 때, 슈웨다공 사원에 집결한 50만 명의 사람들 앞에서 "아버지의 발자취와 유산을 따라…… 자유를 위한 투쟁에 참여하겠다."고 연설하셨습니다. 아울러 "내가 아버지를 존경한다고 말하는 것은 버마의 정치적 진정성(political integrity)을 위해 일어선 사람들 전부를 존경한다는 뜻입니다."라고도 말씀하셨고요. 수 여사님, 제가 여사님의 이야기에서 가장 먼저 알고 싶은 것이 바로 이 점입니다. 여사님이 국민의 자유를 위해 투쟁하도록 만든 것이 무엇인가요? 여사님께 정치적 진정성이란 무엇을 의미합니까?

아웅 산 수 지: 정치적 진정성은 정치를 할 때 그저 꾸밈없이 정직하게 한다는 뜻입니다. 정치가에게 가장 중요한 것은 국민을 기만하면 안 된다는 거예요. 만일 어떤 정치가가 자기 정당을 위해서라든지 혹은 국민을 위해서라는 명분을 앞세워 국민을 기만한다면, 그건 바로 정치적 진정성이 없다는 뜻이지요.

앨런 클레멘츠: SLORC의 '정치적 진정성'은 어떻습니까?

아웅 산 수 지: (웃으며) 글쎄요. ……때로 사람들은 SLORC가 과연 정치적 진정성의 뜻을 알고나 있을까 의아해합니다. 왜냐하면 그들은 계속해서 국민을 속여 왔기 때문이지요. 그들은 지키지도 못할 약속들을 남발했습니다.

앨런 클레멘츠: 1990년에 여사의 정당인 NLD가 압승을 거두었던 '자유롭고 공정한 선거' 결과를 도무지 존중하지 않는 걸 두고 하시는 말씀인가요? SLORC가 결과에 승복하지 못하는 이유에 대해 공식적인 해명이라도 했던가요?

아웅 산 수 지: 실질적인 해명은 없었습니다. 하지만 SLORC가 새로운 헌법안을 작성할 때 새로 선출된 대표들에게 아무런 비중 있는 역할도 맡기지 않았다는 데서 어떤 암시를 찾아볼 수 있습니다. 국가회의에서는 아무에게도 자유 발언이 허용되지 않습니다. NLD는 심지어 이러한 비민주적인 진행 절차에 대해 항의하는 것조차 방해받았지요. 그래서 우리는 의미 있는 대화가 성공적으로 재개되기 전까지 국가회의에 가지 않기로 결정했던 것입니다.

앨런 클레멘츠: 버마의 위기를 진단할 때는 민주주의를 위해 싸우는 사람들, 예컨대 NLD 측과 민주주의를 억압하는 세력, 곧 SLORC 측 사이의 거대한 분열에다가 초점을 맞추기 쉽습니다. 좀 유치한 질문일지 모르겠지만, 양 진영 간에 실제로 선의와 신뢰의 자리가 없을까요? 말하자면 모종의 진정한 연결점 같은 것을 찾아볼 수 있는 영역이 없겠는가 하는 것입니다.

아웅 산 수 지: 나도 있다고 생각하고 싶어요. 그러나 아직까지는 그런 것을 찾아볼 만한 기회가 없었습니다. 그렇기 때문에 대화가 중요하다고 말씀드리는 거예요. 우리가 서로 대화조차 나누지 않는다면 함께 만날 수 있는 지점이 있는지, 함께 일할 수 있는 쟁점이 있는지 어떻게 알겠어요? 그런데 어느 외국 기자가 SLORC 장관 한 사람을 인터뷰한 내용 중에 아주 충격적인 보도를 들은 적이 있습니다. 그 장관이 말하기를, "돈으로 안 되는 일은 하나도 없다. 무덤 위에 10달러를 올려놓는다면 무덤에서 손이 나와 그 돈을 집을 것이다. 100달러를 올려놓는다면 몸뚱이 전체가 나올 것이다."라고 했다는 거예요. 그들에게는 어떤 원칙 따위가 아예 없다는 것을 보여주는 보기이지요. 만약에 그들이 모든 사람을 돈으로 살 수 있다고 생각한다면, 그건 참으로 충격적인 사실이 아닐 수 없습니다.

앨런 클레멘츠: 반(反)사회적 정신이상자의 환상처럼 들리네요……

아웅 산 수 지: 글쎄요, ……혹자는 왜냐고 물을지도 모르겠어요. 그들이 도대체 왜 그러냐고. 하지만 내 생각에 그들은 '왜'에는 별 관심이 없는 것 같아요. 당국이 종종 하는 말 중에 이런 문구가 있어요. "우리는 물병에서 물이 샌다는 소리를 듣고 싶은 게 아니라 오직 물을 원할 뿐이다." 이 말은 '핑계대지 말고 우리가 말한 대로 하기나 해라.' 그런 뜻이지요.

우리가 원하는 건 결과뿐이다! 아주 이상한 태도입니다.

앨런 클레멘츠: SLORC의 집단 심리를 어떻게 보시나요?

아웅 산 수 지: 전체적으로 그들에게서 받은 인상은, 그들이 소통의 의미를 모른다는 거예요. 그들은 국민이나 반대파와 일체 소통하지 않아요. 심지어 자신들끼리도 서로 소통하는지 궁금할 정도입니다. 만일 SLORC의 모든 사람이 돈이면 다 된다는 식으로 그 장관과 똑같은 태도를 취하고 있다면, 그들은 서로에게 돈이나 내밀고 있다는 불행한 이미지를 줄수밖에 없지요.

앨런 클레멘츠: SLORC 정권을 불교 신자들이라고 말하는 게 옳을까요?

아웅 산 수 지: 다른 사람의 종교적 성향에 대해서는 언급하고 싶지 않아요. 내가 '누구는 불교신자이고 누구는 아니다.'라고 말할 수야 없지요. 하지만 SLORC 사람들이 취하는 행동 가운데 어떤 것들은 불교의 가르침과 일치하지 않는다고 분명히 말할 수 있어요.

앨런 클레멘츠: 예를 들면요?

아웅 산 수 지: 그들은 말하는 것이나 글 쓰는 것 혹은 행동하는 것에서 자비와 친절이 거의 없어요. 불도(佛道)를 완전히 벗어나 있지요.

앨런 클레멘츠: 국민으로부터도 벗어나 있나요?

아웅 산 수 지: 네. 많은 정권이 가진 문제이기도 해요. 국민에게서 점점 더

멀어지는 것 말이에요. 그들은 자기 부하들은 물론 모든 사람을 두려움에 떨게 만들기 때문에 그들에게는 어떤 것을 말해도 받아들여지지 않을 거라고 느끼게 합니다. 스스로 고립을 자초한 것이지요.

앨런 클레멘츠: 맞습니다. 저도 그 점을 의식했어요. 1990년으로 거슬러 올라가서 제가 태국과 버마의 국경지역에 위치한 정글에 있었을 당시, SLORC가 매너플로(Mannerplaw) 근처 언덕에 소재한 민주주의 무장 세력들을 박멸하려고 했었어요. 그뿐만 아니라 카렌족에 대해, 그리고는 범위를 넓혀서 몬족과 샨족에 대해서까지도 '인종청소' 캠페인을 벌이는 것을 목격했습니다. 그때 첫 번째 전투에서 사로잡힌 SLORC 사령관을 인터뷰했는데…….

아웅 산 수 지: 그들이 그 사령관을 어떻게 다루던가요?

앨런 클레멘츠: 인간적으로요! 이 사실은 제가 충분히 증언할 수 있습니다. SLORC 장교뿐만 아니라 포로가 된 사병들도 인간적으로 대우하더군요. 하지만 저는 그 사령관에게 대놓고 물었지요. 왜 자국 국민을 죽이냐고요. 그는 주머니에서 승려였던 자기 사진을 꺼내 보이며 말했습니다. "나도 죽이고 싶지 않다. 그러나 내가 죽이지 않으면 그들이 나를 죽일 거다." 그러고는 울기 시작했지요. 그의 눈물은 진짜처럼 보였습니다.

아웅 산 수 지: 만약에 그가 살인에 그토록 반대한다면 왜 군대에 들어갔을까요? 달리 할 수 있는 일이 전혀 없었을까요?

앨런 클레멘츠: 저는 영창에 갇혀 있던 젊은 SLORC 병사에게도 똑같은 질문을 던졌습니다. 왜 죽였냐고요. 그러자 그들도 "먼저 죽이지 않으면 내

가 죽게 된다."고 대답하더군요. 그래서 방금 여사께서 질문하신 것을 저역시 질문했지요. 그러면 군대에는 왜 들어갔는가? 그들의 대답은 하나같이 똑같았습니다. "입대하지 않으면 가족들이 혹사당한다. 우리는 돈이 없다. 돈 들어올 구멍이 하나도 없다. 일자리가 아예 없다. 군대에 들어가는 것만이 우리가 부모님께 돈을 가져다드릴 수 있는 유일한 길이다. 안 그러면 다 굶어죽는다."

아웅 산 수 지: 맞아요. 어떤 지역에서는 강제로 징집된 사람들이 많다는 이야기를 들은 적이 있어요. 일정한 징집 인원의 수를 정해놓고 그 숫자만큼 채우라고 마을에 강요한다는 거예요.

앨런 클레멘츠: 1988년에 SLORC 쿠데타가 일어났을 무렵, 수십만 명의 난민뿐만 아니라 수천 명의 버마 학생들이 이 나라를 빠져나갔습니다. 여사께서는 물론 이곳 랭군에서 국민과 더불어 민주화 투쟁을 하고 계시지만, 이 나라 밖으로 도망치듯 빠져나가 선거권도 없이 누추한 곳에서 살고 있는 사람들이 많습니다. 그들에 대해서는 어떻게 생각하십니까? 그들 중 다수가 굶주림으로 혹은 죽을병을 앓으며 심신이 약해져 있는데 말이지요. 그런 시민에 대해서는 어떤 느낌이 드시나요?

아웅 산 수 지: 우리가 이 나라에서 민주주의를 위해 싸우는 것은 바로 그 사람들이 돌아올 수 있도록 하기 위함입니다. 우리가 이곳을 안전한 땅으로 만들지 못하면 그들이 어디로 돌아올 수 있겠어요? 국민에게는 안전하다고 느낄 수 있는 나라가 필요합니다.

앨런 클레멘츠: 특히 청년 학생들에 대해서는 어떤 생각이 드십니까?

아웅 산 수 지: NLD는 민주주의를 위해 싸우는 학생들과 결코 의절하지 않겠다고 처음부터 이야기를 했어요. 설령 그들이 무장투쟁을 선택하고, 우리가 비폭력의 길을 선택했어도 말이에요. 우리는 그들의 안전을 보장할 위치에 있지 않기 때문에 그들에게 우리가 원하는 것을 하라고 요구할 권리가 없습니다. 다시금 함께 일할 수 있는 날이 오기를 고대할 뿐이지요.

앨런 클레멘츠: 세계 도처에서 수많은 평화 협정이 생겨나고 있습니다. 중동과 옛 유고슬라비아에서는 이미 맺어졌고요. 어쩌면 북아일랜드도 가능성이 있어요. 남아프리카공화국에서까지 평화 협정이 맺어진 건 기적이지요. SLORC에서도 과거에 그런 선례를 따를, 그러니까 화해가 이루어질 기회가 있었습니다. 여사께서도 거듭 대화를 촉구하셨고요. 그럼에도 SLORC가 "아웅 산 수 지 여사, 서로 인사 나누고 점심이나 함께 먹지 않으시겠습니까? 어디로 모실까요?"라고 말하지 못하게 하는 원인이 어디에 있다고 보십니까?

아웅 산 수 지: 내가 그들이 소통하는 법을 모른다고 했을 때, 진짜 하고 싶었던 말이 바로 그거예요. 내 생각에 그들은 대화를 두려워합니다. 가만히 생각해보면 그들은 대화라는 것이 무엇인지 알지도 못하고 하지도 못하는 것 같아요. 그들은 대화가 고귀한 과정이라는 것, 만인을 행복으로 이끄는 길이라는 사실을 모르고 있습니다. 그들이 생각하는 대화란 자신들이 실패할 수도 있는 일종의 경쟁이거나 자신들을 망신시킬지 모를 엄청난 양보이거나 둘 중의 하나인 것 같습니다.

앨런 클레멘츠: 대화 공포증이군요. 그러한 공포는 어디에 근거할까요?

아웅 산 수 지: 잘 생각해보면 공포는 불안감에 근거해 있고, 불안감은 '메타(*metta*: 산스크리트어로 자비를 뜻함)'의 결핍에서 나온다는 것을 알 수 있습니다. '메타'의 결핍은 자기 자신이나 주변 사람들에게서 나타날 수 있는데, 그럴 때 불안감이 엄습합니다. 그러한 불안감이 공포로 이어지지요.

앨런 클레멘츠: 남아프리카공화국에서는 데즈먼드 투투 주교가 진실과 화해위원회를 이끌고 있습니다. 그리고 인종 차별 정권 아래서 일한 전직 국방장관이 재임 시절에 13명의 살해를 공모한 혐의로 이미 기소되었습니다. 그걸 생각하면 여기서 SLORC의 주요 인사들 중 몇 사람을 떠올려볼 때, 정말로 공포가 합당한 관심이 될 수 있겠다는 생각이 듭니다. 다시 말해 그들은 불안을 느낄 충분한 이유가 있습니다. 민주주의가 승리하면 국민이 보복하지는 않을까요?

아웅 산 수 지: 여기서는 SLORC가 민주화 운동을 벌이는 국민과 우리를 과소평가하는 것 같습니다. 분명히 국민, 특히 고통당하고 있는 사람들 가운데는 모종의 증오가 내재되어 있어요. 하지만 우리는 이러한 증오심을 통제할 수 있다고 자신합니다. 게다가 NLD 지도자들에게는 증오심이 없어요. 당국은 이것을 이해하기가 힘들 것입니다. SLORC 안에 있는 사람들 중에는 우지멍 삼촌(아웅 산 수 지 여사는 NLD 부의장인 우지멍과 우띤우를 '삼촌[Uncle]'이라고 부른다. 아버지 연배인 그들을 존경한다는 의미가 담겨 있다. − 옮긴이)과 우띤우 삼촌 그리고 심지어 우윈텡(U Win Htein: 아웅 산 수 지의 개인비서인데, 인센 감옥에서 6년을 보낸 뒤에 1996년 5월 21일 재구속되었다.)에게 강한 반감을 갖고 있는 사람들이 많아요. 왜냐하면 그들은 전직 군인들로서 민주화 과정에 활발히 참여하고 있기 때문이지요.

　내가 생각하기에 SLORC의 상황 판단은 이러합니다. 이 사람들, 그러니까 과거에 군에 몸담았던 사람들이 자신들에게 반대한다면 앙심을 품었기 때문에 그랬을 것이 분명하다고 보는 거지요. 그들은 전직 군 장교들이 특정한 원칙을 신봉해서 민주화 운동을 지지하고 있다고는 도통 생각하지 않아요. 아까 말했던, 무덤 위에서 달러 지폐를 흔드는 이야기로 돌아가 볼까요? 누구든 돈으로 살 수 있다고 생각하고 인간의 마음이나 정신을 수요-공급의 법칙에 지배받는 단순한 상품 정도로만 생각하는 사람들은, 큰 뜻을 위해 일하고 그 큰 뜻을 위해서라면 얼마든지 자기자신을 희생할 각오가 되어 있는 다른 종류의 인간을 이해할 수 없을 겁니다.

잘 들어두세요. 그 길이 그토록 험한데도, 우리가 말하고 있는 이 사람들 중 민주화 운동에 동참하지 못하도록 말리는 이는 한 명도 없습니다. 그들 자신도 고통당했고 그 가족들도 고통당했지만, 그들은 여전히 민주화 운동을 하고 있어요. 더 심한 고통을 받을 수도 있다는 사실을 모르지 않는데도 말이지요.

앨런 클레멘츠: 만약에 혹시라도 여사와 SLORC 간에 '진정한 대화'가 이루어진다면, 논의하고 싶은 첫 번째 주제는 무엇이 될까요?

아웅 산 수 지: 만약 대화의 장이 마련된다면 내가 가장 먼저 하고 싶은 말은 이게 아닐까 싶어요. "당신들이 말해야 할 것부터 해보세요." 나는 그들의 이야기를 우선적으로 듣고 싶습니다. 그들이 왜 그다지도 우리에게 화를 냈는지, 그들이 반대한 게 도대체 뭔지 묻고 싶어요. 물론 그들은 우리의 비판이 듣기 싫다고 말하겠지요. 하지만 우리는 그 누구도 개인적으로 공격하지 않으려고 매우 조심한다는 것을 누차 밝혔습니다. 비판을 하기는 해야지요. 그게 우리가 반드시 해야 할 일 중의 하나니까요. 그런 일조차 하지 않는다면 어떻게 우리가 국민의 이익을 대변하는 정당이라고 고개를 들고 서 있을 수 있겠습니까? 우리는 국민의 이익에

반하는 것이라면 무엇이든지 지적해야 합니다. 만일 우리가 어떤 것이 국민의 선에 해가 된다는 것을 알면서도 입을 다물고 침묵한다면, 그것 이야말로 완전히 비겁한 행동일 거예요.

앨런 클레멘츠: 수많은 평화 협정들이 중간 사람 혹은 중재자, 중개인에 의해 매개되었습니다. 여사께서는 그것을 하나의 의견으로 제안하는 것에 관해 생각해보신 적이 있으신지요?

아웅 산 수 지: 우리는 언제든지 대화를 개시할 준비가 되어 있기 때문에 중개인은 필요하지 않습니다.

앨런 클레멘츠: 여사께서 대화의 문을 열기 원하는 사람이 정말로 네윈(버마의 '은퇴한' 독재자) 맞습니까?

아웅 산 수 지: 모르겠어요. ……진짜 모르겠네요. 그건 몇몇 사람이 하는 소리고요. 그가 여전히 권좌의 막후 실세라는 견해에 부합되거나 반대되는 뚜렷한 증거는 없습니다.

앨런 클레멘츠: 대화를 요청하신다면 네윈을 부르시겠습니까? 아니면 SLORC를 청하시겠습니까?

아웅 산 수 지: SLORC와 대화할 거예요. 하지만 SLORC가 하는 모든 일의 배후에 네윈이 있다는 확실한 증거가 나온다면 그와도 대화할 겁니다.

앨런 클레멘츠: 어제 여사께서 공개 강연을 시작하시기 전에 랭군 대학의 한 학생이 제게 직설적으로 묻더군요. "버마의 민주화 운동이 비폭력을

고수하기보다는 무장투쟁에 참여해야 하지 않을까요?" 그 학생에게 제가 여사께 여쭈어보겠다고 말했습니다만…….

아웅 산 수 지: 나는 무장투쟁을 믿지 않습니다. 왜냐하면 무기를 휘두르는 데 능한 자가 권력도 휘두른다는 관례를 따르게 될 테니까요. 민주화 운동이 무력을 통해 성공할 수 있을지는 몰라도, 누구든지 더 많이 무장한 자가 이길 것이라는 생각이 궁극적으로 사람들의 마음에서 떠나야 합니다. 그건 민주주의에 도움이 되지 않으니까요.

앨런 클레멘츠: 수 여사님, 현대 세계에서 비폭력이 얼마나 효과적일까요? 아니 좀 더 구체적으로 말씀드리지요. 감수성이라든가 도덕적 수치심 또는 양심이 결여되어 있는 정권과의 관계에서는 어떻겠습니까?

아웅 산 수 지: 비폭력은 적극적인 행동을 뜻합니다. 사람은 누구나 원하는 것을 갖기 위해 열심히 일하기 마련이지요. 그냥 가만히 앉아서 아무것도 하지 않은 채 원하는 걸 가질 생각을 해서는 안 됩니다. 비폭력이란 이때 사용하는 방법이 폭력적이지 않다는 걸 의미하지요. 어떤 이들은 비폭력이 소극적이라고 생각합니다. 그건 옳은 말이 아닙니다.

앨런 클레멘츠: 달리 여쭙겠습니다. 이 나라에는 여사 자신은 물론이고, 글자 그대로 총알과 총검 앞에서 기꺼이 비폭력으로 행동하는 용감한 젊은이들이 많이 있습니다. 그리고 외람되지만 적어도 3천 명의 사람들이 죽는 결과가 빚어졌습니다. 여사께서는 한 번도 무력 침공 앞에서 비폭력 행동주의의 효과에 대해 의심해본 적이 없으십니까?

아웅 산 수 지: 네, 전혀 의심하지 않습니다. 나도 알아요. 그것이 종종 더

느린 길이라는 것을. 그리고 왜 우리의 젊은이들이 비폭력은 통하지 않을 거라고 느끼는지도. 특히 버마의 권력 당국이 반란 집단들과는 대화하려고 하면서도, 무장하지 않은 NLD 같은 조직과는 대화하지 않으려고 할 때 더욱 그런 느낌이 들겠지요. 그래서 많은 사람이 무기만 소지하고 있으면 어디든지 갈 수 있다고 느끼게 되는 겁니다. 나는 그런 종류의 태도를 권장할 수 없어요. 우리마저 그걸 부추긴다면, 결코 끝나지 않을 폭력의 악순환이 영속될 테니까요.

앨런 클레멘츠: 논란의 여지가 있기는 하지만, 정치와 종교는 대개 분리된 주제입니다. 오늘날 버마를 보면, 상당수의 비구와 비구니들이 영적인 자유와 사회정치적인 자유를 분리된 영역으로 생각하는 것 같습니다. 그런데 사실상 '담마(*dhamma*: 산스크리트어로 불법[佛法]을 뜻함)'와 정치는 둘 다 동일한 주제, 곧 자유에 기초하고 있다고 생각되는데, 어떠신지요?

아웅산수지: 맞는 말씀입니다. 그러나 이러한 현상이 버마에서만 독특하게 일어나는 것은 아니지요. 영적인 것과 세속적인 것을 분리하는 경향은 어디서나 볼 수 있어요. 다른 불교 국가들을 보세요. 태국이나 스리랑카에서도 똑같은 현상을 보게 될 거예요. 대승불교 국가도 마찬가지예요. 기독교 국가들도 그렇고요. 세계의 거의 모든 곳에서 나타나는 현상이지요. 어떤 사람들은 영적인 삶과 정치적인 삶을 하나로 생각하는 것에 당혹스러워하거나 터무니없다고 여기기도 합니다. 나는 그 둘이 분리되어 있다고 보지 않아요. 민주 국가에서는 영적인 것과 세속적인 것을 분리시키려는 욕구가 늘 있지만, 실제로는 그 둘을 나눌 필요가 없습니다. 반면에 많은 독재 국가들에서는 정치와 종교를 분리시키는 공공 정책이 있는 것을 보실 텐데, 내 짐작으로는 현재의 상태를 전복시키는 데 이용되곤 하는 것 같습니다.

앨런 클레멘츠: 감옥에서 143일 동안 단식 투쟁을 벌이다 돌아가신 우위사라(U Wisara) 스님은 정치적 동기를 지닌 비폭력 저항의 뛰어난 본보기였습니다. 사실상 버마는 정치가 사람들의 복지를 우려스럽게 만들 때, 비구와 비구니들이 그 분야에 활발히 개입하는 오랜 역사를 가지고 있습니다. 그런데 오늘날에도 과연 그러한지 의아스럽습니다. 여사께서는 이처럼 결정적인 위기의 순간에 '상가(*Sangha*: 승가[僧家] 혹은 승가의 법도)'가 민주화 운동을 지원하는 데서 중요한 역할을 담당할 수 있다고 생각하지는 않으십니까? 결국은 그것도 그들의 자유겠지만요.

아웅 산 수 지: 우리의 민주화 운동에는 매우 용기 있는 역할을 맡고 계신 스님들도 많이 계십니다. 물론 나는 스님들뿐만 아니라 모든 사람이 민주화 운동에서 훨씬 더 의미 있는 역할을 담당하는 모습을 보고 싶어요. 중요한 것은 어쨌든 민주주의에는 불교도가 반대할 만한 요소가 하나도 없다는 것입니다. 나는 다른 모든 사람과 마찬가지로 승려들도 선하고 바람직한 것을 고취시킬 의무가 있다고 생각해요. 진실로 그분들이 훨씬 효과적으로 그 일을 할 수 있다고 믿어요. 사실상 스님들은 할 수 있는 한 도움을 주어야 합니다. 현대적인 용어를 사용하자면 나는 '참여불교(engaged Buddhism)'를 신뢰합니다.

앨런 클레멘츠: 승려들이 어떻게 더 효과적일 수 있을까요?

아웅 산 수 지: 단순해요. 민주주의의 원칙을 설교하거나 모든 사람이 민주주의와 인권을 위해 일하도록 격려하거나 당국이 대화를 시작하도록 설득하거나, 그런 일들을 통해서 할 수 있어요. 만약에 이 나라의 모든 스님들이 입을 모아 "우리가 보고 싶은 건 대화다."라고 말한다면 엄청난 도움이 될 거예요. 그것도 부처님의 가르침이니까요. 부처님은 '상가' 안

에서 대화를 격려하셨어요. 말씀하시기를, "너희는 말 못하는 짐승처럼 살면 안 된다. 만일 너희가 서로에게 잘못을 범한다면, 너희의 죄와 잘못을 고백하고 용서를 비는 것으로 속죄하라."고 하셨지요.

앨런 클레멘츠: 여사께서는 '상가'가 자신들의 절을 찾아온 SLORC 장군들에게 "우리가 원하는 건 대화다."라고 말하지 못하게 막는 것은 무엇이라고 생각하시나요?

아웅 산 수 지: 모르겠어요. '비나야(*Vinaya*: 승계[僧戒] 혹은 법률[法律])'에 승려들이 그런 말을 하지 못하도록 금하는 구절이 있는지 모르겠군요. 혹시 있나요? 나는 모르지만 당신은 승려이시니까 나보다도 '비나야'에 더 친숙하실 텐데요. 그런 말을 할 수 없다고 명시된 조항이라도 있나요?

앨런 클레멘츠: 진실을 말하면 안 된다고 하는 규율에 대해서는 저도 아는 바가 없습니다. 아마도 제가 미처 알지 못하는 모종의 조항이 따로 있다면 또 모를까…….

아웅 산 수 지: 그렇군요.

앨런 클레멘츠: 여사께서 이곳 랭군에 있는 도력 높으신 우빤디따(U Pandita) 선사의 절에 가끔씩 시주를 하신다고 들었습니다. 여사께 도움이 되었던 그분의 가르침 중에 몇 가지만 좀 나누어주실 수 있을는지요?

아웅 산 수 지: 그분이 나에게 가르쳐주신 것은 전부 기억합니다. 그중에 가장 중요한 가르침은 지나치게 마음을 쓰지 말라는 것이었죠. 선사께서는 내가 너무 많은 '빤나(*panna*: 반야[般若], 곧 지혜)'에 집착하거나 너무 많

은 '위리야(*viriya*: 정진)'에 매달리는 것 같다고, 하지만 마음챙김(mindfulness)도 지나치게 하면 안 된다고 말씀하셨어요. 그래서 가택연금을 당했던 지난 6년 동안에 그 가르침을 잊지 않으려고 아주 마음을 써 왔답니다.(웃음)

또 그분은 나에게 화해를 가져올 수 있는 말을 하는 데 집중하라고 조언해주셨어요. 진실하고 남을 이롭게 하고 듣는 사람의 귀에 부드러운 말을 해야 한다는 것이지요. 그분은 말씀하시기를, 부처님의 가르침에 따르면 두 종류의 말이 있다고 하셨습니다. 하나는 진실하고 남을 이롭게 하며 받아들여질 수 있는 말이고, 다른 하나는 진실하고 남을 이롭게 하기는 하지만 받아들여지지는 않는 말입니다. 듣는 이의 마음을 상하게 하는 말은 수용되기 어렵다는 뜻이지요.

앨런 클레멘츠: 여러 해에 걸쳐 불교와 버마의 민주화 운동에 관해 강연하는 동안, 여사께 영웅적인 용어를 붙이고 싶어 하는 사람들을 많이 만났습니다. 심지어 〈베니티 페어(Vanity Fair)〉가 최근에 여사를 인터뷰하여 커버스토리로 낸 기사에는 '버마의 성 조안'*이라는 제목이 달렸더군요.

아웅산수지: 저런! 큰일이네요.

앨런 클레멘츠: 궁금한 게 있습니다. 불교 용어로 여사를 '보디사트바(*Bodhisattva*: '보리살타'의 준말로 흔히 '보살'이라 부름. 성불하기 위해 애쓰는 존재)'라고 부르는 소리를 들었습니다. 다른 사람들이 자유를 얻도록 도우려는 마음을

---

* '성 조안'은 조지 버나드 쇼(George Bernard Shaw)가 1923년에 발표하여 노벨상을 받은 명작 희곡 〈성 조안(St. Joan)〉을 가리키는 것으로 보인다. 이 작품은 프랑스의 성녀 '잔 다르크(Jeanne d'Arc)'의 이야기를 각색한 것으로, '잔'의 영어식 이름이 '조안'이다. '초인'(Superman)이란 보통 사람보다 능력이 출중한 사람이 아니라 잘못된 사회의 문제를 인식하고 이를 개혁하기 위해 노력하는 사람이라고 생각했던 쇼는 〈성 조안〉에서도 전통적인 악습을 깨고 보다 나은 사회를 향해 나아가는 초인의 노력을 그렸다. ─옮긴이

지닌 완벽한 지혜, 자비, 사랑의 화신이라는 뜻이겠지요. 이 점에 대해서는 어떻게 생각하시나요?

아웅 산 수 지: 맙소사! 제발요……. 나는 그 근처에도 못 간 사람인걸요. 사람들이 나를 그런 존재가 될 수 있다고 봐주는 게 놀라울 따름이에요. 나도 한때는 보살이 되고 싶었어요. 내가 그렇게 높은 공력을 쌓을 수 있다면 말이지요. 하지만 나는 자기수양(self-improvement)을 위해 애쓰는 사람 가운데 하나라고만 말할 수 있을 뿐, 보살의 서원을 이루었다거나 거기에 적합한 인물은 아니라고 봐요. 나도 선해지려고 노력이야 하죠.(웃음) 어머니가 나를 그렇게 키우셨으니까요. 어머니는 선의 이로움을 강조하셨어요. 물론 내가 항상 어머니 말씀대로 산다는 뜻은 아니고요. 다만 노력할 뿐이지요.

나는 성미가 아주 고약해요. 그런데 지금은 옛날만큼 자주 화를 내지는 않아요. 명상이 큰 도움이 되었어요. 하지만 누군가 위선적이거나 불의하다는 생각이 들면 여전히 화가 난다는 고백을 드릴 수밖에 없네요. 몰라서 그러는 건 상관없어요. 정직한 실수도 괜찮아요. 저를 진짜로 화나게 만드는 것은 위선이에요. 그래서 '알아차림(awareness)'을 훈련하는 거예요. 진짜로 화가 날 때, 내가 화가 난다는 것을 알아차려야 해요. 화가 난 나 자신을 바라보는 거지요. 그러면서 나 자신에게 말해요. "화가 났구나, 화가 났구나, 이 화를 다스려야지." 그러면 어느 정도 화가 통제된답니다.

앨런 클레멘츠: 여사께서 상대하는 대상이 세계에서 가장 위선적인 정권이라는 게 아이러니하지 않으세요?

아웅 산 수 지: 나는 SLORC를 향해 앙심을 품은 적이 한 번도 없어요. 물론

그들이 행한 어떤 일에 대해서는 매우 화가 났던 적이 있기는 하지만요. 그러나 동시에 그들의 불안, 이를테면 선에 대한 자신감 결여를 느낄 수가 있어요. 선을 믿지 못한다는 건 아주 슬픈 일이지요. 오로지 돈만 믿는 종류의 인간이 된다는 건 분명히 곤란한 일일 거예요.

앨런 클레멘츠: 그들의 불안을 어떻게 감지하시나요? 그들에게도 도덕적 수치심이나 양심이 있다는 뜻인가요?

아웅 산 수 지: 도덕적 수치심이나 양심에 관해 이야기하는 게 아니에요. 그들이 그런 걸 가지고 있는지 없는지는 잘 모르겠어요. 나는 다만 슬프게도 도덕적 양심이 없는 사람들이 있다는 걸 배웠을 뿐이에요. 내가 말할 수 있는 것은 돈밖에 믿지 못하는 사람들에게는 불안감이 아주 많다는 사실입니다.

앨런 클레멘츠: 주말마다 여사님 댁 앞에 모인 대중에게 연설하실 때, 사실은 SLORC를 향해 말씀하시는 건가요? 그들의 행동에 제동을 걸거나 스스로 성찰해보라는 뜻으로? 아니면 그냥 대중을 향해 말씀하시는 건가요?

아웅 산 수 지: 물론 나는 진실로 대중을 향해 이야기하지만, 때로는 SLORC에게 말하기도 합니다. 왜냐하면 내가 제기하는 많은 쟁점들이 전국적으로 당국에서 행하는 일들과 아주 밀접하게 연관되어 있기 때문이지요. 하지만 기본적으로는 국민에게 말하는 것입니다. 아울러 나는 SLORC도 국민의 일부라고 생각합니다. 그들은 우리처럼 자신들에게 반대하는 사람들을 언제나 국민으로 여기지 않아요. 무찔러야 할 대상이나 제거해야 할 방해물이라고만 생각하지요. 하지만 나는 그들을 국민

으로 간주합니다.

앨런 클레멘츠: 지난달에 저는 시장이나 상점에서 만나는 사람들 그리고 거리에서 행상을 하거나 건설노동자로 일하는 사람들과 이야기를 나누었습니다. 그들에게 SLORC 치하의 국가 상황에 대해 어떻게 느끼는지 물어봤는데요. 거의 모든 사람이 SLORC의 진노와 보복을 두려워한다고 말하더군요. 무슨 말이든 발설했다가는 감옥행이 대가로 주어질까 봐 두렵다는 것입니다. 그제야 저는 "두려움은 습관이다. 나는 아무것도 두렵지 않다."는 여사의 말씀의 의미를 깨닫게 되었습니다. 그렇지만 수 여사님, 두렵지 않다는 말씀이 정말인가요?

아웅 산 수 지: 물론 나에게도 두려움이 있습니다. 내가 잘못해서 다른 이들에게 해를 끼칠까 봐 두렵습니다. 하지만 동시에 그런 두려움을 견디는 법을 배우기도 했지요. 그럼에도 나는 국민이 진정으로 염려됩니다.

앨런 클레멘츠: 수천 명의 사람이 여사의 주말 연설을 들으러 관저 앞에 운집합니다. 최근에는 학생 3명이 체포되어 2년의 감옥행을 선고받기도 했습니다만…….

아웅 산 수 지: 네. 그렇지만 우리는 또한 연방단결발전연합(Union Solidarity Development Association, 이하 USDA)이 왜 사람들을 강제 동원해서 대규모 집회를 여는지도 물어야 합니다. 본래는 사회복지기구여야 할 그 어용단체가 실제로는 SLORC의 정치기구로 이용되고 있어요. NLD의 활동까지 방해하면서 말이지요.

앨런 클레멘츠: 그렇지 않아도 우지멍 선생님이 저에게 이 문제에 관해 말씀해주시더군요. SLORC가 선동하는 집회들에 참석해서 국가회의를 지지하는 구호를 외치지 않는 사람들에게는 벌금을 물린다면서요?

아웅 산 수 지: 네. 모니와(Monywa: 버마 북서부 사가잉다잉[SagaingTaing] 남쪽 중간지대에 위치한 도시로, 오랜 기간 동안 버마공산당[Burmese Communist Party, BDP]의 거점 도시였다. ─옮긴이) 출신의 어느 분이 보낸 편지에 보니 그런 집회에 참석하도록 강요받았다고 쓰여 있더군요. 식구 중 한 명도 보내지 못한 가구는 하나도 빠짐없이 50쩻(kyats: 인터뷰를 할 당시 버마 은행의 공인 환율은 1달러당 6차트였는데, 2010년 현재는 1,000차트가 넘게 치솟았다. ─옮긴이)의 벌금을 내야 한답니다. 요즘 가난한 사람들에게 50쩻은 정말 큰돈인데 말이에요.

앨런 클레멘츠: 시골에 사는 가난한 사람이라면 도대체 얼마나 가난한 걸까요?

아웅 산 수 지: 굳이 시골까지 갈 것도 없어요. 그냥 랭군 근교 라잉따야(Hlaingthayar) 같은 위성도시에 가서 슬쩍 한번 둘러보세요. 그곳 사람들은 하루에 두 끼 식사도 제대로 못합니다. 어떤 사람들은 한 끼도 못 먹어요. 밥을 먹는 대신에 미음을 마셔야 하지요.

　그런 반면에 또 어떤 사람들은 과거 그 어느 때보다 호황을 누리고 있습니다. 굉장한 부자가 되었지요. 이것이 내 심기를 어지럽히는 오늘날 우리네 삶의 모습입니다. 빈부 격차가 너무 많이 벌어졌어요. 하룻밤에 수만 쩻을 날려버릴 만큼 능력 있는 사람들이 가는 호텔과 레스토랑이 있다는 사실을 아셔야 합니다. 살기 위해서 멀건 죽으로 연명해야 하는 사람들이 있는데 말이지요.

앨런 클레멘츠: 버마 인구의 80퍼센트가 시골 지역에서 생활하고 있고, 그들 대부분은 농민이라고 알고 있습니다. 그들의 생활 여건은 어떻습니까?

아웅 산 수 지: 농부들의 삶은 진짜 고통스러워요. 먹을 쌀이 없어서 삶은 바나나를 먹지 않으면 안 되는 형편이래요. 그들이 정부에 파는, 아니 강제로 팔아야 하는 할당량을 채우지 못하면 자유 시장에서 사서라도 채워야 해요. 그런데 정부가 쌀을 살 때는 시장 가격보다 낮게 고정가로 매입하니 농민이 손해를 보는 거지요. 쌀농사를 이모작(二毛作)으로 짓지 않겠다고 하는 농민들은 심지어 토지를 몰수당합니다. 농민들이 이모작을 거부하는 이유는 오직 하나인데, 그렇게 이모작을 하게 되면 손해가 너무 크기 때문이지요. 단작(單作)으로도 이미 수확 이윤이 너무 적어 손해를 봤는데, 이모작을 하면 엄청난 빚만 지고 인생이 끝나버려요. 그런데도 당국은 이모작을 하도록 강요하고 있습니다.

　인간이 남을 속이기 시작하면 결국에는 자기 자신도 속이게 됩니다. 당국은 농민들에게 이모작을 하도록 지시하면 쌀 수출량이 두 배로 늘어날 거라고 계산하는 것 같아요. 사실상 후작(後作) 농사가 다음번 농사에 영향을 미친다는 사실은 고려하지도 않고 말이지요.

앨런 클레멘츠: 그건 그렇고, 버마의 감옥에서는 여전히 고문이 자행되고 있나요? 여사께서 그에 대한 증거를 가지고 계신가요?

아웅 산 수 지: 네, 버마의 모든 감옥에서 고문이 계속되고 있어요. 그리고 물론 나는 그 증거를 가지고 있습니다. 하지만 우리가 상황을 개선하고 싶다면, 어떤 종류의 고문이 자행되는가에 초점을 맞추기보다는 고문하는 자의 사고방식을 이해하는 게 더 중요하다고 봅니다.

앨런 클레멘츠: SLORC에 의해 감금된 정치범이 얼마나 될까요?

아웅 산 수 지: 아마 네 자릿수에 이를 것이라고 생각합니다. 정확히는 알수 없어요. 버마에 있는 각각의 감옥에 수감된 정치범의 수가 전혀 집계조차 되지 않고 있어요. 수감자들 자신도 같은 감옥에 수용된 사람을 다알 수 없습니다. 서로 격리 수용되니까요.

앨런 클레멘츠: 이 나라 국민 중 일부는 SLORC에 대해 억눌린 분노가 아주 큽니다. 혹시라도 여사의 민주화 투쟁이 성공한다면, 아마도 민주화된 버마에서 중요한 리더 역할을 담당하실 것으로 생각되는데, 그렇게되면 SLORC가 형사고발을 당하지 않을 것이라고 보장하실 수 있으십니까?

아웅 산 수 지: 나는 개인적인 차원에서 어떠한 보장도 할 수 없습니다. 그런 문제에 관해서는 결코 개인 자격으로 이야기하지 않을 생각입니다. 오로지 국민을 대변하는 모임 혹은 조직으로서 NLD가 말해야 하겠지요. 하지만 나는 진실과 화해가 함께 간다는 믿음은 확고하게 견지합니다. 진실이 받아들여지기만 한다면 용서하기도 훨씬 더 쉬울 거예요. 그러나 진실을 부인하는 행위는 용서를 가져오지도 못하고, 고통당했던 사람들의 분노를 삭여주지도 못합니다.

앨런 클레멘츠: 버마가 자유를 얻은 이후에 활동하게 될 진실과 화해위원회(Truth and Reconciliation Council)의 모습은 어떨 것 같으십니까?

아웅 산 수 지: 나는 버마에서 우리가 겪은 것과 같은 종류의 정신적 외상을 경험한 모든 나라가 진실과 화해를 필요로 한다고 생각해요. 일단 국

민이 진실에 접근할 기회를 얻기만 한다면 진정으로 복수심에 불탈 것 같지는 않습니다. 진실에 접근할 기회가 거부당하니 분노하고 증오하는 거지요. 자신들이 겪은 고통을 알아주지 않는다는 사실이 국민을 화나게 만듭니다. 그것이 바로 SLORC와 우리의 가장 큰 차이지요. 우리는 잘못을 인정하고 미안하다고 사과하는 일이 하등 이상할 게 없다고 생각하니까요.

앨런 클레멘츠: 이 댁에 도청장치가 되어 있습니까?

아웅 산 수 지: 잘은 모르지만 아마 있을 거예요.

앨런 클레멘츠: 신경이 쓰이지는 않으시나요?

아웅 산 수 지: 아니오. 비밀리에 말하는 게 없어서 별로 신경 쓰이지 않아요. 당신과 나눈 무슨 말이든지 그들에게도 똑같이 말할 수 있으니까요. 물론 그들이 듣고 싶어 한다면 말이에요.

앨런 클레멘츠: 이 댁의 전화도 전부 녹음 당하나요?

아웅 산 수 지: 아 네, 어쩌면요. 만약에 아니라면 오히려 내 쪽에서 그들의 비능률을 탓해야 할지도 몰라요.(웃음) 틀림없이 녹음되고 있을 겁니다. 만의 하나라도 혹시 도청장치가 없다면 SLORC의 군사정보부 의장인 킨 윤(Khin Nyunt) 장군에게 항의해서, 당신네 사람들은 진짜로 일을 제대로 못한다고 말해주어야 할 거예요.

앨런 클레멘츠: 항상 그런 감시를 받고 있으면, 기분이 어떠십니까?

아웅 산 수 지: 생각해보지 않았네요. 내가 전화로 대화하는 사람들 대부분은 그저 친구들이라서 무슨 특별히 중요한 이야기를 하는 게 아니거든요. "안녕, 잘 지냈어? 목소리 들으니까 좋다." 뭐 그런 이야기들뿐이지요. 그 밖에 어떤 약속을 정하기 위해서 전화하는 사람들도 좀 있고요. 우리 가족들하고는 매주 통화를 합니다. 하지만 그것도 다들 잘 있었는지, 어찌 지내는지, 특별한 계획이라도 있는지, 이것 좀 해줄래, 저것 좀 보내줄래(웃음), 대충 그런 거지요. 군사정보부 요원이 도청하는 걸 거리낄 만한 내용이 없어요.

앨런 클레멘츠: 그럼 여사께서는 보이지 않는 감시나 전화 녹음, 사방에 쫙 깔려 있는 군사정보부 요원들 그리고 언제 닥칠지 모를 재수감의 위협에 대해 압박감을 느끼지 않으시는군요. 아무것도, 전혀?

아웅 산 수 지: 그런 종류의 압박감을 항상 느끼지는 않아요. 물론 어떨 때는 느끼기도 하지요. 예를 들어 수년간 만나지 못했던 분인데, 한번은 미국에서 전화를 했어요. 남동생이 최근에 랭군에 왔는데, 정부 인사들과 모임을 가졌다는 얘기를 꺼내는 거예요. 내가 말했지요. "내 전화가 녹음 당하고 있다는 걸 알면서…… 군사정보부가 모든 얘기를 듣게 하려고 일부러 그러시는 건가요?" 그러자 "아, 네, 네" 그러더니 재빨리 전화를 끊는 거예요. 그분의 머릿속에 내 전화가 도청되고 있다는 사실이 입력되어 있지 않았다는 확실한 증거지요. 그런 경우에나 내가 놓인 환경이 범상치 않다는 걸 인식하지, 그 밖에는 별로 모르겠어요.

앨런 클레멘츠: 여사의 안전을 위해 동료들이 취한 조치가 있다면서요?

아웅 산 수 지: 대문 밖에서 말 그대로 '근무' 중이던 학생들 보셨지요? 그

들은 어떤 무기나 무기 비슷한 것도 소지하지 않은 채, 다만 나를 만나러 오는 사람들의 신원조사를 하기 위해 서 있어요. 나를 만나고 싶다고 요청하는 모든 분을 내가 다 볼 수 있는 게 아니에요. 그들이 가려내지요. 그것 말고 우리가 더 무슨 조치를 취할 수 있겠어요?

앨런 클레멘츠: 여사께서는 상당히 폭력적인 정권을 상대하고 계신데요. SLORC가 직접적으로든 간접적으로든 여사의 생명에 대해 명시적인 위협을 가한 적이 있습니까?

아웅 산 수 지: 당국이 "우리가 하려는 일에 반대하는 요소들은 모조리 궤멸시킬 것이다." 기타 등등, 말하는 소리를 들으셨군요. 그런 종류의 말은 만날 듣는 것인데요, 뭐.

앨런 클레멘츠: 넬슨 만델라가 감옥에서 풀려나자마자 국제 언론들이 여사께 '전 세계에서 가장 유명한 정치적 수감자'라는 꼬리표를 붙이기 시작했습니다. 그것에 대해 한 말씀 견해를 밝히신다면요?

아웅 산 수 지: 나는 그런 꼬리표가 중요하다고 생각하는 사람이 아닙니다. 그런데 최근에 어떤 분이 물으시기를, 내가 가택연금에서 풀려난 지금 도덕적 권위를 덜 느끼는지 어떤지 궁금하다는 거예요. 그런 질문은 아주 이상하다고 봅니다. 누군가의 영향력이 오로지 그가 수감자인가 아닌가에 의존한다면, 그야말로 할 이야기가 없는 거지요.

앨런 클레멘츠: 몇 년 동안 구금되어 있었음에도 여사께서는 한 번도 수감자로 느끼지 않았다는 말씀이신가요?

아웅 산 수 지: 네, 절대로 그렇게 느낀 적이 없습니다. 왜냐하면 나는 감옥에 있지 않았으니까요. 물론 감옥에 있었던 사람들 중에도 본인 스스로를 수감자라고 느끼지 않는 사람이 있을 거예요. 우지멍 삼촌께서 하신 말씀이 기억나네요. 감옥에 갇혀 있을 때, 가끔은 이런 생각이 들 때가 있으셨대요. "내가 얼마나 자유롭다고 느끼는지를 우리 마누라가 안다면 길길이 날뛰겠지."(웃음) 바로 어제도 모 텔레비전 프로그램에서 오신 분이 나를 인터뷰하면서 "자유롭게 되니 어떤 기분이 드십니까? 예전과 달라진 게 뭡니까?" 묻더군요. 나는 대답했지요. "아무것도 달라진 게 없습니다." 그가 다시 묻기를, "아니, 삶이 어떻게 달라졌냐고요?" 하기에, 이렇게 대답했지요. "실제적인 면에서 보면 내 삶은 물론 달라졌습니다. 이제는 많은 사람을 볼 수 있으니까요. 해야 할 일도 훨씬 더 많아졌고요. 하지만 차이점은 느끼지 못하겠습니다." 그는 내 말을 안 믿는 눈치였어요.

앨런 클레멘츠: 우띤우 선생님이 언젠가 저에게 말씀하실 때, 자유를 사랑한 죄로 옥에 갇힌 것이 자신의 삶에서 가장 숭고한 열매라고 하신 적이 있습니다. 하지만 그분은 감옥에서 나온 것에도 꽤 행복해하시는 것 같았어요. 여사께서도 그러신가요? 일상적인 삶과 다시 연결되고 친밀한 관계를 다시 맺게 된 것이 행복하지 않으신지요?

아웅 산 수 지: 나는 한 번도 삶에서 단절된 적이 없어요. 하루 몇 차례씩 라디오를 듣고 책을 읽으면서 세상에서 일어나고 있는 일들과 맞닿아 있다고 느꼈거든요. 물론 친구들을 다시 만나게 되어서 아주 기쁘지만 말이에요.

앨런 클레멘츠: 그렇지만 수 여사님, 여사님은 삶에서 근본적으로 단절되

어 계셨잖아요? 가족, 남편, 자녀들, 국민에게서 차단된 채로 지내셨지요. 활동의 자유, 표현의 자유도 박탈당했고요.

아웅 산 수 지: 가족, 특히나 아들들이 그립더군요. 그 아이들과 함께 있으면서 돌봐줄 기회를 갖지 못한 게 무척 안타까웠어요. 그러나 삶으로부터 단절되어 있다고 느끼지는 않았습니다. 가택연금을 당한 것도 근본적으로는 내 일의 일부라고 생각했으니까요. 나는 다만 내 일을 수행하고 있었을 뿐이지요.

앨런 클레멘츠: 여사께서는 민주화 투쟁에 뛰어드신 이래, 당국에 의해 휘둘리면서 신체적 압박을 받으셨습니다. 그런데 SLORC가 여사를 감정적으로나 정신적으로 가두었던 적은 없습니까?

아웅 산 수 지: 아니오. 그들은 나를 가두지 못해요. 왜냐하면 나는 그들을 증오하는 법을 미처 익히지 못했으니까요. 만약 그들을 증오한다면, 정말로 그들에게 휘둘렸을 거예요. 조지 엘리엇(George Elliot)이 쓴 『미들마치(Middlemarch)』*를 읽어보셨나요? 리드게이트(Lydgate) 박사가 등장하는데, 결혼생활에 실망하게 되는 인물이지요. 그에 대한 구절 가운데 기억나는 게 있어요. 그는 자신을 실망시킨 아내를 더 이상 사랑하지 못하게 될까 봐, 그것이 가장 염려된다는 거예요. 처음 이 구절을 읽었을 때 약간 황당했어요. 그때는 많이 미성숙했었나 봐요. 당시에 내 태도가 어땠냐 하면, '바람을 피운 마누라가 자신을 그만 사랑하게 되었다고 해서, 그 남자가 그렇게 두려워할 필요가 있을까?' 하는 식이었어요. 하지만

---

* 영국 중부의 상업도시 '미들마치'에 사는 세 가족의 이야기를 중심으로 19세기 중반 영국 사회의 문화와 풍속을 그린 장편소설이다. 참고로 작가인 조지 엘리엇의 본명은 메리 에반스(Mary Ann Evans)로, 자신이 소녀시절을 보낸 벽촌이 소설 속 '미들마치'로 형상화되었다. —옮긴이

이제는 그가 왜 그렇게 느꼈는지 알 것 같아요. 만약에 그가 아내에 대한 사랑을 멈춘다면, 그는 완전한 패배자가 되고 마는 거지요. 그의 인생 전체가 송두리째 실망으로 끝나버릴 거예요. 그 여자가 무슨 짓을 범했고 어떻게 느끼는지는 별개의 문제예요. 나도 늘 이런 생각을 한답니다. 만일 내가 진짜로 나를 가둔 이들을 미워하고 SLORC와 군대를 증오하기 시작한다면 패배자가 되는 거라고요.

가만 있자, 이 대목에서 내가 가택연금을 당했던 몇 년 동안 전혀 두려워하지 않았다는 사실을 믿지 못하겠다고 말하던 또 다른 인터뷰어가 떠오르네요. 그는 내가 그 시절에 분명히 겁을 먹고 있었어야 마땅하다고 생각했대요. 헌데 나는 그거야말로 정말 이상한 태도라고 생각해요. 내가 왜 두려워했어야 하지요? 정말로 그렇게 두려워했다면 짐을 싸서 떠났을 거예요. 그들은 언제든지 나더러 떠나라고 항상 기회를 주었거든요. 불교신자도 그런 질문을 던지는지는 잘 모르겠네요. 대체로 불교도들은 홀로 머무는 것을 두려워할 만한 일로 여기지 않으니까요.

사람들은 나에게 어째서 그들을 두려워하지 않느냐고 묻습니다. 그들이 원하기만 하면 나에게 무슨 짓이든 할 수 있다는 사실을 내가 모르기 때문일까요? 그렇지 않아요. 나는 그 점을 아주 잘 알고 있어요. 다만 나는 그들을 증오하지 않기 때문에 두려워하지 않는 겁니다. 당신도 마찬가지일 거예요. 당신이 증오하지 않는 사람을 두려워한다는 건 말이 되지 않지요. 증오와 공포는 나란히 갑니다.

앨런 클레멘츠: 이 나라의 감옥은 양심수들로 넘쳐납니다. 아마 이 책도 감옥으로 밀반입될 텐데요. 혹시 여사께서 그들에게 하실 말씀이 있으신지요?

아웅 산 수 지: 그분들은 내게 감동을 줍니다. 나는 그분들이 자랑스러워요.

이 말씀을 들려드리고 싶네요. 진실의 힘을 믿는 마음을 결코 잃어버리면 안 된다고요. 언젠가 슈차란스키(Shcharansky)*가 한 말을 꼭 명심하십시오. "오직 당신 자신 외에는 아무도 당신을 굴복시킬 수 없습니다." 힘드시겠지만, 강해지셔야 합니다.

앨런 클레멘츠: 마지막 질문입니다. 수 여사님, 1989년으로 거슬러 올라가서 가택연금 기간 중에 이런 말씀을 하셨지요. "우리 조국에서 우리가 수인(囚人)이라는 것을 세계가 알도록 해야 한다." 여사께서 석방되신 지 몇 달이 흘렀습니다. 정말 변한 게 아무것도 없나요?

아 웅 산 수 지: 한 가지 있네요. 우리가 우리 조국에서 여전히 수인이라는 것을 세계가 더 잘 알게 되었지요.

---

* 이스라엘의 정치가요 인권운동가이며 작가인 나단 슈차란스키(Nathan Shcharansky)를 가리키는 것으로 보인다. —옮긴이

02

도망친다고
문제가 해결되지는 않습니다

앨런 클레멘츠: 수 여사님, 참여불교에 대해 좀 더 여쭙고 싶습니다. 저는 올해 베트남에서 몇 달간 머물렀어요. 휴(Hue) 시 외곽에 있는 어느 절을 방문했는데, 그 절은 1963년에 소신공양을 한 최초의 베트남 승려가 있던 곳이지요. 한 젊은 스님이 저에게 그분의 화장(火葬) 사진을 보여주면서 설명하기를, "소신공양은 파괴나 자살행위가 아니라 자비의 행동이다. 전쟁 기간 동안에 베트남 국민이 겪어야 했던 충격적인 고통에 대해 세계의 관심을 이끌어내기 위한 방식이었다."고 했습니다. 참여불교의 그러한 행동이 극단적이라는 데는 의심의 여지가 없을 것입니다. 하지만 그 표현법이 어떻든지 간에 참여불교가 오늘날, 특히 여사의 나라에 있는 백만 비구와 오십만 비구니들 사이에서 더욱 활성화될 수 있을 것이라는 인상을 주지는 않나요?

아웅 산 수 지: 참여불교는 적극적인 연민 내지 '메타(*metta*: 자비)'가 맞습니다.

멀찍이 그냥 앉아서 수동적으로 "유감스럽다"고만 말하지 않아요. 구원이 필요한 사람에게 자신이 할 수 있는 최대한의 것을 주고, 그들을 보살피며, 그들을 도울 수 있는 행위를 함으로써 그 상황에서 무엇이든지 하지요.

물론 우리 버마식 불교에서도 '자애로운 마음 보내기'가 중요한 수행의 일부로 되어 있기는 합니다. 하지만 거기에 덧붙여서 우리의 '메타'를 표현하고 연민을 드러내기 위해서는 더 많은 것을 해야 합니다. 그러한 행함에는 여러 가지 길이 있어요. 이를테면 부처님의 경우에는 두 사람이 서로 싸우는 것을 말리기 위해 밖으로 나가서 그들 사이에 비집고 섰지요. 그들은 서로를 해치기 전에 먼저 부처님부터 해쳐야 했어요. 그런식으로 부처님은 양쪽 모두를 보호하셨지요. 자신의 안전을 희생한 대가로 다른 사람을 살린 겁니다.

오늘날 버마에서는 정치범의 가족들이 자기 집에 찾아오는 것을 무서워하는 이들이 많습니다. 자신들도 당국에 소환되어 괴롭힘을 당할까봐 겁을 내는 거지요. 그러나 이제는 거꾸로 정치범의 가족들을 찾아가서 실질적인 도움을 제공하고, 그들에게 사랑과 연민 그리고 도덕적 지원을 베풂으로써 적극적인 자비를 보여주어야 합니다. 이것이 바로 우리가 격려하는 '메타'입니다.

앨런 클레멘츠: 그렇지만 자비심이 적극성을 띨 기회를 갖기도 전에 공포심이 우리 마음을 압도하는 경우가 너무나 많습니다. 여사께서 "두려움은 습관이다."라고 말씀하셨던 것처럼 말이지요. 일전에 제가 시내에 있는 한 가게에서 친구에게 보내는 편지를 복사하던 중 실수로 바닥에 종이를 떨어뜨렸습니다. 그런데 점원이 그 종이를 주워서 저에게 건네주다가 편지에 대문자로 찍힌 'NLD'라는 글자를 우연히 보게 된 모양이에요. 갑자기 공황상태에 놓인 것처럼 당황하더니 그 종이를 찢기 시작

하는 거예요. 왜 그러냐고 묻자 그가 잔뜩 겁먹은 얼굴로 대답하더군요. 'NLD' 하면 감옥이 떠오른다고요.

아웅 산 수 지: 말도 안 되는 소리라고 말해주지 그랬어요?

앨런 클레멘츠: 두려움에 떠는 사람이 유일하게 그 사람 하나만은 아닐 거예요. 그런데 '적극적인 자비'가 거리에서 어떻게 표현될 수 있을까요? 두려움이 습관이 되어버린 그런 곳에 있는 보통 사람들에게 말이지요.

아웅 산 수 지: 그런 일은 적극적인 자비가 충분히 있지 않아서 일어나는 일들입니다. 사랑과 두려움은 아주 직접적인 관련이 있어요. 성경 구절 하나가 떠오르네요. "완전한 사랑은 두려움을 내쫓는다."* 나는 종종 이거야말로 대단히 불교적인 자세라고 생각하곤 해요. '완전한 사랑'이란 이기적이거나 집착적인 사랑이 아닌 '메타'여야 옳습니다. 〈자비경(Metta Sutra)〉에 보면, "독생자를 돌보는 어머니와 같이"라는 구절이 있어요. 그런 마음이 참된 '메타'이지요. 어머니의 희생적인 용기는 자식에 대한 사랑에서 나옵니다. 나는 이런 종류의 사랑이 우리 주변에 더 많아져야 한다고 생각해요.

앨런 클레멘츠: 여사님의 뜻에 거스를 생각은 아닙니다만, 저는 올해 프랑스 파리의 한 지하철역에서 지하철을 기다리던 중 노상강도를 당했습니다. 만약에 그 괴한이 제 눈에 최루가스만 뿌리지 않았더라도 분명히 맞서 싸웠을 거예요. 막상 그런 일을 당하고 나니까 이 세상에 폭력이 얼마

---

* "사랑에는 두려움이 없습니다. 완전한 사랑은 두려움을 내쫓습니다. 두려움은 형벌과 맞물려 있습니다. 두려워하는 사람은 아직 사랑을 완성하지 못한 것입니다."(요한1서 4:18) – 옮긴이

나 거대한지를 생각하게 되는 겁니다. 우리 주변에 더 많은 사랑이 필요하다는 것은 인정하지만, 사랑은 종종 이상(理想)에 머무는 것 같습니다. 여사께서는 자식을 위해 희생하는 어머니의 용기와 자식의 잘못까지도 끌어안는 어머니의 사랑을 비유로 들어 설명하셨습니다만, 바로 이 '자식'이 이웃의 목을 찌른다는…….

아웅산수지: 내가 한 말을 온전히 이해하지 못한 것 같군요. 우리는 '메타'가 자라나도록 해야 합니다. 사람들로 하여금 사랑이 단순히 남을 위한 것만이 아니라 자기 자신의 행복을 위한 강하고 긍정적인 힘이라는 것을 깨닫도록 해야 합니다. 어느 기자가 나에게 "사람들에게 말할 때 종교에 관한 말을 많이 하던데, 그 이유가 무엇입니까?" 하고 물은 적이 있습니다. 내 대답은 이랬어요. "정치가 인간에 관한 것이기 때문입니다. 그리고 인간은 영적인 가치로부터 분리될 수 없습니다." 그 기자는 또 나의 주말 연설을 들으러 온 어떤 청년 학생에게도 물었다고 해요. 당신네들은 왜 그렇게 종교에 관한 말을 많이 하냐고. 그 학생은 대답하기를, "그게 정치니까요." 하더랍니다.

　우리 국민은 이런 종류의 말을 잘 이해합니다. 어떤 사람들은 정치 이야기를 하면서 '메타'를 논한다는 게 추상적이거나 순진한 발상이라고 생각할지 모르겠어요. 하지만 나는 그것이야말로 실천적인 선의(善意)를 많이 만들어낸다고 봐요. 나는 NLD에게 항상 우리가 서로를 도와야 한다고 말합니다. 비록 온갖 무기와 협박과 억압에 둘러싸여 있기는 하지만, 우리가 서로를 얼마나 지지하는지 그리고 우리 안에서 행복을 만들어내려고 얼마나 애쓰는지를 다른 사람들이 알게 된다면, 그들도 우리처럼 되고 싶어 하지 않겠느냐고요. 아마도 "저 사람들의 태도를 보면, 뭔가가 있긴 있어. 우리도 행복해지고 싶어."라고 말하겠지요.

앨런 클레멘츠: NLD와 SLORC가 진실과 화해를 위한 대화의 자리에 함께 앉는 날이 온다고 가정한다면, 사실 누가 허구와 진실을 결정하게 될까요?

아웅 산 수 지: 우리가 대화할 때 필요한 건 신뢰감이에요. 자기 자신을 신뢰해야 함은 물론 서로에게 신뢰를 주어야 합니다. 서로에 대한 신뢰감이 있다면 진실은 문제도 아니지요. 사람들은 곧잘 거짓말을 하는데, 그 이유는 진실을 말하기가 두렵기 때문이에요. 다른 사람들의 이해나 자비심에 대해 충분한 신뢰가 없다는 뜻이지요. 우리가 진실과 화해를 연관 지어 이야기할 때 또 하나 필수적으로 갖춰야 하는 요소는 서로에 대한 신뢰임을 기억해야 합니다. 신뢰가 있어야 진실과 화해도 자연스럽게 뒤따를 것입니다.

앨런 클레멘츠: 여사께서는 억압적이고 권위주의적인 정권을 움직여가는 핵심적인 심리적 특질이 '불안정(insecurity)'이라고 말씀하셨습니다. 근본적으로 두려움 때문에 움직이는 사람, 실제로 자기 자신을 불신하는 사람이 진실한 대화에 참된 신뢰를 부여하리라고 어떻게 기대할 수 있겠습니까?

아웅 산 수 지: 생각을 일깨우는 좋은 질문이군요. 그들이 더 열심히 해야 하는 일은 자기 자신을 더 사랑하는 일일지도 모르겠네요. 이기적인 의미에서가 아니라 남을 위해서 그리고 자기 자신을 위해서 '메타'를 가져야 한다는 의미입니다. 말씀하셨다시피 두려움이 자기 자신에 대한 신뢰 부족에서 생겨나는 것이라면, 자기 안에 바람직하지 못한 것들이 있다는 걸 안다는 뜻일 거예요. 인간 대다수가 그렇듯이 나에게도 바람직하지 못한 것들이 있지요. 중요한 건 이런 점을 극복하려고 애써서 더 나은 존재로 나아가는 것입니다.

앨런 클레멘츠: 만일 여사께서 SLORC에게 대화를 요청하신다면, 그것은 간접적으로 그들이 자기 자신과 더불어 솔직한 대화를 나누라는 초대인 가요? 우리 모두의 내면이 그러하듯이, 그들 안에도 오랫동안 잊고 지내온 내면의 갈망, 즉 신뢰와 사랑을 받고 싶은 갈망이 있을 텐데, 그런 부분도 좀 돌아보라는 초대인지 궁금합니다.

아웅 산 수 지: 그렇게만 되면야 좋지요. 하지만…… 나는 내가 현재 진행되고 있는 일들에 대해 비판할 때, 그들이 별로 좋아하지 않는다는 걸 잘 압니다. 정치가로서, 이를테면 민주주의를 위해 일하는 정당을 대표하는 사람으로서 말할 필요가 있는 사안에 대해 말을 하는 것이 나의 의무예요. 비판을 하지 않는다는 것은 변화를 촉구할 게 없어서 비판거리를 찾지 못했거나, 아니면 옳지 못한 점이 있다는 걸 뻔히 알면서도 지적하기가 두려워서 입을 다물거나 둘 중의 하나를 의미합니다. 그러니 민주주의를 위해 또는 자신이 믿는 대의를 위해 일한다면, 목소리를 높여서 말할 용기를 가져야만 합니다. 물론 아무도 비판 받는 걸 좋아하지는 않지요. 그러나 비판에 대해 좀 더 객관적인 태도를 갖도록 배울 수는 있습니다.

앨런 클레멘츠: 여사께서는 비판하실 때 자비심으로 하십니까, 아니면 분노를 가지고 하십니까?

아웅 산 수 지: 우리는 분노를 느낄 시간이 없어요. 복수심을 갖지 않도록 서로 돕기도 하고요. NLD 안에 있는 사람들의 관계는 아주 좋아요. 인간으로서 우리 모두가 갖기 쉬운 고약한 감정들에 사로잡히지 않도록 배려하는 것이 서로에 대한 진정한 돌봄이라고 생각해요.

앨런 클레멘츠: 복수심을 갖지 않도록 어떤 식으로 서로를 도우십니까?

아웅 산 수 지: 부분적으로는 우리가 유머 감각을 가지고 있어서 그래요. 우리는 언제나 우리가 마주 대하는 모든 문제에 대해 크게 웃어넘깁니다. 그리고 우리한테 (웃음) '무더기로 얹힌' 모든 불의와 학대에 대해서도요.

앨런 클레멘츠: 단순히 유머만 갖고는 안 되지 않나요? 이 정권의 수뇌부들은 사악하고 가학적이며 중상모략을 일삼고 있습니다. 여사께서 당하신 6년간의 가택연금, 가족과의 생이별을 생각해보세요. 여사께서 고통의 무게에 짓눌려 계실 때, 국민도 투옥과 고문 등등을 견뎌야 했잖아요.

아웅 산 수 지: 그렇지요. 유머만이 전부는 아니지요. 우리가, 아니 NLD가 우리를 지지하는 많은 국민으로부터 '메타'를 받았기 때문에 가능했다고 봅니다. 그렇게 많은 선물을 받았으면 응당 되돌려주어야지요. 누구든지 아주 큰 사랑을, 그것도 정당한 방식으로 받는다면 보응하지 않을 수 없습니다. 그렇다고 우리가 부정적인 감정에서 완전히 자유롭다는 뜻은 아니고요. 다만 그런 감정들로부터 자유롭지 않는 한, 거기에 지배된다는 거지요. 우리가 받은 선의와 '메타'로 인해 우리 내면에서 그러한 감정들이 많이 밀쳐졌나 봅니다.

앨런 클레멘츠: 네, 여사의 주말 연설을 들으러 온 사람들로부터 여사께서 사랑을 듬뿍 받으신다는 건 아주 명백한 사실입니다.

아웅 산 수 지: 저도 알아요. 그들을 바라보고 있으면, 내가 하는 말 전부를 그들이 얼마나 지성적으로 잘 파악하고 있는지 알 수 있어요. 그들은 호기심이 많고 예리합니다. 버마식으로 우리가 하는 말이 있어요. "너의 그

림자를 보여주어라. 그래야 상대방이 너의 실체를 알 수 있다.”

앨런 클레멘츠: 여사께서는 국민이 왜 그다지도 여사를 많이 사랑하고 신뢰한다고 보십니까?

아웅 산 수 지: 버마 국민이 나를 신뢰하는 가장 큰 이유는 아버지를 사랑해서 그럴 겁니다. 그들은 아버지가 보이셨던 선의를 한 번도 의심한 적이 없어요. 아버지는 국민을 위해 자기 자신을 희생할 준비가 되어 있다는 걸 삶으로 보이셨지요. 그렇기 때문에 국민은 그분을 사랑했고, 또한 그 사랑의 많은 부분이 저에게로 전이(轉移)된 것 같습니다. 말하자면 나는 혜택을 누리면서 정치 인생을 시작한 셈이지요. 이미 형성된 ‘메타’라고 하는 자산 위에 나의 정치 이력을 쌓았으니까요. 내가 아버지의 딸이라는 사실, 그리고 국민과 내가 서로 간에 굳건한 ‘메타’의 결속을 수립해 왔다는 사실은 서로 떼어놓고 생각할 수 없습니다.

앨런 클레멘츠: 여사께서는 군대에 대해 엄청난 애정을 가지고 계시며, 국민이 존경할 수 있는 기구로 거듭났으면 좋겠다고 말씀하신 글을 읽은 적이 있습니다. 그 발언과 더불어, 버마가 여사를 지도자로 삼고서 민주 국가가 되었다고 가정해볼 때, 비폭력 원칙에 확고히 터 잡은 여성 정치가, 곧 ‘버마의 간디’로 불리는 여사께서 군대의 총사령관이 될 수 있으시겠는지 여쭙고 싶습니다. 무장군인들의 경례를 받으며 걸어가는 간디를 상상하기란 어려운 노릇인데…….

아웅 산 수 지: 정치에서는 모순된 것들이 연결되는 경우가 종종 있어요. 그러나 내가 보기에 군대의 주요 임무는 국민을 보호하고 지키는 것이라고 생각합니다. 우리 자신을 방어할 필요가 없는 세상에서 살고 있다면,

굳이 군대가 필요하지 않겠지요. 그렇다고 가까운 미래에 군대의 보호 없이도 우리가 능히 해나갈 수 있는 그런 세상이 오리라고 생각하지는 않습니다. 어쨌거나 기본적으로 군대의 힘은 파괴력이 아니라 방어력이라고 봅니다.

또한 '케테나(*cetena*: 올바른 의도를 품는 것, 正念)'의 문제가 항상 남아 있어요. 군대의 '케테나'는 반드시 옳아야 합니다. 나는 언젠가 한 군대 장교가 공산주의자들에 대한 증오심으로 가득 차서 그들과 맞서 싸웠노라고 하는 이야기를 들었어요. 내가 말했지요. "증오심 때문에 싸웠다는 얘기는 참 충격적이네요. 당신이 공격하려는 사람들에 대한 증오심 때문이 아니라 당신이 보호하려는 사람들에 대한 사랑 때문에 싸운다고 생각했거든요." '케테나'의 뜻이 바로 이런 거예요. 물론 어떤 사람은 내가 너무 꼬치꼬치 따진다고 말할지도 모르겠어요. 만약에 우리가 적을 죽인다면, 그 동기가 사랑일 수 있겠냐고 말이지요.

앨런 클레멘츠: 제가 봐온 전쟁은 사랑스러워 보이지 않던데요. 여사의 생각은 어떠신가요?

아웅 산 수 지: 정말 흥미로운 질문이에요. 전투가 한창 벌어지고 있는 판에, 자신이 보호하려는 사람들에 대한 사랑 또는 정의에 대한 사랑이 동기가 되어 행동하는 사람은 거의 없을 것 같군요. 그러나 내가 말하는 '동기'는 군대에 왜 들어가느냐, 전투에 왜 참가하느냐와 연관된 동기예요. 우리는 그저 죽을 수밖에 없는 존재들일 뿐, '아라한(*arahant*: 깨달은 자, 거룩한 성자)'이 아닙니다. 그럼에도 나는 아무개가 전투 중에도 그런 사랑의 의식을 고수하는 게 가능한지 아닌지가 궁금한 거예요. 증오심이 동기가 되는지도 확실하지 않군요. 나는 그런 건 훈련을 통해 습득된다고 생각하는 경향이 있어요. 실제로 전투에 참가해본 우띤우 삼촌이나 우지멍 삼

촌에게 물어보시면 좋겠네요. 그분들도 전쟁에서 싸웠고, 부득이하게 사람을 죽였을 테니까요.

앨런 클레멘츠: 저도 전투에서 직업 군인들을 본 적이 있습니다. 비록 저는 민간인이었지만 ……, 그곳이 전투 지역도 아니고 민간인 지역도 아닌, 경계가 좀 불분명한 곳이라서……. 헌데 군인들이 아드레날린에 중독되어 있는 것처럼 보였습니다.

아웅 산 수 지: 그들을 자극한 것이 분노일까요, 아니면 사랑일까요? 그것도 아니라면 다른 무엇이 뒤섞여 있을까요?

앨런 클레멘츠: 잘 모르겠습니다. 한 가지 떠오르는 사례가 있는데, 예전에 만난 무장한 민주 세력이 생존을 위해 남아서 지역을 방어하고 있었지요. 제가 짐작하기로는, 그들이 SLORC의 집단학살 계획으로부터 자기네 가족과 고향과 원칙들을 지켜내고 싶은 사랑 때문에 그러지 않았을까요? 그들은 그처럼 무자비한 만행에 직면했을 때 누구라도 할 만한 일을 한 것 같습니다. 말하자면 상식에 속하는 것이지요.

아웅 산 수 지: 전문적이고 명예로운 군대라면 그대로 유지하는 것이 상식이라고 말할 수 있겠네요.

앨런 클레멘츠: 헌데 여사의 주말 대중 연설이 SLORC에 의해 녹화되고 있다고 들었습니다. 사실인가요?

아웅 산 수 지: 아 네, 그럼요.

앨런 클레멘츠: 제가 여쭤보는 까닭은, 한 믿을만한 정보원한테서 SLORC 소속의 장군 부인 하나가 여사의 테이프를 간절히 보고 싶어 한다는 말을 들었기 때문입니다.

아웅 산 수 지: 어머, 반가워라!

앨런 클레멘츠: 그래서 제가 아이디어 하나가 떠올랐는데요. 여사께서 SLORC와 대화를 청하시는 겁니다. 그중에서도 완전히 군인으로 단련된 인물하고요. 어쩌면 장군들의 부인들과 대화를 모색하실 수도 있을 겁니다. 그들과 편안하게 이런저런 이야기들을 나누시거나 잡담을 나누시면 좋을 것 같습니다.

아웅 산 수 지: (웃음) 정말 좋은 아이디어인데요? 한 번도 해보지 못했던 생각이네요.

앨런 클레멘츠: 버마는 모계 사회니까요. ……비록 겉보기에만 그럴지는 모르지만.

아웅 산 수 지: 장군들의 부인들과 함께 차를 마시면 무척 좋을 것 같군요. 친구가 된다는 건 너무나도 멋진 일이니까요, 그렇지요? 원수가 되는 건 소모적인 일이에요. 나는 가끔 혼자 이런 생각을 하곤 해요. 저들이 원수처럼 행동하기를 완전히 멈추면 좋겠다고요. 왜 우리는 친구가 되면 안 될까요? 모든 사람을 위해 그 편이 훨씬 더 좋을 텐데 말이에요.

앨런 클레멘츠: 여사의 전화번호는 전화번호부에 다 나옵니다. 그냥 전화 한 통이면 될 일인데…….

아웅 산 수 지: 그러게요. 나는 나를 보고 웃는 사람한테 절대로 침을 뱉을 위인이 아닌데…….

앨런 클레멘츠: 1989년에 여사가 가택연금을 당한 사건의 배후에 네윈이 있었습니까?

아웅 산 수 지: 모르겠어요. 하지만 분명한 것은, 그가 나라를 망친 일에 대해 비판하기 시작한 뒤에 내가 감금당했다는 사실입니다.

앨런 클레멘츠: 그를 만나보신 적이 있으십니까?

아웅 산 수 지: 어린 소녀 적에요.

앨런 클레멘츠: 제가 네윈이라는 이름을 꺼낸 것은 한 가지 이유 때문입니다. 큰 그림에서 보자면, 우리가 오늘날 버마에서 보는 일은 다소 전형적이라 할 수 있습니다. 한쪽에는 네윈이라는 남성이 있습니다. 오늘날 전 세계를 통틀어 가장 오랫동안 집권한 독재자일 거예요. 무려 35년하고도 계속 버티고 있어요. 그리고 다른 쪽에는 바로 여성, 자유와 비폭력의 원칙을 굳건히 옹호하는 여사께서 계십니다. 네윈과 여사 사이에는 어마어마한 간극이 놓여 있어요. 남성성 대 여성성이지요. 무기 대 따뜻함이기도 하고요. 여사님은 억압을 용서로써 포용합니다. '힘이면 다 된다'는 식으로 억압적인 지배를 일삼는 낡은 남성 우월적 모델이, 평등과 인간 존엄성 그리고 친절에서 흘러나오는 힘으로 무장한 새로운 여성적 비전에 의해 도전 받고 있습니다. 위기 속에서, 그 위기를 뚫고, 성서적인 의미의 구원이 솟구치는 것이지요. 혹은 3세기에 아소카 왕의 마음이 바뀐 것 같은, 다시 말해 폭력적인 괴물에서 역사상 가장 유명한 불교도

왕이 된 것 같은 사건이 일어날 수도 있습니다.

그런 점에서 여사께서는 네윈이 자신의 구원에 관심을 가질 만큼 충분히 불교적이라고 보시는지요? 말하자면 버마 역사의 연대기에서 현대판 아소카 왕이 될 가능성이 있겠나 하는 겁니다. 기회는 거기에 있을 텐데요. 그에게 중요한 순간이 바로 지금이라고 보는데…….

아웅 산 수 지: 대부분의 버마인들이 스스로를 불교도라고 여기지만, 실상은 그저 부모가 불교도이니까 태어날 때부터 자동적으로 불교도가 된 경우가 많습니다. 불교도로서 반드시 지켜야 할 기본적인 오계(伍戒)*는 고사하고, 불교를 실제로 깊이 공부하지 않은 채 그냥 당연히 받아들인 사람들이 많은 거지요. 만약에 우리 모두가 자신의 종교적 유산에 훨씬 더 깊은 관심을 가지고, 단순히 입술로만 고백하는 게 아니라 진지하게 불교를 실천한다면, 정말 멋지게 살 거라고 생각합니다.

앨런 클레멘츠: 불교가 머리로만 이해되기보다는 사람들에게 좀 더 가까이 다가갈 수 있으려면 어떻게 해야 할까요?

아웅 산 수 지: 아시다시피 오계만 충실히 따른다면 능히 성공할 수 있지요.(웃음)

앨런 클레멘츠: 어쩌면 '살생하지 말라'는 첫 번째 계율만 따라도 그럴 수 있지 않을까요?

---

* 불교에서 반드시 지켜야 할 다섯 가지 계율에는 생명을 해치지 않는 것, 남이 주지 않는 물건을 취하지 않는 것, 삿된 음행을 하지 않는 것, 거짓말을 하지 않는 것, 정신을 흐리게 하는 약물이나 술을 먹지 않는 것이 있다.

아웅산수지: 그것만 갖고는 충분하지 않아요.

앨런 클레멘츠: 그럼 '도둑질하지 말라'는 두 번째 계율까지 포함시켜야 할까요?

아웅산수지: 그걸로도 아마 힘들 거예요. 앞의 세 가지 계율을 모두 지킨다면 거의 성공할 수 있겠지요. 완전히 성공한다기보다 '거의' 말이에요. 실제로는 오계를 모두 지켜야 합니다.

앨런 클레멘츠: 굳이 언급할 필요도 없을 테지만, 여사께서 만나시는 SLORC 장군들 중에는 모종의 원시적인 감정, 그러니까 석기시대 수준의 의식을 가진 사람들이 있는 것 같습니다. 그런데 말씀드렸다시피, 저는 진정으로 구원을 믿습니다. 어쩌면 단순한 희망사항일지도 모르겠지만, 여사께서는 어찌 생각하시는지요? 무슨 짓을 저질렀든지 간에 너무 멀리 나간 인간은 구제불능일까요?

아웅산수지: 불교의 가르침에 따르면, 부처님 자신도 구제할 수 없는 사람이 있다고 해요. 그렇다면 만인을 구원할 수 있다고 주장하는 우리는 대체 누구란 말인가요? 우리는 누가 구원받을 수 있고, 누가 구원받을 수 없는지 알지 못합니다. 그렇기 때문에 그저 열심히 노력하면서 살아야 할 의무가 있겠지요. 우리는 어떤 사람이 구원받을 수 없다고 함부로 낙인찍으면 안 됩니다. 미심쩍은 부분이 있더라도 일단은 선의를 가지고 대해야 합니다.

앨런 클레멘츠: 저는 버마에서 밀반출된 비디오테이프를 몇 시간 내내 본 적이 있습니다. 여사께서 전국을 돌면서 국민에게 연설하고 선거 유세

를 위해 시골을 두루 다니시는 모습이 담긴 테이프였지요. 물론 그런 활동들은 모두 여사께서 가택연금을 당하시기 이전의 일들입니다. 저는 그 테이프를 보면서 여사와 NLD 동료들이 SLORC에게 어느 정도로 괴롭힘을 당했는가에 충격을 받았습니다.

아웅 산 수 지: 그걸 잊어버렸네요. 어떤 식이었나요? 아 참, 특히 이야워디 주(Irrawaddy Division)에서 커다란 괴롭힘이 있었지요.

앨런 클레멘츠: 군대의 포함(砲艦)에 무장한 SLORC 군인들이 가득했습니다.

아웅 산 수 지: 맞아요. 우리가 이야워디로 내려가고 있을 때, 그들(SLORC 군인들)이 우리에게 와서 군악을 연주했어요.

앨런 클레멘츠: 그리고 자동소총으로 무장한 SLORC 군인들이 총검을 휘두르며 사람들한테 집으로 돌아가라고 윽박지르는 등, 여사를 만나지 못하게 하려고 갖은 공작을 펼쳤지요. 그 후에 사격 명령을 내리려고 카운트다운을 하고 있는 대장과 총을 쏘려고 조준하고 있는 군인들 대열을 향해 여사께서 유유히 걸어가셨던 유명한 다나베(Danabyu) 사건이 있었고요. 그때 경험을 다시 이야기해주실 수 있을까요?

아웅 산 수 지: 사실 그 일에 대해 자세히 이야기하거나 글을 써본 적이 없어요. 내 기억으로는……, NLD 동료들과 내가 여러 마을과 도시를 순회하느라 강물을 따라 여행하는 데 하루를 꼬박 보내고 돌아온 직후였어요. 우리는 그 지역 군부대의 소령 한 사람과 또 다른 장교들과 함께 그들의 배에 동승했었지요. 저녁 무렵 돌아와서 우리가 묵을 집을 향해 걸어가고 있을 때였어요. 그들은 내 뒤에 있었고, 나는 그들 앞에 섰지요. 내 앞

에는 한 청년이 NLD 깃발을 들고 걸었고요. 숙소로 향하는 길 한복판에서 우리는 그 청년을 따라 걷고 있었어요. 그게 전부예요. 그저 걷기만 했어요.

그러다가 길 건너편에서 무릎을 꿇은 채 우리를 향해 총을 겨누고 있는 군인들을 본 거예요. 대장으로 보이는 사람이 우리더러 길 밖으로 나가라고 소리를 지르더군요. 나는 깃발을 들고 있던 청년에게 물러나라고 말했지요. 그가 표적이 되면 안 되니까요. 그래서 청년이 옆으로 물러섰는데, 그 대장은 우리가 도로 한복판을 계속 걸으면 발사하겠다고 말하더군요. 내가 대답했지요. "좋아요. 물러서겠습니다." 우리는 길가로 걸었어요. 길 중간을 비우고 양쪽으로 걸으려니까 집단이 둘로 나뉘었지요. 그런데도 그는 심지어 우리가 그의 지시에 따라 길가로 걷는데도 발사하겠다고 윽박지르는 거예요.

지금 생각해보면 아주 불합리하게 보여요.(웃음) 그때 나는 속으로 생각하기를, 우리가 길가로 걷는데도 총을 쏘겠다는 말은, 결국 저들이 쏘고 싶은 사람이 나라는 뜻이구나 싶었지요. 그래서 길 한복판으로 걸어가야겠다고 생각한 거예요. 내가 그렇게 걷는 동안 내 뒤에 있던 소령이 대장에게로 뛰어가더니 설전을 벌이더군요. 우리는 무릎을 꿇은 채 우리를 향해 총을 겨누고 있는 군인들 사이를 걸었습니다. 나는 그때 군인들 가운데 어떤 사람이, 한 명인지 두 명인지 정확하지는 않지만, 떨면서 중얼거리는 걸 보았어요. 적개심 때문이었는지 아니면 초조해서 그랬는지는 잘 모르겠어요.

앨런 클레멘츠: SLORC 소령과 그 대장 사이에는 무슨 일이 일어났나요?

아웅산수지: 보아하니 그 대장은 자기 어깨에서 계급장을 떼어내더군요. 그러고는 땅에 던지면서 말하기를, 자신이 발사 명령도 못 내린다면 이

게 다 무슨 소용이냐고 하는 거예요. 그런 류의 말들을 계속 했나 봅니다. 나는 이미 그 자리를 떠난 뒤라 정확히 듣지 못했지만, 거기 있던 사람한테 나중에 들으니 그랬대요.

앨런 클레멘츠: 그런 일이 일어나고 있을 때 여사의 마음속으로 무슨 생각이 스쳐 지나가던가요?

아웅 산 수 지: 나는 제법 냉정을 유지하고 있었어요. 다른 사람이라면 이런 경우에 어떻게 할까를 생각했지요. 되돌아갈까 아니면 앞으로 계속 갈까? 내 생각에 이런 상황에서 발길을 돌리는 사람은 없을 것 같았어요. 내가 유별나다고 생각하지 않습니다. 나는 종종 시위에 참여했던 사람들이 이런 말을 하는 걸 들었어요. 경찰에 끌려갔을 때 무엇을 하겠다고 미리 결정할 필요가 없다고요. 그건 그때 그 자리에 가봐야 결정할 수 있는 사안이라고요. 서 있을까 아니면 뛸까? 미리 생각했던 게 무엇이든지 간에 결정적인 때가 오면, 즉 실제로 그러한 종류의 위험에 맞부딪치게 되면 그 자리에서 결정을 내려야 합니다. ……달리 말해 무슨 결정을 내리게 될지, 그 전에는 절대로 모른다는 뜻이지요.

앨런 클레멘츠: 그렇게 직접적인 폭력적 위해를 당하신 건 오로지 그때뿐이셨습니까?

아웅 산 수 지: 언젠가 랭군에서도 있었는데, 그때와 똑같지는 않았어요. 메니공(Myenigon)에서 어떤 사람이 총에 맞는 사건이 일어났지요. 우리가 NLD 사무소에서 기념식을 하고 돌아오던 길이었어요. 그날은 또 민주화 시위를 하다가 돌아가신 분들을 기념하는 1주기이기도 했지요. 그래서 나도 그분들을 기억하는 의미로 화환을 놓아드리고 싶었어요. 우리

는 돌아오는 길에 도로에서 조금 떨어진 한적한 장소를 찾아 의식을 거행하기로 했어요. 그러면 문제될 게 없을 테니까요. 그런데 NLD에 소속되어 있지 않은 학생 몇 명이 우리를 따라온 거예요. 그들은 조금 문제가 될 만한 곳에다 화환을 놓으려고 했는데, 아니나 다를까 그 주변에는 수많은 병력이 포진해 있었지요. 학생들이 꽃다발을 내려놓자 군인들이 들이닥치더니 그들을 잡아채기 시작했어요. 나는 이미 떠날 채비를 하고 있다가 말했지요. "우리는 돌아갈 겁니다. 하지만 이 학생들은 NLD 청년 멤버가 아니기 때문에 그대로 놔두고 갈 수 없습니다." 그러고는 되돌아가서 내 꽃다발도 그곳에 놓았어요. 우리가 원래 놓으려고 했던 장소는 아니지만 말이에요. 민주화 운동을 하고 있는 다른 사람들과 연대감을 보여야 한다고 생각했거든요. 나는 우리 당에 소속되어 있지 않으면 책임감을 느낄 필요가 없다는 식의 태도를 싫어합니다. 그런데 우리가 차를 타고 빠져나가는 사이에 군인들이 총을 쏘기 시작했어요. 그래서 내가 말했지요. "차를 도로 돌리세요. 저들이 총을 쏠 때 도망가면 안 되지요." 결국 차를 돌렸는데, 한 경찰관이 총을 흔들면서 "꽁무니 빼지 마라"며 무례한 말을 내뱉는 거예요. 그에게 말했지요. "도망친 게 아닙니다. 분명히 말하지만 돌아왔어요."

앨런 클레멘츠: 총성을 들으면 달아나는 대신에 되돌아가서 총 앞에 마주서는 것이 여사의 방침이신가요?

아웅 산 수 지: 네, 도망가면 안 됩니다. 도망치는 것으로는 아무 문제도 해결할 수 없어요. 우리는 단지 그들이 왜 총을 쏘고 있는지 알고 싶었을 뿐이에요. 무엇이 그들을 그토록 화나게 만들었을까? 그게 궁금했지요. 그래서 우리는 되돌아갔고, 그들에게 이유를 물었어요. 대답하지 않더군요. 그들은 그냥 가버렸어요.

앨런 클레멘츠: 말보다 행동으로 보이는 것이 더 확실하다는 뜻인가요?

아웅 산 수 지: 이 나라에서 우리는 많은 질문을 할 필요가 있어요. 또한 그들에게 대답도 해주어야 하고요. 그것이 문제를 해결할 수 있는 유일한 길입니다.

앨런 클레멘츠: 단도직입적으로 여쭙겠습니다. 여사께서는 SLORC가 여사를 증오하는 것에서 어떤 영향을 받으시는지요?

아웅 산 수 지: 지루할 뿐이에요. 그 표현이 뭐였더라? '악의 평범성'*?

앨런 클레멘츠: 전 세계 사람들이 여사의 이름과 삶을 '용감함' 내지 '두려움 없음'과 연결 짓습니다. 그럼에도 여사께서는 NLD 동료들이 여사보다 훨씬 더 고통받고 훨씬 더 용감하다고 말씀하시면서 사람들의 칭찬을 줄곧 사양하시는데요…….

아웅 산 수 지: 어렸을 때 오빠들과 달리 나는 어둠을 무서워했어요. 우리 가족 중에서 내가 제일 겁이 많았지요. 그렇기 때문에 사람들이 나를 용감하다고 칭찬하는 말을 들으면 굉장히 이상한 기분이 드는 거예요.

앨런 클레멘츠: 정말로 낯설게 생각하시네요. 그렇죠?

---

* '악의 평범성'(the banality of evil)이란 미국의 정치철학자 한나 아렌트(Hannah Arendt)가 1963년에 낸 『예루살렘의 아이히만』이라는 책에서 제시한 개념이다. 그녀는 히틀러 친위대원이었던 아돌프 아이히만의 재판 과정을 지켜보고서, 악행은 인간의 어떤 악마적 본성 때문이 아니라 '사고력의 결핍'에서 나온다고 주장하였다. – 옮긴이

아 웅 산 수 지: 네, 아주 낯설어요.(웃음) 내가 하는 일 중에 어떤 것들은 다른 이들이 보면 용감하다고 할지 모르겠지만, 나에게는 그저 평범한 일로 보이는데요, 뭐.

앨런 클레멘츠: 여사를 향해 총을 쏠 태세가 되어 있는 무장 군인들 사이로 걸어가는 것 같은 일 말씀인가요?

아 웅 산 수 지: 그런 건 딱히 용감한 일이 아니에요.

앨런 클레멘츠: 여사께서는 정말 그런 행동이 용감하다고 생각하지 않으시나요?

아 웅 산 수 지: 그걸 그렇게 용감한 일로 생각해야 하는지 아닌지 잘 모르겠어요. 그런 종류의 일을 매일매일 하고 있는 군인들이 많잖아요. 불행히도 이 세상에는 전쟁 없는 날이 없으니까요.

앨런 클레멘츠: 그렇다면 여사께서는 스스로를 용감하게 여기는 마음이 절대로 일어나지 않으십니까? 자화자찬하는 일말의 속삭임도? 전혀?

아 웅 산 수 지: 내가 권력자들의 불의한 행동에 대해 취하는 태도의 측면에서만 보면, 어쩌면 나도 꽤 용기 있는 인간이구나, 생각할 수 있을지 모르겠어요. 버마에 있는 많은 국민보다야 내가 그들을 덜 두려워하니까요. 그것은 아마 내가 인생의 많은 부분을 자유사회에서 살았기 때문이지 않을까 싶어요. 그 덕에 권력자들에 대한 두려움이 습관이 되지 않은 것이지요. 나로서는 나에게 질문할 권리가 없는 사람의 질문에 대답하지 않는 것이 당연한 일이에요. 그러나 버마의 많은 국민은 너무 겁에

질린 나머지, 당국이 심문하면 그냥 굴복해버려요. 사람들이 이런 종류의 행동에 길들여져 있는 거지요.

앨런 클레멘츠: 수 여사님, 스스로 생각하시기에 어떤 내밀한 부분에서 더 큰 용기가 필요하다고 보는 영역이 있으십니까?

아웅 산 수 지: 결정을 내리는 데는 항상 용기가 개입됩니다. 특히 우리가 처한 상황에서는 더더욱 그래요. 그건 비단 자신의 결정으로 자기 자신이 해를 입을 수 있기 때문만이 아니에요. 자신이 직면하고 책임져야 할 결과의 범위가 아주 넓기 때문이지요. 그 책임을 받아들이는 것이 용기 있는 행위가 아닐까 해요.

앨런 클레멘츠: 버마의 위기가 고조되는 상황을 볼 때, 여사께서 말하자면 면도날 위에서 균형을 잘 잡고 계셔야 할 텐데요.

아웅 산 수 지: 우리는 언제나 많은 책임이 따르는 결정들을 내리는 입장에 있습니다. 그러다 보니 자연히 당국의 가혹한 처사에 항상 열려 있게 마련이지요. 하지만 앞서 말했듯이, 나는 나를 지지하고 보살펴주는 동료들을 가져서 참 행운입니다. 우리는 합의를 통해 결정을 내립니다. 그래서 우리의 용기는 집단적 용기라 말해야 옳습니다. 우리 모두가 각자의 용기를 끌어내어 한데 합친 것입니다. 그렇게 합해진 전체는 부분의 합보다 훨씬 더 크답니다.

앨런 클레멘츠: 1988년에 하셨던 어느 연설에서 여사께서 말씀하시기를 "나는 언제나 큰 뜻을 가지라고 사람들에게 이야기합니다. 최고의 열망을 품으십시오." 하셨습니다. 수 여사님, 여사께서 가지고 계신 최고의

열망은 무엇인지 여쭈어보아도 되겠습니까?

아웅 산 수 지: 나의 가장 큰 열망은 아주 영적인 종류의 것으로, 마음이 깨
끗해지는 것입니다.

진실은 강력한 무기입니다

03

앨런 클레멘츠: 수 여사님, 이곳 여사님의 나라에서 진실을 말하는 것은, 특히 그 진실이 당국에 의해 받아들여지지 않을 때 국가에 반(反)하는 범죄로서 처벌대상으로 간주됩니다. 그런데 '진실'이 왜 그토록 위협적일까요?

아웅 산 수 지: 진실의 힘은 정말 대단하기 때문이에요. 그래서 어떤 사람들은 이 점에 아주 위협을 느끼지요. 진실은 강력한 무기예요. 그렇게 생각하지 않는 사람들도 있지만, 진실은 정말 강력합니다. 강력한 것들이 보통 그렇듯이 진실도 어느 입장에 서 있는가에 따라 위협이 되기도 하고 용기가 되기도 하는 것 같아요. 진실의 편에 서 있는 사람은 아주 강한 확신을 얻을 거예요. 진실의 보호를 받을 수 있으니까요. 하지만 거짓의 편에 서 있는 사람은 위협을 느끼기 마련이지요.

앨런 클레멘츠: 상황이나 결과와 상관없이 항상 진실을 말해야 한다는 확고부동한 신념에 대해서는 어떻게 생각하십니까? 정직은 언제나 최선의 방책일까요?

아웅 산 수 지: 네, 정직은 최선의 방책입니다. 그냥 숨김없이 정직해야 해요. 이것이 제가 항상 견지해온 방식이에요. 그렇다고 물론 모든 사람에게 모든 걸 낱낱이 이야기한다는 뜻은 아닙니다. 어떤 질문을 받았을 때, 있는 그대로 이야기할 때도 있지만, "당신에게는 말하지 않겠다."고 쌀쌀맞게 대할 때도 있지요. 이를테면 군사정보부가 나를 심문하러 왔을 때, 나는 대답하지 않겠다는 말만 했어요. 내가 만약 대답을 하면, 다른 사람을 연루시키게 되니까요. 그들은 나를 도와준 사람이 누군지 색출하러 왔거든요. 그러니 내가 대답하면 그분들을 잡아갈 게 아니겠어요?

앨런 클레멘츠: 그렇다면 여사의 경우에는 진실을 말하는 기준이 다른 사람들에게 미치는 영향인가요?

아웅 산 수 지: 네, 속이는 것보다는 차라리 대답하지 않는 편이 낫다고 봅니다. 속이는 것은 소모적인 행위예요. 스콧(Scott)*이 한 말이 얼마나 옳은지 몰라요. "오, 진실로 복잡하게 얽히고설킨 인연들이여. 그 처음 시작은 우리가 속임수를 쓰면서부터라네."

앨런 클레멘츠: 정직하라는 도전에는 감옥에 갇히는 것이나 가족이 괴롭힘을 당하는 것이나 직장을 잃는 것이나 심지어 고문을 당하는 위험까

---

* 19세기 초 영국의 소설가이자 시인이며 역사가였던 월터 스콧(Walter Scott, 1771~1832)을 가리킨다. 그의 〈마미온〉, 〈호수의 여인〉, 〈최후의 음유 시인의 노래〉는 3대 서사시로 유명하다. 잉용구는 〈마미온〉의 한 구절이다. ─옮긴이

지도 감수하라는 의미가 포함되나요?

아웅 산 수 지: 속임수를 쓰면 잃는 게 더 많습니다. 그건 확실해요. 하지만 대가 없이는 아무것도 얻을 수 없다는 것 또한 사실이지요. 그러나 이 부분에서도 기만의 결과보다는 정직의 결과를 받아들이기가 언제나 더 쉬운 법입니다. 정직의 결과는 긴 안목으로 보면 결코 무거운 짐이 아닌 반면에, 누군가를 속이게 되면 평생토록 그 대가가 따라다니게 되거든요.

앨런 클레멘츠: 사람들에게 속이는 버릇에 도전하도록 어떤 조언을 해주실 수 있겠습니까?

아웅 산 수 지: 내가 하고 싶은 말은 아주 간단해요. 물론 대부분의 사람은 받아들이기 어려울 수 있겠지만요. 속임수에 탐닉하지 않아야 더 행복하다는 것이지요. 그게 전부입니다.

앨런 클레멘츠: 본질적으로 여사께 진실이 뜻하는 것은 무엇인가요?

아웅 산 수 지: 결국에는 진실을 진정성과 선의(善意)로부터 떼어놓을 수 없다는 것입니다. 나는 모든 상황에서 진실을 볼 수 있다고 주장하려는 게 아니에요. 우리는 상황을 판단함에 있어서, 즉 옳고 그름을 정직하게 구분하는 일에 진정성을 가지려고 최선을 다해야 합니다. 그렇게 하는 사람은 진실의 편에 서 있다고 할 수 있지요. 그러나 진실은 넓은 개념이에요. 순수한 진실 혹은 절대적 진리는 우리 같은 보통 사람들을 넘어서 있어요. 왜냐하면 우리는 그것을 완전하게 그리고 총체적으로 볼 능력이 없기 때문이지요. 그러니 우리가 진실의 편에 서 있다는 것은 진실을 완전히 소유했다는 의미가 아니라 그저 진실을 향해 다가가려고 애쓰고

있다는 뜻으로 새겨야 할 것 같아요. 진실은 우리가 항상 그것을 향해 다가가려고 몸부림치는 대상인 셈이지요.

앨런 클레멘츠: 절대적 진리와 비교하면, 진실은 어느 정도까지 주관적일까요?

아웅 산 수 지: 진실을 추구한다는 것은 주관성을 극복하기 위해 노력한다는 의미입니다. 주어진 상황을 평가할 때, 가능하면 자기 자신의 선입견을 배제하고 그러한 편견과 거리두기를 한다는 뜻이지요.

앨런 클레멘츠: 자신의 주관성과 객관적으로 관계 맺는 기술을 배운다는 거네요?

아웅 산 수 지: 진실을 추구하는 행위는 깨달음이 동반되어야 합니다. 깨달음과 객관성은 아주 밀접한 연관이 있어요. 사람이 자기가 무슨 일을 하고 있는지 깨닫게 되면 자기 자신에 대해 객관적인 관점을 가지게 되지요. 다른 사람들이 무엇을 하는지를 깨닫게 되면 그 사람에 대해서도 역시 객관적이 될 수 있어요. 예를 들어 만약에 어떤 사람이 소리를 지르고 있다고 해보세요. 그걸 보면서 '별 괴상한 사람도 다 있네.'라고 생각하는 건 순전히 주관적인 의식이에요. 하지만 그가 화가 났거나 겁을 먹었기 때문에 소리를 지른다는 것을 깨닫는 것, 그것은 객관성이지요. 달리 말하면 깨달음이 없을 때는 온갖 선입견들이 가지를 치기 시작한다는 겁니다.

앨런 클레멘츠: 제 기억에 칼 융(Carl Jung)이 "나는 선한 존재가 되기보다는 온전한 존재가 되고 싶다."고 말한 것 같은데요. '온전함(wholeness)'을 추

구한다는 것이 여사께는 어떤 의미일까요? 그 말이 여사께도 좀 타당성이 있으신지요?

아웅 산 수 지: 글쎄요, 우선 '선'의 의미부터 찾아봐야겠지요. 융이 "나는 선한 존재가 되기보다는 온전한 존재가 되고 싶다."고 했을 때, 그가 생각한 '선'은 무엇이었을까요? 마찬가지로 어떤 사람이 순수해지고 싶다고 말할 때도, 먼저 그가 생각하는 순수의 뜻부터 헤아려야 할 것 같아요. 진실처럼 그것도 굉장히 넓은 개념입니다. 우리가 항상 열망하고 그것을 향해 다가가려고 애쓰는 무엇이지요. 따라서 만일 어떤 사람이 "나는 순수를 달성했다."고 말한다면, 그는 필경 그다지 순수하지 않을 겁니다. '아라한(arahant: 깨달은 사람)'도 아닌 사람이 실제로 "내 안에는 불순함이 하나도 없다."고 말한다는 건 아주 의심스럽지요. 순수를 추구하는 사람이라면, 불순이 의미하는 바도 알 것이라고 봅니다. 불교적 배경에서 자라난 사람에게는 별로 어려운 일이 아닐 텐데, 왜냐하면 불자들은 불순한 마음을 가져오는 탐진치(貪嗔痴)의 개념에 익숙하기 때문이지요. 악의나 탐욕을 좇게 만드는 것은 무엇이든지 불순합니다. 그리고 무지를 좇게 만드는 건 무엇이든지 그야말로 문제인데요. 왜냐하면 무지한 상태에서는 자신이 무지하다는 것조차 모르기 때문이지요.

앨런 클레멘츠: 자신이 보지 못한다는 사실에 대해 객관적이 되기는 상당히 어려울 것 같습니다. 이것이 일종의 정신적 맹목성일 텐데, 어찌 보시는지요?

아웅 산 수 지: 맞아요. 그런데 자기 자신의 무지라고 하는 부분을 우리가 어떻게 깨달을 수 있을까요?

앨런 클레멘츠: 스스로 실수를 자각함으로써, 또 항상 도움을 주는 좋은 친구를 가짐으로써?

아웅 산 수 지: 네. 좋은 친구는 실수를 지적해주지요.

앨런 클레멘츠: 물론 여사께서도 아난다(Ananda: 부처님의 제자)가 부처님께 이런 이야기를 한 것을 아실 겁니다. "존경하는 스승님, 제가 볼 때 영적인 삶의 절반은 좋은 우정을 맺는 일인 것 같습니다." 그런데 부처님께서는 그의 말을 이렇게 고쳐주셨지요. "아니다, 아난다야. 좋은 우정이야말로 영적인 삶의 전부란다." 여사께서 생각하시는 '좋은 우정'의 구성요소는 무엇인가요? 여사께서는 따뜻하고 너그러운 사람들을 주변에 많이 두고 계신 것처럼 보이는데요.

아웅 산 수 지: 그러게요. 내가 얼마나 행운을 누리고 사는지를 꼭 말해야겠군요. 여태까지 살아오는 동안에 좋은 스승과 친구들을 갖는 복을 누렸거든요. 하지만 무엇이 우정의 근간을 만드는가에 대해서는 일반화하기가 어렵다고 봅니다. 언뜻 떠오르기로는 우선 사람에 대한 관심을 가져야겠지요. 사람을 바라볼 때 각자 고유한 가치와 의미를 지닌 개인으로 보아야 합니다. 어떤 사람에게 관심을 갖고 그의 관점을 존중하게 되면 그 사람에 대해 더 알고 싶어질 거예요. 다시 말해 그가 하는 말에 귀 기울이고, 그를 관찰하고, 그에게서 배우게 된다는 거지요. 내가 보기에 우정은 그렇게 시작되는 것 같아요. 이와는 달리 사람들에게 관심을 가지지 않는다면, 그들이 하고 있는 일도 알 수 없을 거예요. 그들이 말하거나 행동하는 것이 도무지 아무런 인상도 남기지 못할 테고, 따라서 그들로부터 아무것도 배우지 못할 거예요. 나는 친구에게서 흥미를 찾습니다. 친구들을 소중하게 여깁니다. 바로 그렇기 때문에 그들이 내 친구

가 되는 것이겠지요. 우리는 서로를 더 많이 알고 싶어 하는데, 그것은 저속한 흥미 때문이 아니라, 다만 우리가 개인으로서 서로의 진가를 알고 서로의 이야기를 들을 준비가 되어 있기 때문이에요. 이런 의미에서 우정의 가장 중요한 요소들 중 하나는 다른 사람에 대해 더 많이 알고자 하는 바람이라고 봅니다. 상대방에 대해 더 많이 알면 알수록 그에게 감사할 것들이 더 많아지게 되는 것이지요.

앨런 클레멘츠: '무디따(*mudita*: 함께 기뻐함, 喜)'의 뜻이 바로 그런 게 아닐까요?

아웅 산 수 지: 친구가 무엇인가를 성취하면 나 자신도 기쁩니다. '무디따'는 '공감적 기쁨'으로 번역되니까요, 맞지요?

앨런 클레멘츠: 일반적으로는 그렇습니다만, 저는 언제나 그 말을 타인의 행복에 공명하고 그로 인해 기뻐할 수 있는 능력이라고 해석합니다.

아웅 산 수 지: 네, 그렇게 풀이하는 것도 좋은 방식이네요.

앨런 클레멘츠: 어떤 이들은 정말 그런 마음으로 살겠지만, 제 생각에는 많은 사람이 무의식적으로 우정을 은신처 내지 도피처로 이용하는 것 같습니다. 진실의 예리한 칼날에 몸을 던지거나 함께 진실을 찾으려고 애쓰기보다는 안전책을 강구하는 것이지요. 그런 우정이라면 편안함, 곧 현상을 유지하고 평지풍파를 일으키지 않기 위해 서로 공모한 것이라 부르고 싶습니다.

아웅 산 수 지: 사람들은 안전하기를 간절히 소망해요. 하지만 가장 좋은 친구란 내 안에 있는 최상의 것을 이끌어내는 사람이지요. 친구는 내 안

에 있는 나쁜 점보다는 좋은 점을 발전시키도록 격려해주기 때문에 나의 기분을 좋게 해줍니다. 진정한 친구는 내가 하지 말아야 할 것을 지적하는 법을 알고 있어요. 고통스럽거나 불쾌한 방식이 아니라, 아주 건설적인 방식으로 나와 내 주변의 다른 사람들이 좋은 쪽으로 갈 수 있도록 격려하지요. 그렇다고 해서 친구가 절대로 비판적이지 않다는 뜻은 아니에요. 때로 정신을 차리게 하기 위해서는, 친구가 약간 거슬리게 굴 필요도 있어요. 하지만 그 의도는 어디까지나 '메타(metta)'에 근거해 있어야만 하지요.

앨런 클레멘츠: 우정에서 우선순위는 고통스러운 진실로부터 서로를 보호하기 위해 맹목적으로 동맹을 맺는 것이 아니라 진실 그 자체라는 말씀인가요?

아웅 산 수 지: 나는 진실을 직면할 능력이 없는 사람들이 진정한 친구를 만드는 것은 불가능하다고 생각해요. 가식적이고 기만적인 사람이 어떻게 진정한 친구를 만들 수 있겠어요?

앨런 클레멘츠: 수 여사님, 여사께서는 진실과 마주 보는 데 온전히 헌신하고 계신 것이 분명한 것 같습니다만, 그러기 위해서는 어디에서부터 시작해야 할까요? 혹은 이렇게 여쭤보겠습니다. 여사께서는 어렸을 때부터 미래에 대한 비전을 가지고 계셨는지요? 요컨대 꿈을 가지고 계셨나요?

아웅 산 수 지: 내가 어렸을 때는 그런 비전을 가졌던 것 같지 않아요. 나는 노는 데 관심이 더 많았어요. 그러다가 나중에야 어떤 국면들을 거치면서 변하게 된 것이지요. 내가 처음으로 진지하게 가졌던 포부는 작가

가 되는 것이었어요. 책벌레가 되고 책의 세계를 발견하기 시작한 것은 그 때문이에요. 그 전에는 어린이용 동화책만 읽었고, 진짜 책이라고 부를 만한 책들은 발견하지 못했어요. 열두 살 내지 열세 살이 되고서야 진짜 책벌레가 되었지요. 가령 어머니와 쇼핑을 가면, 나는 줄곧 책을 사는 거예요. 헌데 나는 움직이는 차 안에서는 책을 읽지 못해요. 차멀미를 하거든요. 그렇지만 차가 섰다 하면 어디서나 책을 꺼내 읽는 거예요. 차가 신호에 걸려도 책을 읽고요. 차가 출발하면 다시 책을 덮지만, 다음 정거장까지 기다릴 수 없어 마음이 초조하곤 했지요.

앨런 클레멘츠: 여사께서 가졌던 진짜 유일한 포부는 작가가 되는 것이었나요?

아웅산수지: 사실은 열 살이나 열한 살쯤 되었을 때, 군대에 들어가고 싶었던 적이 있어요. 그 당시에는 군대가 굉장히 명예로운 조직으로 생각되었거든요. 왜냐하면 아버지께서 창설하신 기구니까요. 모든 사람이 아버지를 '보초크(Bogyoke)'라고 불렀는데, 그 뜻은 '장군'이라는 거예요. 그래서 나도 장군이 되고 싶었어요. 우리 아버지가 하셨던 것처럼 조국에 봉사하는 최선의 길이 그거라고 생각했어요. 그런데 상황이 바뀌어버린 거예요. 내가 군대를 만들지는 않았지만, 군대에 대해 큰 애정을 가지고 있다는 것만은 확실하게 말씀드릴 수 있는 이유가 바로 거기에 있어요. 나는 정말로 한때는 군인이 되는 것이 이 나라를 섬기는 길이라고 믿었거든요. 물론 그때까지는 버마에 민주주의가 있었고, 군대가 국민을 잡아가는 기구가 아니라 국민에게 봉사하는 조직이었지만 말이에요.

앨런 클레멘츠: 그 당시에는 여성이 군대에 복무하는 것이 가능했나요?

아웅 산 수 지: 아니오.

앨런 클레멘츠: 지난 몇 달간 버마에 머물면서 많이 생각한 주제인데, 여사께서는 사람의 약점이나 결점이 강점이 될 수 있다고 보십니까?

아웅 산 수 지: 어떻게 전념할지 알기만 한다면, 무엇이든지 강점으로 만들 수 있지요. 사람이 시력을 잃으면 청력이 예민해진다는 건 대부분의 사람들이 아는 사실이에요. 나는 그 사람이 자기 문제를 풀기 위해 매달린 결과라고 생각해요. 앞이 보이지 않는다는 이유로 풀죽어 앉아 있기만 하면, 어떤 식으로든지 그는 스스로를 도울 수 없을 거예요. 하지만 그가 소리에 관심을 가지고 촉감을 발달시키면, 자신의 약점이 엄밀한 의미의 강점은 될 수 없다 하더라도, 약점을 보완할 수 있는 다른 강점들을 발전시키도록 도울 수 있을 거예요. 그러나 거기에는 노력이 뒤따라야 해요. 그냥 앉아서 그런 일이 일어나기만을 고대하면 안 되지요. 일에 착수해야 합니다. 나는 행동이라든지 노력 또는 수고 같은 것을 아주 신봉하는 사람이에요.

앨런 클레멘츠: 여사께서 쓰신 글에 이런 글귀가 있더군요. "두려움이 없다는 것은 어쩌면 은총일 수도 있다. 하지만 보다 귀중한 것은 노력을 통해 얻어지는 용기다. 용기는 두려움이 우리의 행동을 좌지우지하도록 놔두지 않는 습관을 계발하는 것에서 나온다." 진실이 진정한 대화의 기본이라면, 정직한 것보다 더 중요한 건 무엇일까요?

아웅 산 수 지: 성실과 선의겠지요. 이 덕목들이 있어야 우리가 대화의 길을 따라서 더 멀리로 나아갈 수 있다고 봐요. 성실과 선의로 충만한 사람은 다른 사람을 마주할 때 두려워하지 않습니다. 그런 연유로 나는

SLORC를 대할 때 언제나 성실했노라고 자신 있게 말할 수 있어요. 그들이 한 짓에 대해 굉장히 화가 난 적도 있지만, 그들을 향해 선의를 잃어버린 적은 한 번도 없습니다. 내가 언제나 옳았다고 말하는 게 아니에요. 그들이 어떤 면에서 내가 틀렸다고 확신하는 데 대해 늘 대비했던 것도 아니고요. 그럼에도 나는 언제든지 그들과 마주하는 것을 두려워하지 않았지요.

또한 그들 가운데 내가 어떤 식으로든지 그들을 속이려고 했다고 말할 사람은 하나도 없다고 생각해요. 나에게 이런 말을 하는 사람들이 있어요. "당신은 SLORC에게 그렇게 정직하면 안 된다. 그들은 정직한 사람들이 아니다. 당신도 그들의 규칙에 따르는 편이 좋다." 하지만 나는 항상 그런 식의 추론을 거부해 왔어요. 만일 그들이 나를 속이는데, 나역시 그들을 속이는 것으로 맞대응한다면, 우리가 어떻게 신뢰의 자리를 가질 수 있겠어요? 그들이 나를 기만한다고 해도, 내가 그들을 기만하지 않는 것이 더 중요하다고 생각해요.

앨런 클레멘츠: 진실로 존재의 깊은 곳까지 캐들어 가면, 여사께서는 기만과 진정성을 어떻게 구분하시나요?

아웅 산 수 지: 정말 몰라서 묻는 건가요?

앨런 클레멘츠: 글쎄요. 일반적으로는 알 것 같은데, 솔직히 말씀드리면 저자신의 잘못된 확신에 속은 적이 여러 번 있어서요. 사람의 마음속에는 어떤 미묘하고도 은밀한 목소리가 있는 것 같습니다. 착각이라고 하는, 의식을 다소 왜곡시키고 조작하는 특성이 있어요. 그렇지 않은가요?

아웅 산 수 지: 내 경우에는 잘 이해되지 않는 부분이군요. 어렸을 때 나는

평범한 개구쟁이였어요. 하지 말라는 일은 하고, 해야 할 일은 하지 않았지요. 수업을 빼먹고 도망친다든지 숨어버린다든지 하는 행동 말이에요. 나는 일하거나 공부하는 것을 좋아하지 않았어요. 노는 걸 항상 더 좋아했지요. 하지만 그러는 동안에도 내가 해야 할 일을 하지 않고 있다는 사실은 늘 인식하고 있었어요. 인정하지는 않았겠지만, 잘못된 일을 하고 있다는 건 알았지요. 그리고 어른들 역시 항상 하지 말아야 할 일을 했을 때는 그 사실을 알고 있다고 생각했어요. 비록 자신들이 인정하지는 않더라도 말이에요. 그러나 어른이 되고 보니, 옳지 않은 일을 한다는 걸 실제로 모르는 사람들도 있는 것 같아요. 그 점에 대해 어떻게 생각하세요?

앨런 클레멘츠: 정말 솔직하게 말씀드리면, 어떤 사람들은 분명히 잘못된 일인데도 그 일이 옳다는 확신을 가지고 즐겁게 행하는 것 같습니다. 언젠가 고문 희생자들을 인터뷰한 적이 있었는데, 자신들을 고문했던 사람의 얼굴에서 비뚤어진 기쁨, 그러니까 남에게 고통을 가하는 데서 오는 환희 같은 걸 보았다고 증언하더군요. 제 생각에는 대량학살을 일삼는 사이코패스(Psychopaths)나 강간범 그리고 살인범들은 사실상 자신들의 잔혹 행위를 기쁨으로 생각하는 것 같습니다. 라빈(Rabin) 수상을 암살한 이스라엘 청년을 예로 들어보지요. 저는 BBC 방송에서 그에 대해 보도한 토막뉴스를 통해 그의 말을 들은 적이 있습니다. 그는 자신이 라빈 수상을 살해했다는 사실에 병적으로 자부심을 느끼는 것 같았어요. 표정이 밝고 거의 황홀해 보이더군요. 자신이 하느님과 특별히 소통하는 관계에 있다고 말하면서…….

아웅 산 수 지: 자기네 종교나 민족, 가족 또는 자신이 속해 있는 그 어떤 조직의 이름으로 하는 일이라면 무엇이든지 옳다고 생각하는 사람들이

있어요. 그걸 훈련의 문제로 돌릴 수 있을까요?

앨런 클레멘츠: 훈련도 영향이 있겠지요. 물론 모든 사이코패스가 정신이 상자 부모를 가지고 있는 건 아닐 테니까요. 그런데 도덕적 수치심이 결여된 사람들도 있는 것 같기는 합니다. 예를 들어 정책적으로 얼마든지 억압과 고문을 가하는 SLORC의 경우를 보세요. 어떻게 하면 그들에게 도덕적 수치심이 길러질 수 있을까요?

아웅 산 수 지: 여러 면에서 나는 그들이 우리와 다르다는 걸 받아들이기가 상당히 힘들다는 것을 깨달았어요. 결국 그들도 불교 사회에서 성장한 버마인들이잖아요? 그들이 오계(伍戒)를 모를 리 없지요. 모든 버마인이 알고 있으니까요. 가족 때문에 불교도가 되는 바람에 불교 철학을 깊이 캐지 않은 사람이라도 오계에 대해서는 알고 있어요. 그건 기본이니까요.

앨런 클레멘츠: 그들이 오계를 암송할 수야 있겠지만, 행동으로 옮기지는 못하지 않나요? 오계의 근본은 '아힘사(ahimsa: 비폭력)', 곧 해를 끼치지 말라는 것 아닌가요?

아웅 산 수 지: 오계에 실제로 '아힘사'가 명시되어 있지는 않지만, 그 근본에는 당연히 깔려 있어요. 단지 살생하지 말라는 것이 아니라 도둑질하지 말라는 것도 들어 있으니까요. 도둑질이란 다른 사람의 재산권을 침해하는 행위예요. 그러니 도둑질도 일종의 폭력으로 간주할 수 있지요. 하지만 모든 사람이 다 그런 식으로 생각하는 건 아니에요. 어떤 사람들은 오계를 아주 단순하게 생각하지요. 살인하지 말라, 도둑질하지 말라, 거짓말하지 말라, 음행하지 말라, 술 마시지 말라. 그들은 이 계율들

을 피상적으로 이해합니다. 물론 대부분의 사람은 살인이나 강간을 폭력과 쉽게 연관 지을 수 있지만, 모든 사람이 도둑질을 즉각 폭력행위로 이해하지는 않아요. 거짓말도 마찬가지예요. 내가 보기에는 많은 사람이 그게 폭력인지 아닌지 의아해하는 것 같아요. 물론 거짓말이 실제로 폭력적인 행위는 아니지요. 그러나 넓게 보면 다른 사람이 진실을 들을 권리를 침해한 것이기에, 그런 의미에서 폭력의 한 형태라고 할 수 있어요. 술이나 약물을 들이키는 일에 관해서도 어떤 사람들은 거칠게 굴거나 다른 사람을 괴롭히지 않는 한, 남에게 도대체 무슨 해가 되겠냐고 항변할 수 있어요. 당연히 그 자체로는 폭력 행위가 아니지요. 그러나 술과 약물을 들이킴으로써 자기 자신을 취하게 만드는 건 신체적으로 자신을 망가뜨리고 정신적인 판단에 영향을 미치게 되기 때문에, 이처럼 자신을 해치는 행위는 스스로에 대한 폭력이라고 말할 수도 있어요. '아힘사'가 오계의 뿌리라고 말할 때는 각각의 계율을 어떻게 해석하느냐가 관건이에요. 하지만 이 또한 모든 사람이 그렇게 생각하는 건 아니지요.

앨런 클레멘츠: 여사께서는 본래 타고난 악이 존재한다고 보십니까?

아웅 산 수 지: 나는 이 문제에 대해 사람들에게 이야기할 때, 언제나 칼 포퍼(Karl Popper)의 말을 인용한답니다. 그가 악을 믿느냐는 질문을 받았을 때, 이렇게 대답했다지요? "아니오. …… 하지만 어리석음은 믿습니다." 나는 이것이 불교적 입장에 아주 가깝다고 생각해요. 불교에서는 엄밀한 의미의 '악'이라는 단어가 없다고 보는데, 그렇지 않나요?

앨런 클레멘츠: 네, 저도 본 적이 없어요. 그 단어는 기독교적인 개념인 것 같습니다.

아웅 산 수 지: 나 역시 보지 못했어요. 대신에 사실 우리는 탐진치(貪瞋癡)를 이야기하지요. 그게 어리석음과 통하는 것 아니겠어요? 무지는 그대로 어리석음이에요. 탐욕에도 어리석음이 들어 있지요. 탐욕은 근시안적이니까요. 분노도 마찬가지고요. 근시안적이라는 것은 어리석다는 뜻이지요. 나는 항상 나의 최대의 약점이 성미가 급한 거라고 말합니다. 나는 화를 급하게 내는 편이에요. 이런 성격은 당면한 상황을 뛰어넘을 수 있는 능력이 부족하다는 것이지요. 그래서 명상이 큰 도움이 되었어요. 명상을 하면 자신의 감정을 바라보고 통제할 수 있게 하는 깨달음의 감각이 생기니까요. 이렇게 파괴적인 감정은 모두 무지와 얽혀 있지요.

앨런 클레멘츠: 대다수 사람들은 폭력의 가해자에게 연민을 느끼는 것이 굉장히 힘든 반면에, 고통을 당한 '희생자들'에게는 연민을 느끼기가 아주 쉽다고 말하는 게 온당할 겁니다. 한편 가해자에게 연민을 갖지 않는다면, 우리는 그 사람을 아주 쉽게 악마로 만들어 구제 불가능한 악의 세력으로 밀어 넣게 될 테지요. 말하자면 자기 자신의 외부로 추방시키는 겁니다. 그럼으로써 우리는 압제자와 압제 당한 사람 사이의 악순환을 무의식적으로 영속화하게 됩니다. 여사께서는 국민이 SLORC를 '악마화' 하지 않도록 하기 위하여 어떤 조언을 하시겠습니까?

아웅 산 수 지: 나는 국민에게 사람 자체보다도 그가 한 행위에 초점을 맞추라고 권면하고 싶습니다. 언젠가 앙굴리말라(Angulimala: 부처님 시대에 유명했던 희대의 살인마 - 옮긴이)에 관한 이야기를 한 적이 있는데요. 아무리 그가 변했다 하더라도 그의 행위는 여전히 끔찍한 것이었지만, 부처님 자신은 그가 저지른 행위와 그를 분리해서 보셨다는 내용이었지요. 일단 앙굴리말라가 자신이 저지른 짓이 잘못이고 진짜로 참회해야 한다는 것을 깨닫고 나서는 옳은 길을 따르기 시작했어요. 부처님은 그를 있는 그대

로의 모습으로 자신의 날개 아래 품어주신 첫 사람이었지요.

앨런 클레멘츠: 앙굴리말라는 부처님의 생애 동안에 구원받은 가장 유명한 경우였습니다. 아시다시피 그는 광명을 얻었어요. 하지만 승려가 된 뒤로 그는 어느 곳을 가든지 사람들에게 돌팔매질을 당하고 매를 맞았습니다. 언젠가 민주주의가 승리하게 되면 SLORC도 똑같은 상황이 될까 봐 두려워한다고 보시는지요? 사람들이 복수를 하려고 할까요?

아웅 산 수 지: 그들 가운데는 민주 정부가 어떤 식으로든지 자신들을 박해하거나 혹은 국민이 박해하도록 허용할 것이라고 믿고서 두려워하는 사람들이 있는 게 상당히 자연스러운 현상이겠지요.

앨런 클레멘츠: 이러한 가능성을 최소화하기 위해 동료들과 논의하신 예방책이라도 있으신가요?

아웅 산 수 지: 동료들과 나는 복수에는 별 관심이 없어서요.

앨런 클레멘츠: SLORC가 여사의 인품을 더럽혔고 또 계속해서 반복적으로 그렇게 하고 있다는 것을 알고 있습니다. 그들이 가장 빈번하게 제기하는 비난은 무엇인가요?

아웅 산 수 지: 그들은 내가 외국인과 결혼해서 수년간 외국에서 살았다는 사실에 초점을 맞추어 공격합니다. 그리고 다른 것도 지적하는데, 이를테면 내가 정치적 정당을 만들지 않겠다고 한 약속을 지키지 않았다는 이야기도 하지요. 나는 전혀 그런 약속을 한 적이 없는데도 말이에요. 나는 단지 "정당을 세워야 하는 상황이 오지 않기를 바란다."고만 말했

을 뿐이에요. 1988년 SLORC가 정권을 장악하기 전에는 지금은 창당(創黨)할 시기가 아니라고 말했어요. 우리 모두가 단합해야 했으니까요. 내가 선거에서 경합을 벌이지 않은 것에 대해서도 한마디도 하지 않았지요. 언제나 "지금 당장은 어떤 일도 하고 싶지 않다."고만 말했을 뿐이에요. 정치판에서는 늘 앞으로 일어날 일을 예측할 수 없다는 걸 알고 있었기에, 결정을 내리는 데 아주 조심했지요. 국민에게 정직할 것이라고만 약속한 이유가 바로 거기 있어요. 나는 민주주의를 실현시키겠다고 약속하지 않았어요. 다만 "민주주의를 실현하기 위해 항상 최선을 다할 것이며, 살아 있는 한 혹은 그것을 이룰 때까지 계속 전진하겠다."고만 말했지요.

앨런 클레멘츠: 제가 읽은 여사의 연설문을 보면, 여사께서는 SLORC의 비판을 보복의 감정 없이 받아들일 뿐만 아니라 그러한 비판이 사실상 도움을 준다고까지 설명하시던데요. 보기를 들면, 그들이 여사께서 28년 동안 외국에서 산 것을 비난한다든가…….

아웅 산 수 지: 네, 내가 쉽게 겁을 먹지 않는 이유는 내 인생의 많은 시간을 자유국가에서 살았기 때문일 거예요. 두려움은 정말로 습관인 것 같아요. 사람은 두려워하게끔 길들여집니다. 자유국가에서는 만일 누군가 불합리하게 보이는 일을 시킨다면, 설령 그가 보안국 직원이라도 '왜'라고 묻는 것이 아주 자연스러운 일이에요. 그러나 독재국가에서는 질문하는 것 자체가 위험해질 수 있기 때문에 사람들은 그저 시키는 대로 하게 되지요. 그리하여 권력을 쥔 자들은 더 억압적이 되고, 힘없는 백성들은 더 두려움에 떨게 됩니다. 그것이 악순환을 이루는 거예요.

앨런 클레멘츠: 솔직히 말해서 그들의 비난 가운데 여사님을 진짜로 괴롭게 한 것은 없습니까?

아웅 산 수 지: 아니오, 없어요. 그들의 공격은 너무 조잡한 것이어서 차라리 연민을 불러일으킬 정도이지요. 한번은 그들이 정말 웃긴다고 생각한 적이 있어요.(웃음) 내가 가택연금을 당하기 전의 일인데, 그들 중 누군가 나를 악독하게 공격할 때마다 우리의 지지도가 그 전보다 더 올라간다는 사실을 발견했지요. 그래서 우리는 농담처럼 서로 말하곤 했어요. "그들에게 특별 감사장이라도 주어야 하지 않을까? 그들이 우리의 민주주의 운동을 도와주니까 말이야." 나중에야 나는 이게 별로 좋은 생각이 아니라는 걸 깨닫게 되었어요. 왜냐하면 나에 대한 공격이어서가 아니라, 우리와 그들, 곧 민주주의를 원하는 사람들과 독재의 편에 서기를 원하는 사람들 사이의 간격을 더 크게 벌여놓기 때문에 심각한 문제였던 거지요. 그래서 이러한 형태의 선전 투쟁에 반대하게 되었어요.

앨런 클레멘츠: 허위선전과 거짓으로 점철된 SLORC의 공격은 오로지 여사를 향해 여성혐오적인 적개심을 표현한 결과일까요? 아니면 자신들이 잡은 권력을 지탱하기 위한 선전일까요?

아웅 산 수 지: 기본적으로 그들은 내가 그토록 많은 대중적 지지를 얻고 있다는 사실을 달가워하지 않아요. 그래서 나에 대한 지지와 민주화 운동에 대한 지지를 약화시키려고 하는 거예요.

앨런 클레멘츠: 말씀하셨다시피 SLORC는 여사를 비난하기 위해 여사께서 영국인인 마이클 에어리스(Michael Aris) 박사와 결혼한 사실을 계속 우려먹고 있습니다. 그게 왜 잘못됐다고 말하는 겁니까?

아웅 산 수 지: 내 말이 그 말이에요. 도대체 뭐가 잘못됐다는 걸까요? 가끔은 내가 버마인과 결혼하지 않았다는 게 오히려 다행스럽다는 생각이

들기도 해요. 만약에 우리 가족이나 남편의 가족이 여기에 있었다면 많은 압박을 받아야 할 테지요. 그건 나에게 추가부담이 되었을 거예요. 동료들에게 일어난 일들을 보아하니 그런 생각이 드네요. 그들의 가족이 얼마나 많은 압박에 시달리고 있는지 그리고 얼마나 더 참아내야 하는지를 생각하면…….

앨런 클레멘츠: 여사께서 감금되시기 전에 버마 농촌지역에서 유세하는 동안, 누군가가 여사께 왜 외국인과 결혼했는지를 물었을 때 이렇게 대답하셨다는 말을 들었습니다. "아주 단순해요. 결혼할 준비가 되었을 때 하필이면 내가 외국에서 살았기 때문이에요. 그래서 가장 적당한 외국인과 결혼했지요." 이 이야기가 정말인가요?

아웅 산 수 지: 그렇게 말한 것 같지 않은데요. 마을에서 연설하고 있었던 것은 맞아요. 거기 계신 분들이 내게 왜 외국인과 결혼했는지 묻더군요. 그래서 이렇게 대답했어요. "글쎄요. 우연히 거기에 있게 되었고, 그 사람을 만나게 되었지요. 내가 만약 이 마을에서 살고 있었다면, 아마도 이 마을의 누군가와 결혼했을 거예요."

앨런 클레멘츠: 그런데 SLORC는 버마의 대선에 출마하는 사람은 누구든지 '외국인'과 결혼할 수 없다고 명시된 조항을 새로운 헌법에 넣으려고 하고 있지 않습니까?

아웅 산 수 지: 맞아요. 거기에는 다른 조항들도 있어요. 심지어 자녀들이 외국 국적을 가지고 있어도 안 된다 등등.

앨런 클레멘츠: 명백히 SLORC가 대선에서 여사를 배제시키려고 작정한

거군요.

아웅산수지: 사람들이 하는 말도 그래요. 하지만 나는 만일 그것이 나를 겨냥해서 의도된 것이라면, 정말 애석하기 짝이 없다고 말하곤 해요. 어떤 헌법도 한 사람을 염두에 두고서 만들 수는 없으니까요.

앨런 클레멘츠: 수 여사님, 여사께서는 국민에게 지극히 카리스마적인 인물이시기에, 국민이 자신의 꿈과 희망을 쉽사리 여사께 투사하여 자유 국가에 대한 염원을 가지게 됩니다. 여사께서는 민주주의를 이룩하는 여정에서 국민이 여사께 의지하지 않고 스스로 더 큰 책임감을 갖도록 어떻게 권면하십니까?

아웅산수지: 나 혼자만으로는 그 일을 할 수 없다고 국민에게 계속해서 말하고 있어요. NLD로도 할 수 없지요. 민주주의를 정말로 원하는 모든 사람이 자신의 몫을 감당해야 합니다. 그래야 각자 자기 길을 찾을 수 있어요.

앨런 클레멘츠: 여사께 지워진 막중한 기대가 부담스럽다고 느끼십니까?

아웅산수지: 아니오. 한 번도 그 일을 감히 혼자 할 수 있다고 위선을 부린 적이 없어요. 또 그게 불필요한 짐이라고 생각해본 적도 없고요. 나는 언제나 결함으로부터 자유로울 수 없고 실수를 범하는 존재라고 말합니다. 하지만 다행스럽게도 인생에서 아주 좋은 스승을 가지는 행운을 누려왔지요. 그 밖에는 나 자신을 예외적인 인간으로 여기지 않습니다.

앨런 클레멘츠: SLORC가 1988년에 쿠데타를 일으킨 뒤로, 여사께서는 '불

법(不法)'이라고 규정하신 법을 어겨가며 시민 불복종을 주장하고 실행하셨습니다. 그렇게 하면서 설명하시기를, "내가 정권을 부정한다는 의미는 국민을 억압하는 불법적인 명령을 받아들이지 않겠다는 뜻이다."라고 하셨습니다. 그때 이후로 8년이 지났건만, 여전히 버마에는 '불법'이 횡행하고 있습니다. 여사께서는 아직도 국민에게 정권에 맞서라고 독려하시는지요?

아웅 산 수 지: 나는 정의에 반(反)하고 법을 거스르는 짓을 하도록 명령하는 사람들에게 질문하는 법을 배워야 한다고 늘 말해왔어요. 어떤 법에 근거해서 나에게 이러한 일을 시키는지를 물으라는 거지요. "무슨 권리로 나에게 이런 일을 시키는가?" 하고요. 국민은 또한 스스로에게도 질문을 던져야 합니다. "우리가 꼭 이 짓을 해야만 하는가?" 국민은 의문을 제기해야 합니다. 모든 걸 그냥 받아들이기만 해서는 안 됩니다.

앨런 클레멘츠: 그러니까 여사와 NLD 안에 있는 동료들은 버마의 국민이 진실의 편에 서서 생각하고 질문하도록, 그리고 '독단적'이며 일관성 없는 법이나 불의에 맞서도록 교육하려고 애쓴다고 이해하면 되겠습니까?

아웅 산 수 지: 이렇게 설명할게요. 우리는 국민이 자기 자신을 교육하도록 돕고, 또 지금 상황을 더 잘 이해하여 더 명확하게 볼 수 있도록 도우려고 애쓴다고요. 두려움으로 눈이 멀게 하지는 않는다고……

앨런 클레멘츠: 보기를 들어보겠습니다. 어느 마을의 한 소년이 군대에 입대하도록 강요받습니다. 또는 SLORC가 세운 이러저러한 프로젝트를 수행하는 데 일종의 노예로 강제 동원되어야 합니다. 지금 이 소년은 딜레마에 부딪혔습니다. 군인들의 요구에 따르지 않으면 감옥에 가거나 심

지어 고문을 당할 거예요. 가족이 폭력적인 결과를 당해야 할지도 모르고요. 이 소년은 위기상황을 어떻게 처리해야 한다고 보시는지요?

아웅 산 수 지: 그 소년 혼자서 저항하도록 기대하면 안 됩니다. 우리 모두가 그를 도와야 하지요. 모든 사람이 진정한 책임의식을 계발해야 한다고 말하는 것은 타인에 대해 책임을 질 수 있다는 것, 어느 누구도 홀로 고통받게 내버려두지 않는다는 것을 의미합니다.

앨런 클레멘츠: 말씀하신 대로 '우리 모두가 그를 도와야' 한다면, 마을 사람들은 그 소년을 돕기 위해 무엇을 해야 할까요? 소년의 일에 끼어들어서 당국을 향해 안 된다고 말해야 할까요? 모두가 일제히 뛰어나와서 삽이라도 던져야 할까요? 하나가 둘이 되고, 둘이 셋이 되고, 결국에는 모든 사람이 나올 때까지 연대를 발전시켜서, 불의에 도전하며 명상하는 자세로라도 앉아 있어야 할까요?

아웅 산 수 지: 그들이 앉아 있거나 삽을 던질 때 그들에게 무슨 일이 벌어질 것인가에 달려 있어요. 만일 그들이 무장 군인들과 마주하고 있다면, 안 된다고 말하는 것이 적당하지 않겠지요. 그런 식으로 대들면 비참한 상황이 초래될 수 있으니까요. 그래서 사람이 홀로 맞서도록 기대할 수 없는 특별한 상황이 있다고 말씀드리는 거예요. 우리 모두가 도와야 합니다. 이 나라 전체가 그토록 잔인한 관행에 맞서 일어나야 합니다. 한 소년 혹은 한 마을이 홀로 저항할 것을 기대해선 안 됩니다. 만약 한 소년에서 한 마을이, 한 마을에서 두 마을이, 두 마을에서 마침내 백 마을과 백 도시 그리고 나라 전체가 그러한 강제노역의 관행을 묵과할 수 없다고 결심한다면 우리는 반드시 진전을 이루게 될 거예요. 말하자면 우리 한 사람 한 사람에게는 다른 사람들이 그러한 불의하고 잔인한 상황

에서 빠져나오도록 도울 책임이 있지요.

앨런 클레멘츠: 그 문제를 다른 각도에서 살펴보겠습니다. SLORC는 자국민을 억압하도록 훈련받은 40만 명의 강력한 군대를 가지고 있습니다. 그들의 반복적인 행태로 미루어 보아 군사력은 점점 증강될 거고요. 버마가 민주화를 이룬 뒤에도 여사께서는 분명히 군대를 필요로 하시게 될 텐데요. 민주주의가 실현되었다고 가정해보면, 장군들이 물러난 SLORC의 군대에는 어떤 일이 생기겠습니까?

아웅 산 수 지: 더 훌륭하고 더 존경받는 군대, 그리하여 국민에게 사랑받는 군대가 될 겁니다. 국민이 군대에 바라는 건 바로 그 점이지요. 아버지께서 군대를 창설하셨을 때, 그분은 국민에게 사랑받고 신뢰받는 명예로운 군대가 될 것을 염두에 두셨어요. 우리가 바라는 군대는 군인들 스스로 훨씬 더 행복해지는 그런 군대입니다.

앨런 클레멘츠: 하지만 수 여사님, 지금까지 군대는 자국민을 억압하는 습관에 굉장히 익숙해져 있습니다. 그렇게 하도록 훈련받았기 때문인 듯싶은데…….

아웅 산 수 지: 군인들이 일반적으로 국민을 억압하도록 훈련받았다고는 생각하지 않아요. 그들은 단지 복종하도록 훈련받은 것이지요. 따라서 선한 뜻에 복종하도록 다시 훈련받는다면 매우 빠르게 변화할 수 있을 거예요.

앨런 클레멘츠: 과연 그리 될지 궁금하군요. 개인적인 질문을 하나 드리겠습니다. 불교에서는 원수를 정복하기보다 자기 자신을 정복하기가 더

어렵다고 말합니다. 여사의 경우에는 자기 자신을 극복해 나가는 과정에서 마주친 내적 갈등이 무엇인지요?

아웅 산 수 지: 아, 지금도 계속 싸우는 중이에요. 끊임없이 해야 하는 일이겠지요. 그것은 항상 더욱더 깨닫고 각성해나가야 한다는 사실입니다. 비단 매일매일의 삶 속에서만이 아니라 순간순간마다 해야 할 일이지요. 나의 인생 전체에 걸쳐 계속 싸워 나가야 할 전투인 셈입니다.

04

우리는 함께 민주주의의 길을 갑니다

앨런 클레멘츠: 여사님의 일생을 되돌아볼 때, 한 개인으로서 성장에 지대한 영향을 끼친 가장 중요한 경험과 개인적 교훈은 무엇인가요?

아웅 산 수 지: 아주 간단해요. 내가 삶에서 배운 것은 이것입니다. 사람에게 가장 큰 괴로움을 안겨주는 것은 언제나 스스로 지은 악행이라는 사실이지요. 다른 사람이 나에게 행한 일은 중요하지 않아요. 이렇게 생각하는 건 어쩌면 내가 자라온 방식 때문일지도 몰라요. 어머니는 나에게 나쁜 짓을 하면 벌을 받는다는 원칙을 철저히 주입시키셨지요. 나 자신의 경험으로 봐서도 그 원칙이 옳다는 게 입증되었고요. 또한 다른 사람을 향해 긍정적인 감정을 가지고 있는 한, 그는 나에게 아무 짓도 저지를수 없어요. 말하자면 겁을 줄 수 없지요. 내가 보기에는 다른 사람을 사랑하기를 중단하면 진짜 고통이 찾아오는 것 같아요.

앨런 클레멘츠: 여사께서는 자기 자신을 바라볼 때 한 인간으로서 어떻게 묘사하시겠습니까?

아웅 산 수 지: 글쎄요, 나는 가끔씩 다른 분들이 나를 보는 것과 꽤 다르다는 생각이 들어요. 예를 들면 내가 하는 이 모든 일을 보면서 굉장히 용감하다고들 하시는데, 사실 나는 스스로에 대해 특별히 용감한 사람이라고 생각해본 적이 한 번도 없어요. 그래서 사람들이 "6년 동안이나 가택연금을 견뎌내시다니 참 용하십니다." 그럴 때마다 내 반응은 심드렁하기 일쑤지요. "그게 뭐 그렇게 어려운 일이라고요? 별로 호들갑을 떨일이 아니랍니다." 6년간의 가택연금은 누구나 견딜 수 있는 일이에요. 감옥같이 열악한 환경에서도 수년간 견디는 분들이 계신데요, 뭐. 그분들이 어떻게 그럴 수 있는지 생각하면 진정 놀라울 따름이지요. 그래서 나 정도는 비범한 인간이라고 보지 않는 거예요. 다만 노력하는 인간인건 맞아요. 나는 포기하지 않아요. 이 말은 민주주의를 위해서 일하는 걸 포기하지 않는다는 말이 아니에요. 그것도 물론 맞지만, 근본적으로는 더 나은 인간이 되고자 노력하는 걸 포기하지 않는다는 뜻이지요.

앨런 클레멘츠: 그렇다면 완벽함 내지 온전함을 향한 결단이랄까, 아니면 내적 추구랄까, 그런 것이 여사를 가장 잘 묘사하는 특징일까요?

아웅 산 수 지: 네, 그렇게 볼 수 있어요. 사람들이 내게 결단력이 있다는 말도 꽤 많이 하지만, 나 자신은 그다지 결연한 의지로 충만한 인간은 아니라고 생각해요. 나는 그저 노력가라고 보는 게 맞아요.

앨런 클레멘츠: 여사의 삶에 가장 큰 의미나 목적의식을 제공한 것은 무엇인가요?

아웅산수지: 현재로서는 물론 민주주의라고 하는 대의지요. 그런 점에서 보면, 나는 굉장히 운이 좋은 사람이에요. 여기 버마에는 민주주의를 위해 일하는 사람들이 아주 많아요. 한번은 NLD 당원들에게 이런 말을 한 적이 있어요. "스스로를 가엾게 여기지 마십시오. 이런 시대를 살아야 하는 불행한 사람이라고 생각하지 마십시오. 오히려 행운으로 생각하십시오. 왜냐하면 여러분은 정의와 타인의 복지를 위해 일할 기회를 가지고 있기 때문입니다. 이런 종류의 기회는 아무 때나 또 누구에게나 주어지는 게 아닙니다." 그런 기회는 간절히 바란다고 얻을 수 있는 게 아니잖아요? 그래서 나는 나 자신이 행운아라고 생각해요. 가치 있는 것을 위해 일할 수 있으니까요. 바로 민주주의 말이에요. 나는 이것이야말로 수많은 동료가 감당했던 희생의 배후에 놓여 있는 것이라고 생각해요. 그들은 자신들의 희생이 충분히 몸 바쳐 싸울 가치가 있는 것이라고 믿었어요.

앨런 클레멘츠: 그 주제를 좀 더 확장시켜보겠습니다. 다른 나라 사람들이 버마 국민의 자유를 위한 투쟁을 보면서 자신들의 행복 추구와 다르거나 동떨어진 것이 아니라고 느끼고 이해시킬만한 공동의 유대감은 무엇일까요? 전 인류를 함께 묶어줄 연결고리가 있겠습니까?

아웅산수지: 네, 당연히 있지요. 모든 인간에게는 자유와 안전에 대한 근본적인 열망이 있어요. 우리가 버마에서 바라는 것도 바로 그 두 가지예요. 풀어서 말하면 우선 부족함으로부터의 자유와 공포로부터의 자유 그리고 타인의 이해관계를 해치지 않는 범위 내에서 우리 자신의 이득을 추구할 자유를 열망하지요. 동시에 타인으로부터 견제받는다는 두려움 없이 자신의 이해관계를 추구할 수 있으려면 안전이 필요한 거예요. 진정한 자유는 안전 없이는 존재할 수 없으니까요. 불안을 느끼는 인간

이 진정 자유롭기는 어려워요.

앨런 클레멘츠: 오늘날 버마 국민 사이에서 가장 널리 퍼져 있는 두려움은 무엇입니까?

아웅 산 수 지: 내 생각에는 대부분의 사람이 상실에 대한 두려움을 가지고 있는 것 같아요. 친구를 상실하고 자유를 상실하고 생계수단을 상실할까 봐 두려워하지요. 근본적으로 인간은 자신이 가지고 있던 것을 상실하거나 품위 있는 삶을 살기 위해 필요한 것들을 얻을 수 있는 기회를 상실하는 걸 두려워하기 마련이지요. 사람들이 필요로 하는 건 그런 종류의 두려움으로부터 자유로워지는 거예요. 가령 누군가가 아무 때고 자신의 직업을 수행할 권리를 박탈당할 수도 있다는 두려움이 없어져야 해요. 버마에서는 이런 일이 비일비재하거든요. NLD의 여러 변호사들이 감옥에 갔다가 나와서 변호사 자격을 박탈당했어요. 먹고 살자니 다른 길을 찾아야 했지요.

앨런 클레멘츠: SLORC가 NLD를 탄압하는 방식이 다양할 텐데, 설명을 좀 해주실 수 있으신지요?

아웅 산 수 지: NLD 당원이라는 사실만으로도 공격당하기 쉽지요. 조직가로 활동한다면 시달림당하는 게 한도 끝도 없어요. 수많은 마을 단위 거주지에서 NLD 당원들은 자기 사무실에서 모임을 갖는 것조차 허락되지 않았어요. 어떤 곳에서는 NLD 조직가들이 당국의 허가 없이는 마을을 벗어날 수도 없게 되었고요. 군사정보부에게 지속적으로 감시당하고 심문당하는 건 말할 것도 없습니다.

앨런 클레멘츠: 좀 더 개인적인 질문을 드리겠습니다. 수 여사님, 여사께서 자신의 삶을 들여다볼 때 어떤 드라마틱한 감정적 변화나 심리적 변화를 겪음으로써 다른 때와 뚜렷하게 구분된 시기가 있었는지요?

아웅 산 수 지: 아니오, 그런 종류의 일은 별로 없었던 것 같아요. 모든 게 점진적으로 일어났지요. 추측하건대, 엄청난 정신적 외상(trauma)을 경험한 사람들은 예외적일 것 같아요. 그런 분들은 아마도 갑작스럽게 눈에 띄는 변화를 겪으실 테지요.

앨런 클레멘츠: 여사께서 정신적 외상이라는 단어를 어떤 의미로 사용하시는지 모르겠습니다만, 부친께서 그렇게 젊은 나이에 돌아가신 일이야말로 정신적 외상의 기준에 해당하는 일이 아닐는지요? 또는 여사께서 일곱 살 때 물에 빠져 사망한 오빠의 죽음을 목격한 일도 그렇고요. 오빠는 여사의 가장 좋은 친구이기도 했으니까…….

아웅 산 수 지: 나는 아버지의 죽음을 정신적인 외상으로 기억하지 않아요. 그분이 돌아가셨다는 사실을 깨닫지도 못했던 것 같아요. 너무 어렸으니까요. 차라리 오빠의 죽음을 훨씬 더 크게 느꼈어요. 오빠랑 굉장히 친했는데……, 아마 그 누구보다도 오빠와 가장 가까웠을 거예요. 우리는 같은 방을 썼고 항상 붙어 다니면서 놀았어요. 그런 만큼 오빠의 죽음은 엄청난 상실이었지요. 그 무렵 나는 엄청난 슬픔을 느꼈어요. 내 짐작에 아마도 당신이 그런 걸 두고 '정신적 외상'이라 부르는 것 같아요. 하지만 그건 내가 극복할 수 없는 성질의 일이 아니었어요. 물론 오빠를 다시는 볼 수 없다는 사실 때문에 굉장히 동요하기는 했지요. 그게 바로 어린아이가 죽음을 보는 방식이 아닌가 생각해요. 오빠랑 다시는 놀 수 없는 거죠. 오빠랑 다시는 함께할 수 없다는 것! 하지만 동시에 지금 와서 돌

이켜보면 내 주변에는 틀림없이 엄청나게 안전하다는 느낌도 있었던 것 같아요. 그래서 이겨낼 수 있었지요. 우울증이나 커다란 감정 기복을 겪지는 않았습니다.

앨런 클레멘츠: 개인적으로 관찰한 바에 따르면 여사께서는 너무나도 담대하신 것 같습니다.

아웅 산 수 지: 나 자신이 특별히 담대하다고 생각해본 적은 없어요. 다만 내가 아는 건 옳은 일을 하고 싶어 한다는 것이지요. 그렇다고 내가 하는 일이 항상 옳다는 말은 아니에요. 다만 나의 의도가 선하다는 것, 어느 누구에게도 상처주고 싶지 않다는 사실을 아는 거죠.

앨런 클레멘츠: 여사님의 삶에서 가장 슬펐던 경험은 무엇입니까?

아웅 산 수 지: 역시 우리 오빠의 죽음이라고 할 수 있지요. 돌아보면 다행히도 아주 잘 극복한 것 같아요. 때때로 그 일이 생각나곤 하지만, 그 때문에 완전히 망연자실해지는 수준은 아니니까요. 많이 슬펐어도 산산조각나지는 않았지요. 그걸 보면 우리 가정의 환경이 내가 슬픔을 극복할 수 있도록 충분한 밑받침이 되었던 것 같아요.

앨런 클레멘츠: 가슴에 사무칠 만한 배신을 당하신 적은 있으신가요?

아웅 산 수 지: 민주화 운동을 함께하는 우리 모두가 배신이 뭔가를 잘 안다고 생각해요. 우리의 대의를 버리고 떠난 사람들이 있어요. 그것을 이룩하기가 너무 어렵고 더 이상 견디지 못하겠다는 이유였지요. 하지만 정말 중요한 사람들, 이를테면 우띤우, 우지밍, 우엉슈웨(U Aung Shwe), 우

루인(U Lwin) 선생님 등은 한 분도 떠나지 않고 모두 굳건히 남아 있답니다.

앨런 클레멘츠: 1988년 SLORC의 쿠데타가 있은 뒤부터 지금까지 그들은 자신들의 진정한 의도가 버마에 평화와 안정 그리고 진정한 다당제 민주주의를 가져오는 것이라고 강박적으로 되풀이하여 말하고 있습니다. 그런데 지금 제가 궁금한 것은, 왜 그쪽의 장군들이 나와서 차라리 정직하게 말해버리지 않는가 하는 점입니다. "잘 들어라. 우리는 전체주의적인 독재정권이다. 우리가 내세운 의도들은 전부 쇼다. 우리는 은행을 장악하고 있다. 권력도 우리 손에 있고 무장 군대와 무기들도 다 우리 것이다. 우리는 유엔(UN)에 의석까지 가지고 있다. 외국과의 모든 무역 거래는 우리가 한다. 그러니 더 이상 민주주의가 어쩌고 하는 허튼 소리는 지껄이지 않겠다. 더 이상 거짓말하지 않겠다." 이런 식으로, 왜 그냥 진실을 발설하지 않는 걸까요?

아웅 산 수 지: 그들은 자신들이 정직하지 못한 까닭을 나보다도 더 잘 알고 있는 게 틀림없어요. 근본적으로 독재정권은 잘못된 것이고 민주주의가 바람직하다는 인식을 그들도 하고 있다는 뜻이지요.

앨런 클레멘츠: 그렇다면 여사께서는 SLORC가 자신들의 결점을 인지하고 있다고 보십니까?

아웅 산 수 지: 네, 물론이에요. 어쨌거나 그들이 다당제 민주주의를 약속하고 있으니까요. 그 말은 그들이 설령 다당제 민주주의를 별로 좋아하지 않더라도, 그게 선하고 바람직한 거라는 사실은 인정하고 있다는 뜻이지요.

앨런 클레멘츠: 제가 순진해서 그런지는 모르겠는데, 전체주의적인 정권이 어째서 자신들이 믿지도 않는 다당제 민주주의를 원한다고 말하는 걸까요?

아웅 산 수 지: 왜냐하면 거의 모든 국민이 원한다는 걸 그들도 아니까요.

앨런 클레멘츠: 그렇다면 그들은 단지 국민의 기대에 말로만 영합하려 한다는 거네요?

아웅 산 수 지: 나는 '영합하다(pandering to)'라는 단어를 쓰지 않았어요. 다만 내 생각에는 그들이 국민의 뜻에 완전히 저항할 수는 없을 것 같아요.

앨런 클레멘츠: 국민은 SLORC를 극도로 혐오합니다. 그리고 SLORC는 민주주의를 억압하는 것이 자신들의 진정한 속내임을 누누이 입증해 왔습니다. 그렇다면 SLORC는 온갖 민주주의 수사(修辭)를 동원하여 누구에게 호소하려는 걸까요? 자기 스스로를 납득시키려고 애쓰는 중일까요?

아웅 산 수 지: 자신들에게 투자해주기를 바라는 사람들에게 호소하기 위한 것이겠지요. 냉소적으로 말하면요. 솔직히 그 질문은 오로지 그들만이 대답할 수 있을 거예요. 그렇지만 때로는 자기 자신에 관한 것임에도 대답할 수 없는 그런 질문들도 있어요. 왜냐하면 인간의 동기란 복합적이거든요.

앨런 클레멘츠: 좀 더 명백한 진실에 관하여 이야기하고 싶습니다. SLORC가 국민을 통제하기 위한 정치 전략으로 그리고 순전히 자기네 정당의 탐욕을 채우기 위해 부정부패를 활용한다는 것은 잘 알려진 사실입니다.

그들의 부패가 어떤 기능을 하며 어떻게 확산되는지를 조명해주실 수 있으신지요?

아웅 산 수 지: 이 나라 전체를 통틀어 어느 곳에나 부패가 존재합니다. 차량 등록증을 갱신하는 등의 아주 일상적인 일들을 처리하는 데도 웃돈이 들어요. 심지어 환자를 위해 사소한 서비스를 받으려 해도 병원 관계자에게 뇌물을 주어야 하지요. 부정부패가 고질화되어 있어요. 권력을 쥔 자들은 누구나 자신이 원하는 대로 할 수 있어요. 마을 단위에서는 권력자들이 뇌물을 받지 않고서는 자신들이 당연히 해야 할 일조차 하지 않지요. 그러나 전부가 그렇다고 할 수는 없어요. 정직하고 국민을 돕고자 노력하는 사람들, 이를테면 동이나 구 단위의 '법과 질서 회복위원회'가 있다는 걸 알아요. 그래서 우리에게 민주주의가 필요한 겁니다. 옳건 그르건 한 개인이 하고 싶은 대로 좌지우지하지 않는 제도 말이에요. 그런 제도가 있어서 개인이 잘못된 길로 가는 것을 막도록 점검하고 균형을 잡아줄 수 있어야 합니다.

앨런 클레멘츠: 버마에서는 뇌물이 얼마나 널리 퍼져 있습니까?

아웅 산 수 지: 아주 만연해 있지요. 그렇다고 뇌물을 요구하는 공무원들을 탓할 수만은 없어요. 그들의 초봉이 한 달에 670쩻밖에 안 돼요. 당신이 스트랜드 호텔에서 마시는 차 한 잔 값이 3달러라고 했지요? 그들 봉급의 절반이 넘는다는 뜻이에요. 구조가 그러니, 그 속에서 뇌물과 부정부패가 그다지도 횡행한다는 사실이 뭐 그리 놀랍겠어요?

앨런 클레멘츠: 쉬운 질문은 아니지만, 민주주의가 성취되면 여사와 NLD에서는 그토록 만연한 부정부패의 문제를 어떻게 다루실 생각이신지요?

아웅 산 수 지: 하룻밤 사이에 사라지지는 않을 겁니다. 우선 공무원들이 적정한 봉급을 받을 수 있도록 기준이 마련되어야 하겠지요. 공직자로서 책무를 느끼게 하는 것이 부정부패를 스스로 점검하게 하는 최선의 방법일 거예요. 민주적인 제도란 바로 책임정부를 의미할 테지요. 하지만 부정부패 역시 정치적 상황에 의해 초래되기는 했지만, 결국은 마음의 문제라고 봅니다. 고위직에 있는 사람들이 부패하면, 아랫사람들도 부패를 아무렇지 않게 여기게 되지요. 고위직에 있는 사람들이 부패하지 않고 책임 있게 일한다는 것이 분명해지면, 부정부패도 단속할 수 있을 거예요. 그것도 교육의 문제겠지요. 우리는 국민이 부정부패가 삶의 방식이 아니라는 것, 아니 설령 그것이 어쩔 수 없는 삶의 방식이라고 하더라도 최선의 방식은 아니라는 것을 깨달을 수 있도록 최선을 다할 것입니다.

앨런 클레멘츠: 교육에 대해 말씀하셨는데, 버마의 교육 상황은 어떻습니까?

아웅 산 수 지: 최악이에요. 교육은 정말 아주 나쁜 상태에 처해 있어요. SLORC가 권력을 장악한 뒤로 초등학교조차 다니지 못하는 사람의 비율이 꾸준히 증가하고 있어요. 학교에서 학생들은 온갖 사소한 일들에도 기부금을 내도록 강요받고, 제대로 된 교과서조차 제공받지 못하는 실정이지요. 그런데 흥미로운 일이 일어나고 있어요. 내가 주말 행사에서 이런 일들에 대해 꽤 자주 언급했거든요. 지난 주, 그러니까 5월 말에 학교가 개학을 했는데, 적어도 두 개 학교에서, 아니 어쩌면 그보다 더 많은 학교에서 큰 게시물이 나붙은 거예요. "우리 학교는 어떤 종류의 기부금도 받지 않는다. 필요한 책은 학교 안에서 다 살 수 있으니 밖에서 구매하지 않아도 된다." 그런 내용으로요. 그래서 나는 우리의 주말 행사가 좋은 영향력을 끼치고 있다고 생각해요. 항상 좋은 교육의 필요성을 강

조하거든요.

앨런 클레멘츠: SLORC는 여사의 연설에 긍정적으로 반응합니까?

아웅 산 수 지: 늘 반응을 보이기는 하지요. 늘! 어떤 분들이 "SLORC의 정책이 당신을 주변화하려는 것이었다면, 어떻게 했을 것 같은가?"라고 묻는 이유가 거기에 있어요. 나는 그들이 우리를 주변화하려는 게 아니라고 대답합니다. 그들은 심지어 시도도 하지 않아요. 항상 나를 그 자리에 묶어두거든요. 어떤 의미로는 그들이 무료로 내 홍보를 해주는 셈이에요.

앨런 클레멘츠: 경제에 대한 이야기로 돌아가 보겠습니다. 랭군 전체에 신형 수입차들이 즐비합니다. 컴퓨터 판매원들은 애플사의 최신 모델을 팔고 있고, 도시바와 소니의 아울렛 매장에서는 거의 예술의 경지에 있는 텔레비전과 음향 시스템을 팔고 있습니다. 가난한 나라에서 도대체 누가 이런 것들을 살까요?

아웅 산 수 지: 모르겠어요. ……하지만 마약 거래로 굉장히 부자가 된 사람들이 검은 돈을 세탁하고 있다는 이야기를 들은 적이 있기는 해요.

앨런 클레멘츠: 오늘날 버마에서 부유한 사람들의 대다수는 마약(헤로인) 거래와 관련이 있다는 말씀이신가요?

아웅 산 수 지: 대다수는 아니더라도…… 분명히 꽤 될 겁니다. 지난 7년에 걸쳐 (SLORC가 정권을 장악한 뒤로) 큰 부자가 된 사람들을 조사해보면, 그들의 부가 정직한 사업을 해서는 도저히 이루어질 수 없는, 예컨대 뇌물을 통해서나 이루어질 수 있는 그런 정도임이 밝혀질 거예요.

앨런 클레멘츠: 독재자 네윈은 30년 넘게 버마를 지배해 왔습니다. 그러는 동안에 그는 거의 모든 종류의 자유를 조직적으로 억압해왔지요. 버마의 대다수 사람이 그의 통치 하에서 태어났을 텐데요. 이런 것이 국민에게 심리적으로 어떠한 영향을 미칠까요?

아웅 산 수 지: 한 가지 뚜렷한 특징은 신뢰감의 결여입니다. 신뢰감의 결여는 종종 정직성의 결여를 의미하는데, 왜냐하면 누가 신뢰하기에 충분할 만큼 정직한 인물인지 알 수 없기 때문이지요. 그것은 결국 두려움과 연결됩니다. 신뢰감이 없으면 두려움으로 가득 차게 되는 거예요. 그러니까 서로에 대한 신뢰감이 없는 게 진짜 병이라고 할 수 있겠지요.

앨런 클레멘츠: 전 세계에서 각계각층의 사람들이 이곳으로 여사님과 이야기를 나누고 싶어 옵니다. 그들 중에서 혹시 진실을 말하는 것을 꺼려하거나 무서워하는 사람은 없나요?

아웅 산 수 지: 많은 분이 나를 신뢰하고 내가 그들의 신뢰를 저버리지 않을 것을 알기 때문에 나에게 진실을 말하는 것을 두려워하지 않는다고 봅니다. 하지만 그들이 말하는 것을 들어보면 상당 부분 얼마나 서로를 신뢰하지 못하는지가 드러나지요. 나는 누가 믿을만한 인물이 아닌지, 누가 누구와 내통하는지, 그러므로 누구를 믿으면 안 되는지 등등에 대해 허다한 정보를 가지고 있어요. 하지만 그중 많은 것은 그저 단순한 걱정이지 중상모략은 아닙니다. 그들은 정말로 아무개가 아무개를 밀고할까 봐 두려워해요.

앨런 클레멘츠: SLORC의 군사정보부 네트워크가 얼마나 퍼져 있습니까?

아웅 산 수 지: 구석구석 퍼져 있어요. 밀고자들이 있어서 때로는 정보가 누설되거나 정보부로 흘러가지요. 모든 경찰국가가 다 그럴 거예요. 버마에서만 일어나는 일은 아니지요.

앨런 클레멘츠: 불신이 너무 팽배해 있어서 편집증적인 수준에까지 도달한 걸까요?

아웅 산 수 지: 내 생각에도 그 지경에 이른 것 같군요.

앨런 클레멘츠: 수 여사님, 여사의 주말 공공집회에서는 주중에 여사께 들어온 질문들에 대해 답변을 주시는데요. 거의 모든 사람의 질문에, 그러니까 자신들이 당한 고통과 지금 벌이고 있는 투쟁을 이야기하는 질문들을 보면, SLORC의 억압과 부패 양상이 반영되어 있는 것 같습니다. 이러한 질문들에 대한 답변은 전날 밤에 준비하시나요, 아니면 즉석에서 하시는 건가요?

아웅 산 수 지: 시간이 있을 때는 전날 밤에 질문들을 검토해보고요. 시간이 없을 때는 적어도 30분 전에는 살펴보지요. 그건 약간 기술적인 질문인 경우에만 그렇습니다.

앨런 클레멘츠: 매주 여사께 들어오는 질문들 중에서 주말 공공집회 때 답변할 질문의 선정은 누가 하나요? 그리고 그 기준은 뭔가요?

아웅 산 수 지: 우리한테 오는 편지가 너무 많으니까 나 혼자 다 읽을 수 없어요. 그래서 우리 사무실의 직원이 먼저 읽고, 대답할 것들을 골라내지요. 누군가에게 혹은 정부에게 악의를 가지고 공격하는 내용도 골라내요.

우리 모두를 고통스럽게 하는 정부의 불의에 대해 사람들이 비판하는 것은 상관없지만, 특정한 누군가를 악의적으로 공격하는 편지는 절대로 공개하지 않아요. 설령 그 편지에서 지적하고 있는 불의가 사실이기 때문에 그런 공격이 정당화될 수 있다고 하더라도 말이지요. 예를 들어 어떤 사람이 특정한 개인을 부정부패로 고발하는 내용을 써 보냈다면, 여러 사람 앞에서 그 편지를 낭독하지 않아요. 나는 개인감정을 정치에 끌어들이는 데는 반대합니다. 우리는 개인에 초점을 맞추는 것을 좋아하지 않아요. 그건 정말 저급한 종류의 정치거든요. 그런 편지들은 없애거나 아니면 개인의 이름을 삭제하고서 당국이 이러저러한 날짜에 이러저러한 일을 했다고만 언급합니다. 또한 우리는 무엇이든지 대중 앞에서 읽기 전에 사실 확인부터 철저히 하지요. 오는 대로 다 받아들이지는 않아요. 주말 공공집회는 정확한 증거 없이 불평불만을 쏟아놓는 곳이 아니니까요.

앨런 클레멘츠: 그토록 가혹한 억압 상황에서도 자유를 위해 투쟁하는 국민에게서 나타나는 가장 긍정적인 특징은 무엇이라고 말씀하시겠습니까?

아웅 산 수 지: 글쎄요……, 내 생각에는 버마 국민이 그전보다 훨씬 더 열심히 일하고 있는 것 같아요. 전에는 열심히 일하도록 '강요'당했지요. 민주화 운동에 참여하는 우리는 우리의 강점을 깨닫고, 그 힘을 바탕으로 일하는 법을 배운 것 같아요. 그러한 깨달음이 또한 아주 강력한 우정을 만들어냈다고 봅니다.

앨런 클레멘츠: 여사께서 벌이시는 민주화 운동은 시간을 초월한 불교의 가치와 현대적인 정치적 원리들을 결합시킨, 버마 역사의 르네상스기를 열어가고 있다고 말할 수 있을까요?

아웅 산 수 지: 나는 어느 한 개인이 르네상스를 열 수 있다고 생각하지 않습니다. 다만 우리가 그리로 향하고 있기를 바랄 뿐이지요. 국민이 어떤 문제에 봉착하면 자신들의 삶과 가치를 재평가할 수밖에 없을 겁니다. 그리고 이것이 르네상스로 이어질 수도 있고요.

앨런 클레멘츠: 여사께서는 민주주의를 위한 투쟁을 '정신 혁명'이라고 묘사하셨는데요. 핵심적으로 무슨 뜻인가요?

아웅 산 수 지: 내가 정신 혁명에 대해 말할 때는 우리의 민주화 투쟁에 대한 이야기를 많이 합니다. 나는 언제나 진정한 혁명은 정신 혁명이어야 한다고 말해왔습니다. 우리는 변화를 필요로 한다는 것, 그리고 실제로 어떤 것을 변화시키기 원한다는 것을 확신해야 합니다. 이때 변화의 대상은 단순히 물리적인 것만이 아니지요. 어떤 정신적인 가치에 의해 인도되는 정치체제가 필요한 겁니다. 그 가치는 이전에 추구하고 살던 가치와 다른 것이지요.

앨런 클레멘츠: 투쟁을 사회정치적 의미의 혁명이 아니라 '정신 혁명'으로 만들기 위해서는 어떠한 인식의 전환이 필요하겠는지요?

아웅 산 수 지: 우리가 당한 압제가 너무나 지독하기 때문에 정치 혁명이든 사회 혁명이든 모든 혁명이 거의 불가능해졌어요. 부당한 규제가 온통 우리를 옥죄고 있으니, 정치적이든 사회적이든 운동을 한다는 것 자체가 아주 어렵지요. 하지만 거꾸로 바로 그러한 이유 때문에 우리의 민주화 운동이 상당히 정신적인 운동이 될 수밖에 없었기도 합니다.

앨런 클레멘츠: 여사께서는 정치 인생에서 추구해 오신 열망에 필적할만

한 또 다른 열망이 있으신가요?

아웅 산 수 지: 문학입니다. 헌데 문학은 정치와 딱 맞아떨어지는 것 같아요. 버마에서 정치는 늘 문학과 연결되어 있습니다. 문학가 중에 정치에 개입하는 사람들도 종종 있고요. 특히 독립이라고 하는 정치에……

앨런 클레멘츠: 1988년 버마의 정치적인 현장으로 들어오시기 전 옥스퍼드에 사시던 삶에서 무엇인가 잃어버렸다고 느끼시는 게 있으시다면요?

아웅 산 수 지: 없어요. 나는 사람이 어느 곳에 있든지 충만한 삶을 누려야 한다고 생각해요.

앨런 클레멘츠: 여사께서는 어느 곳에 계시든지 꽤 완성된 삶을 사신다고 느끼시나봐요?

아웅 산 수 지: 글쎄요, 지금 여기서는 내가 가족의 일부가 아니라 가족이 내 삶의 일부예요. 그러니 내 삶이 완전하다고 말할 수야 없지요. 하지만 누구의 삶이나 비슷할 거라고 생각해요. 이 세상에 완벽한 건 하나도 없어요. 일단 그 사실을 받아들이면 어느 곳에 있든지 충만한 삶을 이끌 수 있지 않을까요?

앨런 클레멘츠: 여사께서 연설이나 행동을 하실 때는 완벽이라고 하는, 쉽게 만족되지 않을 목표를 가지고 계시는지요?

아웅 산 수 지: 아, 그럼요. 나는 진짜 완벽주의 기질을 가지고 있어요. 완벽하게 해내는 걸 아주 좋아해요. 물론 완벽하지 않다는 걸 알지만, 노력

을 멈추지는 않지요.

앨런 클레멘츠: 완벽을 추구한다는 건 고역이 아닌가요?

아웅 산 수 지: 아뇨. 그냥 일상의 일부인 걸요. 누구나 노력하고 살잖아요.

앨런 클레멘츠: 본질적인 면에서 여사께 '완벽'이란 어떤 의미인가요?

아웅 산 수 지: 아버지께서 언젠가 생각과 말, 행동에 담긴 순수에 대해 말씀하신 적이 있어요. 저에게 완벽은 그런 의미예요. 순수성이지요.

앨런 클레멘츠: 언제나 완벽하게 순수한 동기를 지녀야 한다는 뜻인가요?

아웅 산 수 지: 네. 삶에서 가장 위대하게 지켜야 하는 것은 절대 순수(absolute purity)라고 생각해요. 그런 점에서 나는 궁극적으로 자기 자신 말고는 아무도 그 사람을 해칠 수 있는 사람이 없다고 믿어요.

앨런 클레멘츠: 여사께서는 두 살 때 부친이 암살되셨습니다. 그 뒤 일곱 살 때는 오빠가 익사사고로 사망했고요. 가장 가까운 남성 인물들을 그렇게 어린 나이에 잃어버린 셈인데, 그러면 유년기에 중요한 역할을 담당한 지배적인 남성, 예컨대 아버지상이 있으셨는지요?

아웅 산 수 지: 아니에요. 사실 지배적인 남성 인물이 필요하다고 느껴본 적이 없었어요. 왜냐하면 우리와 함께 사셨던 외할아버지가 이상적인 분이셨거든요. 굉장히 관대하고 사랑이 많으셨지요. 어린 시절, 그분은 내 삶에서 가장 중요한 남성상이셨어요.

앨런 클레멘츠: 부친에 대해 실제로 기억나는 게 있으신가요?

아웅 산 수 지: 아버지께서 퇴근하시고 집에 들어오실 때마다 항상 나를 안아주시던 기억이 나기는 하는데, 그건 아마도 사람들이 계속 나에게 되풀이해서 말해주었기 때문에 강화된 기억일지도 몰라요. 달리 말하면 잊어버리는 게 허용되지 않은 셈이지요. 그러니까 그건 진짜 기억일 수도 있고, 아니면 사람들이 줄곧 말하는 것을 통해 내가 상상해낸 것일 수도 있어요. 그렇지만 어렴풋하게나마 아버지께서 퇴근하고 돌아오시면, 두 오빠와 내가 아버지를 맞이한답시고 계단 주위를 겅중겅중 뛰던 것과 아버지께서 나를 들어 안아주시던 건 기억나요.

앨런 클레멘츠: 부친에 대해 매일 생각하십니까?

아웅 산 수 지: 매일은 아니지요. 전혀요. 일부 사람들이 생각하듯이 나는 그렇게 아버지 생각에 사로잡혀 있지 않아요. 아버지를 향한 태도가 건강한 존경과 감탄이길 바라지 집착은 아니랍니다.

앨런 클레멘츠: 모든 사람이 여사를 부친과 비교합니다. 신체적인 모습에서부터 버마의 독립을 위해 애쓰시는 지도자로서의 역할, 비슷하거나 때로는 동일하기까지 한 원칙들의 표현……, 그 목록이 끝도 없이 이어집니다. 그렇다면 부친에 견주어 여사의 차이점은 무엇입니까? 무엇 때문에 두 분이 서로 갈라지나요? 눈에 보이는 것 말고 정치적 선택이나 사고방식 같은 것에서 말이지요.

아웅 산 수 지: 아버지와 그리 큰 차이가 있다고 보지 않아요. 다만 그분이 나보다 훌륭하시지요. 겸손을 떨기 위해 하는 말이 아니에요. 아버지는

아예 책임감을 가지고 태어난 분이세요. 내가 가진 책임감보다 훨씬 크고 더 원숙한 것이지요. 아버지는 당신이 처음 학교에 다니기 시작한 때부터 정말 근면 성실하셨고 양심적이셨어요. 나는 그렇지 못해요. 내가 좋아하는 선생님이나 내가 좋아하는 과목만 열심히 하는 타입이었죠. 나는 책임감을 더 발전시켰어야 했어요. 책임감을 가지고 일했어야 했고요. 바로 그 점에서 아버지와 차이가 나는 것 같아요. 하지만 마음자세만 놓고 보면 우리 사이에 근본적인 차이가 있다고 생각하지 않아요. 사실 내가 아버지의 삶에 대해 들여다보기 시작했을 때, 왜 그리도 닮은 점이 많은지 깜짝 놀랐어요. 한때 나한테서 나온 것이라고 생각했던 사고나 감정이 아버지가 이미 옛날에 다 하셨던 것이더라고요.

앨런 클레멘츠: 여사께서 쓰신 책에서 부친에 관해 이렇게 표현한 문장을 읽었습니다. "그분은 난해한 분이셨다. 그에게서 풍기는 무드, 깔끔하지 않음, 엄청난 과묵함, 그런 반면에 또 엄청난 달변 그리고 이 모든 것을 합쳐놓은 모난 행동들에 대해 수많은 비판이 있었다. 그는 예의바르고 세련된 사람들이 때때로 지루하다는 것을 알았고, 야만인의 삶을 살기 위해 그들로부터 분리되기를 갈망했다." 이 문장을 읽으면 부친께서는 솔직히 거친 분처럼 생각되는데요.

아웅 산 수 지: 아버지는 실제로 야만인은 아니셨어요. 책에 썼듯이 그분은 굉장히 모난 성격이셨는데, 어떤 세련된 사회인들의 겉으로 드러난 자기과시에 화를 내곤 하셨죠. 하지만 동시에 정신적으로는 굉장히 섬세하고 유연하며 잘 적응하는 분이셨어요. 그분이 있는 그대로의 모습으로 훌륭한 인간이었던 이유가 바로 거기에 있다고 생각해요. 하지만 아버지는 지도자이셨던지라, 모든 사람이 그를 퉁명스럽고 완고하며 사교적이지 않은 위인으로 만들어버렸지요. 그러나 그분은 이게 국가의 수

장이 마땅히 행할 방도가 아니라는 걸 아실 만큼 충분히 객관적이셨어요. 그리고 인생 말년으로 가면서는 자신의 책임을 매우 진지하게 받아들이면서 국가의 명예와 위엄을 지키셨지요.

앨런 클레멘츠: 부친에 관해 생각하실 때 여사의 마음에 가장 먼저 떠오르는 것은 무엇입니까?

아웅 산 수 지: 무엇보다도 그분은 배움의 능력이 있고 항상 자신이 배운 바를 실천하셨다는 사실이에요. 또 자기 자신에 대해 타고난 자신감을 가지고 계셨죠. 이 말이 자신의 잘못을 깨닫지 못했다는 뜻은 아니에요. 자신의 잘못을 깨달아 개선시킬 필요가 있다는 걸 아셨다는 거죠. 그분은 항상 자기향상(self-improvement)을 꾀하던 분이셨어요. 아버지의 존재의 중심에는 온전함과 자기연마가 동시에 구비되어 있어서 인생의 모든 단계를 거치며 통합된 인간으로 만들어진 게 아닌가 싶어요.

앨런 클레멘츠: 여사께서는 전 세계 수백만의 사람이 정치에 접근할 때 정신적으로 고양된 비폭력적 방식을 취하도록 구체화하시고, 또한 그러한 혁명의 상징이 되셨습니다. 반면에 군대의 장군이셨던 여사의 부친께서는 무력투쟁을 옹호하시며 외세의 억압으로부터 나라를 해방시키는 혁명을 수행하는 데 폭력을 성공적으로 사용하셨습니다. 만일 부친께서 무장도 하지 않은 민주화 시위대들을 SLORC가 무참히 살육했던 1988년에 살아 계셨다면, 그리고 젊은 아웅 산으로서 학생 지도자로 활약했다면, 그분은 위기상황에서 어떻게 대응하셨을 것 같으십니까?

아웅 산 수 지: 내가 민주화 운동에 뛰어든 것이 마흔네 살이었고, 아버지가 돌아가셨을 때가 고작 서른두 살이었다는 걸 잊지 않으셨으면 좋겠

네요. 아버지는 열여덟 살에 정치에 입문하셔서, 스물여섯에 버마 군대를 창설하셨지요. 나도 스물여섯 살 때는 마흔네 살 때와 달랐어요. 그러니 만약 내가 정치에 일찍 입문했더라면 훨씬 더 열정적인 접근방식을 취했을지도 몰라요. 아마 비폭력이라는 방식을 따르지 않았을지도 모르지요. 어쩌면 나 역시 아버지께서 하셨던 것과 동일한 자세를 취해서, 버마의 독립을 이룰 수만 있다면 어떤 수단도 다 사용할 수 있다고 생각했을 거예요. 아버지가 군대를 창설하신 이유도 그런 까닭이니까요. 당시 아버지는 가장 중요한 일이 독립을 이루는 것이라고 생각하셨거든요. 하지만 돌아가실 무렵에는 국가의 문제들을 풀려면 민주적인 정치를 통해서 풀어야지 무장 투쟁을 통해서 풀면 안 된다는 걸 깨달으셨어요.

앨런 클레멘츠: 여사께서는 모친과의 관계가 어떠십니까?

아웅 산 수 지: 대부분의 버마 어린이들이 그렇게 가르침을 받듯이, 나도 어머니를 사랑과 존경, 경외심으로 대했어요. 나에게 있어 어머니는 고결함과 용기, 원칙을 상징하지요. 마음씨는 또 얼마나 따뜻하셨다고요. 그분은 물론 편한 삶을 살지는 못하셨어요. 아버지가 돌아가시고 나서 가족을 부양하고 업무를 처리하시는 것이 힘드셨을 거예요.

앨런 클레멘츠: 모친과의 관계를 되돌아볼 때, 혹시 그분의 어떤 면이 여사께 제약이 되거나 하지는 않으셨는지요? 여사님을 특정 가치나 태도에 가두었다거나 아니면 양육 방식에 어떤 실수 같은 게 있었다거나……?

아웅 산 수 지: 어머니는 최선을 다하셨다고 봅니다. 최고의 교육과 최상의 삶을 주시기 위해 할 수 있는 한 정말 열심히 노력하셨지요. 나는 어느 누구도 실수로부터 자유로울 수는 없다고 생각해요. 그런 면에서 보

면 어머니가 때로 아주 엄격하셨던 게 어린 마음에는 손해처럼 느껴지기도 했지요. 하지만 이제는 그게 오히려 나로 하여금 삶을 잘 꾸려나갈 수 있도록 해준 좋은 면이라고 생각해요.

앨런 클레멘츠: 모친께서 어떻게 엄격하셨습니까?

아웅 산 수 지: 고도의 훈련을 시키셨지요. 매사 올바른 때 올바른 방식으로 하도록 시키셨어요. 그분은 완벽주의자셨거든요.

앨런 클레멘츠: 여사께서도 자제분들에게 그런 방법을 사용하십니까?

아웅 산 수 지: 나는 그 정도로 원칙주의자는 아니지만 꽤 엄격한 편입니다. 어머니는 아주 강한 분이셨어요. 나 역시 나름대로 꽤 강합니다. 하지만 나는 아이들과 훨씬 더 격의 없는 관계예요. 어머니와 내가 상당히 격식을 차리는 관계였던 데 비하면요. 내가 어렸을 때 어머니는 한 번도 나와 함께 많은 시간을 보내거나 놀아주신 적이 없어요. 그렇지만 나는 아들들과 언제나 함께 어울리고 같이 놀았지요. 또 오랫동안 토론을 하기도 하고요. 때로는 논쟁을 하는데 엄청나게 격한 논쟁을 하기도 했어요. 아들들이 상당히 논쟁적이거든요. 나도 그러니까요. 이런 종류의 일들을 어머니하고는 해본 적이 없지요.

앨런 클레멘츠: 아드님들과 무엇에 대해 논쟁하십니까? 지향하는 가치들에 대해서? 또는 불교적인 신념들에 대해서?

아웅 산 수 지: 상황에 따라 달라요. 맏아들은 점점 더 자라가면서 철학적인 주제를 토론하는 걸 좋아했어요. 반면에 둘째는 그런 종류의 토론에

그다지 관심이 없어요. 적어도 아직까지는.

앨런 클레멘츠: 지난번 인터뷰를 시작하시기 전에, 작은 아드님 킴(Kim)이 로큰롤에 심취해 있는 것 같다는 말씀을 하신 적이 있는데…….

아웅 산 수 지: 네, 그 애가 그런 걸 아주 좋아하기는 하지요. ……'하드 록'이라고 부르던가요?

앨런 클레멘츠: 전자음을 사용하면서 시끄러운 음악이라면 그렇지요.

아웅 산 수 지: 킴은 아주 음악적이에요. 그래서 나도 그 애가 좋아하는 음악의 종류에 대해 많이 배웠어요. 나는 그 애와 아무 문제가 없는데……, 그 애가 좋아하는 음악의 종류에 대해 주로 논쟁하는 건 남편이지요. 마이클은 킴이 그렇게 시끄러운 음악을 연주하는 것에 반대해요. 나는 괜찮은데……, 참을 만하더라고요.

앨런 클레멘츠: 그러면 아드님이 집에서 자신이 원하는 만큼 크게 하드 록을 연주하도록 허락하셨나요?

아웅 산 수 지: 네, 저는 절대 막지 않아요. 그 애가 그런 종류의 음악을 이어폰으로 듣는 걸 바라지 않기 때문이에요. 그렇게 하면 귀에 손상을 입지 않겠어요? 아들의 귀가 다치는 것보다는 차라리 내가 소음을 참는 게 낫지요.

앨런 클레멘츠: 서양음악이 버마에 범람하고 있습니다. 위성으로 음악채널 '브이(V)'가 송출되고 있잖아요? 스타티브이(Star TV: 아시아 지역을 대상으로

방송하는 위성 텔레비전 그룹)가 엠티브이(MTV: 미국의 음악전문방송)를 모방해서 시도하는 방송 말이에요. 지금은 록 콘서트도 비디오로 얼마든지 대여하거나 구매해서 볼 수 있습니다. 심지어 랭군에는 하드 록을 포함한 생음악을 연주하는 디스코장과 나이트클럽이 여러 군데 있을 정도예요. 소위 서양음악의 활력소라고 하는 과격한 비디오 이미지들, 이를테면 섹스와 마약과 폭력에 물든 영상들이 고대의 신비스러운 문화와 뒤섞이고 있습니다. 전통적인 버마의 불교문화를 보존하려는 소망에 비추어볼 때, 이런 점들을 어떻게 생각하십니까?

아웅 산 수 지: 이런 식으로 너무 빠르게 들어온다면 우리 문화는 이도저도 아닌 아주 피상적인 비문화(non-culture) 상태로 끝나버릴 수도 있어요. 나는 사람들이 다른 문화를 공부하는 것에 대해 상당히 열려 있는 사람이에요. 하지만 이런 식의 급격한 유입은 건강하지 못해요. 버마 문화에는 보존할 만한 가치가 있는 것들이 상당히 많아요. 그러나 외국의 영향력이 너무나 압도적이고 급격하면 우리 문화가 필요 이상으로 많은 걸 잃게 될 수도 있지요.

앨런 클레멘츠: 버마 문화의 가장 중요한 특질들 가운데 여사께서 보존하고 싶으신 것은 무엇입니까?

아웅 산 수 지: 친절과 자비라는 불교적 가치입니다. 배움을 존중하는 태도도 그렇고요.

앨런 클레멘츠: 버마에도 금방 관광객이 쇄도하게 될 겁니다. 배낭여행자들도 많이 오게 될 테지요. 그러면 불가피하게 엘에스디(LSD) 같은 강력 환각제나 마리화나, 해시시, 엑스터시 같은 마약들이 유입될 것입니다.

여행에 대해 느슨한 태도도 늘어날 거고요. 국내로 들어오는 여행객들에 대해 어떻게 보십니까?

아웅 산 수 지: 내가 염려하는 것은, 버마 국민이 자신감을 키울 기회를 갖기도 전에 그들이 쏟아져 들어오는 일입니다. 경제가 참혹한 수준인데다가, 버마 국민은 현재 조국에 대해 자부심을 느끼지 못하고 있어요. 그런 때에는 젊은이들이 외국의 사상과 가치를 추종하기가 쉽습니다. 단지 외국 사람들이 자신들보다 더 낫고 더 성공한 것처럼 생각되기 때문이지요. 스스로에 대해 자부심이 있는 국민은 그렇지 않아요. 자기네 문화와 다른 민족의 문화를 둘 다 제대로 음미할 줄 알지요. 그런 국민은 자기네 문화 가운데 무엇을 보존해야 하고 무엇을 폐기해야 할지 잘 식별합니다. 무엇을 받아들여야 하고 무엇을 거부해야 하는지도 말입니다.

05

나는 절대로 주요인사가 아닙니다

앨런 클레멘츠: 불교 철학에서는 명백하게 부정적인 경험이 긍정적인 경험으로 변화되는 가능성을 이야기합니다. 예를 들어 미움에 대해 사랑할 기회로 해석하거나, 기만을 정직으로의 초대로 보는 것이지요. 달리 말하면 모든 것이 다 쓸모가 있다는 견해입니다. 정신 자세만 올바르면 장애란 없고 오직 도전만 있을 뿐입니다. 이러한 관점을 설명하시기 위해 부처님은 언젠가 '최고 천벌'을 받아 이른 죽음에 처하게 된 데와닷따(Devadatta)를 비난하는 제자들을 꾸짖으신 적이 있습니다. 아시다시피 데와닷따는 부처님을 여러 번 죽이려고 했지요. 하지만 제 기억이 맞다면, 부처님은 데와닷따의 공격이 없었더라면 결코 완전한 인내심을 달성하지 못했을 거라고 말씀하셨습니다. 이것은 상대방 혹은 반대편에 대한 칭찬이라고 볼 수 있을 것입니다.

오늘날 버마에서 여사님이 이끄시는 정신 혁명이 SLORC의 억압 정책들에 맞서는 것을 볼 때, 부처님과 데와닷따의 경우와 거의 똑같은 현상이라고 유추하게 됩니다. 여사의 민주화 투쟁에도 적용되겠지만, 부정적인 것을 자유와 해방으로 전환하는 데 대하여 어떤 견해를 갖고 계신지 여쭈어보고 싶습니다.

아웅 산 수 지: 정말로 강하고 건강한 민주주의를 이룩하기 위해서는 강하고 건강한 반대파가 필요합니다. 나는 언제나 훌륭한 반대파가 필요한 이유는, 그들이 우리의 실수를 지적해주고 우리가 방심하지 않도록 해주기 때문이라고 설명해요. 반대파는 여러모로 우리의 가장 훌륭한 후원자예요. 세속적으로 볼 때 민주주의에서 반대파는 어떤 합법적인 정부에 대하여 데와닷따의 역할을 한다고 봐요. 지배 정당이 저지르는 모든 실수를 계속해서 지적함으로써 그들이 잘못된 길로 가지 않도록 막는 것이죠. 그 반대파는 잠재적인 차기 정부로서 현 정부의 권력 오용을 막아줍니다.

앨런 클레멘츠: 아시다시피 부처님께서는 우리가 중요하게 여기는 모든 일의 배경으로서 실존의 총체성, 곧 생로병사라고 하는 인생의 전체적인 소용돌이를 가리키기 위해 '삼사라(samsara: 윤회)'라는 개념을 사용하셨지요. 여사께서도 투쟁의 직접성으로부터 한걸음 물러나 실존이라는 큰 그림 안에서 자신의 익명성이나 하찮음 같은 것에 대해 생각해보신 적이 있으십니까?

아웅 산 수 지: 네. 사실은 내가 주요인사로 여겨지고 있다는 사실에 여전히 익숙하지 않아요. 나는 도무지 그런 식으로 생각하지 않거든요. 예전에 느꼈던 것과 비교할 때 정치를 하고 있는 지금의 내가 다르다고 느끼지 않아요. 물론 이행해야 할 책임이 더 많은 건 사실이지요. 하지만 나에게는 아내로서 그리고 어머니로서의 책임도 있어요. 때로는 어떤 일

들이 더 크고 중요하게 보이기도 하지만, 우리 모두가 '아니카(*anicca*: 무상[無常])'의 법에 종속되어 있다는 사실을 생각하면 그것들도 다 작은 일이라는 걸 깨닫게 됩니다. 좀 더 직설적으로 말해 나는 나 자신의 죽음을 줄곧 명상해요. 이것은 우연의 원리(the principle of chance)를 수용한다는 뜻이에요. 자신의 죽음에 대해 성찰하면 중요하게 보이는 문제들도 이내 오그라들어서 아무것도 아니게 되지요. 당신도 자신의 죽음에 대해 생각해보신 적이 있나요?

앨런 클레멘츠: 네, 가끔씩요. 그런데 죽음에 대해 명상하는 것이 저에게는 무엇인가가 끝났다는 인상을 주거나 죽음에 대한 두려움을 가져다주지는 않고, 오히려 현재의 삶에 대해 더 큰 열정을 갖게 하는 것 같습니다. 죽음 명상이 여사께는 어떤 가치가 있으셨나요?

아웅 산 수 지: 언젠가 자신이 죽게 되리라는 사실에 실제로 직면하는 사람은 거의 없어요. 만약 우리가 자기 자신의 죽음을 성찰한다면, 그것은 어떤 의미로는 자신이 얼마나 보잘것없는 존재인가를 받아들인다는 뜻일 거예요. 이를테면 현재로부터, 곧 자신이 속한 세상의 즉각적인 관심사들로부터 한발 물러나 그런 일들의 전체적인 구도 안에서, 그러니까 '삼사라'의 소용돌이 속에서 자신이 얼마나 하찮은 존재인가를 깨닫는 것이지요. 그러면 역설적으로, 설령 자신이 대단히 중요한 인물이 아니라 할지라도, 자신이 선 자리에서는 매우 중요한 사람이 됩니다. 그러나 중요한 것은 이 세상에서 자신이 차지하고 있는 자리에 대해 균형 잡힌 관점을 가지는 거예요. 나 역시 세상에서 주어진 역할이 있다는 것을 깨달을 수 있을 만큼 충분히 자기 자신을 존경하는 마음을 가져야 하는 동시에, 자신의 그 역할이 자신이 생각하는 만큼 중요하지 않을 수 있다는 것 혹은 다른 사람들은 별로 중요하게 여기지 않을 수 있다는 것을 받아

들일 만큼 충분한 겸손함도 지녀야겠지요.

앨런 클레멘츠: 여사께서도 잘 아시겠지만, 부처님의 위대한 깨달음인 사성제(四聖諦)의 첫 번째 진리는 '두카(*dukkha*: 고통)', 곧 고제(苦諦)입니다. 만물이 무상(無常)하다는 깨달음에 근거하는 진리로, 모든 것은 끊임없는 변화 속에 있으므로 영원한 만족이란 없다는 것이지요. 궁극적인 의미로는 어차피 '영원하지 않은' 세상에서 '영원한' 행복을 찾을 수는 없다는 뜻일 겁니다. 여사께서는 어떤 실존적인 곤경의 끄트머리에 불안하게 서 있어본 적이 있으신지요? 정신적인 자유를 위한 개인적인 투쟁에서나 국민의 자유를 위한 사회정치적인 투쟁을 하실 때 말입니다.

아웅 산 수 지: 아니오. 우리는 이 세상에 살고 있기 때문에 세상을 위해 최선을 다해야 할 의무가 있어요. 불교는 이 사실을 받아들이지요. 그리고 나는 모든 세상적인 관심을 초월했다고 말할 만큼 그렇게 나 자신이 정신적이라고 여기지도 않습니다. 그렇기 때문에 할 수 있는 한 최선을 다하는 것이 나의 의무라고 생각합니다.

앨런 클레멘츠: 그러면 여사의 불교적 추구와 정치적 추구 사이에는 어떤 분열이나 긴장이 없으신가요?

아웅 산 수 지: 네, 없어요.

앨런 클레멘츠: 몇 년 전에 버마의 전 수상인 우누(U Nu)를 인터뷰한 적이 있습니다. 그분은 실제로 보살(성불하기 위해 애쓰는 존재)이 되기 위해 헌신한다고 밝혔지요. 저는 그분께 군(軍)에 대한 전권을 지닌 수상이 되는 동시에 성불하기로 맹세한다는 것이 어떤 기분인지 여쭈어보았습니다. 제

기억이 맞다면, 그분은 아주 큰 짐이라고, 거의 영원한 도덕적 딜레마라고 분명히 말씀하신 것 같습니다. 말하자면 그분은 헌신적인 불교도가 된다는 것과 무력을 사용할 책임 있는 정치 지도자가 되는 것은 양립하기 어렵다고 보신 것 같습니다. 여사께서는 어떠신지요?

아웅 산 수 지: 아니오, 나는 그것을 딜레마로 보지 않아요. 감히 내가 보살 서원에 대해 왈가왈부할만한 위치에 있다고 생각하지도 않고요. 나의 일차적 관심은 세속의 일들을 다룸에 있어 불교적 원칙들이 어떻게 깃들게 하느냐는 거예요. 물론 명상도 그 일부겠지요. 나는 우리 모두가 인간으로서 결코 부정할 수 없는 정신적인 영역을 가지고 있다고 믿어요. 전반적으로 볼 때 나 자신 역시 노년에 접어들면서 종교에 더 많은 시간을 할애하는 평범한 버마 불교인의 하나라고 생각해요.

앨런 클레멘츠: 여사께서는 소승불교(Theravada Buddhism: 상좌부 불교라고도 하며 버마, 태국, 캄보디아, 라오스, 스리랑카에 널리 퍼져 있다. ―옮긴이)에 속한다고 보십니까?

아웅 산 수 지: 네, 그렇습니다만, 대승불교(Mahayana Buddhism: 일차적으로는 티베트와 기타 히말라야 나라들에 널리 퍼져 있으며, 그 밖에 베트남, 일본, 중국 등지에서도 퍼져 있다. ―옮긴이)도 존중합니다. 또 불교만이 아니라 다른 종교들도 많이 존중하고요. 어느 누구도 다른 사람의 종교를 얕잡아볼 권리를 가지고 있다고 생각하지 않아요.

앨런 클레멘츠: 대승불교 중에서 특히 어떤 요소들을 존중하시나요?

아웅 산 수 지: 대승불교는 소승불교보다 자비를 훨씬 더 강조합니다. 나는 이 부분에 아주 민감한데, 왜냐하면 이 세상에서 사는 우리에게는 자

비가 많이 필요하기 때문이지요. 물론 소승불교에서도 자비가 들어 있기는 합니다. 그러나 나는 우리 국민이 자비를 행동으로 옮기는 걸 더 많이 보면 좋겠어요.

앨런 클레멘츠: 매일의 수행으로 명상을 하시게 된 동기는 무엇입니까?

아웅 산 수 지: 명상을 하는 주된 이유는, 내가 해야 한다고 생각하는 것을 하고 있다는 걸 알 때 만족감이 들기 때문이에요. 바꿔 말하면 하나의 경험이 무상을 이해하는 한걸음이라는 걸 깨닫도록 의식을 발전시키기 위해 노력하는 것이지요. 나는 삶에 대해 아주 일상적인 자세를 취합니다. 만일 내가 정의의 이름 혹은 사랑의 이름으로 해야 할 일이 있다는 생각이 들면 그냥 그 일을 하는 거예요. 동기 그 자체가 보상인 셈이지요.

앨런 클레멘츠: 세상에서 불의를 자행하는 사람들을 생각해볼 때, 그들은 자신이 저지르는 행동에 대해 아예 면역이 되어 있고, 말하자면 법 위에서 군림하면서 남을 억압하는 행동들이 자신에게는 실질적으로 아무런 영향도 끼치지 않는다고 생각하는 것처럼 보일 때가 있습니다만…….

아웅 산 수 지: 그러나 그들에게도 영향을 끼치지요. 누구나 자신이 행하는 일은 반드시 그 자신에게 심리적인 영향을 끼친다고 확신해요. 예를 들어 극단적인 경우로, 자신이 하고 싶은 일은 무엇이든지 할 수 있는 위치에 있는 독재자가 있다고 해봐요. 그가 "저자를 처형하라."고 단순히 말만 했다고 칩시다. 그는 처형 자체와 아무 상관이 없을 수도 있어요. 다른 사람 손으로 처형하면 되니까요. 어쩌면 심지어 하루만 지나도 그 일을 깡그리 잊어버릴 수도 있지요. 하지만 그가 다른 사람을 처형하도록 했다는 바로 그 사실로 인해 그의 감수성은 훨씬 단단히 굳어버리게 돼요.

그는 분명히 영향을 받은 겁니다. 그가 누군가에게 어떤 일을 행할 때마다 그는 자기 자신에게도 무엇인가를 행하는 거예요. 헌데 만약에 그가 조금이라도 양심이 있는 사람이라면, 그 사람 속 어딘가에서 무엇인가가 그의 마음을 불편하게 만들겠지요. 또 한 가지는 사람들이 그에 대해 갖는 인식에도 영향을 미친다는 사실이에요. 아주 단순하게 생각하면, 처형된 사람과 관련이 있는 사람들은 당연히 그를 좋아하지 않겠지요. 그러니 불의를 저지를 때마다 그는 알게 모르게 역으로 영향을 받게 되는 겁니다. 사실 이런 독재자는 국민이 자신을 얼마나 증오하는지 깨닫지 못한 채로 죽을 수도 있어요. 그렇지만 그 영향은 동일하게 남기 마련이에요.

앨런 클레멘츠: 그러면 그가 얼마나 무법자인지 상관없이 그 누구도 법 위에 있는 사람은 없다는 말씀인가요?

아웅 산 수 지: 인간이 만든 법 위에 있을 수야 있겠지만, '카르마(karma, 업보)'의 법 위에 있을 수는 없어요. 왜냐하면 카르마의 법은 실제로 대단히 과학적이기 때문이에요. 원인과 결과 사이에는 언제나 연관성이 있지요. 그건 마치 별빛과도 같아요. 그렇지 않을까요? 지금 우리가 보는 별빛은 여러 광년 전에 생겨난 것인데, 이제야 우리 눈으로 보는 것이죠. 과학에서도 원인과 결과 사이에 외견상 오랜 간격이 있을 수는 있어요. 그러나 분명한 것은 그들 사이에 항상 연관성이 있다는 사실입니다.

앨런 클레멘츠: 또는 좀 더 가까운 의미에서 보면 베트남의 틱낫한(Thich Nhat Hanh) 스님이 말씀하신 것처럼, "낱알 속에서 태양을 본다."는 뜻이 아닐는지요? 헌데 여사께서는 자신을 단순히 민주주의의 씨를 뿌리는 사람이라고 생각하십니까?

아웅산수지: 언젠가 읽은 레베카 웨스트(Rebecca West)의 책이 생각나요. 그녀는 음악가와 예술가들의 작업을 가리켜 "불가능한 목표를 향해 끝없이 전진하는 성자들의 행진"이라고 이야기했어요. 나는 나 자신에 대해서도 그렇게 생각해요. 좀 더 선하고 정의로운 것을 향해 나아가도록 우리가 할 수 있는 모든 것을 하는 행진, 그 역동적인 과정의 일부라고 말이에요. 이 과정은 과거에 일어났던 일이나 미래에 일어날 일과 동떨어져 있지 않아요. 나는 그 길을 가면서 내가 할 수 있는 일이라면 무엇이든 합니다. 씨를 뿌리는 일이든, 수확물을 거둬들이는 일이든, 아니면 (웃음) 반쯤 자란 곡식을 보살피는 일이든 말입니다.

앨런 클레멘츠: 여사께서 하고 계신 역할에 대해 부족하다고 느낀 적이 있으십니까?

아웅산수지: 나는 나 자신이 어떤 역할을 수행한다고 생각해본 적이 거의 없어요. 항상 운동의 일부라고 보지요. 그렇기 때문에 내가 적당한 사람인지 혹은 부족한 사람인지는 그렇게 큰 문제가 되지 않아요. 헌데 언론의 관심은 온통 나에게 맞춰져 있어서 마치 내가 중심 역할을 하고 있는 것처럼 보이기 때문에 많은 분들이 이 말을 믿기 어려우실 거예요.

외신과 만나는 일은 주로 나 혼자 처리합니다. NLD의 다른 집행위원들은 그 일을 그다지 많이 하지 않아요. 하지만 그 밖의 모든 일들은 함께 해나가고 있어요. 따라서 나는 혼자가 아닙니다. 아마도 그 때문에 내가 부족하다고 느끼지 않는 것 같아요. 나는 몇몇 사람들이 생각하는 것만큼 내 역할이 그리 크다고 생각하지 않아요.

어디서 회의를 하든 우리는 회의석상에서 매우 동등한 위치에 있습니다. 내 영향력이 다른 분들보다 더 크지 않아요. 내가 제안한 게 더 나을 때 사람들이 택하는 것이지, 다른 이유로 채택되지는 않아요. 잘 들어

두세요. 다른 분들이 나에게 더 많은 일을 시키기는 하는데, 그건 순전히 내가 가장 젊기 때문이에요. 그러니 이런 불이익이 또 어디 있어요?

우리 사이에는 가족 같은 느낌이 있답니다. 그분들과는 거의 혈연관계 같다는 느낌마저 들어요. 모든 집행위원들 간에는 정말 큰 애정이 있는데, 만날수록 이러한 정서적 유대감이 더 강해지는 거예요. 우리는 함께 일하는 것이 행복하고 서로를 진짜 정중하게 대합니다. 나는 신사들에게 둘러싸여 있어요. 함께 있으면 우리는 아무리 처리할 일이 산더미같이 쌓여 있더라도 서로에게서 기운을 얻지요.

앨런 클레멘츠: 여사님에 대해 또 하나 개인적인 견해를 말씀드린다면, 여사께서는 옳고 그름에 대하여 확고한 신념을 갖고서 대단히 분명하게 자신의 의사를 표현하는 여성임과 동시에 또 매우 단순한 분인 것 같습니다만, 제 관찰이 맞나요?

아웅 산 수 지: 네, (웃음) 아주 단순해요. 이게 나의 문제 중 하나예요. 어떤 분들은 나한테서 범상치 않은 무언가가 나오기를 기대하는데, 내가 그런 인물이라야 말이지요. 내가 짐작하기로는 사람들이 내가 단순한 인간이라는 것을 믿지 못하기 때문에 나를 비범하다고 보는 것 같아요.

앨런 클레멘츠: 여사께서는 자신을 지도자라고 보십니까?

아웅 산 수 지: 아니오! 사람들이 나를 '경잠지(gaungzamggyi, 큰 지도자)'라고 부를 때마다 너무 당황스러워요.

앨런 클레멘츠: 이전에 나누었던 대화에서 제가 본래적 악(intrinsic evil)을 믿으시는지 여쭈었던 적이 있는데, 그 반대에 대해서는 어떻게 생각하시

는지요? 사람들에게 내재되어 있는 본유적 선(inherent goodness)이 있다고 믿으십니까?

아웅 산 수 지: 어떤 사람들에게는 내재적 선이 있다고 믿어요. 그런데 모든 인간에게는 선과 악이 동시에 들어 있는 것 같아요. 문제는 어느 쪽을 키우느냐 하는 거지요. 정말로 어떤 사람들은 다른 사람들보다 더 조용하고 예민하며 동정심이 많게 태어나는 것 같아요. 그런가 하면 가정교육 덕분에 이런 특징들을 계발하게 된 사람들도 있고요. 그렇다면 물론 훈련을 통해 어느 정도까지는 억제할 수 있지만 완전히 제거할 수 없는 그런 강한 특질들을 가진 사람들이 있겠지요.

앨런 클레멘츠: 그 말씀은 모든 사람들이 겉으로 드러난 모습과 달리 깨달음을 얻을 수 있다는 말씀인가요?

아웅 산 수 지: 그건 아무도 장담할 수 없어요. 왜냐하면 깨달음의 씨앗이 결실을 맺지 못할 수도 있으니까요. 어떤 사람은 자연스럽게 선 쪽으로 기울고, 또 어떤 사람은 어리석음이나 악 쪽으로 기울 수 있어요.

앨런 클레멘츠: 그렇다면 여사께서는 '선'이나 '악'으로 향하는 성향이 어디서 생겨난다고 보십니까?

아웅 산 수 지: 글쎄요, 여러 가지가 복합적으로 얽혀 있겠지요. 나는 우리 모두가 다르게 태어난다고 생각해요. 예를 들면 큰아들 알렉산더가 태어났을 때, 그 애는 독특한 성격을 가지고 있었어요. 그에게 있는 무엇인가가 그를 한 개인으로서 뚜렷한 특징을 가지게 만들었지요. 이건 단순히 자식을 사랑하는 엄마들이 지닌 '고슴도치 증후군'이 아니에요. 내 아

들에 대한 생각이 다른 사람들과 달라지더군요. 그 애는 진짜 달랐어요. 울음소리조차 달랐지요. 사실상 산부인과 병동에 있는 모든 엄마들은 자기 아이의 울음소리를 쉽게 그리고 빨리 알아요. 같은 식으로, 둘째 아들 킴이 태어났을 때도, 그 애가 알렉산더와 전혀 다르다는 걸 곧바로 알아차렸어요. 나는 둘째를 팔에 안고 들여다보면서 제 형과는 다르다는 것을 알았지요.

하지만 물론 환경이 차이를 만들기도 합니다. 심리학자들이 말하기를, 80퍼센트는 본성이고 20퍼센트는 양육이라고 하는 소리를 어디선가 읽은 적이 있어요. 그런데 그 20퍼센트가 무시할 수 없는 수치더라고요. 그런가 하면 정말 끔찍한 상황에서 자라는 어린이들도 많아요…….

앨런 클레멘츠: 누가 실제로 뛰어난가요?

아웅 산 수 지: 어려운 환경에서 자란 아이들도 강하고 동정심이 많은 사람으로 자라났대요.

앨런 클레멘츠: 인간의 정신 속에서 한 사람은 충격적인 경험을 통해 새로운 성장을 할 수 있게 하고, 다른 사람은 깊은 나락으로 떨어지게 하는 것이 무엇이라고 생각하십니까?

아웅 산 수 지: 역경을 만났을 때 도전을 하고 큰 성장을 이뤄내는 사람들이 있어요. 역경이 그 사람 안에 있는 최상의 것을 이끌어내기도 하지요. 반면에 어떤 사람에게는 역경이 최악의 결과를 초래하기도 해요. 그런데 그런 차이가 왜 생기는지를 알기는 아주 어려워요. 모든 게 양육과 연관되어 있다고 말할 수는 없지요. 오늘날 일부 심리학자들이나 정신과 의사들은 모든 문제를 유년기의 경험 탓으로 돌립니다. 하지만 내 생각

에는 환경의 제약을 넘어서서 일어설 수 있게끔 하는 무엇인가를 자신 속에 가지고 있는 사람들이 있는 것 같아요.

예를 들어 서너 살 때 눈이 먼 이란 여성에 관한 이야기를 읽은 적이 있어요. 그녀의 어머니는 딸을 짐스럽게 여겨 귀찮게 대했지요. 계속해서 딸에게 이렇게 말했대요. "차라리 죽어버렸으면 좋겠다. 네까짓 게 살아서 무슨 소용이 있겠니?" 게다가 그 어머니의 친구들까지 그녀가 죽었으면 좋겠다고 말하곤 했대요. 하지만 그 소녀는 자기 존재에 대한 강한 확신을 분명히 가지고 있었어요. 가족한테 짐이 되는 쓸모없는 존재라는 말을 항상 귀에 못이 박히게 들었음에도 인간으로서의 자존감을 절대로 잃지 않았어요. 이 소녀는 부모의 사랑을 완전히 박탈당했지만, 이란에서 최초로 대학을 졸업한 맹인이 되었지요.

앨런 클레멘츠: 그렇다면 여사께서는 우리가 처한 상황이 얼마나 비극적인가에 상관없이 용기와 결단으로 이겨낼 수 있다고 믿으십니까? 지혜로운 자세를 가지면 어려움을 강점으로 바꿀 수 있을까요?

아웅 산 수 지: 네, 그렇다고 봅니다. 어떤 사람들은 역경을 만나 넘어지는 반면에, 또 다른 사람들은 정말 잘 이겨나갑니다. 감옥에 갇힌 사람들에게서도 그걸 볼 수 있어요. 우리 국민 가운데 수감자들 다수가 변함이 없었다는 말씀을 꼭 드리고 싶군요. 하지만 그렇지 못한 사람들은 더 이상 견디지 못해서 무너지고 돌아섰지요.

앨런 클레멘츠: 여사를 따르다가 1989년에 체포된 NLD의 당비서 우윈띤(U Win Tin) 씨가 아직도 감옥에 계시다고 알고 있습니다.

아웅 산 수 지: 네, 여전히 인쎈(Insein) 감옥에 계신데, 건강이 그리 좋지

는 않다고 들었어요. 그분은 원래 4년형을 선고받았어요. 나중에 그들
(SLORC)이 거기에다가 7년을 덧붙여서 수감시켰지요. 이런 건 그들의 전
형적인 수법 중 하나예요. 1996년 2월에는 변호사의 도움도 받지 못한
채로 감옥에서 다시 재판을 받아 5년간의 재수감이 선고되었지요.

앨런 클레멘츠: 그런데 왜 석방하지 않는 거죠? SLORC가 그분에 대해 개
인적인 복수를 하려는 걸까요?

아웅 산 수 지: 그분은 매우 유능한 인재로, 당신이 언급했다시피 NLD
의 당비서입니다. 열심히 일하는 분으로, 대단히 존경받는 인물이지요.
또 보기 드물게 똑똑하고 아주 청렴결백한 사람이에요. 이러한 조합이
SLORC에게는 너무 버거워서 그러는 게 아닐까요?

앨런 클레멘츠: 청렴결백이라고 하셨는데, 홀로 갇혀 있거나 고문을 당하
는 극한의 상황에서도 자신의 진정성과 품위를 유지하도록 할 수 있는
것은 과연 무얼까요?

아웅 산 수 지: 내가 알고 있는 청렴결백한 사람들 대부분은 진짜로 자기
책임감(sense of self-responsibility)을 갖고 있어요. 반면에 부정부패에 연루된
사람들은 자신의 행동의 결과에 책임을 져야 한다는 사실을 깨닫지도,
받아들이지도 못해요. 그런 사람들은 원인과 결과 사이의 관계를 이해
하지 못하는 거지요.

앨런 클레멘츠: 너무 겁에 질려서 그러는 것 아닐까요?

아웅 산 수 지: 그건 자기기만이에요. 기본적으로 이것은 정직함의 문제입

니다. 옳든 그르든 자신의 행동에 대한 책임을 받아들이는 것, 그게 정직이에요. 자신의 행동이 초래할 결과를 받아들일 준비가 되어 있어야 합니다. 물론 모든 결과를 낱낱이 인식하지 못하고, 결과에 대한 평가가 정확하지 않을 수도 있어요. 그럼에도 사물을 있는 그대로 정직하게 보도록 노력해야 합니다.

앨런 클레멘츠: 부정부패와 자기기만의 관계에 대해 좀 더 말씀해 주시겠습니까?

아웅 산 수 지: 부정부패는 부정직의 한 형태지요. 왜냐하면 그건 자기기만에 뿌리를 두고 있으니까요. 그런데 나는 부패한 사람들이 그 점을 실제로 인정한다고 생각하지 않아요. 그들은 다르게 이야기하지요. 이를테면 "모두들 다 하는 일인데, 뭐."라고 말하는 식이에요. 혹은 "잘못이랄게 없다."고 말하겠지요. 자신들의 부패를 해명하는 수많은 방식이 있어요. 그 자체가 정직이 결여되어 있다는 뜻이지요. 다른 사람은 고사하고 자기 자신에게 정직하지 못한 거예요.

앨런 클레멘츠: 그러면 열쇠는 바로 철저한 자기 정직성(self-honesty)의 자질에 있겠군요. 이것은 또 자기 성찰의 문제로 되돌아오게 하는데요. 여사께서는 명상이 어떤 형태의 부패든지 그것에 맞서도록 지켜주고 자기 자신을 강하게 하는 본질적인 힘이 있다고 보십니까?

아웅 산 수 지: 명상이 도움이 된 것은 맞지만, 부모님과 또 내가 양육되고 교육받은 방식으로 되돌아가서 이야기해야 할 것 같아요. 어머니는 언제나 정직과 진실을 강조하셨어요. 단순히 어머니 자신이 정직하고 청렴했기 때문이 아니라, 아버지가 추구하신 가치들을 유지하려고 하셨기

때문이지요. 그래서 이 문제는 상당 부분이 양육의 문제로 돌아가는 것 같아요. 그러니까 명상을 시작하기 전에도 그런 것들을 알았다는 말이지요. 요컨대 명상은 내가 어린아이였을 때부터 늘 배워온 가치들을 지탱하는 데 도움이 되었어요.

앨런 클레멘츠: 불교적 명상이 여사께 의미하는 건 무엇입니까?

아웅 산 수 지: 영적인 고양이랄까, 정신적 교육 내지 정화과정의 하나지요. 기본적으로는 깨달음을 배우는 거예요. 무엇을 하든지 자신이 하고 있다는 것을 의식함으로써 불순해지지 않도록 배웁니다.

앨런 클레멘츠: 여사의 내면적 삶에서 새로운 면모들을 발견해 나가는 데 명상이 얼마나 유효했습니까? 자기 발견의 과정이 되었습니까?

아웅 산 수 지: 정신적인 강화의 과정이 되었던 만큼 자기 발견의 과정이 되었는지는 잘 모르겠어요. 나는 늘 나 자신에게 정직하도록 배워왔어요. 아주 어릴 때부터 행동과 감정들을 분석하는 습관을 가지고 있었지요. 그래서인지 나 자신에 대해 새롭다고 할 만한 어떤 것을 실제로 발견하지는 못한 것 같아요. 하지만 명상은 내가 바른 길을 따를 수 있도록 정신적으로 강해지게 도와주었어요. 그 밖에도 명상은 내게 있어 생활방식의 일부이기도 해요. 명상하면서 하는 일이 의식을 계발해서 마음을 다스리는 법을 배우는 것이거든요. 이러한 각성 혹은 깨달음이 매일매일 일상적인 삶에 동반되는 것이죠. 나에게는 이것이 명상의 가장 실제적인 유익이 아닌가 싶어요. 깨달음의 인식이 점점 고양되는 것 말이에요. 그러다보니 부주의하게 혹은 무심결에 일을 처리하던 습관이 훨씬 줄었습니다.

앨런 클레멘츠: 여사께서는 명상을 어떻게 배우게 되셨습니까?

아웅 산 수 지: 언젠가 버마를 방문했을 때 한번은 마하시 타타나 예익타(Mahasi Thathana Yeiktha) 명상 센터에 간 적이 있어요. 아주 오래전 일이지요. 아마 20대 때였을 거예요. 그때는 실제로 명상을 그렇게 많이 하지 못했어요. 진짜 명상은 가택연금 기간 동안에나 했다고 볼 수 있어요. 그 시기에는 책에 많이 의지해어야 했지요. 우빤디따 선사께서 쓰신 『바로 이번 생에(In This Very Life)』가 큰 도움이 되었어요.

앨런 클레멘츠: 소승불교인으로서 여사께서는 여전히 다른 전통들로부터 영적으로 배우고자 하는 열린 자세를 가지고 계십니까? 진정 그러기를 원하시나요?

아웅 산 수 지: 나는 다른 사람들의 영적 경험이나 관점을 듣는 것에 아주 관심이 많습니다. 나에게 가르침을 주신 수많은 분에게서 많은 것을 배웠습니다.

앨런 클레멘츠: 여사께서는 이곳 버마에서 여사가 하고 계신 민주화 운동이 불교적인 원리에 기초한 '정신 혁명'이라고 자주 말씀하셨습니다. 정치에 대한 여사님의 접근방법에서 다른 종교들의 지혜에 기반을 둔 부분이 있다면 어느 정도나 되겠습니까?

아웅 산 수 지: 다른 종교들에 관하여 책을 읽기는 했습니다만, 그중 어떤 것에 특별히 깊이 들어가지는 못했어요. 그러나 모든 종교에는 '메타(자비)'의 실마리가 들어 있다는 걸 깨달았어요. 기독교인들은 하나님은 사랑이시라고 말합니다. 기독교인들이 "완전한 사랑은 두려움을 내쫓는

다."고 말할 때, 내 생각에는 그 완전한 사랑이라는 의미가 내가 '메타'라는 말로 나타내고자 하는 의미와 정확히 같다고 봅니다. 모든 종교의 중심에는 동료 인간에 대한 사랑의 관념이 들어 있는 것 아니겠어요?

앨런 클레멘츠: 여사와 여사의 동료들이 정치범들을 위한 복지위원회를 설립하셨습니다. 그 기구의 주된 기능은 무엇입니까?

아웅 산 수 지: 기금과 의약품, 음식 등을 마련해서 양심수 가족들을 돕는 겁니다. 어떤 사람들은 감옥에 있는 남편이나 아버지를 만나러 갈 수조차 없어요. 가족들이 살고 있는 곳과 너무 멀리 떨어진 감옥에 가두어 놓았기 때문에요. 아시다시피 요즘 교통비가 아주 비싸잖아요? 우리는 NLD에 속한 사람들에 국한하지 않고 모든 정치범들을 돕습니다. 돕는 일에는 어떤 차별도 하지 않아요. 가령, 내가 노벨상을 받은 걸 축하한다든지 등등의 어처구니없는 일로 붙들려간 사람들에게도 도움을 베풉니다. 그들은 3년 내지 4년형을 선고받았는데, 내가 노벨상을 받은 지 4년이 지났으니 지금쯤은 모두 풀려났을 것으로 생각합니다.
　앞서 우원띤 씨가 옥중재판을 받은 적이 있다고 말씀드렸는데, 스물두 명의 다른 정치범들이 그분과 함께 심리를 받고 5년에서 12년에 이르는 추가 징역을 선고받았어요. 우리는 사회적·경제적·법적으로 우리가 할 수 있는 어떤 수단을 써서라도 양심수들을 돕고 싶습니다.

앨런 클레멘츠: 노벨 평화상에 대해 말씀하셨는데요, 그 상을 수상하신 것이 여사께 어떤 영향을 주었습니까?

아웅 산 수 지: 그 당시에 즉각 들었던 생각은 사람들이 우리의 민주화 운동에 더 큰 관심을 가지게 되겠구나 하는 것이었어요. 물론 노벨 위원회

에 편지를 쓸 때도 그분들이 우리의 뜻을 알게 된 데 대해 매우 기쁘다고 밝혔고요. 하지만 동시에 그런 종류의 상을 받게 될 때마다 겸손한 마음을 갖게 됩니다. 나보다 훨씬 더 고초를 당했으면서도 그러한 사실을 인정받지 못한 동료들을 생각하게 되지요. 내가 인정받은 것은 실제로 많고 많은 다른 분들의 용기와 고난의 산물입니다.

앨런 클레멘츠: 구금 상태에서 노벨상을 받으신 분은 여사가 처음이십니다. 수상 소식을 들으셨을 때 어떠셨나요? 많이 놀라셨나요?

아 웅 산 수 지: 라디오로 들었거든요. 하지만 그렇게 크게 놀라지는 않았는데, 왜냐하면 약 일주일쯤 전에 내가 최종 후보자 명단에 올라 있다는 언질을 받았거든요. 바츨라프 하벨 대통령이 나를 지명해서서 그토록 강력히 지원해주셨으니, 그 상을 받은 게 뭐 그리 놀랍겠어요?

앨런 클레멘츠: 어떤 결과든 고대하고 계셨던가요?

아 웅 산 수 지: 아니오, 고대하지는 않았어요. 물론 알고 싶은 호기심이야 있었지요. 혼자서 연금 상태에 갇혀 있으면, 항상 다음 날 뉴스가 기다려지거든요. 그렇지만 동시에 훨씬 더 객관적이 되지요. 현재 일어나고 있는 일에서 약간 거리를 두게 됩니다. 어떤 의미로는 그만큼 열정적으로 뛰어들게 되지 않아요.

앨런 클레멘츠: SLORC 치하에 있는 버마의 현 상황으로 되돌아와서 여사의 정당은 출판 인쇄 허가를 받았습니까?

아 웅 산 수 지: 아니오, 우리는 어떠한 출판 허가도 받지 못했어요. 정당이

무엇인가를 출판하기 위해서는 허가장을 가지고 있어야 하는데, 그 허가장은 6개월마다 갱신해야 하지요. 우리가 소지한 허가장은 1990년 7월 이후로 갱신되지 못했습니다.

앨런 클레멘츠: 다른 형태의 검열은 어떻습니까?

아웅 산 수 지: 모든 게 검열을 받습니다. 아무 잡지나 펴보세요. 픽션이든 논픽션이든 상관없이 어느 쪽에, 기사나 심지어 단편소설 같은 것들이 은색 잉크로 지워져 있는 걸 보실 수 있을 거예요. 무엇이든 검열 대상이 될 수 있어요. 1993년에 넬슨 만델라가 노벨 평화상을 받았을 때 모 잡지에서 그 사진을 실었는데, 그들(SLORC)이 잉크로 지워버렸어요. 오로지 그분이 내 뒤를 이어 노벨 평화상을 수상했다는 이유만으로.

앨런 클레멘츠: 그렇게 지운 게 오히려 사진을 더 분명하게 만들었을 수도 있겠네요.

아웅 산 수 지: 일부에서 나를 그분에 비유하는 소리를 그들이 들었기 때문에 그런 게 아닌가 싶어요.

앨런 클레멘츠: 버마 작가는 소설에서 허구 인물의 이름으로 여사의 이름을 사용할 수 없다는 게 사실입니까?

아웅 산 수 지: '수'라는 이름조차 금지되어 있다고 들었어요. 하지만 만약에 그 이름을 아주 형편없는 인물에다가 붙인다면, 검열에서 통과되지 않을까 싶은데요…….

06

모든 나라는
인간애로 엮여 있습니다

앨런 클레멘츠: SLORC 의장인 딴슈웨 장군이 태국의 초청으로 아세안 (ASEAN: Association of South-East Asian Nations, 동남아시아국가연합) 회의에 참석하러 방콕에 간 적이 있습니다. 주최국들이 2000년까지 버마의 회원국 지위를 승인하기로 한 점에 대해 심각히 고려하고 있는 것 같습니다. 만일 여사께서 그곳에 계셨더라면 이웃 나라의 지도자들에게 어떤 연설을 하시겠습니까?

아웅 산 수 지: 맥락에 따라 다르겠지요. 그 당시에는 핵무기 확산방지 조약에 조인하는 것이 안건이었고, 나도 거기에 매우 찬성하는 입장입니다. 그러니까 그들이 무엇을 논의하느냐에 달려 있지요.

앨런 클레멘츠: 현재의 맥락에서 질문을 하나 드리겠습니다. 아세안 회의 같은 그런 회의들에서는 일반적으로 자국의 이익을 뜻하는 경제적 이익

을 위해 '인권'의 역할이 종종 무시되곤 합니다. 이를테면 미국 행정부가 현재 취하고 있는 대(對)중국 정책을 보세요. 대부분의 교육받은 사람들은 중국이 티베트 사람들을 학살한 사례처럼 국내외적으로 슬픈 인권 참상을 저지른 데 대해 잘 알고 있습니다. 클린턴 대통령은 이와 관련하여 중국이 인권을 묵살하고 있음에도 '최혜국 지위'에는 아무런 영향이 없을 것임을 분명히 했습니다. 그리고 아세안 국가들 역시 버마의 인권과 민주주의를 경제 참여 및 협력과 별개의 문제로 여기는 것 같습니다. 세계의 일부 지도자들이 돈과 이익을 사람 또는 인간적 가치와 분리시키려고 하는 이러한 시도에 대해 어떻게 생각하십니까?

아웅 산 수 지: 전적으로 작위적인 분리라고 봅니다.

앨런 클레멘츠: 그런데 왜 그렇게 많은 정치 지도자들이 이처럼 '작위적인' 분리를 확고한 국가 정책으로 고집하고 있는 걸까요?

아웅 산 수 지: 그것은 온전한 민주주의라고 부를 수 없는 어떤 제도가 경제적으로 성공을 거두었기 때문입니다. 경제적 성공이 정치적 자유와 완전히 결별한 하나의 사조가 생긴 거예요. 경제적인 성공에는 다른 원인들도 있는 것 같아요. 아세안 회원국인 싱가포르의 예를 들어보지요. 싱가포르의 경제적 성공에는 두 가지 근본적인 원인이 있다고 생각해요. 하나는 부패하지 않은 정부가 있었다는 겁니다. 그들의 정부를 부패했다고 비난할 사람이 아무도 없어요. 우리가 민주주의를 바라보는 방식으로 그들을 보면 완전히 민주적이라고는 말할 수 없을지 몰라도, 그들은 최소한 부패하지는 않았어요. 다른 하나는 그들이 교육에 큰 가치를 두고 교육의 수준을 높이기 위해 할 수 있는 모든 것을 하고 있다는 사실입니다. 그렇기 때문에 싱가포르의 경제적 성공을 그들이 완전한 민주

주의를 이루지 않았다는 사실과 동일시하는 것은 잘못이라고 생각해요. 싱가포르의 성공은 그 나라가 똑똑하고 강직한 정부를 가지고 있으며 뛰어난 교육제도를 갖추고 있다는 사실과 연결시키는 것이 훨씬 더 설득력이 있지요. 우리의 경우에는 가치와 동일시가 잘못된 방향으로 가고 있다고 생각해요.

앨런 클레멘츠: 그렇지만 수 여사님, 상황이 좀 더 복잡하지 않겠습니까? 표면상 싱가포르 정부가 부패하지 않았다는 게 사실일 수도 있습니다. 하지만 싱가포르는 또한 버마에 거의 7천 7백만 달러를 투자함으로써 SLORC 경제에 가장 많은 투자를 하고 있는 나라 중의 하나입니다. 이런 사실을 고려할 때 두 나라 간에는 모종의 공모가 있는 게 아닙니까?

아 웅 산 수 지: 물론 그렇지요. 내가 말하고자 하는 게 바로 그 점이에요. 싱가포르는 (정치적으로 민주화된 나라라기보다는) 경제적으로 성공한 나라이기 때문에 자기네가 성공한 이유가 차라리 완전히 민주적이지 않아서라고 생각해요. 하지만 나는 그렇지 않다고 주장하는 거예요. 싱가포르가 성공한 이유는 특정한 민주적 권리들이 부재하기 때문이 아니라, 매우 지성적이고 강직한 정부를 갖고 있기 때문이라는 겁니다. 그 점은 부인할 수 없을 거예요. 더 나아가 그들은 훌륭한 교육 제도를 가지고 있어요. 이로 인해 국민이 현대의 많은 경제 문제를 처리할 능력을 갖게 되었지요. 나는 사람들이 경제적 성공과 정치적 민주주의의 결여를 동일시하는 것은 헛다리를 짚는 일이라고 봅니다. 홍콩의 장관인 크리스 패튼(Chris Patten)이 했던 연설 중에 아주 흥미로운 것이 두어 개 있어요. 그는 진보와 경제적 자유 그리고 자유무역에 대한 신념이야말로 경제적 성공을 이룩한 사회들의 가장 중요한 특징이라고 보았어요. 그는 말하기를, 그것은 서구적 가치나 동양적 가치와는 특별한 관계가 없다고 하더군요.

앨런 클레멘츠: 하지만 삶을 부정하는 것과 공모하는 정부는 '강직'하다고 할 수 없습니다. 저는 싱가포르 정부로부터 별다른 지혜를 얻을 수 없네요. 싱가포르 정부를 지성적이라고 칭찬하는 것은 공모라는 변수는 제쳐두고라도, 최소한 물질주의를 찬양하는 것처럼 들리는데요?

아웅 산 수 지: 아니에요. 나는 결코 물질주의를 찬양하는 게 아닙니다. 다만 그들이 불교에서 '모하(*moha*: 무명[無明])'라고 부르는 것에 사로잡혔다는 이야기예요. 오해하지 마세요.

앨런 클레멘츠: 무엇이 오해라는 말씀이신지요?

아웅 산 수 지: 그들이 자신들의 경제적 성공을 민주주의의 결여에 기인하는 것으로 생각한다는 사실 말이에요.

앨런 클레멘츠: 구체적으로 여쭙겠습니다. SLORC 치하의 버마로 싱가포르의 막대한 달러가 유입되는 것에 대해 어떻게 생각하십니까? 우리 모두 이 수백만 달러의 돈 중에서 상당 부분이 장군들과 그 측근들의 은행 계좌로 곧장 들어간다는 사실을 알고 있는데요.

아웅 산 수 지: 나는 그것이 민주적인 조직을 돕는다고 생각하지 않아요. 장기적으로 볼 때는 경제 조직에도 도움이 되지 않지요. 정치 제도상의 변화가 수반되지 않으면 버마는 경제 발전도 유지하지 못할 테니까요. 지난 6년 동안 버마가 경제적으로 발전한 것처럼 보이는 이유는 완전히 바닥에서부터 시작했기 때문이에요. 그 지점에서라면 진전을 보이기는 아주 쉬우니까요.

앨런 클레멘츠: 버마에 투자하는 것이 어째서 투자 당사국에 도움이 되지 않는지 설명해주시겠습니까? 싱가포르는 안전한 투자라고 생각할 텐데요.

아웅 산 수 지: 싱가포르 사람들은 민주주의의 결여가 경제적 성공에 장애물이 되지 않는다고 생각합니다. 그 나라에서는 그럴 수도 있겠지만, 버마는 싱가포르와 아주 다르지요. 여기 버마에서는 현 정부의 시스템이 도저히 경제 발전을 할 수 없는 그런 시스템입니다. 또한 이곳의 교육 제도는 어떠한 발전도 뒷받침할 수 없는 그런 시스템이고요. 싱가포르 사람들은 진짜 중요한 요인들을 보지 않아요. 그들이 보는 것은 그저 버마가 처녀지라는 사실이지요. 관광산업을 보기로 들어봅시다. 사람들은 단지 남이 가보지 않은 새로운 곳에 가고 싶어 안달합니다. 그러니까 버마의 관광산업에 투자하면 많은 수익을 거둘 수 있을 거라는 계산이 나오지요. 하지만 내가 알고 있는 바로는 관광 수지가 별로 좋지 않아요.

앨런 클레멘츠: 남아프리카공화국의 데즈먼드 투투 주교는 SLORC 치하의 버마에 대항해서 국제적인 경제 제재가 필요하다는 신념을 강조해왔습니다. 자신의 고국에서도 제재 조치가 이루어졌을 때 비로소 인종차별 정책(apartheid)이 무너졌다고 지적하면서 경제 제재의 필요성을 뒷받침했지요. 그분은 또한 '관여 외교(engaged diplomacy)'란 말도 안 되는 소리이며 그것이 독재 정권을 실각시킬 것이라고 믿을 수 없다는 점도 강조했습니다. 버마에 국제적인 경제 봉쇄조치를 취하는 것과 관련하여 '관여 외교' 문제에 대한 여사의 의견은 어떠신지요?

아웅 산 수 지: '관여'라는 말이 무엇을 의미하는가에 달려 있겠지요. 만약에 진실로 양쪽 입장들, 곧 SLORC뿐만 아니라 민주 세력 양편에 관여한다면 커다란 도움이 될 수 있을 겁니다. 하지만 건설적인 관여 정책을 추

구한다고 일컬어지는 나라들 중에서도 어느 한쪽에만 관여하는 것처럼 보이는 나라들이 있지요.

앨런 클레멘츠: 이곳 랭군에 있는 여러 대사관의 다수 외교관들과 더불어 SLORC에 맞서는 경제 제재 조치들을 도입하는 문제에 대해 이야기를 나눠봤습니다. 그들 대부분은 경제 제재에 반대하는 주장을 폈는데, 왜냐하면 그러한 조치가 SLORC가 아닌 오직 국민에게만 고통을 줄 거라는 이유 때문이었습니다. 그래서 제가 이런 질문을 던졌지요. "그렇게 많은 대다수의 국민이 이미 엄청난 고통을 당해왔는데, 어떻게 그보다 더 큰 고통을 당할 수 있겠습니까?"

아웅 산 수 지: 어떤 사람이 나에게 말하기를, "우리는 이미 바닥을 기고 있다."고 하더군요. 만약에 버마로부터 쌀 구매를 금지하도록 하는 유형의 경제 제재를 가한다면 긍정적인 효과를 볼 거라고 생각하는 사람들이 더러 있습니다. 그 경우에는 농부들의 상황이 훨씬 수월해지겠지요.

앨런 클레멘츠: 그렇다면 제재 조치가 국민에게 고통을 줄 거라는 주장은 이치에 맞지 않는다는 뜻인가요?

아웅 산 수 지: 그렇게 속단하지는 못하겠어요. 상황을 신중히 연구해봐야겠지요.

앨런 클레멘츠: 여사께서는 이미 상황을 충분히 연구하셨을 것으로 압니다. 더 하실 말씀은 없으신가요?

아웅 산 수 지: 예를 들면 버마는 수입 약품에 많이 의존하고 있어요. 버마

의약청(BPI, Burma Pharmaceutical Industry)에서도 고품질의 의약품이 생산되기는 하지만 충분한 양은 못 되지요. 그러니까 만일 경제 제재 조치로 인해 수입이 중단되면 국민이 정말로 고통을 당하게 될 그런 종류의 수입품들도 있다는 거예요.

앨런 클레멘츠: 제가 틀렸다면 모쪼록 정정해주십시오. 그런데 이 나라가 보유하고 있는 현금의 99.9퍼센트는 SLORC와 그 측근들이 소유하고 있는 것 같습니다만…….

아웅 산 수 지: 네.

앨런 클레멘츠: 그렇다면 국제적인 경제 제재가 SLORC를, 예컨대 그들이 자행하는 전체주의적 악몽으로부터 깨어나게 해주지는 않을까요? 그리하여 민주주의를 원하는 다수 국민의 고통을 경감시켜줄 수는 없을까요?

아웅 산 수 지: 네, 그럴 수도 있겠지요.

앨런 클레멘츠: 의약품과 관련해서는 제재 조치가 쉽게 조정될 수 있을 것 같기도 한데…….

아웅 산 수 지: 네, 그렇겠지요.

앨런 클레멘츠: 그렇다면 설령 경제 제재가 이루어진다고 해도 SLORC 말고는 아무도 다칠 것 같지 않은데요?

아웅 산 수 지: 네, 나 역시 그 조치가 정말로 국민을 대단히 고통스럽게 할

것으로 생각하지는 않아요. 그리고 앞뒤 생각 없이 무턱대고 경제 제재를 지지하지 않는 데 대해 언제나 매우 신중한 입장을 취해왔고요. 국민을 고통스럽게 하는 일은 절대로 일어나서는 안 되니까요.

앨런 클레멘츠: 유엔 총회에서는 SLORC가 자행하는 강제노역이라든가 정치범 등등의 일상적인 인권 침해에 관해 언급은 하지만, SLORC를 저지하는 어떤 강력한 결의안은 아직 발표하지 않았습니다. 하지만 미국의 매들린 올브라이트(Madeleine Albright) 대사가 유엔 총회에서 말하기를, 자신은 훨씬 강도 높은 표현이 나오기를 바란다고 했는데요…….

아 웅 산 수 지: 결의안은 꽤 좋은 생각입니다. 강력한 해결책이지요. …… 더 강력할 수도 있을 거예요. 그러나 미래를 위해서는 더 강력한 수단들의 여지를 항상 남겨놓는 게 좋습니다.

앨런 클레멘츠: 유엔에서 SLORC가 의석을 차지하고 있는 부분에 대하여, 워싱턴 시에 근거를 둔 버마 망명정부인 버마연방국민연합정부(NCGUB, the National Coalition Government of the Union of Burma)가 거듭 이의를 제기하고 있지만, 성공하지는 못했습니다. 유엔이라고 하는 그토록 존경받는 기구에 몸담고 계신 분들이 도대체 왜 '불법 정부'가 의석을 차지하고 있도록 놔두고 있는 걸까요? 어쨌든 자유롭고 공정한 선거에서 승리한 것은 여사의 정당, 곧 NLD이지 SLORC가 아니지 않습니까?

아 웅 산 수 지: 이런 류의 상황에 놓여 있는 것은 SLORC 정부만이 유일하지는 않지요. 유엔은 언제나 무력으로 권력을 장악한 정부들이 의석을 차지하도록 허용해왔어요. 크메르루주를 제외하고는 말입니다.

앨런 클레멘츠: 다소 유명한 이야기를 하자면, 간디가 서구 문명에 대해 어떻게 생각하는가라는 질문을 받았을 때, "괜찮은 아이디어 같다."는 대답을 했다고 합니다. 여사께서도 아시겠지만, 미국인 입장에서 보자면 우리나라는 원주민들에 대한 인간 말살뿐만 아니라 정신 말살 및 문화 말살 위에 세워진 나라입니다. 그 시기에 유럽 문명이 퍼져나갈 때마다 자기네가 침략한 나라들의 토착민들을 대량 학살함으로써 그리 될 수 있었다는 것은 너무나도 잘 알려진 사실이지요. 물론 영국도 1947년에 버마가 독립을 얻을 때까지 150년이 넘도록 버마를 지배해왔고요. 그런 나라들이 세계인권선언에 서명을 했다는 사실에도 불구하고 인권에 대한 서구의 이해에 의문을 던지는 데는 모종의 중요성이 있다고 보는데, 여사의 생각은 어떠신지요?

아웅 산 수 지: 글쎄요, 그들이 그런 짓을 저질렀기 때문에 드디어 인권의 필요성을 깨달았다고 보는 게 정확하지 않을까요?

앨런 클레멘츠: 그렇게 믿고 싶을 수도 있습니다만, 선언문에 서명한 뒤에도 서구가 인권에 대해 각성했다는 사실에 대단히 지속적으로 모순되는 사례들이 속출해서요. 베트남을 침략한 미국의 경우는 단지 한 예에 불과합니다. 그러나 제 생각은 차치하고라도, 여사께서는 서구의 가치 체계에 진정 믿음과 신뢰를 갖고 계시는지요?

아웅 산 수 지: 이런 걸 단순히 서구의 가치 체계라고 말할 수는 없어요. 서구에서는 인권 문제가 아주 최근에야 강조되고 있는데, 그것은 서구세계가 제2차 세계대전에서, 곧 인권이 부정당했던 상황에서 완전히 대대적인 파괴를 당했기 때문이에요. 물론 우리 동양도 2차 대전으로 인해 고통을 겪었지요. 하지만 우리가 겪은 고통은 서구 세력 때문이 아니라

동양 세력에 의해 생겨났다는 점을 잊어서는 안 됩니다. 일본 세력 때문에 아시아에서도 똑같은 참상이 벌어진 거지요. 독일 세력 때문에 유럽에서 엄청난 참사가 벌어졌던 것과 마찬가지예요. 요점은 지금이야말로 전 세계가 다시금 동일한 재난에 빠지지 않도록 노력할 때이며, 국가와 국민이 이를 위해 함께 결단하도록 독려해야 한다는 사실입니다.

앨런 클레멘츠: 최근에 빌 클린턴 대통령이 여사뿐만 아니라 자유와 민주주의를 위한 버마의 투쟁을 지지하겠다는 뜻을 표명했습니다. 하지만 이렇게 지지한다는 말 몇 마디를 보태는 것 외에 그가 무엇을 더 할 수 있겠는가 하는 생각을 떨쳐버릴 수 없습니다. 저는 작년에 옛 유고슬라비아에서 여섯 달을 지낸 적이 있는데, 엄청나게 많은 수의 사람들이 보스니아가 서구에 "전략적 이득이 되지 못한다."고 해서 소모품이 되었다고 느끼는 것을 알게 되었습니다. 여사께서는 버마도 일부 세계 지도자들의 눈에는 동일한 범주에 놓여 있다고, 그래서 보호해줄 만큼 중요한 나라가 아니게 보이는 것 같으십니까?

아웅 산 수 지: 우리는 서구나 동양더러 우리를 도와달라고 기대지 않습니다. 그러나 오늘날과 이 시대에는 국제사회의 의견도 무시할 수 없지요. 어떤 나라도 독자적으로 생존할 수는 없는 법이니까요. 어떤 나라도 고립무원의 섬이 될 수는 없습니다. 우리도 그 점을 알고 있어요. 우리는 각 나라가 다른 나라들과 서로 인간애로 결속되어 한데 연결되어 있는 그런 세상에서 살고 싶습니다. 이러한 분위기를 진작시키기 위해 항상 노력할 거고요.

옛 유고슬라비아 공화국의 경우에 국제사회가 더 많은 일을 했을 수도 있었다는 건 사실입니다. 이렇게 묻는 이도 있겠지요. 무엇을 더 할 수 있었냐고. 무기를 가지고 들어가라고? 물론 그것도 또 하나의 폭력이며, 그런다고 해서 세르비아와 크로아티아, 보스니아 간의 증오심이 해결되지는 않을 겁니다. 그 부분은 그들이 고심해야 할 사안이지요.

앨런 클레멘츠: 하지만 서구가 무력으로 개입했더라면 각 측의 군인들에 의해 자행된 거주민에 대한 잔혹 행위들이 중단되었을 것입니다. 여사께서는 어떤 상황에서도 무력 개입이나 무력 사용을 옹호하지 않는다는 말씀이신가요?

아웅산수지: 그런 식으로 말하지는 않았습니다. 나는 결코 버마에서 군대가 필요하지 않다고 말한 적이 없어요. 그리고 이 세계의 상황이 여전히 군대를 필요로 한다는 것도 인정합니다. 그러나 오직 자국 내에서만 그렇습니다. 옛 유고슬라비아의 경우와 관련해서도 내가 말하고자 하는 요지는 국제사회가 좀 더 적극적인 행동을 취했어야 한다는 겁니다. 헌데 당신은 미국이 좀 더 적극적인 행동을 취했어야 한다고 말씀하는 건가요? 하지만 그렇게 되면 누군가는 왜 하필 미국이냐고, 유럽은 안 되냐고 묻지 않겠어요? 나는 일부러 반대 입장을 취해보는 거예요. 어떤 미국인들은 "유럽인들은 왜 자기네 뒷마당을 돌보지 않느냐? 옛 유고슬라비아에서 좀 더 적극적인 행동을 취할 수 있는 유럽 국가들도 많은데, 왜 하필 미국이냐?" 그렇게 따지지 않겠어요? 이런 질문들은 대답하기가 곤란하겠지요.

앨런 클레멘츠: 여사께서는 버마의 민주화 투쟁에 대한 미국의 대응이나 역할에 실망하셨나요?

아웅산수지: 아니오. 나는 최근 몇 달간 미국이 버마의 민주주의를 지원하는 데 꽤 확고한 입장이었다고 생각해요. 상황에 따라 좀 더 확고한 행

동이 필요하기도 하겠지요. 미국만이 아니라 국제사회 전체가 담당하는 역할에서 말이에요.

앨런 클레멘츠: 예를 들면 어떤 것이 될 수 있을까요?

아웅 산 수 지: 아시다시피 나는 우리의 미래에 대해 왈가왈부할 입장이 못 됩니다.

앨런 클레멘츠: 몇 년 전인 1988년에 버마 주재 미국 대사였던 버튼 레빈(Burton Levin) 씨가 미국 대사관 앞에서 벌어진 민주화 시위를 담은 비디오테이프를 저에게 보냈습니다. 시위자들이 들고 있는 펼침막과 배너문구들을 보니까 미국의 지원을 열렬히 바란다고 쓰여 있더군요. 민주화 운동 초기의 시위자들은 미국 스타일의 민주주의를 역할 모델로 삼았었나요?

아웅 산 수 지: 일부는 그랬던 것 같아요. 나는 무엇보다도 정말 서로가 서로에게 의지해야 한다고 생각해요. 그게 불교적이지 않겠어요? 있는 그대로의 자신을 추구하는 것 말고, 누구를 추앙할 수 있겠어요?

앨런 클레멘츠: 그 당시에 미국의 전투 함대가 연안에 있었습니다. 여사께서는 그들의 개입을 바라는 마음이 조금도 없으셨습니까?

아웅 산 수 지: 네, 그럼요. 그 미국 함대가 우리의 상황하고는 아무런 관련도 없다는 걸 너무나 잘 알고 있었는걸요. 나는 그 정도로 순진하지는 않아요.

앨런 클레멘츠: 그러면 함대는 오로지 혹시 있을지도 모를 미국인들의 대피 사태에 대비해서 거기 있었던 거네요?

아웅 산 수 지: 물론이지요!

앨런 클레멘츠: 르완다 난민이 BBC와 인터뷰하는 것을 본 적이 있는데요, 그가 말하기를, "이게 르완다에서 일어난 대량 학살이었기 때문에 국제 사회에서 대수롭지 않게 여겨졌던 거다. 차라리 우리가 고릴라였다면, 개입하려고 백방으로 노력했을 거다."라고 하더군요.

아웅 산 수 지: 그 말이 전적으로 옳다고 확신하기는 어렵네요. 만일 그 학살이 고릴라들에게 일어난 것이었다면, 동물권리협회들이 학살을 멈추기 위해 부지런히 일했을 테지요. 그건 다만 종족 학살의 문제가 너무나도 복잡한 것이라 국제사회가 개입을 주저하는 게 아닌가 싶어요.

앨런 클레멘츠: 저도 그것이 복잡한 쟁점이라는 건 압니다만, 종족 학살이 일어났는데 전 세계가 그저 지켜보기만 했다는 사실이 여전히 현실적인 문제로 남아 있는 것 같습니다. 바로 그 '주저' 때문에 70만 명이 죽음이라는 대가를 치르지 않았습니까? 강대국의 지도자들 중에는 약소국이 도움을 필요로 할 때마다 약소국을 돕는 일에 계속해서 주저하는 이들이 있다고 생각하지 않으십니까?

아웅 산 수 지: 국가에 따라 다를 겁니다. 늘 인권을 강력하게 옹호할 준비가 되어 있는 나라들이 있는가 하면, 망설이는 나라들도 있겠지요.

앨런 클레멘츠: 여사께서는 버마에 대한 국제사회의 대응에 실망하셨습니까?

아웅 산 수 지: 아니오. 물론 우리는 상황이 더 나아지기를 소망하고, 우리가 쟁취하기 위해 싸우는 원칙들과 가치들에 더 많은 관심과 지지가 있기를 항상 바라지요. 하지만 1988년 이전에는 세계에서 버마가 어디에 있는 나라인가를 아는 사람들이 거의 없었다는 사실을 고려해야 합니다.

앨런 클레멘츠: 권력을 이용해서 국민을 지옥으로 몰아넣는 나라의 내정에 다른 나라가 개입하는 것이 적절하거나 정당화된다고 보지 않으십니까? 그러한 경우에는 강대국이 약소국을 돕는 게 의무이지 않겠습니까?

아웅 산 수 지: 국제사회가 전체로서 그 책임을 함께 수행해 나가는 것이 더 좋다고 생각합니다. 한 나라가 다른 나라의 일에 관여할 책임 내지 권한을 떠맡게 된다면 상황이 훨씬 더 복잡해질 수 있거든요. 나는 정말로 전체로서의 국제사회가 책임을 가지고 있다는 사실을 인식해야 한다고 봅니다. 어떤 특정한 국가의 경계선 안에서 벌어지고 있는 심각한 불의를 모른 체하면 안 됩니다.

앨런 클레멘츠: 버마에서의 외자 유치 문제로 돌아가 보겠습니다. 수억 달러의 돈이 여사님의 나라에 쏟아 부어지고 있습니다. 은행 계좌로 들어가려고 기다리는 돈들이 상당합니다. 제가 짐작하기로는, 수많은 사업가들이 진실을 알고 싶어 할 텐데요. 이러한 잠재적 투자자들이 SLORC의 선전을 뚫고 이 나라에서 실제로 무슨 일이 일어나고 있는지에 관하여 사실을 알고자 할 때 가장 적절한 길은 무엇이겠습니까?

아웅 산 수 지: 언제라도 우리와 대화함으로써 시작할 수 있지요. 무슨 일이 일어나고 있는지에 대해 의견을 줄 수 있어요. ……그들이 진실을 찾는 데 관심이 있다면 말이에요. 하지만 많은 사람이 별로 알고 싶어 하지

않는 것 같아요.

앨런 클레멘츠: 알고 싶으면, 잠재적 투자자들은 여사님과 약속을 잡아야 하겠군요?

아웅 산 수 지: 반드시 나하고 할 필요는 없어요. 우리 조직에 있는 분들이나 기타 민주 세력에 속한 다른 분들하고 약속을 정하면 되지요. 이 나라에서 실제로 무슨 일이 일어나고 있는지 설명해줄 수 있는 위치에 계신 분들하고요.

앨런 클레멘츠: 어떤 사업가들과 정치가들은 버마에 투자하는 것이 중산층을 만들어내기 때문에 좋을 뿐만 아니라 민주주의를 도입하는 최선의 방편이라고 주장합니다. 이러한 논의에 대해서는 어떻게 생각하십니까?

아웅 산 수 지: (SLORC가 정권을 장악한) 지난 7년 동안 이루어진 버마에 대한 투자는 견고한 중산층을 만들어내는 것과 하등 상관이 없었어요. 극소수의 사람들은 엄청난 부자가 된 반면에 극빈자들이 급속도로 증가했지요. 정상적인 상황에서라면 중산층에 속해 있어야 할 공무원들의 대다수가 근근이 살아가느라 고전을 면치 못하고 있어요. 생활비는 많이 드는 데 비해 봉급이 너무 형편없으니까 부패를 저지르든지 아니면 굶어 죽든지 양자택일을 할 수밖에 없는 현실이지요.

앨런 클레멘츠: SLORC는 자국민의 현실을 터무니없이 부정확한 그림으로 보여줍니다. 그러니 아무도 SLORC의 신문이나 텔레비전 보도를 믿지 않지요. 대다수의 사람들은 요즘 진실과 정확한 사실 분석을 듣고 싶으면 여사의 주말 연설에 의지합니다. 그런데 그 자리에 오고 싶어도 올 수

없는 사람들은 어떻게 하나요? 여사의 연실 테이프와 비디오가 시골 지역으로도 보내집니까?

아웅 산 수 지: 그렇게 알고 있어요. 하지만 사람들은 다양한 방식으로 진실을 깨달을 수 있습니다. 예를 들면 공식 버마 언론이 버마 대사가 유엔에서 한 연설 전체를 방송했는데, 이를 보고 온 국민이 아주 즐거워했지요. 방송이 국민에게 결의안에 실제로 무엇이 들어 있는지 알 수 있는 기회를 준 셈이니까요.(웃음) 그렇지 않았더라면 국민은 몰랐을 거예요. 진실은 이런저런 방식으로 결국은 밝혀지게 되어 있어요.

앨런 클레멘츠: 만일 누군가가 여사님의 테이프를 듣거나 비디오를 보다가 잡히면 어떻게 됩니까?

아웅 산 수 지: 어떤 경우에는 텔레비전 수상기와 비디오 장치를 몰수당한 사람들도 있고요. 다른 지역에서는 당국이 내가 나오는 비디오를 볼 수 없도록 실제로 명령을 내렸다고 해요.

앨런 클레멘츠: 오늘날 버마에서 비폭력 시위가 이루어지는 것에 대해 어떻게 생각하십니까? 그런 방식을 옹호하시나요? 아니면 변화를 모색하십니까? 혹시 반대하실 의향은 없으신가요?

아웅 산 수 지: 현재로서는 어떤 것도 지지하지 않습니다. 나는 언제나 변화하는 상황에 맞추어 일해야 한다고 말합니다. 항상 고정된 한 가지 정책만을 따를 수는 없지요.

앨런 클레멘츠: 이 나라 안에도 북아일랜드나 중동에서 볼 수 있는 것 같은

도심 게릴라 전술을 옹호하는 급진적인 좌파 전투 집단이 있습니까? 있다면 혹시 여사께서는 그들이 누군지 알고 계십니까?

아웅 산 수 지: 모릅니다. 하지만 아마도 그러한 노선을 따르고자 하는 개인들은 있을 수 있겠지요.

앨런 클레멘츠: SLORC와 무장 투쟁을 벌이자고 호소하는 학생들이 있습니까?

아웅 산 수 지: 학생뿐만 아니라 노년층에서도 무장 투쟁을 지지하는 분들이 계세요. 현 정부에는 선한 의도가 지나치게 결여되어 있으므로 민주주의를 쟁취하는 유일한 길은 무력을 통해 그들을 쳐부수는 것밖에 없다고 생각하는 거지요. 나는 그들을 이런 결론에 도달하도록 몰아간 것, 즉 당국을 향한 태도가 그처럼 극단적이 되도록 만든 것이 순전히 좌절감 때문이라고 봐요. 극단주의는 또 다른 극단주의를 낳으니까요.

앨런 클레멘츠: 저는 그들의 태도를 쉽게 이해할 수 있을 것 같습니다. 나이지리아에서 켄 사로 위와(Ken Saro-Wiwa: 작가이자 인권 활동가이며 환경 운동가 ─ 옮긴이)가 처형되기 몇 달 전 감옥에서 밀반출된 편지에 보면, 그 점이 직설적으로 잘 요약되어 있습니다. 내용인즉 이렇습니다. "나는 나 자신이 처형당하리라 생각하는가? 그렇다. 나는 차라리 처형되기를 바란다. 우리는 여기서 피에 굶주린 석기시대의 군 독재자 집단을 상대하고 있다."
　여사의 부친께서 파시즘과 제국주의를 몰아내기 위해 무기를 사용했던 입장을 버리고 비폭력적인 정치 해법으로 전향하신 이유가 무엇일까요? 간디의 원칙을 연구하셨나요?

아웅 산 수 지: 그분은 간디가 인도에서 했던 비폭력·비협조 운동 방식을 지지하지 않으셨어요. 아버지는 매우 지적인 분으로, 지극히 현실적인 방법을 사용하셨지요. 또한 자신의 실수를 인정할 준비도 되어 있으셨어요. 일례로 아버지는 (일본이라는) 파시스트적인 군사력에다가 도움을 기대하게 되었던 것이 자신 때문이라고, 아니 사실은 당신 혼자만이 아니라 독립운동에 몰두했던 젊은이들의 일반적인 정치적 미숙함 때문일 텐데, 그것을 인정하셨지요. 하지만 그분은 독립을 성취하는 최선의 길은 아무도 다치지 않을 정치적 해법을 통하는 것임을 얼른 깨닫고, 나중에 비폭력을 결심하게 된 것입니다.

앨런 클레멘츠: 여사께서는 자신이 간디 스타일의 정치 지도자라고 생각하십니까? 아니면 여사의 비폭력은 불교에 대한 이해에서 나온 것입니까?

아웅 산 수 지: 나는 나 자신을 간디주의자라거나 불교 정치인이라고 생각하지 않아요. 물론 나는 불교도이고, 따라서 내 삶에 스며 있는 모든 불교적 원리들에 의해 인도를 받았을 거예요. 또한 내가 버마의 '제1차 독립운동'을 이끈 분들을 존경한다는 것은 그들의 원칙들과 행동들에 어느 정도 영향을 받았다는 것을 의미하지요. 그러나 내가 폭력적인 수단에 반대하는 일차적인 이유는 그것이 무력을 통해 정치적 상황을 변화시키려고 하는 전통을 영속화시킬 것이기 때문입니다.

앨런 클레멘츠: 여사와 가까운 동료들, 그러니까 NLD의 집행위원들은 모두가 전직 군인들이고, 인생에서 전투요원의 역할로 오랫동안 인정받다가 최근에 제대하거나 축출된 장군들입니다. 여사께서 그분들과 논의하실 때, 정치적 해결을 이루고자 비폭력에 호소하는 여사의 신념을 그분들이 십분 이해하거나 올바로 인식하기 위해 분투하고 있다고 보십니까?

아웅 산 수 지: 나에게는 아주 중요한 사안이에요. 이 나라에서 강력한 민주주의의 전통을 확립하고자 한다면, 무력을 통해서가 아니라 민주적인 방식으로, 곧 무기명 투표를 통해 국민의 뜻을 찾아야 평화로운 정치적 변화를 꾀할 수 있다는 것을 기본 원칙으로 삼아야 합니다. 민주주의를 원한다면 민주주의의 원칙들을 행동으로 보여주어야 하지요. 요컨대 정치에서는 일관성이 있어야 합니다.

앨런 클레멘츠: 정책에서 일관성을 지키는 부분에 대해 좀 더 말씀해주시겠습니까?

아웅 산 수 지: 힘이 곧 정의라는 시스템을 바꾸고자 한다면, 정의가 힘인 것을 증명해야 해요. 자신이 옳다고 생각하는 것을 달성하기 위해 힘을 사용하면서 여전히 정의가 힘이라고 주장하면 안 된다는 거죠. 사람들은 그런 것에 속지 않아요. 1989년에 인레이(Inlay) 호수 지역에 갔을 때 어떤 승려한테 들은 이야기예요. 우포센(U Po Sein)이라고 들어보신 적이 있나요? 버마 극장 공연단에서 아주 유명한 무용수였대요. 우포센의 공연단에 한 코미디언이 있었는데, 공연을 시작하기 전에 늘 이렇게 말하곤 했답니다. "이봐요, 우포센. 관객 중에는 아무도 당신처럼 춤을 잘 출 수 있는 사람이 없어요. 하지만 만약에 춤을 추다가 당신의 동작이 틀리기라도 하면, 그걸 알아차리지 못할 관객도 또한 아무도 없지요." 정치에서도 마찬가지예요. 사람들이 정치에 냉담하고 무관심한 것 같아도, 정치가 잘못된 방향으로 흘러가거나 일관되지 못하면 금방 알아챕니다.

앨런 클레멘츠: 어쩌면 좀 더 사적인 순간에 그런 느낌이 들 수 있으실 텐데, 여사께서는 전 지구적인 폭력 중독과 비교해볼 때 비폭력이라는 자신의 입장에 너무 압도당해 있지는 않으신가요? 말하자면 어둠의 한가운데서

외롭게 빛을 발하는 고독한 별과도 같다는 느낌? 이 세상의 지도자들은 대체로 '힘이 곧 정의'라고 믿으면서 힘을 더 많이 가진 자가 최후 승자가 된다고 보잖아요?

아웅 산 수 지: 나는 무기를 통한 변화를 신뢰하지 않는 사람이 유독 나 혼자뿐이라고 생각하지 않아요. 그런데 이 세상에 존재하는 온갖 무기들의 이미지를 떠올려보면 에베레스트 산보다 더 높을 거예요. 그렇지 않나요?

앨런 클레멘츠: 지구 위에 핵무기가 얼마나 많은지를 설명하는 애기를 들은 적이 있습니다. 핵탄두를 티앤티(TNT: 강력 폭약)로 전환해보면, 티앤티를 실은 열차의 길이가 지구에서 달까지 여덟 번 왕복할 수 있는 거리랍니다.

아웅 산 수 지: 나는 정말 사람들이 왜 그렇게 많은 시간과 에너지와 돈을 그따위 물건을 만들어내는 데 허비하는지 궁금해요.

앨런 클레멘츠: SLORC가 사용하는 무기들이 죄다 어디서 오는지 구체적으로 알고 계십니까?

아웅 산 수 지: 정부가 중국에서 무기를 다량 구입한다고 알고 있어요. 하지만 다른 곳으로부터도 무기를 들여오겠지요. 얼마 전에 SLORC의 몇몇 고위 관리들이 무기 구입을 위해 유럽의 일부 나라들을 포함해서 여러 나라들을 돌아보고 왔다는 풍문이 있었어요.

앨런 클레멘츠: 민주화 운동의 토대로서 여사께서 내면에 기르고자 하고

또 다른 사람들도 포용하도록 권면하는 의식의 주요 특징들은 무엇이라고 말씀하시겠습니까?

아웅 산 수 지: 무엇보다도 '비전(vision)'을 들겠습니다. 우리는 국민이 왜 정치체제가 우리의 일상생활과 밀접하게 연관되어 있는가를 파악하고 이해할 수 있었으면 좋겠습니다. 당국이 바라는 것처럼 정치는 무시하고 경제에만 집중하면 안 되는 이유 말이에요. 우리는 민주화 투쟁이 우리의 일상을 위한 투쟁으로서, 결코 사라져서는 안 된다는 것을 국민이 알아줬으면 좋겠어요.

이 일은 그저 어쩌다가 잠시 짬이 나서 하는 일이거나 하고 싶을 때만 하는 일이 아니라 항상 해야 하는 일이에요. 왜냐하면 정치란 매순간 우리의 삶에 영향을 미치기 때문이지요. 국가의 정치제도는 우리 일상생활을 수행하는 방식과 분리되지 않아요. 이것이 기본적으로 우리가 바라는 정신입니다. 우리가 투쟁해서 얻고자 하는 것이 어떤 일상과 동떨어진 목표나 이상이 아니라는 깨달음 말이에요.

우리가 싸워서 얻고자 하는 것은 일상의 변화입니다. 우리는 두려움과 부족함으로부터 자유하기를 원해요. 오늘날 물질적으로 안정된 삶을 즐기는 사람들도 있기는 하지만, 그러한 삶을 언제 빼앗길지 장담할 수 없지요. 안전감이 반드시 필요합니다. 우리가 타인에게 해를 끼치지 않는 한, 그리고 서로에게 해를 끼치지 않도록 하기 위해 정해진 법규를 위반하지 않는 한, 우리 자신도 해를 입지 않을 것을 알고 안전하게 쉴 수 있어야 해요. 우리가 그에 해당되는 행동을 하지 않는 한, 당국이 우리를 직장에서 몰아낼 수 없고 집에서 내쫓을 수 없으며 감옥에 집어넣거나 처형할 수 없다는 게 바로 안전감이지요.

앨런 클레멘츠: SLORC는 사람들을 집에서 강제로 쫓아내 더 '바람직한'

지역에 이전시키는 데 병적으로 집착하는 것 같습니다. 1990년에 〈뉴욕 타임스〉가 당국이 "랭군에서만 50만 명이 넘는 사람들을 강제 이주시켰다."고 보도한 내용을 읽었습니다. 그들을 트럭에 태워 일명 '새 마을'로 옮겼는데, 알고 보니 말라리아가 들끓는 늪지대로 드러났다고 하더군요. 보아하니 이러한 일들이 국가 전역에 걸쳐서 일어나고 있고, 지금까지도 계속되고 있다고 들었습니다. 최근 자행되고 있는 SLORC의 강제 퇴거와 재산 몰수의 배경에는 무엇이 있는지 설명해주십시오.

아웅 산 수 지: SLORC가 건축 계획을 위해 특정 지역의 땅이 필요하다고 생각할 때마다 그렇게 사람들을 쫓아내고는…….

앨런 클레멘츠: 이 사람들에게는 도대체 아무런 권리도 없습니까?

아웅 산 수 지: 없어요. 그들에게는 아무 권리가 없지요.

앨런 클레멘츠: 그러면 당국은 사람들에게 가서 아무 날 아무 시에 집을 비우라고 말하기만 하면 되나요? 그걸로 끝인가요?

아웅 산 수 지: 네, 맞아요.

앨런 클레멘츠: 그들은 어디로 갑니까?

아웅 산 수 지: 트럭에 실려 가다가 대부분은 벌판에 버려져 오두막을 지으라는 말을 듣게 됩니다.

앨런 클레멘츠: 요즘 이런 일이 얼마나 확산되어 있나요?

아웅 산 수 지: 버마 전역에서 일어납니다.

앨런 클레멘츠: 그 이유는요?

아웅 산 수 지: 강제 이주는 대체로 관광객에게 더 매력적인 곳을 선보이 겠다는 관점에서 시행됩니다.

앨런 클레멘츠: 제가 알기로는 미국 정부가 버마 시민인 쿤사(Kuhn Sa)의 몸 값으로 2백만 달러를 내걸었다고 합니다. 세계에서 가장 악독한 헤로인 마약업자로 알려져 있는 그는 전 세계 헤로인 공급의 약 60퍼센트 정도 를 담당하고 있는 인물입니다. 그런데 바로 최근에 SLORC가 쿤사와의 거래를 중단했습니다. 하지만 그 거래의 본질은 약간 미스터리로 남아 있는데요. 그래서 궁금합니다. SLORC가 통제하는 텔레비전을 보면, 쿤 사가 거느리고 있는 1만 3천 명의 사병들이 무기를 건네주는 장면이 매 일 나옵니다. 그런데 물건은 도대체 어디에 있지요? 수만 톤의 헤로인 말입니다.

아웅 산 수 지: 나도 헤로인의 행방에 대해서는 감감무소식입니다. 기다려 보면 어딘가에서 나오겠지요…….

앨런 클레멘츠: SLORC가 그와의 사면 거래를 어쩌면 그렇게 간단히 중단 할 수 있습니까? 이 작자는 노리에가(Noriega)* 정도는 약국에서 자리나

---

* 파나마의 독재자 마누엘 안토니오 노리에가 장군을 가리키는 것으로 보인다. 오마르 토리 호스 장군의 군사 쿠데타로 군정보부 사령관에 취임했다가 대통령이 비행기 사고로 사망하자 실권을 장악, 1983년 군 최고사령관의 자리에 올랐다. 그러다가 1989년 미국이 파나마를 침공하여 그 를 마약밀매혐의로 체포함으로써 마침내 해임되었다. ―옮긴이

지키는 카우보이처럼 보이게 만들 위인인데요.

아웅 산 수 지: 글쎄요, 쿤사의 사진을 보셨을 텐데요. 그 사람이 어디 자기 미래에 대해 걱정하는 사람처럼 보이던가요?

앨런 클레멘츠: 저에게는 캠핑 나온 사람처럼 행복해 보였습니다.

아웅 산 수 지: 정확하게 보셨네요. 그는 전혀 초조해 보이지 않아요. (SLORC) 장관이나 사령관들과 동급인걸요. 정말 걱정거리가 하나도 없는 사람처럼 보이지요.

앨런 클레멘츠: 저는 다시 한 번 SLORC가 우매함에 있어서 한 수 앞서게 된 것 같습니다. 그들이 그 사실을 공개하리라고는 결코 상상도 못했거든요.

아웅 산 수 지: 우리가 전에 이야기했던 똑같은 질문으로 되돌아가게 되는데, 그들이 정말 그렇게 멍청한가 하는 거예요. 아니면 그 뒤에 흑심이 있을까요? 당신은 어떻게 보시는지 말씀해주세요. 모두가 그들이 왜 그렇게 바보 같은 짓을 하는지, 그 이유 때문에 완전히 혼란스럽거든요.

앨런 클레멘츠: NLD는 버마에서 아편과 헤로인 문제를 어떻게 해결해 나가려고 하십니까? 여사라면 쿤사를 미국 법정에 세우기 위해 인도를 요청한 미국의 요구를 수락하시겠습니까?

아웅 산 수 지: 마약 문제에 대해, 또 우리가 이 문제를 어떻게 근절할 것인가에 대해 이야기해보지요. 실제로 양귀비를 키우는 사람들은 그렇게

부자가 아니에요. 그들이 양귀비를 키우는 이유는 다른 수입원이 없거나 양귀비를 키우라고 강요하는 마약상들이 두렵기 때문이지요. 우리가 그들에게 대체 수입원을 제공한다면 그들도 별로 그 일을 하고 싶어 하지 않을 거예요. 이 모두가 교육의 문제입니다. 아편을 키우는 일을 계속하지 않는 것이 왜 더 나은지를 그들이 이해해야 해요. 단순히 어떤 일을 하지 말라고 말만 해서는 해결되지 않지요. 그들 스스로가 왜 그만두어야 하는지를 이해해야 합니다. 우리, 즉 NLD에 있는 사람들은 교육을 매우 신뢰합니다. 우리는 사람들이 양귀비를 키울 필요가 없다는 걸 깨닫도록 해주고 싶어요. 그들에게 실질적인 도움을 주고 교육을 시키면 그들도 더 이상 아편 재배를 원하지 않게 될 거예요.

앨런 클레멘츠: 우리가 알다시피 습관이란 무서워서 시간이 꽤 걸릴 텐데요…….

아웅 산 수 지: 시간은 걸리겠지만 생각만큼 오래 걸리지는 않을 거예요. 국제적으로 정보 통신이 지금처럼 발달한 혁명기에는 노력하기만 하면, 진짜 그렇게 할 뜻만 있으면 사람들과 아주 빠르게 만날 수 있다는 걸 잊으면 안 돼요.

앨런 클레멘츠: 쿤사와 관련해서는 어떻게 해야 합니까?

아웅 산 수 지: 대단히 신중하게 접근해야지요. 우리(NLD)가 이 나라의 정부는 아니거든요. 우리는 그와 관련해서 무슨 일을 할 수 있는 입장이 아닙니다. 따라서 성급한 언급은 하지 않는 게 좋겠군요.

앨런 클레멘츠: 여사께서는 버마만의 독특한 민주주의의 표현이 무엇이라

고 생각하십니까?

아웅 산 수 지: 아직 우리의 민주주의를 시작해보지 않아서 잘 모르겠어요. 하지만 좀 더 자비로운 얼굴을 가진 민주주의가 될 거라고 생각하고 싶네요. 이를테면 더 부드러운 민주주의랄까…… 부드러운 것이 강하니까요.

앨런 클레멘츠: 그 민주주의가 자본주의적 형태를 띨까요?

아웅 산 수 지: 우리는 자본주의적 민주주의 같은 건 생각해본 적이 없어요. 왜 민주주의가 자본주의의 일부가 되어야 하는지 또는 반대로 왜 자본주의가 민주주의의 일부가 되어야 하는지 그 이유를 모르겠어요. 민주주의란 국민의 의지를 뜻한다고 봅니다. 그것은 자본주의를 허용할 수도 있는 기본적인 경제적 자유를 포함하여 어떤 기초적인 자유를 의미합니다. 하지만 정부가 교육이나 의료와 같은 국가의 다른 부문들에 대한 책임을 지니지 않는다는 뜻은 아닙니다.

앨런 클레멘츠: 작년에 달라이 라마 성하(聖下)께서 말씀하시기를, 중국이 티베트 사람들에게 하고 있는 짓은 "일종의 문화적 종족말살이며, 그 시간이 다하고 있다."고 하셨습니다. 이어서 그분은 중국이 계속해서 이런 짓을 자행한다면 "구해야 할 티베트는 더 이상 남아 있지 않을 것"이라고 말씀하셨습니다. 버마에 대해서도 똑같은 말을 적용할 수 있을까요? 시간이 다 되어버린 걸까요? 무엇인가를 하기에는 시간제한이 있을까요?

아웅 산 수 지: 아니오, 물론 그렇지 않아요. 왜 시간제한이 있어야만 합니까?

앨런 클레멘츠: 모르겠습니다. 아마도 사람들의 절망지수가 최고조에 달

해서 공포를 넘어서게 되면 1988년처럼 다시 들고 일어나지 않을까 해서…….

아웅 산 수 지: 국민이 뭔가 할 준비를 하는 데는 항상 제약이 따르기 마련이지요. 그렇다고 반드시 시위를 통해 자신들의 불만을 표현하게 될 거라는 뜻은 아니고요. 그러나 국민이 끝끝내 불의를 참고 있지만은 않을 거라고 생각합니다.

07

성자가 곧 죄인입니다

앨런 클레멘츠: 달라이 라마 성하께서 이런 말씀을 하신 것으로 기억됩니다. "우리는 감사하는 마음을 키워야 한다. 그것은 우리가 공유하고 있는 인간으로서의 지위를 진정 사랑하는 마음이다." 이러한 생각에는 아름답고도 호소력 있는 무엇인가가 있습니다만, 아직은 요원한 것 같습니다. ……아우슈비츠와 죽음의 수용소들, 폴 포트의 킬링필드에서 나온 부서진 해골 바다, 르완다 후투족의 난도질당한 시신들, 세르비아의 강간 캠프를 가득 채운 여성들의 비명, 그런 섬뜩한 이미지들을 떠올릴 때면 제 마음은 닫혀버립니다. 그러한 만행을 저지른 자들도 과연 인간의 지위를 공유하는 것인지 의문이 생깁니다. 솔직히 말하면 그런 자들은 인간 이하의 존재들처럼 보입니다. 수 여사님, 여사께서는 조국의 고통을 호흡하며 몸으로 살아내시는 것처럼 보이는데, 어떻게 그런 고통을 겪으면서도 마음을 열어둔 채로 지내실 수 있으신지요?

아웅 산 수 지: 그건 자신이 속한 집단에 좌우됩니다. 나는 아주 운이 좋아요. 내 주위에 있는 사람들이 그런 열린 마음을 가지고 있거든요. 우리는 서로를 사랑할 형편이 되기 때문에 항상 마음을 여는 습관이 있지요. 또한 이 세상에는 충분히 사랑받을 자격이 있는 사람들이 존재한다는 것, 내가 다칠지 모른다는 위험 부담 없이도 마음을 열 수 있는 사람들이 존재한다는 것을 알게 된다면, 사랑할 수 있는 다른 사람들이 있다는 사실을 더 쉽게 받아들일 수 있다고 생각해요.

앨런 클레멘츠: 좀 더 구체적으로 이야기해 보겠습니다. 여사께서는 어떻게 정말로 분노하는 감정 없이 SLORC의 눈을 똑바로 보실 수 있으십니까?

아웅 산 수 지: 사람들이 종종 나에게 와서 묻는 질문도 똑같아요. "당신은 왜 어떠한 복수심도 느끼지 않느냐?" 이런 질문을 하는 사람들은 우리가 실제로 그런 감정들로부터 자유로울 수 있다는 사실을 믿지 못하는 것 같아요. 설명하기는 참 어려워요. 예전에 우지멍 삼촌과 우띤우 삼촌, 그리고 우리 NLD 대표단과 이야기하다가 이 문제로 한바탕 웃었답니다. 언젠가 당신이 우지멍 삼촌한테 내가 체포 상황에 놓여 있던 날, 느낌이 어땠는지를 물었다고 했지요? 그분이 전혀 아무 느낌도 없었다고 해서 놀랐다고…….

앨런 클레멘츠: 놀란 정도가 아니라 충격이었지요. 그분이 뭐라고 말했냐 하면, 무장 군인들은 여사님 댁을 둘러싸고 있고, 여사님은 인센 교도소로 가게 될 것 같은 상황에도 일행 모두가 그런 위기상황에 대해 그저 웃기만 하고 농담까지 하더라는 거예요.

아웅 산 수 지: 네, 우리는 전혀 아무런 느낌도 없었지요. 사실 아주 많은

기자들이 나에게 묻습니다. "석방되었을 때 기분이 어땠냐?"고요. 내 대답은 한결같아요. "전혀 아무 느낌이 없습니다."(웃음) 당연히 뭔가를 느껴야 한다는 데 대해 좀 애매한 생각을 갖고 있는 편이에요. 나의 진정한 관심은 지금 무엇을 해야 하는가 하는 겁니다. 내가 아무 느낌도 없다고 하자 어떤 기자는 기분이 좋은지, 행복감을 느끼는지를 묻더군요. 나는 "아니오. ……그런 느낌도 없어요. 언젠가는 자유의 몸이 될 거라는 걸 항상 알고 있었는걸요. 중요한 건 내가 지금 무엇을 하느냐가 아니겠어요?"라고 대답했지요. 하지만 많은 사람들이 여전히 내 말을 믿지 않는 것 같아요.

앨런 클레멘츠: 그들은 여사의 말씀이 일종의 내면적 부정이나 억압이라고 보는 것 같습니다.

아웅 산 수 지: 바로 그거예요.(웃음) 정말 이상해요.

앨런 클레멘츠: 여사께서 가택연금에서 풀려나신 후에 "아무 느낌이 없다."고 하셨을 때, 그건 과거는 별로 상관없다는 뜻인가요?

아웅 산 수 지: 사람이 과거를 간단히 잊을 수야 없겠지요. 하지만 과거의 경험을 발판으로 더 나은 현재와 미래를 만들어야 한다고 생각합니다.

앨런 클레멘츠: 여사님과 여사의 동료들이 갖고 계시는 사고의 유연성이나 정신의 깊이 같은 것을 갖고 있지 않은 피해자들의 경우에는 어떻습니까? 자신들이 당한 만행 때문에 폭력적이 되고 적개심을 느끼게 된다면요?

아 웅 산 수 지: 물론 그런 느낌은 당연합니다. 그래서 우리가 진실과 화해의 연관성에 대해 이야기하는 거예요. 나는 무엇보다도 그들의 고통이 인정받아야 한다고 생각해요. 과거를 그냥 지워버릴 수는 없는 노릇이지요. 아무리 노력해도, 실제로 고통 받은 사람들 안에는 곪아터진 분노의 바다가 넘실거릴 겁니다. 이렇게 깊은 고통을 인정해주지 않으면, 그들은 자신들이 당한 고통이 옆으로 밀쳐졌다는 느낌이 들 거예요. 마치 그들이 고통당한 게 아무 일도 아니라는 듯이, 그들이 고문당한 게 아무 일도 아니라는 듯이, 그리고 그들의 자식들과 아버지들이 아무것도 아닌 것을 위해 죽은 것처럼 말이지요. 그런 분들은 자신들의 고통이 헛된 것이 아니었다는 것을 알아야 해요. 그래야 만족하지요. 또 바로 이 사실, 곧 불의가 행해졌다는 사실이 인정되어야 엄청난 분노를 가라앉힐 수 있을 거예요.

그런데 명심할 것은, 인간은 모두 다르다는 점입니다. 설령 모든 사람이 "맞다. 우리는 네가 어떻게 고통당했는지 알고 있다. 우리는 너에게 혹은 너의 아버지에게 혹은 너의 아들이나 딸에게 일어난 그 일이 잘못된 것이라고 인정한다."고 말한다 할지라도, 어떤 사람들은 언제나 복수를 원하고 그것에 목말라할 거예요. 절대 용서할 수 없는 사람이 항상 있기 마련이지요. 그러나 우리는 용서하기 위해서 노력해야 합니다. 칠레 사람들은 진실과 화해위원회를 가지고 있지요. 남아프리카공화국에서도 데즈먼드 투투 주교의 지휘 아래 하나를 두었고요. 나는 그 위원회를 아주 신뢰합니다. 어느 정도는 불의를 시인해야 재발하는 것을 방지하지요. 우리도 그런 일을 해야 사람들이 알고서 깨달을 거예요. 마냥 숨길 수는 없습니다.

앨런 클레멘츠: 근본적으로 한 가족이나 개인이 강제로 참아야 했던 슬픔과 고통을 단순히 인정하는 것을 넘어서 모종의 정의를 요구하는 게 인

권이라 보십니까?

아웅 산 수 지: 정의를 필요보다는 만족이라는 측면에서 생각해보지요. 정의를 '인권'으로 이야기하면, 법 아래서 행해지는 무엇인가로 오해될 수 있어요. 독재자가 물러나고 민주주의가 세워진 많은 나라에서 불의를 자행했던 사람들에 대한 법적 조치가 항상 완전하게 취해질 수 없다는 걸 아실 거예요. 여러 가지 이유로 타협을 하게 되지요. 요컨대 정의에 대해 이야기하면, 이전에 일어났던 모든 일들이 법정에서 해결되어야 한다는, 정의는 법적인 의미에서 이루어져야 한다는 잘못된 인상을 줄 수 있어요. 그러니까 나는 차라리 희생자와 그 가족들이 '만족'할 수 있도록 어떤 조치들이 취해져야 하는 게 우선이라고 말하고 싶어요.

앨런 클레멘츠: 일전에 제가 버마 친구와 이야기한 적이 있는데, 그는 소위 '88세대'라고 불리는 사람들, 곧 그 당시 시위에서 선두에 섰던 대학생들을 대신해서 열띤 호소를 하더군요. "우리는 아무런 희망도 없었다. 절망해서 삶의 목적이 없는 상태였다. SLORC가 자유에 대한 우리의 소망을 짓밟아버렸다." 버마의 이면에 있는 그 문제에 대해 접근해보고 싶습니다. 그런 심리적인 고통 속에서 살고 있는 사람들에게 어떤 조언을 해주시겠습니까?

아웅 산 수 지: 유일한 치유는 '일'이에요. 그 일이 무엇이든지 간에 자신이 할 수 있는 모든 일에 정말로 열심을 다하는 사람은 절망이나 자포자기를 느끼지 않는다고 생각해요. 왜냐하면 일에 몰입하니까요. 그런 상태에 놓여 있다고 말하는 사람들에게는 질문해보아야 합니다. "당신은 할 수 있는 모든 일을 다 하고 있습니까?" 그에 대한 대답이 진정 "네"라면, 절망이나 자포자기는 느끼지 않을 거예요.

앨런 클레멘츠: 정신적인 외상과 그것을 극복하기 위한 행동 사이에는 종종 시차(時差)가 존재한다는 걸 경험을 통해 알 수 있습니다. 그것은 말하자면 정신의 일시적인 마비라고 할 수 있지요. 그렇다면 절망과 무기력에다가 어떻게 긍정적인 의미를 불어넣을 수 있을까요? 어떻게 정신적인 의미와 가치를 불어넣어서 신나게 일하도록 만들 수 있을까요?

아웅 산 수 지: 아주 현실적인 보기를 들어 설명해볼게요. 나는 종종 이런 걸 주목하는데요. 이를 테면 집안에 어떤 위기가 발생한 거예요. 압력솥이 터져서 그 안에 끓고 있던 국이 부엌 천장까지 튀고 난리가 났어요. 그러면 나의 첫 번째 반응은 이럴 거예요. "괜찮아, 진정해." 일단은 제동부터 거는 거지요. 그러지 않고 그냥 서서 "어떡해? 압력솥이 터져서 천지사방으로 다 뿜어져 나왔네." 말만 하고 있으면 완전히 안절부절못하게 될 거예요. 그 대신에 이렇게 말하는 거지요. "지금은 안절부절못할 시점이 아니잖아. 저 국이 압력솥으로 도로 들어가서 얌전히 끓고 있기를 바랄 수는 없지. 그럴 바에야 얼른 치우기나 해야겠다." 그리고 나서 가스 불을 잠그고, 그 난장판을 치우러 걸레를 들고 오겠지요. 그러는 자체가 마음을 진정시킵니다. 그러고는 일을 하는 거지요. 만일 매사에 심드렁하거나 자포자기와 절망으로 가득 차 있다면, 자신이 할 수 있는 일을 찾아 시작해야 합니다. 끓던 국의 절반을 잃어버렸다는 사실에 대해서는 내가 할 수 있는 일이 없지요. 하지만 분명한 것은 그 재난의 흔적을 치울 수는 있다는 겁니다. 그리고 나서 생각해보는 거예요. "자, 국을 좀 더 끓일까? 아니면 다른 메뉴로 바꿀까?" 일단은 일을 시작해야 합니다. 절망한 채로 마냥 서 있으면 안 됩니다. 희망이 없고 절망적이라고 느끼는 사람들에게 내가 하고 싶은 이야기는 그거예요. "그냥 앉아 있지만 말고 무슨 일이든 하세요."

앨런 클레멘츠: 다른 말로 하면 긍정적인 행동 자체가 치유라는 말씀이신 가요?

아웅 산 수 지: 네, 마음을 쏟기만 한다면 할 수 있는 일은 언제나 있습니다. 나는 진짜로 그렇게 믿어요.

앨런 클레멘츠: 엄청난 상처로 인해 생긴 절망과 슬픔의 감정들에 대해 그저 오냐오냐 받아주기만 할 것이 아니라 내밀한 토론을 할 필요가 있다고 보십니까?

아웅 산 수 지: 물론이지요. 어찌 보면 압력솥이 터지는 일은 결국 아주 사소한 위기에 해당할 거예요. 하지만 예를 들어 사랑하는 사람을 잃는다거나 하는 큰 위기에 처하게 되면, 사람은 그 일에 대해 이야기할 수 있고 자신의 감정을 다룰 수 있도록 허용되어야 해요. 그러나 거기에 머물면 안 되고, 동시에 그가 계속 삶을 살아나갈 수 있도록 용기를 주어야 하지요. 그냥 앉아서 잃어버린 사람 때문에 슬퍼하고만 있지 않도록 말이에요. 그러니까 할 수 있는 한 모든 감정적인 지원을 아끼지 말아야 하겠지만, 그뿐만 아니라 또 그가 할 수 있는 실천적인 무엇인가를 찾는 노력도 병행해야 합니다. 이를테면 아직 살아 있는 사람들을 생각해서 그들을 위해 무엇인가를 할 수 있도록 말이에요.

앨런 클레멘츠: 고통받고 있는 희생자들에 대해 여사님이 그토록 엄청난 관심과 동정심을 갖고 계신데, 그 반대편을 생각해보면 민주화 투쟁이 성공적으로 이루어졌을 때 현 정부의 권좌에 있던 사람들을 위해서도 안전한 상황을 어떻게 만들어내야 할지 혹시 고려하고 계신지요? 왜냐하면 어떤 의미에서는 그들 역시, 말하자면 자기 자신의 공포와 자기기

만에 의해 피해를 입은 사람들이 아니겠습니까?

아웅 산 수 지: 그 사안에 대해 말하기는 너무 이른 것 같습니다. 그런 문제들은 (SLORC와 NLD 간의) 대화가 개시되어야만 논의될 수 있지요. 그러나 우리는 어느 누구도 처벌하고 싶지 않습니다. 우리는 치유 과정이 신속하게 일어날 수 있는 사회를 원해요. 또 그러한 치유 과정은 어느 정도 희생자들의 만족을 포함해야 한다고 봅니다.

앨런 클레멘츠: 치유에는 과거에 발생했던 정신적인 외상이나 일련의 상처들을 인식하는 것이 내포됩니다. 그런데 부처님께서는 고통의 시초도, 또 고통스러운 감정을 일으키는 최초의 원인도 알 수 없다고 말씀하셨습니다. 그래서 제자들을 권면하시기를, 해방을 추구하되 오직 현재에서만 찾고, 과거를 헤집어 들추어내지는 말라고 하셨습니다. 부처님은 이 점을 설명하기 위해 독화살에 맞은 한 남자의 비유를 드셨는데요. 여사께서도 알고 계시다시피…….

아웅 산 수 지: 네, 압니다.

앨런 클레멘츠: 그러니까 이 남자는 상처 입은 채로 땅에 누워서 죽어가고 있었지요. 부처님이 그의 목숨을 구해주려고 화살을 뽑아내려고 하자, 그 남자가 제지하며 말합니다. "화살을 뽑기 전에 누가 저에게 화살을 쐈는지 알고 싶습니다. 왜 저를 쐈을까요? 이 화살대는 무슨 나무로 만들었을까요?" 주저리주저리 그런 이야기들을 늘어놓다가 그 남자는 죽게 됩니다. 저의 질문은 이것입니다. 부처님께서 고통으로부터 놓여나기 위해서는 "뒤로 미루지 말라."고 가르치신 것이 여사께서 생각하시는 치유 과정과 어떻게 들어맞을 수 있을까요?

아웅 산 수 지: 일에는 즉각적으로 이루어져야 할 일과 나중에 해도 될 일이 있지요. 그 화살 이야기와 비슷한 보기를 들어봅시다. 만일 어떤 사람이 위급상황에 처해 있다고 하면 즉각 응급처치를 해주는 게 맞겠지요. 하지만 나중에 그 치료 과정이 더 효과적으로 되려면 그 사람이 입은 상처가 무엇이든지 간에 어떻게 해서 그런 상처를 입게 되었는지 원인을 살피는 게 필수적일 거예요. 지금 말씀하신 독화살의 비유에서도 가장 먼저 해야 할 일은 먼저 독화살을 뽑아내고 상처를 소독한 뒤 싸매주는 일이지요. 물론 이때는 아직 그 독의 종류가 무엇인지를 조사할 단계가 아닙니다. 그러나 나중에 가서는 적합한 해독제를 투여하기 위해 그 화살에 묻은 독이 어떤 종류의 것인지를 반드시 알아내야 하겠지요. 그러므로 모든 일에는 적기(適期)가 있는 법입니다.

앨런 클레멘츠: 여사께서 쓰신 「두려움으로부터의 자유(Freedom from Fear)」*라는 수필에 보면, 어떤 사람의 말을 인용하신 부분이 나옵니다. 누군지는 몰라도, "성인이란 계속해서 노력하는 죄인일 뿐이다."라고 말했던데요…….

아웅 산 수 지: 나도 누가 말한 것인지 혹은 누가 쓴 것인지 정확히 기억나지는 않지만, 꽤 오래전에 우연히 알게 된 뒤로 늘 좋아하는 구절이에요.

앨런 클레멘츠: 저도 좋아합니다. 그 구절을 보면 의문이 생겨요. 사도가

---

* 「두려움으로부터의 자유」는 1991년 7월에 The Times Literary Supplement, the New York Times, the Far Eastern Economic Review, the Bangkok Post , the Times of India와 독일, 아이슬란드, 노르웨이 언론을 포함해서 수많은 신문과 세계적인 잡지들에서 처음 출판되었으며, 1995년에는 펭귄 출판사에서 개정 출간되었다. 한편 과거에 나온 우리말 번역본에서는 『공포로부터의 자유』(창작과 비평사, 1997)로 번역하였으나, 이 책에서는 문맥상 어감을 충분히 살려 『두려움으로부터의 자유』로 옮겼음을 밝혀둔다. - 옮긴이

되기 전 다소의 사울로 알려졌던 성자 바울은 어린아이들을 포함해서 예수를 따르는 사람들을 수없이 죽였습니다. 불교의 전통 안에도 구원의 전형이라고 할 만한 보기들이 있는데요. 이를테면 앙굴리말라 같은…… 수많은 사람을 죽인 살인마였다가 회개하고 변하여 승려가 되고 나중에는 깨우침을 얻은 이 말입니다.

아웅 산 수 지: 그들이 개종했을 때의 나이가 궁금하네요. 앙굴리말라가 부처님에 의해 변화되었을 때가 몇 살이었는지 아시나요?

앨런 클레멘츠: 글쎄요, 절에 그려져 있는 불화(佛畵)들을 보면, 어떤 그림에서는 상당히 젊게 묘사되어 있던데요…….

아웅 산 수 지: 내 생각에도 꽤 젊었을 때였을 것 같아요. 앙굴리말라가 손가락 모으는 일을 시작한 게 상당히 일찍부터니까요. 그렇지요?

앨런 클레멘츠: 자신이 죽인 모든 희생자들한테서 손가락 하나씩을 잘랐는데 모두 999개가 모였다고 하니, 어린 나이에 살인을 시작한 게 틀림없습니다. 하지만 그처럼 극적인 정신적 회심은…….

아웅 산 수 지: 바울처럼 밝은 빛 때문에 시력을 잃는 것 같은 그런 종류의 회심을 말씀하시는 건가요?

앨런 클레멘츠: 아니오. ……어떻게 말해야 할까요? 인간이란 마치 자기가 정말로 전지전능을 보유하고 있기라도 한 것처럼 삶을 깔끔하게 옳고 그름, 선과 악, 도덕과 부도덕 같은 윤리적인 구획으로 나누기가 참 쉽습니다. 만일 우리가 이러한 구원의 보기들에서 알 수 있듯이 보다 큰 그림

을 향해 자신을 개방하지 않는다면, 여사께서 인용하신 구절의 힘은 아예 사라지지는 않는다 하더라도 급격히 줄어들게 될 테지요. 저는 사회에 위협적인 존재로 여겨지는 사람들에 대해 어떻게 하면 좀 더 많은 자비심을 느낄 수 있을까가 궁금한 겁니다. 때로는 사형시키는 게 좋을 수도 있겠다고 생각한 적이 있습니다만……

아웅 산 수 지: 정말 그렇게 생각하세요?

앨런 클레멘츠: 개인적인 차원에서 보자면 설마 제가 누군가 자신이 저지른 범죄 때문에 죽기를 바라겠습니까? 사실은 그 문제에 대해 제가 할 수 있는 한 가장 근사치적 대답은 "아니오."입니다. 저는 죽음을 원치 않아요. 그러나 만약에 살인자가 제가 사랑하는 사람들을 난도질했다면, 저는 끝까지 따라가서 복수를 하려고 할 것 같기도 합니다……

아웅 산 수 지: 하지만 당신이 훌륭한 불교도라면 사형으로 그들이 제거되기를 바라기보다는 자기 자신이 변화되려고 노력해야 하지 않을까요?

앨런 클레멘츠: 제가 말하고 싶은 건 구제불능처럼 보이는 인간들이 있다는 겁니다. 남들을 고통스럽게 하는 것에서 비뚤어진 쾌락을 찾는 '천부적인 살인자들' 말입니다.

아웅 산 수 지: 그들이 구제불능이라는 걸 어떻게 아나요?

앨런 클레멘츠: 저도 모릅니다. 그냥 그들의 행동을 보니 그런 것 같더라는 거지요. ……여사께서는 어떻게 생각하시는데요?

아웅 산 수 지: 나는 누가 구원받을만하고 누가 그렇지 않은지를 결정할 위치에 있지 않아요. 내가 구원할 수 없다고 해서 그들이 구제불능이라는 뜻은 아니지요. 구원받을 수 있는 사람들도 있을 거예요.

앨런 클레멘츠: 오늘날 우리가 가는 곳마다 어디든지 폭력이 존재합니다. 수많은 도심지역은 완전히 전쟁터예요. 대부분의 미국인이 가장 두려워하는 1순위가 바로 범죄입니다. 현재 버마에서도 압제가 계속해서 확대되고 있는데요. 잔혹한 압제에 직면했을 때 삶을 지탱해주는 원동력이 무엇이라고 보십니까?

아웅 산 수 지: 동료들과 나도 최근 이 문제에 대해 꽤 많은 토론을 하고 있는데, 그 대답을 찾기는 어렵다고 생각해요. 확실히 모든 인간 존재에게는 타고난 무엇인가가 있는 것 같아요. 그 부분이 적용되거나 바뀌거나 혹은 좀 더 긍정적인 방향을 취하게 될 수도 있지만, 어떤 사람들은 날 때부터 다른 사람들보다 더 강한 위치를 차지하려는 경향이 있어요. 물론 사회정치적인 분위기도 그것과 깊은 관련이 있기는 하지요. 나는 너무나 많은 사람이 그저 권력자들이 말하는 대로 행동하는 게 참 신기해요. 그런 사람들은 자신들이 처한 상황에 대해 아무런 질문을 하지 않도록 길들여져 있어요. 내가 사람들에게 항상 '추구하는 정신(questing mind)'을 가지라고 말하는 이유가 바로 그 때문이에요. 의심하고 추구하는 정신은 폭력이나 억압 또는 자신이 올바르다고 믿는 것에 반대되는 추세를 견뎌내는 데 큰 도움이 됩니다.

앨런 클레멘츠: 그러면 특히 남을 위해 봉사하는 본능에 반응을 보이는 사람들이 막상 고통 앞에서 고개를 돌리는 문제는 어떻게 보십니까? 그건 자기 기만일까요? 합법적인 회피로 가장함으로써 실제로 도울 수 있는

어떤 일을 하지 않게끔 정신과 영혼을 마비시키는 또 다른 공포의 측면일까요? 저는 봉사하기를 원하는 사람들, 억눌린 사람들에게 인생을 되돌려주고, 지원해주기를 원하는 선량한 사람들을 압니다. 그러나 그들과 논의를 하다보면 종종 누가, 무엇을, 언제, 어디서, 어떻게 할 것인가만 이야기하다가 끝나버리곤 합니다.

아웅 산 수 지: 음…… 언제나 '추구하는 정신'을 갖는다면 답을 찾게 될 거예요. 예컨대 봉사하기 위해서 어떤 일을 할까, 항상 그 수단과 방도를 생각한다면 결국 그 일을 하게 될 거라는 뜻이에요. '탐구자(seeker)'는 단순히 '질문하는 정신(questioning mind)'만 갖고 있는 게 아니라 실제로 답을 찾는 정신도 갖고 있는 사람입니다. 내가 질문하는 정신이라기보다는 '추구하는 정신'을 강조한 이유가 바로 그 때문이에요.

앨런 클레멘츠: 그 '추구하는 정신'이 안 좋게 변할 때, 많은 사람이 자기 자신을 죄책감이나 두려움에 밀어 넣는 것을 보았습니다. 그리 되면 봉사에도 해가 미치게 되지요. 다시 말해 봉사하려는 사랑의 마음을 잃게 되는 겁니다. 그렇다면 사람들이 자기 자신에게 봉사를 강요할 것이 아니라 적극적인 추구를 계속하도록 말하는 것이 옳을까요?

아웅 산 수 지: 그건 시작일 뿐이지요. 행동은 사고에서 나옵니다. 행동의 배후에 어떤 원칙도 없이 충동적인 행동을 하면 안 됩니다. 그러니 첫 번째 단계는 답을 찾고 어떤 문제를 해결할 방도를 찾는 추구의 과정이 되어야 합니다. 그런 다음에 두 번째 단계가 바로 그 답을 행동으로 옮기는 것입니다.

앨런 클레멘츠: 1988년으로 돌아가 보겠습니다. 제가 이해한 바로는 NLD

의 창당이 3당 합당으로 이루어졌고, 여사께서 이끄시던 그 정당은 버마의 지식인들, 곧 예술가, 음악가, 변호사 등을 대변했다고 알고 있습니다만…….

아웅 산 수 지: 네.

앨런 클레멘츠: 사회에서 지식인의 역할을 설명하는 바츨라프 하벨의 글을 인용해보겠습니다. 제가 그 글을 처음 읽었을 때, 즉각 여사가 떠올랐거든요. 그가 쓴 글은 이렇습니다. "지식인은 끊임없이 교란시켜야 하고, 세계의 비극에 대해 증언해야 하며, 독립적인 존재가 됨으로써 도발해야 하고, 은폐되거나 드러난 모든 압력과 조작에 저항해야 하며, 체제에 대해 가장 의심하는 자가 되어야 한다. ……이러한 이유로 지식인은 자신에게 부과된 어떠한 역할에도 맞지 않고, ……근본적으로 어디에도 속하지 않는다. 지식인은 어느 곳에 있든지 걸림돌로 부각된다."

아웅 산 수 지: 바츨라프 하벨이 한 말에 모두 동의해요. 그런데 나는 기본적으로 지식인이 되기 위해서는 '질문하는 정신'을 가져야 한다고 말하고 싶어요. 어쩌면 모든 사람이 그런 정신을 가질 수 있을 거예요. 하지만 질문하는 정신을 가진 모든 사람이 지식인으로 기술되는 건 아니지요. 지식인이 되는 데는 또한 모종의 학자적 훈련이 필요하다고 봐요. 그게 핵심이에요. 지식인들은 어느 사회에서나 아주 중요합니다. 왜냐하면 인용문에서처럼 그들은 사람들을 일깨우고 새로운 생각들에 마음을 열게 하며 높은 단계로 끌어올리기 때문이에요. 바로 이러한 지식인의 부재가 버마의 비극 중 하나지요. 지식인이 사회 안에서 발 디딜 틈이 없어요. 바츨라프 하벨이 말한 종류의 진짜 지식인은 버마에서 살아남기가 어려울 겁니다.

앨런 클레멘츠: 왜 그렇지요?

아웅 산 수 지: 지식인은 지식인으로서 자신의 본능을 억누르거나 아니면 아예 버마를 떠나거나 양자택일을 해야 하니까요. 그것도 아니면 감옥에 가거나……. 이 세 가지 중 하나를 선택해야 합니다.

앨런 클레멘츠: 그렇다면 기능상 전체주의 정권은 지식인을 탄압함으로써 아무 생각도 없고 특징도 없는 사회를 만들려고 하는 것이겠군요?

아웅 산 수 지: 질문하는 정신을 가진 지식인은, 질문 없이 명령이 수행되기를 바라고 법령이 수용되기를 바라는 전체주의 정신을 위협합니다. 권위주의적인 정신과 질문하는 정신 사이에는 언제나 충돌이 있기 마련이지요. 결코 나란히 갈 수 없어요.

앨런 클레멘츠: 그게 바로 여사께서 SLORC와의 진정한 대화와 잠재적인 화해를 추구함에 있어 부딪치는 과제가 아니겠습니까?

아웅 산 수 지: 어차피 국민도 권위주의적인 정권의 일부이기 때문에 그들의 정신 속에 질문하려는 열정이 없다는 뜻으로 한 말은 아니고요.

앨런 클레멘츠: 질문하는 정신을 고취시키는 주된 요소는 무엇일까요?

아웅 산 수 지: 우선은 자기 주변의 세계에 관심을 가져야 합니다. 세계의 문제에 대해 귀를 닫고 눈이 멀어 있으면, 무슨 일이 일어나고 있는지 질문조차 생기지 않지요.

앨런 클레멘츠: 질문하지 않는 정신은 무의식적인 두려움의 반영일까요?

아웅 산 수 지: 아니오, 단순한 두려움의 문제가 아니라고 봐요. 분명히 우리는 모두 다르게 태어났고 다르게 자랐습니다. 어떤 사람은 질문하는 정신을 가지고 태어나기는 했지만, 한 번도 질문하도록 격려받지 못해서 무뎌졌을 수도 있어요. 매번 질문할 때마다 두들겨 맞았다면 질문하지 않도록 학습된 거예요. 그러고는 이윽고 질문하는 법을 잊게 됩니다. 거꾸로 설령 질문하는 정신을 가지고 태어나지 못했더라도, 그런 습관을 갖도록 격려받을 수도 있어요. 어머니는 나에게 질문하도록 격려하지는 않았지만, 그렇다고 해서 질문하지 못하도록 막지는 않으셨어요. 어머니는 "질문하라"고 말씀하신 분은 아니에요. 그러나 내가 질문을 할 때면 항상 그 자리에 계셨지요. 대답이 궁할 때도 그러셨어요.

당연한 이야기지만 우리는 빠욱 짜인*의 전설을 들으며 자랐어요. 우리가 그 전설에서 배운 교훈들은 이래요. 계속해서 질문하면 답을 얻게 된다. 계속해서 여행하면 목적지에 도달한다. 늘 정신을 똑바로 차리고 잠을 너무 많이 자지 않으면 장수하게 된다. ……이게 바로 우리가 어릴

---

* 멍 빠욱 짜인(Maung Pauk Kyine: 버마에서는 소년의 이름 앞에 '멍[Maung]'을 소녀의 이름 앞에 '마[Ma]'를 붙인다. ─옮긴이)의 이야기는 버마의 유명한 민담이다. 버마 위쪽의 따경 (Tagaung)이라는 나라 근처에서 한 늙은 부부의 아들로 태어난 빠욱 짜인은 인도의 텍실라 (Taxila)에 사는 유명한 스승에게 공부를 하러 가게 된다. 그러나 머리가 그리 좋지 않은 그는 3년이 지나도록 학업에 별 진전이 없었다. 그럼에도 그를 애처롭게 여긴 스승은 화를 내기는커녕 그의 자질을 칭찬해준다. 너는 학자가 되지는 못하겠지만, 두려움의 의미를 모르는 좋은 선물을 가졌으니 평생토록 세 가지만 잊지 않으면 성공할 것이라는 조언이다. 그 세 가지란 첫째, 여행을 하면 할수록 목적지에 더 빨리 도착한다는 것, 둘째, 질문을 많이 하면 할수록 배우는 게 더 많아진다는 것, 셋째, 잠을 적게 자면 적게 잘수록 더 오래 산다는 것이다. 이 조언을 간직하고 집으로 돌아가던 빠욱 짜인은 도중에 한 노인을 만나 따경이라는 나라에 왕이 없으니 네가 한번 해보라는 소리를 듣고는 그곳으로 여행을 가게 된다. 단, 왕이 되고 나서 하룻밤 잠을 자고 나면 다음 날 아침에 주검으로 발견된다는 무시무시한 협박까지 들은 터였다. 그러나 잠들지 않고 사태를 지켜본 덕분에 빠욱 짜인은 용을 물리치게 되고, 마침내 따경의 왕이 되어 그 나라를 번영케 했다는 이야기다. ─옮긴이

때 배운 것들이에요. 대부분의 버마 어린이들은 그 이야기를 아주 잘 알고 있어서 가슴으로 교훈을 익힙니다. 그 이야기를 보면 영웅은 밤새 깨어 있으면서 자기 주변 세계를 지켜봄으로 목숨을 구하게 되었지요.

앨런 클레멘츠: 아마 알 수 없는 문제인지는 몰라도, 여사께서는 어떻게 그런 진실에 대한 사랑을 가지게 되셨나요?

아웅 산 수 지: 날 때부터 갖고 태어난 건 아니고요. 훈련의 문제라고 봅니다. 어머니는 항상 정직한 사람이 되라고 줄기차게 말씀하셨어요. 실제로 내가 진실을 말하지 않으면 아주 화를 내셨지요.

앨런 클레멘츠: 모친께서 기만보다는 정직이 더 좋은 이유와 관련하여 그 저변에 깔린 원칙이나 논리를 설명해주신 적이 있습니까?

아웅 산 수 지: 정직이 왜 필요한지를 항상 설명하신 건 아니고요. 다만 정직은 좋고 부정직은 나쁘다는 걸 분명히 하셨을 뿐이지요. 이런 건 내가 아주 어릴 때 받아들인 거예요. 어머니는 선천적으로 용감하고 정직한 분이셨어요. 그 모든 것들이 내가 닮기 위해 노력해야 했던 특징들이었지요. 정말로 그 점이 나에게 좋았던 까닭은, 다른 사람들 역시 그러한 자질들을 얻기 위해 노력할 수 있다는 확신을 주었기 때문이에요.

앨런 클레멘츠: 여사께서는 매주 수백 명의 사람들을 만나는 끈질긴 행보를 이어가고 계십니다. 게다가 여사와 인터뷰를 하기 원하는 외국 기자들의 줄도 끝이 없고요. 주말 대중 연설도 하셔야지, NLD 집행위원들과 수백만 명의 목숨이 달린 중대한 결정들을 내리는 모임도 하셔야지, 도대체 이렇게 빡빡한 일정을 어떻게 소화해 나가십니까? 일을 계속해나

가기 위해 잠시 멈추어서 내면의 고요를 되찾곤 하시나요?

아웅 산 수 지: 매일 저녁 모든 일을 멈춥니다. 저녁에는 완전히 혼자가 되니까 모든 행동에서 자동적으로 손을 뗍니다. 물론 아주 늦은 밤까지 일해야 할 때도 있지요. 그럴 때는 가만히 앉아서 하던 일을 멈추고 자신을 살필 시간이 별로 없습니다. 일이 끝나는 순간에 곧바로 자러 가야 하거든요. 하지만 보통 때는 일주일에 며칠 정도 저녁 7시쯤이면 모든 게 조용해지고 나 혼자 집에 있게 됩니다. 그 시간에 내가 깨닫는 것은, 만물이 항상 변한다는 사실이에요. 삶은 어떤 의미에서는 두 가지 차원으로 이루어져 있는 것 같아요. 바깥세계의 야단법석과 내면세계의 고요함……. 매일 저녁 실제로 나를 집에 돌아오게 하는 것은 바로 이 내면세계의 고요함입니다.

앨런 클레멘츠: 밤에 혼자 계실 수 있는 이렇게 귀한, 얼마 되지 않는 시간을 갖게 되시면 보통 무엇을 하십니까?

아웅 산 수 지: 그때그때 달라요. 어떨 때는 옷이나 책상을 정리하는 것 같은 가장 일상적인 일들을 해야 해요. 또 어떨 때는 앉아서 책을 읽기도 하고요. 일주일에 2~3일 정도 일이 일찍 끝나는 날이면 그동안 엉망진창 지저분하게 쌓인 것들을 정리하느라 꽤 오랜 시간이 걸린다는 걸 고백해야겠군요. 하지만 평화로운 일상이에요. 단순히 손으로 하는 일인 걸요. 물건을 제자리에 갖다놓는 거예요. 그게 전부지요. 거의 기계적인 일이라고나 할까…….

앨런 클레멘츠: 엄청나게 정리를 잘하시는 편인가 봅니다?

아웅 산 수 지: 예전에는 그랬어요. 각각의 책이나 잡지가 어느 자리에 있는지 정확하게 알았지요. 하지만 석방된 뒤로는 그렇게 정리를 잘하지 못하는 것 같아 걱정이에요. 모든 걸 원래 있던 자리에 놓아둘 시간조차 없다니까요.

앨런 클레멘츠: "에라 모르겠다, 완전히 지쳤는데, 오늘은 이만하면 됐다." 그런 말이 저절로 튀어나올 지경에 이른 적이 있으신지요?

아웅 산 수 지: 때로는 정말 진이 다 빠질 때가 있어요. 그럴 때는 열두 시간 내리 자거나 주말 내내 이틀 동안 꼬박 아무 일도 하지 않고 침대에서 가만히 있고 싶지요. 아, 물론 재미삼아 독서하는 건 빼고요. 그게 진짜로 휴일을 잘 보내는 아이디어 같아요. 하지만 그럴 시간이 도통 없답니다.

앨런 클레멘츠: 석방되신 후로 단순히 즐기기 위해 하신 일은 없으십니까?

아웅 산 수 지: 일상생활에 재미있는 일들이 많은데요, 뭐. 내가 함께 일하는 사람들은 정말 좋은 분들인데다가 모두 훌륭한 유머감각을 갖고 있어요. 어제는 사촌인 쎙윈(Sein Win: 버마 망명정부 수상) 박사와 고초(Ko Cho) 두 사람의 합동 생일 파티를 했어요. 우리는 '루지(lugyi: 버마에서 윗사람을 부르는 말 -옮긴이)'들도 오시라고 했지요. 우웡슈웨, 우지멍, 우띤우, 우루인 등 NLD 집행부와 그 부인들 말이에요. 그냥 조촐한 파티였어요. 케이크와 차, 감자 칩 정도밖에는 차려놓은 게 없었지요. 그러나 재미있었어요. 우리 모두 진짜 좋은 시간을 가졌답니다. 그뿐만 아니라 매일매일, 이를테면 동료들과 이야기하거나 사무실 식구들과 함께 점심을 나누면서 큰 기쁨과 행복을 경험합니다. 단지 그처럼 좋은 사람들과 더불어 투쟁을 한다는 자체가 자양분이 되고 재충전이 되는 것 같아요. 그러니 그토록

훌륭한 사람들에 둘러싸여 있는 나는 행운아지요.

앨런 클레멘츠: NLD 동료라는 점은 그렇다 치고, 여사께 우띤우 선생님과 우지멍 선생님은 어떤 의미인가요? 두 분 모두 여사보다 연세가 좀 더 높으니까 멘토(mentor) 내지는 아버지상이 되십니까?

아웅 산 수 지: 그분들을 삼촌으로 여기지요. 삼촌이란 아버지를 대신하는 인물입니다. 그러니까 어떤 의미에서는 그분들을 정말 아버지상으로 여기는 셈입니다. 하지만 동시에 우리가 함께 일할 때는 그분들이 솔선수범해서 동료가 되어주세요. 매일의 삶에서는 친구이기도 하시고요. 그러나 나는 그분들을 친구라고 이야기하는 걸 좋아하지 않아요. 그건 그분들을 나와 동급에다 놓는 표현이니까요. 나는 그분들이 더 높다고 생각합니다. 왜냐하면 연장자이시기도 하고, 또 그런 면에서 그분들을 존경하기 때문이지요. 그럼에도 친구란 세상에서 가장 소중한 존재가 아니겠어요? 나에게는 친구가 그 어떤 것보다도 더 큰 의미를 지닙니다. 그러므로 결례가 되지 않는다면, 그분들을 나의 가장 친한 친구라고 말할 수 있겠습니다. 진부한 표현을 사용하자면, "안내자요 멘토요 친구"가 적당하겠군요. 그 두 분은 성격은 서로 달라도, 똑같이 사랑하고 똑같이 신뢰할만한 분들이십니다.

나는 나를 가둔 자들을
미워할 수 없습니다

앨런 클레멘츠: 1988년 3월, 여사께서 버마로 돌아오시기 전에는 영국의 옥스퍼드에서 전형적인 주부의 삶을 살지 않으셨습니까? 그때는 아직 여사의 모친께서 뇌졸중으로 고생하신다는 소식을 듣기 전인데, 그 소식을 듣고는 모친 곁을 지키기 위해 랭군으로 날아오셨지요. 그로부터 5개월 뒤, 여사께서는 버마의 최고 지도자가 되어 범국가적인 혁명의 중심에 서 계셨습니다. 이러한 변화는 극적인 것입니까 아니면 점진적으로 일어났습니까?

아웅 산 수 지: 점진적으로 민주화 운동에 이끌려 들어갔지요. 우선은 어머니를 돌보면서 병원에 앉아 있는 와중에 무슨 일이 일어나고 있는지를 듣게 되었어요. 그 후에는 사람들이 와서 이런저런 일들에 대해 이야기를 나누었고요. 주로 정치적 · 경제적 상황이 얼마나 안 좋은지에 관한 이야기였습니다. 나는 말하는 쪽이기보다는 주로 듣는 쪽이었지요.

앨런 클레멘츠: 여사께서 이때가 바로 국민의 민주화 투쟁에 뛰어들 순간 이구나 하고 깨달은 어떤 계시의 순간은 없었습니까?

아웅 산 수 지: 아니오. 그런 순간은 기억나지 않아요. 그보다는 좀 더 점진 적이었어요.

앨런 클레멘츠: 그렇다면 투병 중인 어머니와 함께 있기 위해 버마에 돌아 왔을 때는 정치에 뛰어들게 될 것 같은 생각은 전혀 없으셨나요?

아웅 산 수 지: 심지어는 민주화 투쟁이 그런 식으로 일어나게 되리라는 생각조차 하지 못했어요. 아무도 생각하지 못했을 거예요. 1987년 무렵 에는 국민이 극도로 불행해져서 들썩거리고 있었기 때문에 나도 버마의 사태가 변화하리라는 건 잘 알고 있었어요. 사람들도 상황에 대해 좀 더 노골적으로 이야기를 했고 공개적으로 불만을 토로했지요. 그러고는 내 가 1988년 3월 말 버마로 오기 전에 이미 학생 관련 문제가 시작되었어 요. 3월 13일에 멍펑모(Maung Phong Maw: 당시 랭군 공업학교 학생)가 살해당한 거예요. 나도 도착해서야 그 일이 일어난 걸 알았지요. 이로 인해 나 역 시 남들과 마찬가지로 버마가 잠잠하게 있지만은 않으리라는 사실을 알 게 된 거예요. 하지만 민주화 시위가 그처럼 대대적으로 일어나리라고 는 남들보다 더 잘 안 건 아닌 것 같아요.

앨런 클레멘츠: 해외에서 사시는 동안 버마 국민이 어떤 상황 아래서 살고 있는지 잘 알게 되었을 때, 이들을 위해 무엇인가를 하고 싶어도 어떻게 해야 할지를 몰라 계속 고뇌를 느끼셨습니까?

아웅 산 수 지: 아니오, 그렇지는 않았습니다. 물론 나도 그 상황을 좋아하

지야 않았지요. 랭균을 방문하는 동안 어떨 때는 어머니와 서너 달씩 시간을 보내곤 했는데, 친구들이 방문하면 항상 대화가 어쩔 수 없이 나라의 상황 쪽으로 흘러갔습니다.

앨런 클레멘츠: 나라의 위기를 성찰하던 그 시기를 되돌아볼 때, 정치적인 변화의 빛을 상상할 수 있으셨나요? 30년이 넘는 세월 동안 바위처럼 단단한 독재자가 버티고 있었는데 말이지요.

아웅 산 수 지: 그 세월을 통틀어 언제나 나는 버마 국민의 다수가 상황에 점점 더 불만을 느끼고 있다는 사실을 아주 잘 인지했어요. 그래서 많은 사람들이 변화가 일어나야 한다는 걸 믿고 있었지요.

앨런 클레멘츠: 여사께서는 언제 어떻게 그런 변화가 일어날지를 알고 계셨습니까?

아웅 산 수 지: 아니오.

앨런 클레멘츠: 일단 시위가 시작되었을 때, 국민은 그토록 폭력적인 군대의 진압에 대비했나요? 그 부분을 예상한 사람이 있었습니까? 제가 생각하기로는, 네윈이 무력으로 시위를 진압하여 해산시키는 부문에서 일가견이 있는 것 같던데요.

아웅 산 수 지: 이미 두 명의 학생이 총에 맞아 죽은 사건이 있었습니다. 그러기에 전혀 예상하지 못했다고는 생각하지 않습니다.

앨런 클레멘츠: 여사께서는 그 시위에 참여하셨습니까?

아웅 산 수 지: 아니오.

앨런 클레멘츠: 정책 때문에 못하셨습니까?

아웅 산 수 지: 아니오. 시위가 벌어졌을 때는 병원에서 계속 어머니를 돌보고 있었다는 것이 부분적인 이유이기는 합니다만, 그렇지 않았더라도 시위에 참여했을 것으로 생각하지 않습니다. 왜냐고 물으신다면, 나는 단지 대체로 시위에 참여하는 걸 좋아하지 않는 부류의 인간이기 때문에 그렇다는 대답밖에 드릴 수 없군요. 설령 그럴 필요를 느꼈다고 하더라도 아마 참여하지는 않았을 거예요.

앨런 클레멘츠: 하지만 여사께서는 시위를 조직하고 이끈 학생들의 비전과 용기 그리고 결단에 대해 분명코 높이 평가하시지 않았습니까?

아웅 산 수 지: 아, 맞아요. 그런 일을 한 사람들을 존경합니다. 나는 그들이 하던 일에서 완전히 뒤로 물러나 있었지요.

앨런 클레멘츠: 시위에 가담하지는 않았더라도, 여사께서는 어떤 식으로든지 그들의 조직과 결부되어 있지 않으셨나요?

아웅 산 수 지: 아니오. 나는 그저 그들을 지지한 침묵하는 다수 가운데 한 사람일 뿐이었어요.

앨런 클레멘츠: 그러면 언제부터 여사의 집이 민주화 투쟁을 엮는 중심 본부가 되었습니까?

아웅 산 수 지: 훨씬 나중의 일이에요. 8월 중순을 넘어서야 그리 되었습니다.

앨런 클레멘츠: 여사께서는 1988년 8월 슈웨다공 사원에서 첫 번째 대중 연설을 하시면서 정치에 입문하겠다고 공표하셨습니다. 그 자리에는 50만 명이 운집했다고 들었습니다. 여사를 보러 온 그토록 많은 지지자로 인해 독재에서 민주주의로 이행하는 것이 얼마 남지 않았다는 생각이 드시던가요? 아니면 오래 끄는 투쟁이 될 거라고 예측하셨나요?

아웅 산 수 지: 그 당시로서는 어느 누구도 그게 얼마나 길게 갈지 몰랐던 것 같아요. 사실 많은 사람은 생각보다 빨리 올 것 같다고, 민주주의가 확립되기까지는 고작 몇 달밖에 걸리지 않을 거라고 예상했어요.

앨런 클레멘츠: 1988년 9월 18일에 SLORC가 정권을 장악하게 될 것을 미리 알고 계셨습니까?

아웅 산 수 지: 군부의 쿠데타 계획에 관해 소문들이 무성하게 떠돌고는 있었지요.

앨런 클레멘츠: 그것이 비폭력 투쟁에 접근하는 최선의 길이 무엇인가에 관한 여사의 사고방식을 바꾸지는 않았나요? 그리고 혹시 쿠데타를 예측하시면서 어떤 대비라도 하신 게 있습니까?

아웅 산 수 지: 우리가 무슨 대비를 할 수 있었겠어요? 우리는 다만 민주주의를 위해 더 응집력 있는 세력을 만들고 있었을 뿐이에요. 지금까지 계속하고 있는 일도 그것입니다.

앨런 클레멘츠: 1989년 7월 19일에 여사께서는 바로 다음 날인 '순교자의 날(Martyr's Day)'에 하기로 되어 있던 행진을 취소하시면서 "우리는 국민을 킬링필드로 곧장 몰고 가고 싶지 않다."는 뜻을 표명하셨습니다. 그날, 그러니까 여사께서 체포되시기 전날이자 부친의 추도일이었던 그날을 돌이켜볼 때 무슨 생각이 떠오르시나요? 지금은 그때로부터 거의 7년이 지났고 여사께서 자유의 몸이 되신지도 벌써 수개월이 지났는데 어떤 느낌이 드십니까?

아웅 산 수 지: 글쎄요, 그건 쉬운 결정이 아니었어요. 나 자신은 피해를 입지 않을 테지만…… 다른 사람들은 피해를 입으리라는 걸 알았거든요. 그대로 밀고 나가는 건 무책임한 일이었지요. 만약 다른 사람들은 피해를 입는데 나만 온전히 남게 된다면 그 죄책감 때문에 아마 살 수 없었을 거예요.

앨런 클레멘츠: 그 당시에 어느 날이든지 체포될 수 있다는 걸 아셨습니까?

아웅 산 수 지: 7월 19일 이후에 체포될 거라는 소리를 들은 적이 있습니다.

앨런 클레멘츠: 어떻게 듣게 되셨습니까?

아웅 산 수 지: 그냥 소문이지요, 무성한 소문들.

앨런 클레멘츠: 여사께서 체포되시던 날에 무슨 일이 있었는지를 여쭤어 봐도 될까요?

아웅 산 수 지: 음, 그때 일어난 일을 순서대로 정확히 더듬어보면, …… 그

러니까 내 기억으로는 아침에, …… 내 사촌 중의 하나가 어느 시섬엔가 들어와서 사방에 군인들이 깔려 있다고, 무슨 좋지 않은 일이 일어날 것 같다고 이야기했어요. 그 뒤에 우띤우 삼촌의 아들이 급히 와서는 아버지가 아침에 산책을 나가려다가 집 구내를 떠나지 못하도록 연금당했다고 전해주었지요. 그는 우리가 다 체포될 것 같은 생각이 들었나봐요. 우리도 그게 당연하다고 여겼고요.

앨런 클레멘츠: 그렇게 힘든 순간에 감정적으로는 어떤 느낌이 드셨는지요?

아웅 산 수 지: 감정적으로 어땠는지는 잘 모르겠어요. 나는 그냥 감옥에 들어갈 때 가져갈 물건들을 가방에 챙겼지요. 왜냐하면 우리가 다 인센 교도소에 수감될 거라고 생각했거든요.

앨런 클레멘츠: 부군께서도 그때 함께 계셨습니까?

아웅 산 수 지: 아니오. 킴과 알렉산더만 있었어요.

앨런 클레멘츠: 아드님들이 모종의 충격이나 공황상태에 빠지지는 않았나요?

아웅 산 수 지: 아니오, 전혀 그렇지 않았어요. 나는 아이들에게 마이클(남편)이 며칠 이내에 도착하기로 되어 있다고 설명했어요. 혹시 만약 아버지가 며칠 안에 오지 못한다면, 비자를 받지 못했다든지 그런 문제 때문이니 염려하지 말라고, 너희들이 영국으로 돌아갈 수 있도록 수속을 밟을 거라고 말해주었지요. 그리고 친척들에게도 만약에 마이클의 입국이 허가되지 않으면, 아이들이 돌아갈 수 있도록 조치를 취해야 한다고 일러

두었고요. 그게 전부예요. 아이들은 잘 이해해주었습니다.

앨런 클레멘츠: 여사께서는 일단 인센 감옥에 수감되지 않고 가택연금에 처해질 게 확실시되자 단식투쟁에 돌입하셨습니다. 필요하다면 끝까지 가볼 참이셨습니까?

아웅 산 수 지: 나는 절대로 이렇게 하겠다 저렇게 하겠다 말하지 않아요. 그게 내가 절대 하지 않는 일 중의 하나인데, 왜냐하면 정치에서는 유연해야 한다는 걸 알기 때문이에요. 그러니 나는 죽을 때까지 단식투쟁을 벌이겠다고 말하는 그런 류의 사람이 아닌 거지요. 그건 제로섬(한쪽이 득을 보면, 다른 쪽이 반드시 손해를 보게 되어 있는 상태. 그리하여 득과 실의 합계가 결국 제로인 경우를 일컫는다. - 옮긴이) 식의 해결을 보려는 시도라고 생각해요.

앨런 클레멘츠: 매우 분명한 목적을 염두에 두고서 단식투쟁을 하셨을 텐데요.

아웅 산 수 지: 음, 특정한 결말을 염두에 두고서 말씀하시는 것 같네요.

앨런 클레멘츠: 여사님을 보살펴준 사람이 있었나요?

아웅 산 수 지: 우리 아들들이 곁에 있었지요. 그리고 마이클도 며칠 뒤에 도착했고요.

앨런 클레멘츠: 자기 아내 또는 어머니가 단식투쟁하는 걸 지켜보는 일은 상당히 극적인 사건임에 틀림없었을 텐데……

아웅 산 수 지: 아시다시피 우리 가족은 멜로드라마를 별로 좋아하지 않아요. 현실적인 측면을 생각하는 편이지요. 나도 멜로드라마를 권장하지 않아요. 오히려 싫어합니다.

앨런 클레멘츠: 그런 면에서 볼 때 여사님은 너무 이성적이십니다…….

아웅 산 수 지: 멜로드라마가 단지 너무 유치하다고 생각하는 것뿐이에요. 사람은 좀 냉정하고 침착하게 삶을 꾸려야 하잖아요?

앨런 클레멘츠: 멜로드라마를 배제하고 깔끔하게 순수한 감정을 갖는 건 어떻습니까?

아웅 산 수 지: 감정에 사로잡힐 일이 하나도 없어요. 감정적이 된다는 게 이로울 건 또 뭐가 있겠어요? 에너지만 더 낭비할 뿐이지요.

앨런 클레멘츠: 단식투쟁은 얼마나 하셨습니까?

아웅 산 수 지: 11일이요.

앨런 클레멘츠: 단식투쟁을 끝내도록 촉발한 것은 무엇입니까?

아웅 산 수 지: 집을 떠나 있어야 했던 청년들(NLD 청년 활동가들)과 관련하여 당국과 합의를 보았기 때문입니다.

앨런 클레멘츠: 당국이 그 합의를 존중하던가요?

아웅산수지: 네, 그들이 존중했다고 말할 만해요. 그들은 자신들이 이 청년들을 잘 대해주겠다고 말했고, 정말 그렇게 했어요. 실제로 고문하지 않았거든요. 적어도 여기서 붙들려간 청년들한테는 말이에요.

앨런 클레멘츠: 여사의 가택연금은 본질적으로 외부 세계와 모든 소통을 단절시킨 걸 의미합니까? 전화도 끊겼나요?

아웅산수지: 전화선을 끊은 게 매우 재밌었어요. 주 교환 장치 어딘가에 있을 스위치만 끄면 된다고 생각했거든요. 그런데 웬걸요, 그들이 와서는 가위로 전화선을 잘라 가지고 가버렸어요. 그게 어찌나 우습던지…….(웃음)

앨런 클레멘츠: 가택연금은 전형적인 희생입니다. 물론 여사께서 그걸 희생으로 보신다면 말입니다. 한쪽에는 가족이 있었고, 다른 쪽에는 원칙이 있었습니다. SLORC는 여사께서 해외로 망명한다는 조건 하에 나라를 떠날 자유를 제공했지요. 그러나 여사께서는 자유를 위한 투쟁을 더 전개하시기 위해 버마에 남겠다는 확고한 신념을 표명하셨습니다.

아웅산수지: 엄마로서는 자식을 포기하는 것이 아주 큰 희생이었지요. 하지만 다른 분들이 나보다 더 많은 걸 희생했다는 사실을 항상 인식하고 있습니다. 나는 결코 감옥에 갇힌 동료들이 신체적으로 고통당할 뿐만 아니라 정신적으로도 밖에서, 곧 권위주의적인 지배 아래 있는 버마라는 거대한 감옥에서 안전을 누리지 못하고 사는 가족들로 인해 고통받는다는 사실을 잊은 적이 없어요. 감옥에 갇힌 사람들은 자신의 가족들이 전혀 안전하지 못하다는 걸 잘 알지요. 당국은 언제라도 가족들에 대해 조치를 취할 수 있으니까요. 그분들의 희생이 내가 한 희생보다 훨

씬 더 크기 때문에 내 경험을 희생이라고 생각할 수도 없습니다. 오히려 그건 선택이라고 생각합니다. 내가 좋아서 한 선택은 아니지만, 추호의 거리낌이나 주저함 없이 선택한 것은 분명해요. 내 경우에는 아이들의 삶을 송두리째 잃은 건 아니었지요. 아이들과 함께 산 시간도 상당히 많습니다.

앨런 클레멘츠: 가족이 여사를 지지하시는 편입니까?

아웅 산 수 지: 우리 가족의 지지가 큰 도움이 됩니다. 또 내가 실제로 가족으로부터 완전히 단절되었던 것도 아니고요. 물론 우리는 함께 살지 않아요. 하지만 그렇게 된 게 단번에 일어난 일은 아니지요. 내가 처음 정치에 입문했을 무렵, 어머니를 보살피기 위해 버마에 왔을 때 우리 가족도 함께 왔지요. 그러니까 내가 갑작스레 가족들을 떠났다거나 가족들이 나를 떠났다거나 하는 경우가 아니었던 거지요. 그보다는 좀 더 점진적인 변화여서 적응할 기회가 있었던 것 같아요. 가택연금을 당한 전체 기간 중 2년 4개월 동안 가족들과 아무런 연락도 하지 못했던 것을 제외하고는 갑작스런 이별은 없었던 셈이에요.

앨런 클레멘츠: 식구들이 여기로 이사 와서 함께 사는 문제를 생각해보셨습니까?

아웅 산 수 지: 아니오, 한 번도 생각해보지 않았어요. 당국이 각별히 그들의 삶을 행복하게 만들고 싶어 열성을 부린다고 생각하지 않기 때문에 나 역시 가족에게 권장하지 않아요.

앨런 클레멘츠: 식구들과 계속 연락은 하실 수 있으십니까?

아웅 산 수 지: 네, 일주일에 한 번씩 전화가 와요. 또 자기들이 쓰고 싶을 때는 언제든지 편지도 써 보내고요.

앨런 클레멘츠: 수 여사님, 허락하신다면 사적인 질문을 좀 드리고 싶은데요. 여사께서 겪으신 모든 일이 결혼생활에는 어떤 영향을 미쳤는지요?

아웅 산 수 지: 우리 가족 구성원들과의 사적인 관계에 대해서는 말하지 않겠습니다. 나는 사생활이 보호되어야 한다고 믿는 사람입니다.

앨런 클레멘츠: 충분히 존중합니다. 그렇다면 사생활의 권리가 필요하다고 하는 배후에 깔린 기본적인 생각은 무엇인지 밝혀주실 수 있을까요?

아웅 산 수 지: 나는 인간에게는 자기 나름의 선택을 할 권리와 자신만의 사생활을 누릴 권리가 있다고 믿어요. 자기 사생활이 얼마만큼 드러나길 원하느냐는 각자가 결정할 일이에요. 선택의 자유인 거지요. 자기 사생활에 대해 이야기하기를 좋아하는 사람들이 있습니다. 진심으로 좋아해요. 그런 사람들에 대해서는 할 이야기가 없어요. 내 방식은 아니지만, 그것도 물론 그들의 선택이니까요.

앨런 클레멘츠: 그러면 어디까지가 공적인 것이고 어디까지가 사적인 것인지를 가르는 기준은 무엇입니까?

아웅 산 수 지: 내 경우에는 정치적인 활동과 관계되지 않는 부분이 사적인 거예요. 그리고 나는 오로지 공적인 부분에 관련된 것만 이야기합니다. 앞서 말했듯이 개인의 사생활은 자신의 것이든 남의 것이든 존중되어야 합니다. 우리 동료들도 그렇게 생각하리라고 믿어요. 그런 이유 때문에

우리는 누구에게도 인신공격을 하지 않습니다. 또한 사사로운 삶에 대해 언급하거나 심지어 약점도 지적하지 않지요.

앨런 클레멘츠: 늘 온전한 진실을 추구한다는 사실 때문에 일반적으로 사람들에 대해 부정적으로 말하는 걸 피하시는 건가요?

아웅 산 수 지: 개인적인 면에서 보면 그렇습니다. 하지만 물론 정치적인 행동과 관련된 사안에서는 우리도 사람들에 관해 이야기를 해야 할 때가 있습니다.

앨런 클레멘츠: 계단 입구 벽에 부친께서 하신 연설들 중 일부를 발췌하여 붙여두셨네요. 그렇게 하신 특별한 목적이라도 있으십니까?

아웅 산 수 지: 그렇게 해두면 여기에 상주하던 (SLORC) 보안원들에게 교육적 효과가 있을 것 같아서요.

앨런 클레멘츠: 그 사람들과 이야기해보신 적이 있으셨습니까? 친절하던가요?

아웅 산 수 지: 물론 이야기해봤지요. 항상 아주 예의 바르고, 몇몇은 매우 친절했어요.

앨런 클레멘츠: 우리가 이전에 나눴던 대화에서 여사님은 "나는 결코 나를 가둔 자들을 미워하라고 배운 적이 없다. 그러므로 나는 절대로 두려움을 느끼지 않는다."고 말씀하신 적이 있습니다. 여사님을 가둔 자들을 미워하도록 배우지 않았다는 깨달음은 이성적 추론을 통해서 얻게 되신

건가요? 아니면 그들의 얼굴을 똑바로 쳐다보다가 어느 날 문득 생겨난 갑작스러운 통찰인가요?

아웅 산 수 지: 그건 나의 성장 배경과 부분적으로 관련이 있는 것 같아요. 우리 어머니가 아버지를 죽인 사람들이라도 미워하면 안 된다고 가르치셨다는 얘기를 한 적이 있을 거예요. 나는 어머니가 아버지를 암살한 사람들에 대해 분노를 토로하시는 걸 한 번도 들어본 적이 없어요.

앨런 클레멘츠: 단 한 번도요?

아웅 산 수 지: 네. ……그리고 어머니는 내가 분개할 만한 말씀을 하신 적도 없고, 증오심으로 가득 차게 내버려두신 적도 없어요. 물론 나도 버마에서 정치에 발을 들여놓기 전에는 다른 사람들만큼 남을 증오할 줄 안다고 생각했지요. 하지만 나중에 깨닫고 보니, 나는 진정한 분노의 감정을 모르는 사람이더라고요. 그런 건 나를 가둔 사람들에게서나 볼 수 있는 감정이었어요.

앨런 클레멘츠: 여사님을 억류시킨 자들의 눈에서 실제로 증오심이 보이던가요?

아웅 산 수 지: 네, 진짜 증오와 악의가 엿보였어요.

앨런 클레멘츠: 그렇다면 여사님을 잡아 가둔 자들에 대한 감정은 무엇이 있었는지 여쭈어보아도 될까요?

아웅 산 수 지: 나는 그들 대부분을 인간으로서 좋아해요. 그들 안에 있는

인간적인 면모를 억지로 안 볼 수야 없지요. 그런 면모들은 좋아할 만한 점들이에요. 그렇지만 그들이 행한 일까지 좋아한다고 말하는 건 아닙니다. 내가 전혀 좋아하지 않는 수많은 일들을 그들이 저질렀고, 지금도 저지르고 있어요. 내가 무슨 천사표라도 되는 양, 그래서 절대로 화를 내지 않는 양 오해하지 마세요. 나도 화낼 줄 알아요. 그러나 그들도 인간이라는 사실을 잊지 않으려고 애씁니다. 또한 모든 인간과 마찬가지로 그들에게도 좋아할 수밖에 없는 면모들이 있다는 사실도…….

앨런 클레멘츠: 여사께서는 가택연금을 수도원 같은 삶으로 바꾸신 겁니까?

아웅 산 수 지: 나는 규칙을 아주 잘 지켜야 하고, 정해진 시간표대로 엄격히 따라야 한다는 생각에 기초해서 출발했어요. 시간을 낭비하면 안 된다고, 나 자신을 초라하게 놔두면 안 된다고 생각했지요.(웃음) 사실상 그렇게 하는 게 전혀 힘들지 않다는 걸 알았어요. 규칙적인 시간표에 맞추어 산다는 게 대단히 쉬운 일이고, 충분히 자기 시간을 채울 여유가 있다는 걸 알게 되었지요.

앨런 클레멘츠: 여사님의 일상적인 스케줄은 어땠습니까?

아웅 산 수 지: 보통 4시 30분에 일어나서 한 시간 동안 명상을 합니다. 그런 후에 약 1시간 반 정도 라디오를 듣지요. 그러고 나서는 잠자기 전에 읽던 책을 좀 보고, 운동을 합니다. 그 밖에 독서, 청소, 정리 같은 하루의 프로그램이 이어지는데, 무엇이든지 '오늘의 할 일'로 정해놓은 것들을 하지요.

앨런 클레멘츠: 가택연금이라는 힘겨운 세월 동안 어떻게 스스로를 지탱

하셨습니까?

아웅 산 수 지: 할 일이 많았어요. 감옥에 있는 것하고는 달라요. 나한테는 깨끗하고 깔끔하게 가꿔야 할 집이 있었거든요. 또 라디오를 듣거나 책을 읽을 수도 있었고요. 바느질도 할 수 있었어요. 외출을 한다든지 친구들이 찾아온다든지 하는 일들을 제외하고는, 많은 사람이 날마다 할 것으로 예상되는 평범한 일들을 모두 할 수 있었지요.

앨런 클레멘츠: 그렇다면 여사의 감금생활은 집안일이나 독서, 라디오 청취, 바느질 같은 개인적인 일들로 채워진 '거대한 침묵'이었군요?

아웅 산 수 지: 아니오, 그걸 거대한 침묵이라고는 전혀 생각하지 않았어요. 그냥 일상적인 날들인 거지요. 아시다시피 사람들은 과장하는 걸 좋아해요. 그러나 내 경우는 하나도 드라마틱하지 않았어요. 확신하건대, 집에 있다가 갑자기 붙잡혀 가서 감옥에 수감된 사람들이 훨씬 더 드라마틱한 일들이 많았겠지요. 하지만 나는 감금을 당하기 전부터 이미 살고 있던 집에서 그냥 계속 살았던 것뿐이에요.

앨런 클레멘츠: 당국이 얼마나 오랫동안 구금할 계획이었는지 알고 계셨습니까?

아웅 산 수 지: 최초의 구금 명령은 1년으로 떨어졌어요. 그러나 우리 쪽에서는 계속해서 연장시킬 걸 알고 있었어요.

앨런 클레멘츠: 가택연금이 무기한 연장되어서 어쩌면 평생 동안 계속될지 모른다는 생각도 드셨습니까?

아웅 산 수 지: 그럼요. 맨 처음 구금 기간이 연장되자 '이런 식으로 가다가는 무기한 계속 연장되겠구나.' 하는 꽤 그럴듯한 생각이 들더군요. 특히 그들이 법을 개정한 뒤에는 더더욱 그런 생각이 강했어요.

앨런 클레멘츠: 당국이 여사께서 나라를 떠난다면 석방시켜줄 수 있다는 말을 명쾌하게 한 적이 있었습니까? 가령 SLORC의 임원들 중 누구라도 정착지를 협상하러 직접 이곳에 온 적이 있었는가 하는 겁니다.

아웅 산 수 지: 아니오, 그런 식은 아니지만, 그렇게 하는 게 좋을 것 같다는 제안을 한 적이 있기는 해요. 그들은 다른 사람들한테는 "그녀가 이 나라를 떠난다는 전제 아래 석방할 수 있다."고 말했지만, 나에게는 절대 그런 식으로 말한 적이 없었어요. 그런데 그 사실이 BBC에서 방송되었기 때문에 그들도 내가 안다는 걸 알고 있었지요.

앨런 클레멘츠: 그들의 석방 제안에 마음이 끌린 적은 없으셨습니까?

아웅 산 수 지: 없어요.

앨런 클레멘츠: 그들의 제안을 받고 여사의 반응은 어땠습니까?

아웅 산 수 지: 주된 반응은 놀라움이었어요. 내가 그런 제안을 받아들일 것으로 생각했다는 게 그저 놀라울 따름이었지요. 나를 도통 모른다는 걸 말해주는 증거이기도 했고요. 이게 나한테만 해당되는 사항은 아닐 거예요. 그들은 일반적으로 사람들을 잘 알지 못해요. 자신이 가진 권력을 다른 사람들을 위협하고 억누르는 데만 사용할 줄 아는 부류들은 사람들을 정말 잘 알 기회를 갖기가 참 어려운 것 같아요. 말하자면 그들은

사람들을 깊이 알아가고 서로 사귀는 기술을 배우지 못한 거예요. 아마도 모든 인간이 겁을 먹거나 매수당할 수 있다고 생각하는 습관에 길들여졌을 테지요.

앨런 클레멘츠: 우리는 저마다 자기 안의 악마와 씨름해야 하는 어두운 순간들이 있습니다. 여사께서는 너무나 좌절한 나머지 주먹으로 벽을 치고 싶을 만큼 화가 나신 적이 있습니까?

아웅 산 수 지: 우띤우 삼촌이 4년의 강제노역을 선고받았다는 소식을 들은 날, 피아노 건반을 쾅 하고 세게 친 적이 있어요. 정말 심기가 불편했거든요. 그건 너무 부당하다는 생각이 들었어요. 진짜로 화가 난 거지요.

앨런 클레멘츠: 가택연금 중에 집중적인 명상 훈련 기간이 있으셨습니까? 이를테면 몇 주 혹은 몇 달 아니면 더 길게요.

아웅 산 수 지: 아니오, 그럴 수 없었어요. 하지만 명상을 더 잘하게 되면서, 더 많은 시간을 명상에 할애했던 적은 있었지요. 아마 명상하는 사람이라면 모두 다 똑같을 거예요. 일단 명상 그 자체의 즐거움을 발견하게 되면 명상에 더 오랜 시간을 쏟는 경향이 있어요.

앨런 클레멘츠: 여사께서 발견하신 그 즐거움이 도대체 무엇인지 여쭈어 봐도 될까요?

아웅 산 수 지: 내가 밟은 명상의 단계들은 우빤디따 선사의 책, 『바로 이번 생에』에 기술된 것을 따라간 거예요. 나도 여느 명상가와 똑같아요. 평범하지 않을 게 하나도 없어요.

앨런 클레멘츠: 여사께서는 라디오를 통해 바깥 세계와 소통하셨는데요, 주로 무엇을 청취하셨습니까?

아웅 산 수 지: 뉴스요. 주로 BBC 월드 서비스(World Service), BBC, 미국의 소리(VOA) 버마 프로그램, 버마 민주화의 소리(The Democratic Voice of Berma)를 들었어요. 또 프랑스 라디오 방송도 들었는데, 어떤 다른 이유에서라기보다는 프랑스어 실력을 유지하기 위한 목적이었지요. 가끔은 일본 라디오도 들었지만, 시간을 내서 꼬박꼬박 들은 건 아니에요. BBC 월드 서비스에 내가 듣고 싶은 다른 프로그램이 있었거든요. 그러니 일본 라디오를 듣다가도 금방 채널을 돌리는 거지요. 일본 방송이 시간을 잘못 맞춘 거예요.

앨런 클레멘츠: 여사께서 감금되어 계신 기간에 세계의 정세를 바꾼 수많은 극적인 변화와 사건들이 동시에 일어났습니다. 물론 일일이 언급하기는 너무 많겠지만, 여사께 가장 흥미로웠던 일은 무엇이었습니까?

아웅 산 수 지: 민주화 운동과 관련된 것은 무엇이든지 엄청나게 흥미로웠지요. 동유럽, 소비에트 연방, 남아프리카공화국, 필리핀, 방글라데시, 파키스탄, 라틴 아메리카 등 어디서 일어났든지 간에 정부 시스템을 민주적으로 개발한다든지 삶을 민주화하는 방식과 연관된 것이라면 무엇이든지 매우 흥미로웠습니다.

앨런 클레멘츠: 텔레비전은 갖고 계십니까?

아웅 산 수 지: 몇몇 학생에게 영어 프로그램을 보여주려고 비디오 장치와 함께 빌려온 텔레비전이 있어요. 6년 내내 내 곁을 지켰지요.(웃음)

앨런 클레멘츠: 서신 교환은 허용되었습니까?

아웅 산 수 지: 대략 첫해에는 가족들과 편지를 주고받았는데, 1990년 5월 이후로는 끊겼습니다. 그러나 그건 나의 선택에 의한 부분이 더 많습니다.

앨런 클레멘츠: 이유가 뭡니까?

아웅 산 수 지: 두 가지입니다. 하나는 그들(SLORC)이 내가 가족과 연락을 주고받도록 허용했다는 데 대해 굉장한 호의를 베푼 양 생각하는 듯이 보였기 때문입니다. 사실 그건 내 권리인데도 말이지요. 나는 어떤 호의도 전혀 받은 적이 없습니다. 그들에게서 나오는 호의라면 더더욱 받지 않지요. 또 하나, 나는 그들이 1년 이상 나를 집에 가두어둘 권리가 있다고는 전혀 생각하지 않았어요. 사실상 그들은 선거에서 승리한 모든 NLD 사람들을 체포할 권리가 전혀 없지요. 그러므로 일체의 서신 교환을 끊은 것은 내가 그들로부터 나오는 어떤 호의도 받지 않겠다는 암시이자 그들이 자행한 불의에 항의하는 일종의 저항이었습니다.

앨런 클레멘츠: 그러니까 여사께서는 당국으로부터 아무것도, 심지어 동전 한 닢도 받지 않으셨다는 건가요?

아웅 산 수 지: 그렇습니다.

앨런 클레멘츠: 그렇다면 어떻게 생활을 꾸리셨습니까?

아웅 산 수 지: 가구 중 몇 가지를 팔았어요.

앨런 클레멘츠: 어떻게 용케 파셨네요?

아웅 산 수 지: 보안원들이 대신 팔아주었어요. 아니, 실제로 팔았던 건 아니고 창고에 보관했더군요. 그들이 나에게 가구 값을 지불했는데, 석방되던 날, 가구 일체를 도로 가져왔더라고요. 그들은 도로 돌려주려고 했지만, 내가 돈을 다 갚기 전에는 받을 수 없다고 말했어요. 그래서 하는 수 없이 돈을 충분히 모을 때까지만 그것들을 맡아달라고 부탁했지요.

앨런 클레멘츠: 그러면 식사는 어떻게 하셨습니까? 누가 대신 장을 봤습니까?

아웅 산 수 지: 주중에 아침마다 오는 소녀가 있었어요. 그 아이가 장을 봤지요. 또 식사라든지 모든 걸 보살펴주었어요.

앨런 클레멘츠: 여사께서 자금이 너무 없으니까 잘 드시지 못해 머리카락이 빠지기 시작했다는 소리를 들었습니다. 몸이 너무 약해지셔서 일어나지도 못할 때가 있었다고 하던데요.

아웅 산 수 지: 네, 그런 때도 있었어요.

앨런 클레멘츠: 정말 절망적이셨겠습니다! 굶주림을 염려할 지경이라니……

아웅 산 수 지: 내 예상에는, 만약 내가 어떤 이유로 죽었다면, 그건 아마 굶주림 때문이라기보다는 허약해서 생긴 심부전 때문이었을 겁니다.

앨런 클레멘츠: 심장에 문제가 있으셨나요?

아웅 산 수 지: 아니오, 하지만 영양섭취를 제대로 못하면 그럴 가능성은 항상 있지요.

앨런 클레멘츠: 가택연금이 여사께 어떤 변화를 주었다고 생각하십니까? 어떤 점에서는 그것이 여사를 성숙시켰다고 느끼시나요?

아웅 산 수 지: 그게 나를 성숙시켰다고 말할 수도 있겠지만, 달리 보면 반드시 가택연금이 아니었어도 성숙해졌을 거예요. 가택연금을 당했든 아니든 간에 사람은 나이가 들수록 더 성숙해지기 마련이니까요.

앨런 클레멘츠: 여사께서 읽으신 책 중에 특히 좋아하시는 책이 있나요?

아웅 산 수 지: 아주 많이 좋아하는 책들이 여럿 있어요. 네루의 자서전도 즐겨 읽고요. 『오만과 편견』의 옛날 판본은 읽고 또 읽곤 하는데, 다른 이유보다는 언어의 즐거움 때문이라고나 할까요? 그 밖의 다른 책들은 순전히 일의 맥락에서 읽어요. 정치랄지 철학이랄지 그런 류들이지요.

앨런 클레멘츠: 가택연금 중에 글도 쓰셨습니까?

아웅 산 수 지: 아니오. 딱히 출판을 목적으로 하지 않는 한 글의 논점을 잡기 어렵더군요.

앨런 클레멘츠: 어떤 글들은 출판된 것으로 압니다. 「참된 피난처를 향하

여(Toward a True Refuge)」* 같은 에세이 말입니다.

아웅 산 수 지: 네, 마이클이 왔을 때 썼어요. 내가 연설문을 보내고 싶은 마음이 들거나 또는 당국을 통해 연설문이 보내질 수 있도록 조치가 취해졌을 때 썼는데, 그런 경우가 딱 두 번 있었지요. 다른 연설문들은 그냥 마이클을 통해서 보냈고요.

앨런 클레멘츠: 석방 소식은 어떻게 전해 들으셨습니까?

아웅 산 수 지: 당일 오후 4시경에 경찰청장과 두 명의 보안국 직원들이 와서 말해주었어요.

앨런 클레멘츠: 그 전에는 일체 들으신 게 없고요?

아웅 산 수 지: 음, 그들이 4시경에 올 거라는 소식을 1시에 들었지요.

앨런 클레멘츠: 그때 여사의 첫 반응은 어땠습니까?

아웅 산 수 지: 우선은 그들이 내 석방 문제로 오려나 보다 짐작했던 것 같아요. 그리고 나서 생각했지요. 내 첫 행보가 무엇이 되어야 하나…….

앨런 클레멘츠: 어떤 결심을 하셨습니까?

---

* 아웅 산 수 지 여사가 가택연금 4년째 되던 해에 '제8회 조이스 피어스(Joyce Pearce) 기념 강좌'를 위해 작성한 글로, 남편인 마이클 에어리스 박사가 1993년 5월 19일에 옥스퍼드 대학 측에 대신 전달하였다. 이 글은 1993년 옥스퍼드에서 팸플릿 형태로 출판되었으며, 이후 1995년에 펭귄 출판사에서 『두려움으로부터의 자유』라는 제목으로 개정판이 재출간되었다. ─옮긴이

아웅 산 수 지: 우지멍 삼촌과 치치 숙모더러 오시라고 해야겠다, 그렇게 결심했지요. 그 두 분과는 아주 친한 관계거든요. 물론 우지멍 삼촌은 선거를 치르는 동안 우리 당을 이끌던 NLD 지도자이기도 하셨고요.

앨런 클레멘츠: 석방 후 여사께서는 즉시 NLD 연합당에 합류하셔서 투쟁을 이어가셨습니까?

아웅 산 수 지: 물론이지요. 우지멍 삼촌더러 오시라고 부탁한 이유가 바로 그 때문인걸요. 그 일을 계속할 의사가 충분히 있으니까요.

앨런 클레멘츠: 석방되신 후에 대중 연설을 시작하신 건 얼마나 지나서인가요?

아웅 산 수 지: 바로 다음 날부터 했어요. 하지만 그때는 글자 그대로 그냥 "안녕하세요?" 하고 인사하는 정도밖에는 하지 못했어요.

앨런 클레멘츠: 가택연금을 통해 생긴 어떤 긍정적인 영향이 있다면요?

아웅 산 수 지: 글쎄요, 만약에 SLORC가 저를 가두지 않았더라면 우리의 민주화 운동이 그렇게 많은 관심을 끌지는 못했겠지요. 적으로 간주한 사람을, 심지어 그가 무기도 지니지 않았는데 탄압한다는 것은 어떻게 보아도 잘못된 일입니다. SLORC가 반대편을 다루는 방식이 너무나 잔인하고 억압적이었기 때문에 이 나라 안에서뿐만 아니라 세계의 다른 나라들에서도 오히려 우리에게 많은 동정표를 주게 된 것이 아닌가 싶어요.

폭력은 결코 정당화될 수 없습니다

앨런 클레멘츠: 저는 비폭력 운동의 지도자들 사이에 커다란 차이가 있다는 인상을 받았습니다. 비폭력의 기본 패러다임에는 두 가지 갈래가 있는 것 같습니다. 하나는 신(神)에 대한 믿음에 뿌리를 두고 있는 패러다임입니다. 이를테면 운동의 힘과 영감이 우주와 삶, 인간에 대한 유신론적 혹은 유일신론적 이해로부터 나온다고 보는 입장으로, 마틴 루터 킹, 마하트마 간디, 바츨라프 하벨 그리고 움콘토(Umkhonto: 남아프리카공화국의 줄루족 전사들이 사용하던 창을 가리키는 말로, ANC[아프리카민족회의]의 전투조직 - 옮긴이)를 설립하기 이전의 넬슨 만델라 등이 이끈 운동에서 볼 수 있습니다. 각각의 리더들은 기독교나 힌두교의 존재의 개념에 관한 신념을 갖고 있었지요.

반면에 또 다른 갈래는 '아나타(anatta: 무아)'에 대한 믿음에 뿌리를 두고 있는 패러다임입니다. 이것은 베일 너머로 어떤 영원한 신이나 실재 혹은 '형상'이 없고 오직 '공(空)' 또는 '연기(緣起)'만 있다고 보는 불교적 개념인데요. 티베트의 달라이 라마 성하가 그 한 보기라 할 것입니다. 또 다른 보기로는 베트남의 승려인 틱낫한이 있지요. 그분은 여사께서도 아시다시피 베트남 전쟁 당시 비폭력 평화운동을 이끌었고, 1986년에는 마틴 루터 킹 목사의 추천으로 노벨 평화상 후보에 오르셨지요. 그리고 물론 신실한 불자이신 여사님도 이 패러다임에 속해 계십니다.

이러한 보기들을 살펴볼 때, 유신론적 비폭력 운동들은 모두 투쟁에서 성공을 거둔 반면에, 불교도들은 정치적 변화를 가져오는 데는 별로 성공을 거두지 못한 것을 보게 됩니다. 틱낫한 스님도 자신의 저서에서 이 점을 인정하셨고, 달라이 라마도 "티베트의 시간이 다 끝나간다."고 말씀하신 바 있습니다. 그런 한편 이곳 버마에서 진행되는 여사님의 투쟁을 보면, SLORC의 탄압이 날로 강화되어감에 따라 투쟁의 결과를 예측하기 어려운 실정입니다. 제가 제시한 이런 식의 구분에 대해 여사님의 의견은 어떠십니까?

아웅 산 수 지: 하지만 베트남, 특히 남베트남에는 많은 기독교인이 있어요. 그들 중 많은 사람이 전쟁 기간 중에 주요 요직에 있었고요. 응오딘지엠(Ngo Dinh Doiem)*은 가톨릭 신자였지요. 나는 그것이 불교 운동의 실패 원인 중 하나라고 생각해요. 왜냐하면 너무나 많은 비불교인이 권력을 쥐고 있었거든요. 불교운동은 그 상황에서 결정적인 역할을 담당했던 사람들을 움직일 수 없었던 거예요.

앨런 클레멘츠: 음, 아까 드렸던 질문으로 다시 돌아와서, '아나타'를 진리로 보는 사람들과 비교하여 하느님께 영혼을 의지하는 사람들의 확신에

---

* 응오딘지엠(1901~1963)은 '베트남의 이승만'으로 불릴 정도로 미국에서 인정받은 정치가로서, 1954년 미국의 지원으로 총리가 되었다. 이후 1956년에는 국민투표로 대통령에 취임했으나, 지나친 친(親)기독교·친미(親美) 정책으로 인해 민심을 잃어 군부 쿠데타 때 살해당했다. ─옮긴이

관해 하실 말씀이 있으신지요?

아웅 산 수 지: 나는 그게 더 실천적인지 어떤지 잘 모르겠어요. 조직화된 운동은 기독교가 일하는 방식에서 필수적이지요. 교회들이 그런 식으로 잘 조직되었잖아요. 하지만 불교인들은 절을 중심으로 조직화되어 있지 않아요. 사람들이 자기 지역의 절이나 자신이 선호하는 절로 기도하러 갈 수는 있을지언정, 반드시 한 절에 국한해서 고정적으로 다니는 모양새는 아니거든요. 몇 년 동안 꾸준히 같은 교회를 다니면서 회중 사이의 교제를 발전시켜가는 기독교인들하고는 다르지요. 아마 당신 부모님도 똑같은 교회에 다녔을 거예요. 교우들과 지속적인 회합을 통해 많은 사람을 알게 되었을 거고요. 당신 역시 친구들의 부모님이 어떤 분들이시고 어느 부서에 소속되어 있는지를 알고 자랐겠지요. 내가 보기에는 이게 바로 조직화된 운동의 토대가 형성되는 방식이 아닌가 싶어요.

나는 종종 기독교에 근거한 정치운동들이 빠르고 효율적으로 도약하는 이유가 이런 요인 때문이 아닌가 생각하곤 해요. 이미 조직이 있는 거죠. 라틴 아메리카를 보세요. 독재에 항거하는 수많은 정치운동들이, 반드시 비폭력을 지향하지 않았더라도 교회에 기반을 두고 있었어요. 그리고 역시 빠르게 도약했지요. 심지어 이슬람 국가들에도 공식적으로 조직된 모스크가 있어서 매주 정기적인 모임을 가져요. 불교 국가들에는 이런 종류의 공식적인 조직이 없어요.

앨런 클레멘츠: 그렇다면 여사께서는 분명히 이러한 운동의 성공이 하느님에 대한 믿음과는 별 상관이 없다고 보시는 거군요?

아웅 산 수 지: 정기적으로 만날 수 있다는 사실이 주효했다고 보는 거지요. 인도에서도 정부가 무슬림들에게 모스크에 가지 말라고 말할 수는 없잖

아요? 만약 그렇게 하면 엄청난 반발이 일어나겠지요. 정부는 무슬림에게 모스크에 가는 것을 허용해야 합니다. 그러니 무슬림들은 적어도 일주일에 한 번은 항상 정기적으로 만날 수 있는 거예요. 반면에 불교도들은 도대체 어디서 모이나요? 만일 불교인들이 특정 사찰에서 매주 한 번씩 모임을 갖기로 한다면, 군사정보부가 즉각 어디서 모임이 열리는지 알아내려고 혈안이 될 거예요. 그러나 교회에 가는 건 막지 못하죠. 동유럽 국가들의 경우, 사람들에게 교회에 가지 못하도록 금지했다가, 일단 서방 국가들의 초점이 그들에게 쏠리고 또 그들로서도 서구의 차관이 필요해지자 더 이상 교회에 가지 말라고 할 수 없게 되었어요. 폴란드에서도 마찬가지였고요. 그 결과 교회에 기반을 둔 정치활동이 대단히 많이 일어났지요.

자, 버마의 경우는 어떤가요? 지난 6월에 우지밍 삼촌이 몇몇 연로한 친구들과 매주 목요일에 차를 마시며 좋은 대화를 나누는 정기 모임을 시작했어요. 그랬더니 무슨 일이 벌어졌나요? 그분들 모두가 군사정보부에 끌려가서 며칠 동안 억류된 채 심문당했어요. 그러니 만약 누군가가 100명 내지 200명을 절에 모아놓고 정기 모임을 갖기로 생각했다면 심각한 결과가 야기되었을 거예요. 하지만 기독교 국가들에서는 정부가 교회에 프락치를 잠입시킬 수는 있어도, 회중들이 정기적으로 만나는 것을 금할 수는 없지요. 그건 어떠한 대중운동에서든지 굉장히 유리한 플러스 요인입니다.

앨런 클레멘츠: 넬슨 만델라 대통령이 쓴 『자유를 향한 머나먼 길(Long Walk to Freedom)』이라는 제목의 자서전에 보면 이런 내용이 나옵니다. 1961년의 기록인 것 같습니다. "비폭력 투쟁을 하던 시대는 끝났다. ……우리는 폭력으로 전환하는 것 말고는 다른 선택의 여지가 없다." 비폭력에서 폭력으로 돌아서는 것의 정당성을 입증하기 위해 그는 아프리카의 오래된

격언을 인용했습니다. "맹수의 공격을 맨손으로 막을 수는 없다." 그럼에도 ANC(아프리카민족회의) 내부에서 비폭력주의는 반드시 존중되어야 할 원칙으로서, 그것이 더 이상 통하지 않는다고 해서 폐기될 전략이 아니라고 주장하는 일부의 목소리가 있었습니다. 이에 대해 만델라는 반박하기를, "나는 정확히 그 반대라고 믿는다. ……비폭력은 그것이 더 이상 통하지 않을 때 반드시 폐기되어야 할 전략이라고 말이다. ……우리 국민을 어떠한 대안도 없이 국가에 의한 무장 공격에 내맡기는 것이야말로 잘못되고 부도덕한 일이다."라고 말했습니다. 혹시 제가 옳다면, 여사께서는 비폭력주의에 입각한 정치적 행동주의를 단순히 정치적 전략이 아닌 도덕적·정신적 원칙으로 보시는 것 같은데요.

아웅 산 수 지: 아니오, 꼭 그렇지만은 않아요. 그건 정치적 전략이기도 합니다. 버마에서 이미 충분히 발생했던 군사 쿠데타는 상황을 폭력적으로 바꾸는 방법이지요. 나는 폭력을 통해 변화를 꾀하는 이러한 전통을 권장하거나 영속화하고 싶지 않아요. 왜냐하면 만일 우리가 이런 식으로 민주주의를 성취한다면, 우리는 변화가 필요할 때마다 언제든지 폭력을 써도 된다는 생각을 사람들의 머릿속에서 없애지 못할 거예요. 나는 그게 두렵습니다. 변화를 이끌어낸 바로 그 방법이 늘 우리를 위협하는 거지요. 왜냐하면 민주주의에 동의하지 않는 사람들은 항상 있기 마련이거든요. 우리가 폭력적인 수단을 통해 민주주의를 이룬다면, 민주화 운동에 줄곧 반대했던 사람들 중에 골수분자들은 아마 이렇게 생각할 거예요. "저들이 체제를 바꾼 건 폭력을 통해서였다. 우리가 저들이 행사한 폭력보다 더 우월한 수단을 강구한다면 권력을 도로 빼앗을 수 있다." 그렇게 되면 폭력의 악순환이 계속되는 거지요. 그래서 나에게는 비폭력주의가 정신적 신앙인만큼 정치적 전략이기도 한 겁니다. 폭력은 옳은 길이 아니에요. 그것은 우리가 강력한 민주주의를 수립하는 데 도움

이 되지 않습니다.

앨런 클레멘츠: 하지만 지도자로서 비폭력적인 방법이 더 이상 효과가 없다고 판단되실 때는, 말하자면 투쟁의 요점을 더 예리하게 하기 위해 전략을 바꾸실 의무가 있지 않나요? 아니면 도덕적 타당성 때문에 무슨 일이 있더라도 비폭력을 고수하는 태도를 취하시는 건가요?

아웅 산 수 지: 우리의 결정이 항상 집단적으로 내려진다는 걸 아실 텐데요.

앨런 클레멘츠: 네, 물론 압니다만…….

아웅 산 수 지: 민주적인 조직의 일원인 한, 나는 집단의 결정을 존중할 겁니다.

앨런 클레멘츠: 그러면 다른 식으로 질문을 드리겠습니다. 수 여사님, 저는 정말로 여사님의 생각을 알고 싶습니다. 여사께서 투쟁에 접근하는 방식에 있어 비폭력주의는 절대로 변경될 수 없는 불변의 도덕적·정신적 원칙입니까?

아웅 산 수 지: 우리는 폭력을 선택한 학생들이나 그 밖의 사람들에게 의절하지 않겠다는 말을 항상 해왔습니다. 그들의 목표나 우리의 목표가 똑같다는 것을 아니까요. 그들도 민주주의를 원해요. 다만 무력투쟁을 통하는 것이 최선의 길이라고 믿는 것뿐이지요. 또한 우리는 우리 모두가 원하는 것을 얻기 위한 올바른 방식들을 우리만 독점하고 있다는 식으로 말하지 않습니다. 또 그들의 안전을 보장할 수도 없고요. "우리가 하는 대로 비폭력의 방식을 따르라. 그러면 너희를 보호해주겠다."고 말

할 수 없어요. 또는 비폭력을 따르면 단 한 사람의 사상자도 없이 민주주의에 도달할 수 있다, 그런 말도 할 수 없지요. 그런 건 우리가 장담할 수 없는 약속입니다. 다만 우리는 비폭력이 장기적으로 볼 때 이 나라가 무기에 기대지 않고 변화를 가져올 수 있다는 생각을 뿌리내리는 데 정치적으로 더 낫다는 판단에서 그 길을 택했을 뿐이에요. 이것은 NLD가 초기부터 일관되게 지켜온 분명한 정책입니다. 이 부분에서는 정신적 사안에 관해 전혀 생각하지 않고 있어요. 아마 이 점에서 우리가 마하트마 간디와 다를 수도 있을 거예요. 확실하지는 않지만, 그분은 비폭력 노선을 취하지 않는 모든 운동을 비난했을 테니까요. 그러나 그분 역시 만약에 폭력과 비겁 사이에서 선택해야 한다면 폭력을 택했을 거라고 언젠가 말한 적이 있어요. 그러니 비폭력 운동의 위대한 주창자이신 간디조차 일체의 예외를 허용하지 않은 그런 분은 아니셨던 거죠.

앨런 클레멘츠: 올바른 단어 선택이 될는지는 모르겠지만, 비겁 대신에 하나의 선택으로 폭력을 사용한다고 말하기보다는 자비에서 나오는 폭력을 선택한다고 하면 어떻겠습니까? 넬슨 만델라는 이런 말을 했습니다. "정치적 무기가 별로 효과가 없게 된 곳에서 그 무기를 날카롭게 하기를 주저한다면, 지도력은 국민에게 범죄를 저지르는 것이다." 비폭력적 접근이 더 이상 효과가 없을 때는 사실상 비폭력에 집착하는 것이 국민을 향한 폭력행위가 된다는 말이 아니겠습니까?

아웅 산 수 지: 상황에 따라 다르겠지요. 그러나 나는 오늘날 버마와 같은 상황에서는 비폭력적 수단이 우리의 목적을 달성하는 데 최선의 방법이라고 생각합니다. 그렇다고 해서 폭력적인 수단을 사용하여서 '정의로운 싸움'을 하는 사람들을 그 자체로 비난하지는 않아요. 제 아버지도 그러셨거든요. 나는 그 점에 대해 아버지를 대단히 존경합니다.

앨런 클레멘츠: 그러면 여사께서는 하나의 특정한 접근에 자기 자신을 국한시키지 않고 선택지를 항상 열어두신다고 하면 정확한 이해겠습니까?

아웅 산 수 지: 우리는 모든 선택에 대해 개방적입니다. 유연성을 지니는 게 매우 중요하지요. 우리는 비폭력이 사람들을 보호할 수 있는 최상의 방법이고 장기적으로 미래에 민주주의의 안정성을 보장한다고 보기 때문에 그것을 선택했습니다. 제 아버지가 폭력에서 비폭력으로 전환하신 것도 그 때문이에요. 그분은 이 나라의 미래를 위해서는 군사적 수단에 의지하기보다도 정치적 수단과 협상을 통해 민주국가를 이룩하는 것이 훨씬 더 낫다는 걸 아셨어요. 넬슨 만델라의 경우도 똑같아요. 비폭력이 가능케 되었을 때, 다시 비폭력으로 돌아왔지요. 물론 그 전에는 비폭력적 방법이 성공하지 못했고, 또 그게 강점보다는 약점으로 보였기 때문에 폭력을 사용하긴 했지만 말이에요. 그러나 최근에는 상황이 달라졌어요. 만델라와 남아프리카공화국 사람들이 처음 비폭력 운동을 시도했을 때만 해도, 세계가 동서 이념전쟁에 온통 빠져 있어서 인권에는 도무지 관심이 없었지요. 냉혹한 세계에서 만델라와 남아프리카공화국 사람들은 강한 충격을 던지고 자신들의 입장을 밀고 나갈 수단이 필요하다고 느꼈을 거예요. 하지만 이 시대에는 비폭력적 정치 수단을 활용해서도 충분히 우리의 목표를 달성할 수 있습니다. 만약에 우리에게 선택권이 있는데, 폭력이나 비폭력이나 성공 확률이 똑같다면, 분명히 비폭력적 방식을 선택해야 한다고 생각해요. 왜냐하면 그래야 사람들이 덜 다치니까요.

앨런 클레멘츠: 저는 폭력과 비폭력이 그렇게 뚜렷이 구분되는 영역이라고 생각하지 않습니다. 물론 사람들은 종종 그 둘을 흑백논리로 가르지만 말입니다. 그런데 비폭력주의 철학이 동기가 되어 군대를 갖는다는

게 가능한 일이겠습니까? 혹은 그건 완전히 의미상 서로 모순일까요? 혹시 여사께서 전투원이고, 그리하여 필요시 폭력을 사용한다 하더라도, 철학적으로는 비폭력 행동주의자의 마음 상태를 지닐 수 있을까요?

아웅 산 수 지: 폭력의 의미가 무엇인지를 규정해야 합니다. 만일 우리가 폭력을 남에게 고통을 주는 행위로 정의한다면, 그러한 정의는 너무나 광범위해서 우리 중 아무도 진정한 비폭력을 실천할 수 없을 거예요. 이를테면 아무리 누군가를 도와주려는 선한 의도에서 진실을 말했다고 해도, 그 사람은 그걸 고통으로 받아들일 수 있으니까요. 그런 점에서 순수한 비폭력에 대해 말한다는 건 아주 어려운 일이지요.

　일반적으로 오늘날 우리가 이해하는 폭력의 의미는 물리적 폭력을 말합니다. 우리의 생각과 감정과 말이 신체적 행동으로 옮겨지지 않는 한, 사람들은 대체로 그러한 표현 방식을 비폭력으로 받아들일 테지요. 그런 건 물론 실천에 옮길 수 있다고 생각합니다. 실제로 우리는 다른 사람에게 신체적 고통을 야기하는 행위를 하지 않을 수 있어요. 헌데 이렇게 말하면 정신적 고통이 신체적 고통보다 더 나쁘다고 말할 사람들도 당연히 있겠지요…….

앨런 클레멘츠: 네, 부처님도 그리 말씀하신 것으로 압니다.

아웅 산 수 지: 그러니까 당신은 신체적 행동으로 누군가에게 고통을 가하는 것이 말이나 행동으로 정신적 고통을 주는 것보다 실제로 더 나쁜지 어떤지에 관해 논쟁을 하고 싶으신 거군요?

앨런 클레멘츠: 서구 나라들에서는 많은 사람이 군대를 폭력적인 공격기구로 보기가 쉽다고 생각합니다. 군대를 '아힘사(*ahimsa*: 비폭력)'의 반대로

설정함으로써 우리 자신을 그것과 양극화시키는 거지요. 그런데 무기를 '정당하게' 사용하는 사람들과 또 어떠한 상황 아래서도 절대로 폭력적인 수단을 사용하지 않는 사람들이 그렇게 칼같이 구분되지 않을 수도 있는지 궁금하군요.

아웅 산 수 지: 일본에 저항하던 시기의 버마를 예로 들어보지요. 그 시절의 버마 군대는 국민으로부터 나왔고 국민의 일부였어요. 그리고 일본에 저항하던 시절에는 확실히 국민이 군대를 '우리'라고 생각했지 '그들'이라고 생각하지 않았고요. 우리 모두가 하나였어요. 심지어 독립 후에도 버마가 민주국가이던 때까지는 군대와 시민 사이에 그런 경계가 없었어요. 그랬던 것이 군부가 권력을 잡고 엘리트로 행세하게 되면서 '그들'과 '우리'라고 하는 증후군이 생긴 겁니다. 특권을 누리는 자와 아무런 특권이 없는 자로 양분된 거지요. 상황이 거기에 이르렀어요. 총과 돈과 힘을 가졌기 때문에 특권을 누리는 자와 아무것도 갖지 못해서 가난한 자로 나뉘게 된 거예요.

앨런 클레멘츠: 넬슨 만델라의 이야기를 계속하자면, 저는 로벤 섬* 감옥으로 그분을 인터뷰하러 온 〈워싱턴 포스트〉지 기자들한테서 그분이 겪은 시련을 이야기하는 대목이 특히 흥미로웠습니다. 듣자하니 그들은 만델라에게 비기독교인일 뿐만 아니라 공산주의자에다가 테러리스트라는 꼬리표를 붙이려고 애썼답니다. 마틴 루터 킹도 결코 폭력에 기대지 않았다고 주장했다더군요. 이에 대해 만델라는 자기 역시 크리스천인데, 심지어 그리스도께서도 성전에서 환전상들을 몰아내실 때 다른 대안이

---

* 로벤 섬(Robben Island)은 남아프리카공화국 남단 케이프타운의 테이블 마운틴에서 바다 건너 보이는 섬으로, 넬슨 만델라가 1964년부터 1990년까지 이 섬의 감옥에서 정치범으로 수감되어 있던 곳이다. ─옮긴이

없어서 폭력을 휘두르셨노라고, 그러나 여전히 '피스메이커(peacemaker)'
시라고 응수했다고 합니다.

아웅 산 수 지: 네. 예수님이 아마 채찍을 휘두르셨지요. 그렇지 않나요?
나는 정치에서는 교조주의적이면 안 된다고 생각해요. 교조주의는 정치
에서 가장 위험합니다.

앨런 클레멘츠: 만델라의 책에서 제가 감명받은 또 한 가지 요소는 노래의
힘입니다. 그분이 법정에서 재판받을 때, ANZ(아프리카민족회의) 지지자들이
법정을 가득 메우고는 노래하고 찬송 부르는 장면이 어찌나 감동적이던
지……. 운동 초기에 만델라를 위시한 여러 사람이 감옥에 갇혔을 때도
똑같은 장면이 연출되었답니다. 만델라는 그들 모두가 밤새 어떻게 노
래하고 찬송을 불렀는지 소상히 설명하더군요.

아웅 산 수 지: 그건 굉장히 아프리카적이네요, 그렇지요?

앨런 클레멘츠: 그렇긴 합니다만, 여사님의 주말 연설에 모인 수만의 사람
이 함께 자유의 노래를 부르는 걸 듣는다고 상상해보시면 어떨까요? 여
사의 민주화 운동 안에도 일치된 사랑의 힘과 강력한 결단을 부추기는
수단으로 그렇게 노래하고 춤추는 전통이 있으신가요?

아웅 산 수 지: 사실 우리에게는 공동체가 함께 노래하고 춤추는 전통이
없어서요. 아프리카와는 다른데…….

앨런 클레멘츠: 마틴 루터 킹이 이끈 행진에서도 노래는 그 운동에 참여한
사람들에게 활력을 주고 단결시키는 측면이 있었습니다. 또 미국이 하

노이 시(市)를 폭격하던 중에도 남녀노소 할 것 없이 수만 명의 사람이 땅속 깊이 파놓은 피신처에 숨어서 노래를 불렀지요. 저의 요점은 운동에서 음악과 노래라고 하는 요소가 운동을 머리로부터 영혼으로 옮겨놓는 힘을 발휘한다는 것입니다.

아웅 산 수 지: 음……, 1988년과 1989년에는 일부 젊은이들이 민주화 노래를 불렀고, 이게 엄청난 영감의 원천이 되었지요. 그리고 전쟁 전 독립운동 시절에도 우리 국민이 영감 넘치는 애국적인 노래들을 불렀고요. 하지만 나는 이게 함께 손을 붙잡고 노래 부르는 아프리카 전통과는 다르다고 생각해요. 꼭 정치적인 노래가 아니더라도 공동체적 표현의 양식으로서 함께 노래를 부르는 것은 버마식 전통이 아니지요. 버마의 일부 소수민족들은 또 다를 수 있어요. 우리는 특히 카렌족이 훌륭한 가수들이라고 늘 생각해왔어요. 그들 가운데 이렇게 노래하고 춤추는 공동체가 더 없는지 궁금하네요.

앨런 클레멘츠: 여사와 여사의 동료들이 주말에 대중에게 이야기하는 것을 보면서, 노래하는 것에 비유될만한 표현이 바로 유머 사용이라는 생각이 들었습니다. 사람들이 계속 웃더군요.

아웅 산 수 지: 맞아요. 어쩌면 그게 버마 사람들의 특징일지 몰라요. 버마인들은 유머감각이 있고 알아듣는 것도 빠르지요. 지난달에는 우리 집에서 연기를 펼친 코미디언들이 연기가 끝나자마자 곧장 붙잡혀 갔어요. 그들의 농담은 실제로 엄밀한 의미에서 SLORC를 공격한 것도 아니에요. 그러나 모든 사람들이 정확하게 그 농담의 의미를 알아차렸지요.

앨런 클레멘츠: 저는 여사께서 동료들과 함께 웃는 모습을 노상 봅니다. 동

료들 모두가 저더러 여사님이 얼마나 재미있는 분인지 아냐고 하던데요…….

아웅 산 수 지: 나도 항상 유머감각을 놓치지 않고 있다는 걸 인정해야겠군요. 매사에 우스꽝스러운 면을 보려고 하는 게 큰 도움이 되지요. 그래야 내가 겪고 있는 상황에 대해서도 웃을 수 있으니까요. 아시다시피 내가 처한 상황은 어떤 사람들에게는 좀 불편하게 생각될 수도 있어요. 물론 내가 거만하게 굴면 사람들이 불쾌하게 여기는 건 당연하겠지요. 하지만 나는 동료들이 너무 재미있다고 생각해요. 전에도 말씀드렸다시피 우리는 한번도 (NLD 집행위원들과) 웃음이 없었던 그런 모임을 가져본 적이 없어요. 확실히 우리가 행복한 상황에 있는 건 아니지요. 그러나 상황의 심각성마저도 우리의 농담거리가 되는걸요. 사실 많은 버마인이 그것에 관해 농담을 해요. 강제노동이라든가 감옥에 관해서도 농담을 하지요. 이런 게 바로 버마 문화의 일부예요.

앨런 클레멘츠: 네, 저도 알 것 같습니다. 엊그제 몇몇 사람이 우윈텡(U Win Htein: 아웅 산 수 지 여사의 수석 보좌관)을 만나러 가서, 군사정보부가 그에게 27시간이나 쉬지 않고 똑같은 질문을 반복하며 심문하더라는 이야기를 들었습니다. 그렇게 심각한 이야기를 풀어내고 있는데, 모든 사람들이 SLORC의 터무니없는 행동에 대해 웃기 시작하는 거예요. 눈물이 나올 때까지요. 그도 자신이 당한 고통에는 크게 아랑곳하지 않았습니다. 그저 "아, 불쾌했어요." 정도로만 이야기한 게 전부였어요.

아웅 산 수 지: 사실 그래요, 그들(SLORC)이 말하는 방식이 그렇습니다. 그들의 질문과 관점은 우리가 보기에 너무 우스꽝스러워요. 왜냐하면 그들은 정말 특이하거든요. 현실을 몰라도 너무 몰라요. 그들이 생각하는

것은 실제로 일어나는 일과 너무 달라서, 그게 우스꽝스러운 거죠.

앨런 클레멘츠: 어떤 사람이 바츨라프 하벨에게 고통과 우스꽝스러움의 관계에 관해 질문을 했더니, 대답이 이랬답니다. "만약 사람이 자신이 당면한 문제의 심각성과 관련하여 얼굴 표정에서도 극적인 심각성을 강도 높게 나타내도록 요구를 받는다면, 보자마자 겁에 질려서 석고상이 되고 말 것이다……."

아웅 산 수 지: 맞아요. 내가 생각하기에는 유머감각을 가지려면 상황을 어느 정도 객관적으로 보는 게 필요해요. 그래야 건강하게 살 수 있어요. 사태를 전체적으로 보게 되면 항상 유머러스한 쪽을 볼 수 있거든요. 어떤 사람에게는 너무나 심각한 상황인데도, 그 상황에 대해 웃을 수 있는 비결이 바로 거기에 있어요. 우 윈 텡과 함께 있던 사람들이 그가 심문받은 이야기를 했을 때 웃었다고 했지요? 그 상황을 전체적으로 보면 정말 우스꽝스러우니까요. 하지만 한쪽에서만 보면, 어떤 사람들에게는 극도로 화가 나거나 굴욕감을 느끼게 하거나 심지어 무섭게 만들 수도 있는 상황이었지요.

앨런 클레멘츠: 수 여사님, 간단한 질문입니다. 여사께 사랑의 의미는 무엇입니까?

아웅 산 수 지: 나는 정말 사랑을 추상적으로 생각하지 않아요. 내가 처음 '메타(자비)'를 생각하게 된 것은 우리의 민주화 운동 안에서, 특별히 동료들과 나 자신 사이에 그걸 느꼈을 때예요. 우리는 가족처럼 일하지요. 단순한 동료 사이가 아니에요. 서로에 대해 진심 어린 관심과 애정을 가지고 있다는 것, 그게 우리 관계의 초석이에요. 아마 어려운 조건 아래서

일해야 한다는 사실 때문에 그런 것 같아요. 그토록 심한 탄압을 받는 사람들, 언제든지 감옥에 끌려갈 수 있는 위험에 처한 사람들을 함께 결속시키기에 충분할 만큼 강한 건 '메타'밖에 없어요. 함께 일하는 시간이 길면 길수록 '메타'의 결속력도 크게 자랍니다. 거기서부터 우정과 애정의 유대가 흘러나와서 동료들의 가족들을 포함하는 데까지 확장되었어요. 거기서 더 퍼져나가면 가족의 느낌도 자라나게 되지요. 정의에 대한 사랑, 자유에 대한 사랑, 평화와 공평에 대한 사랑을 가진 모두가 한 가족이라는 느낌……

유머에 관해 좀 더 현실적인 질문으로 돌아가 볼까요? 만일 우리가 상황을 웃어넘기는 데 익숙해지면 자기 자신의 문제에 대해서도 웃을 수 있게 됩니다. 상황의 우스꽝스럽고 재미있는 면을 보는 데 숙달이 되어서, 더 이상 자신의 문제를 그토록 심각한 쪽으로만 보지 않을 수 있게 되거든요. 같은 식으로, 만일 우리가 우정과 애정을 주는 데 익숙해지면, 설령 적(敵)으로 생각하는 사람일지라도 그에게 우정과 애정을 주기가 훨씬 쉬울 겁니다.

앨런 클레멘츠: 여사께서는 어떻게 독재자에게도 애정을 느끼실 수 있나요?

아웅 산 수 지: 그냥 그렇게 되던걸요. 나는 결코 그들을 억압하거나 앙갚음하거나 그들에게 험악한 시절을 주어서 비참하게 만들거나 하는 따위를 상상해본 적이 없어요. 그런 생각들은 만족스럽지도 않을뿐더러 내가 유쾌하거나 바람직하게 여기는 이미지가 전혀 아니거든요. 내가 상상하는 것은 모든 적대감이 씻겨 없어져서 친구가 될 수 있는 그런 때가 오는 거예요.

앨런 클레멘츠: 앞서 우리는 불안이 어떻게 독재정권의 고질적인 심리가

되는지에 관해 이야기를 나눴습니다. 자기 자신의 존엄성 혹은 자존감을 불신하게 하고, 그 결과 다른 사람들도 불신하게 만드는 원인이 되지요. 이와 관련하여 저는 연약함(vulnerability)을 약점으로 보기보다는 힘으로 생각할 수 없을까에 대해 여쭙고 싶습니다. 사실상 오늘날 세계에서는 남성 지배의 오랜 역사가 끝난 뒤에 수백만의 여성들이 우리더러 깨어날 것을 요구하며, 연약함을 미덕이자 강점으로, 곧 권력을 얻는 데 장애가 되는 것이 아니라 오히려 권력을 얻게 하는 수단으로 보도록 요구하고 있습니다. 이 문제에 관해 어떻게 생각하시는지요? 좀 더 구체적으로 여쭙는다면, 참된 권력은 어디서 나온다고 보십니까?

아웅 산 수 지: 바츨라프 하벨이 말한 대로, '무력한 자들의 힘(power of the powerless)'에서 나옵니다. 힘은 안에서 솟아나는 거예요. 자기가 하는 일에 확신이 있고, 자기가 하는 일이 옳다는 믿음으로 살아간다면 그 자체가 힘이 됩니다. 사람이 뭔가를 이루려고 애쓸 때는 이 힘이 중요한 거예요. 그러나 자기가 하는 일에 믿음이 없으면 그 사람이 하는 행동도 신뢰를 잃기 마련이지요. 얼마나 열심히 하든지 간에 모순되는 점들만 드러날 거예요.

앨런 클레멘츠: 제가 말씀드린 여성에 관한 쟁점과 관련해서는 어떻습니까?

아웅 산 수 지: 물론 여성들은 의식적이든 무의식적이든 차별을 받고 있어요. 고위 관리직에 오른 여성이 별로 없다는 걸 아실 거예요. 그건 분명히 여성이 남성보다 능력이 떨어져서가 아니지요.

앨런 클레멘츠: 버마에서는 여성의 권리가 어떻습니까?

아웅 산 수 지: 사람들이 종종 똑같은 질문을 하던데, 내 대답은 항상 정직해요. "버마에서는 남성 역시 아무런 권리가 없습니다." 물론 세계 다른 나라들과 마찬가지로 버마에서도 남성은 특권적 성이라는 것을 나도 잘 압니다. 그러나 지금의 남성들은 불의와 억압에 취약해요. 그러니까 먼저 모든 인간에게 기본권을 주도록 해야 합니다. 남성들이 감옥에 끌려가는 일을 막도록 노력해야 하고요. 이 말은 여자들은 감옥에 끌려가지 않는다는 뜻이 아니에요. 다만 남성 정치범들의 수가 여성보다는 백 배 천 배 더 많을 거라는 말이지요. 그렇기 때문에 지금으로서는 버마의 여성들이 마치 남성들도 똑같이 참여하는 운동에서 동떨어져 있는 것처럼 생각하기가 매우 어렵다고 봅니다. 하지만 일단 우리가 민주주의를 이루고 모든 사람들이 기본적인 정치적 권리들을 향유하게 될 때도 여성권의 문제는 계속 나올 게 분명해요.

앨런 클레멘츠: 괜찮으시다면 좀 더 지구적인 차원에서 일어나고 있는 여성운동의 문제로 돌아가고 싶습니다. 여성운동의 긍정적인 조짐에 관해 말씀해주시겠습니까?

아웅 산 수 지: 여성운동 덕분에 여성들이 직업 영역에서 더 많은 평등을 획득하고 더 책임 있는 위치에 오를 수 있었다는 데는 의심의 여지가 없지요. 여성 문제에도 더 많은 초점이 맞춰지고 있고요. 여성 관련 쟁점들이 그다지 중요하게 취급되지 않는 개발도상국에서조차 사람들이 점점 자국의 여성들을 돕기 위해 무언가를 해야 한다는 점을 각성하기 시작했어요. 적어도 육체적으로나마 여성들의 삶을 더 수월하게 만들어주어야 합니다. 단지 여자라는 이유만으로 노예처럼 부려지는 게 당연시되면 안 돼요. 많은 농촌 지역에서는 여성들이 남성들보다 더 고된 일을 많이 해야 합니다. 남성들은 혹시 호랑이나 사자가 나타나거나 침략이 일

어날 경우에 여성들을 보호한다고 말들 하지요. 하지만 그런 일이 얼마나 있겠어요?

앨런 클레멘츠: 이제는 남자들이 여성은 남성의 보호를 원한다거나 필요로 한다는 생각을 버릴 시기가 온 거네요.

아웅 산 수 지: 네, 그런 생각은 몇몇 지역의 남자들에게 활과 화살을 손질하며 수다 떨 기회를 줄 뿐이에요.

앨런 클레멘츠: 여사님은 스스로를 페미니스트라고 보십니까?

아웅 산 수 지: 아니오, 페미니스트는 못 됩니다.

앨런 클레멘츠: 여사님의 글에 보면, 이런 내용이 있습니다. "가난한 사람들에게 단순히 물질적인 원조만 제공하는 것으로는 충분치 않다. 이 무정한 세상에서 자기 자신이 무기력하다거나 능력이 없다고 보는 생각부터 바꿀 수 있도록 그들에게 충분히 힘을 실어주어야 한다." 여기서 근본적으로 '힘을 실어준다(empowerment)'는 게 무슨 뜻일까요?

아웅 산 수 지: 나는 사람들이 자기 자신의 운명을 온당히 통제할 수 있어야 한다고 생각해요. 자신에게 일어난 일을 통제할 수 있는 모종의 힘이 있다고 스스로 느껴야 하는 거지요. 그게 '힘을 실어준다'는 의미예요. 물론 궁극적으로는 아무도 자신에게 어떤 일이 일어날지 결정할 수 없어요. 관련된 변수들이 너무 많으니까요.

앨런 클레멘츠: 넬슨 만델라는 자신의 회고록에서 언급하기를, 그와 ANC

동료들이 감옥에서 여러 해 동안 이야기했던 것 중에 하나가 사람들의 마음속에서 투쟁에 대한 자각을 어떻게 유지해나갈 수 있는가 하는 문제였다고 합니다. 여사님께도 같은 걸 여쭙고 싶습니다. 여사님과 NLD 동료들은 일단 민주화 운동에 불이 붙자 꺼지지 않고 계속 타들어갔던 남아프리카공화국에서처럼, 자유에 대한 국민의 열망이 탄력을 받아 계속 번져나가도록 어떻게 애쓰고 계십니까?

아웅 산 수 지: 우리의 투쟁이 그들과 연관 있다는 사실을 끊임없이 상기 시킵니다. 우리가 사람들에게 하는 이야기가 항상 그거예요. "민주주의는 당신의 직장과 자녀 교육에 관한 것이다. 당신이 살 집과 먹을 음식에 관한 것이다. 이웃 마을에 사는 친척을 방문하기 전에 허가증을 받아야 하는지 아닌지, 내 손으로 농사지은 것을 거두어서 내가 팔고 싶은 사람에게 팔 수 있는지 없는지, 이 모두가 민주주의와 연관된다. 이 투쟁은 여러분의 일상생활에 관한 것이다." 그런 이야기를 들려줍니다. 농민들에게는 민주주의가 더 나은 투자 규칙이라고 말할 필요가 없어요. 그런 말은 전혀 의미 없는 소리이지요. 다만 민주주의는 농민이 자신이 원하는 씨를 뿌릴 권리, 수확할 준비가 되었을 때 거둘 권리, 가장 좋은 값을 쳐줄 거라고 생각되는 사람에게 팔 권리를 안전하게 지켜주는 장치라고 이야기합니다. 그게 민주주의예요. 장사하는 사람에게는 국가 기관들에 의해 보호받는 건전한 상법이 존재하는 것, 그리하여 그들이 자신의 권리를 제대로 알아서 무엇을 해도 되고 무엇을 하면 안 되는지를 가늠하는 시스템이 바로 민주주의입니다. 만약 누군가 그러한 권리들을 침해했을 때는 자신이 어떻게 보호받을 수 있는지도 아는 거지요. 학생에게 민주주의는 좋은 환경에서 평화롭게 공부할 권리를 의미합니다. 친구들과 더불어 어떤 장관의 웃기는 특징들을 이야기하면서 단지 웃었다는 이유로 감옥에 끌려가지 않아도 되는 게 민주주의예요. 친구들과 함께 자신

의 정치적 견해를 토론할 수 있는 권리, 캠퍼스 찻집에 앉아서 군사정보부가 엿듣지는 않을까 두리번거리지 않고 자신이 하고 싶은 말은 무엇이나 할 수 있는 권리가 바로 민주주의입니다.

우지밍 삼촌이 구금되셨을 때, 군사정보부의 한 직원이 그분을 심문하면서 물었대요. "왜 NLD의 일원이 되려고 작정했지?" 그분이 대답했답니다. "당신이 잘되게 하려고!" 우리의 투쟁이 무엇에 관한 것인지를 너무나도 잘 보여주는 말이지요. 모든 사람의 일상의 삶을 위하여! 물론 여기에는 군사정보부에 있는 사람들도 포함됩니다.

10

나를 굴복시킬 사람은
오직 나 자신뿐입니다

앨런 클레멘츠: 수 여사님, 여사님께 국민을 위한 투쟁으로 이끌도록 한 것
은 무엇인가요?

아웅 산 수 지: 처음 민주화 운동에 참여하기로 결정했을 때는 무엇보다도
의무감 때문이었던 부분이 많아요. 다른 한편 그 의무감은 아버지에 대
한 사랑과 밀접히 연결되어 있었지요. 또 그건 조국에 대한 사랑 곧 국민
을 향한 책임감과 구분될 수 없었고요. 하지만 시간이 흘러가면서, 투옥
되었던 다른 많은 분과 마찬가지로 우리는 자애(慈愛)의 가치를 발견했어
요. 두려움을 야기하는 적의(敵意)도 깨달았고요. 앞서 설명 드린 대로 나
는 온통 적대적인 군대에 둘러싸여 있었을 때도 결코 두려움을 느끼지
않았어요. 왜냐하면 그들에게 적의를 느낀 적이 없거든요. 이 경험으로
인해 많은 종교에 공통적으로 들어 있는 근본적인 원칙들이 있다는 걸
깨닫게 되었어요. 버마 불교인으로서 우리는 '메타(자비)'에 큰 강조점을

둡니다. 그건 성경에 나오는 "완전한 사랑은 두려움을 내쫓는다."는 말과 똑같은 개념이에요. 내가 '완전한 사랑'을 발견했다고 주장할 수는 없지만, 미워하지 않는 사람을 두려워할 필요는 없다고 생각해요. 물론 나도 경우에 따라서는 그들이 행한 일들에 대해 화가 나기도 하지요. 하지만 분노를 지나가는 감정으로 느끼는 것과 증오심 내지 적대감을 쌓아두는 것과는 아주 달라요.

앨런 클레멘츠: 잠재되어 있는 증오가 극적으로 커지면 누군가를 향해 신체적으로나 심리적으로 폭력을 행사하게 될 테지요. 버마의 감옥은 정치범들로 가득 차 있습니다. 그중 일부는, 제가 듣기로는 군 당국에 의해 정례적으로 고문을 당하고 있다고 하던데요.

아웅 산 수 지: 내가 군인을 향해 적의를 느끼지 않는다는 말을 했을 때는 나 자신이 엄청나게 덕망이 높다는 뜻으로 한 말이 아니에요. 그건 그저 내가 물려받은 유산 중 일부일 뿐이지요. 나는 군인들 또한 가족의 일원이라고, 제 아버지의 자식들이라고 생각하도록 자라났거든요. 이런 식의 감정은 어릴 때부터 주입된 것이기 때문에 쉽게 사라지지 않아요. 그렇지만 나는 너무나 심하게 학대받은 사람들이 적대적이지 않은 태도를 개발하기란 어렵다는 것도 금방 알게 되었지요.

앨런 클레멘츠: 분명코 여사께서 그리시는 민주화된 버마의 비전에는 압제자들, 곧 SLORC와의 진정한 화해가 포함되는군요. 사람이 자신의 상대방과 마주했을 때, 그를 쳐부수려는 마음보다는 우정과 이해가 이기게 하려면 무엇이 필요하다고 보십니까?

아웅 산 수 지: 자신의 자아에서부터 시작되어야 하겠지요. 그렇지 않나

요? 내면의 정신적 힘을 길러야 해요. 그 힘이 있는 사람들은 증오나 적의에 빠지지 않아요. 쉽사리 두려움을 느끼지 않거든요. 이 모든 게 서로 연결되어 있어요. 만약 누군가를 평온한 마음으로 볼 수 있다면 증오심을 극복할 수 있지요. 하지만 두려움이 있으면 평온할 수 없어요. 그런데 NLD 안에서도, 말하자면 나처럼 평범한 사람들은 완벽한 사랑과 평온함을 가지고 사람들을 바라보는 그런 수준에까지는 근처에도 가지 못했어요. 그럼에도 그 조직의 많은 사람은 정신적인 힘을 기를 기회가 주어져 있었다고 생각해요. 왜냐하면 우리는 구금 상태에서든 감옥에서든 홀로 몇 년의 세월을 보내야 했으니까요. 어찌 보면 우리를 그런 상태로 몰아넣은 사람들에게 빚을 지고 있는 셈이지요.

앨런 클레멘츠: 여사님의 운동의 중심에 놓여 있는 핵심적인 특징은 무엇입니까?

아웅 산 수 지: 내면의 힘입니다. 설령 그 일이 즉각적으로 구체적인 이득을 가져다주지는 못한다 할지라도, 우리가 하고 있는 일이 옳다는 신념에서 나오는 정신적인 끈기라고나 할까요? 정신의 힘을 떠받치는 데 유익한 무언가를 하고 있다는 사실이 중요합니다. 그건 대단히 강력한 힘이지요.

앨런 클레멘츠: 마틴 루터 킹 목사는 '거룩한 불만(divine dissatisfaction)'이라는 문구를 사용한 적이 있습니다. 그 말을 하면서 그는 사람들에게 불의에 싫증을 내고 피곤을 느끼라고, 자신들을 억압하는 인종차별제도에 '부적응자'가 되라고 독려했습니다. 여사께서도 한편으로는 진정한 화해를 말씀하시지만, 동시에 대중에게는 SLORC에 대해 불편을 느끼고 꾸준히 불만을 키우라고 요구하고 계신 게 아닌지요?

아 웅 산 수 지: 불편한 감정을 키우라는 소리가 아닙니다. 우리는 국민이 불만을 더 많이 느끼도록 하려는 게 아니에요. 우리의 주요 과제는 국민에게 상황에 대해 질문하도록 격려하는 겁니다. 모든 걸 그저 받아들이기만 해서는 안 돼요. 그냥 받아들이는 것은 평온한 것과는 다른 말이지요. 어떤 사람들은 그 둘이 나란히 간다고 생각하는 것 같아요. 하지만 전혀 그렇지 않아요. 때로는 받아들이고 싶지 않은 것을 받아들이고는, 그걸 받아들여서는 안 된다는 것까지 안다는 사실 자체가 평온한 감정과 내면의 평화를 파괴하기도 합니다. 그 둘이 자신 안에서 갈등을 일으키는 거예요.

앨런 클레멘츠: 현실만족을 극복하는 것이 주요 과제란 말씀이군요?

아 웅 산 수 지: 네, 현실만족은 아주 위험해요. 우리가 원하는 것은 사람들이 현실만족을 느끼는 데서 벗어나도록 하는 거예요. 실제로 많은 사람에게는 현실에 대한 만족감조차 아예 없어요. 그저 공포 때문에 혹은 타성에 젖어서 상황을 그냥 받아들이는 것뿐이지요. 이렇게 질문하지 않고 언제든 받아들일 준비가 되어 있는 자세는 사라져야 해요. 그건 불교적이지 않은 태도예요. 어쨌든 부처님 자신이 아무런 질문 없이 현상을 무조건 받아들이지는 않으셨으니까요.

앨런 클레멘츠: 네, 그분은 철저하게 질문하셨지요. 이것이 부처님의 가르침의 기본입니다.

아 웅 산 수 지: 전적으로 옳으신 말씀이에요. 불교에서는 성공 혹은 승리의 4요소가 있다는 걸 아실 거예요. '찬다(*chanda*: 의욕)', '시타(*citta*: 바른 자세)', '비리야(*viriya*: 노력)', '빤나(*panna*: 지혜)'가 그것이지요. 우리가 성공하기 위해

서는 이들 네 가지 특질들을 잘 키워야 합니다. 그런데 심지어 이 네 가지 단계보다 앞선 단계가 있으니, 그게 바로 질문하는 거예요. 거기서부터 진정한 의욕을 발견하게 되지요. 말하자면 '찬다'를 개발하게 되는 거예요. '찬다'는 사실 욕망이란 말이 아닌데, 당신은 뭐라고 표현하시나요?

앨런 클레멘츠: 보통은 '바람'이나 '의욕'으로 번역합니다. 모든 행동이 그것과 더불어 시작되지요. 뜻이 있는 곳에 길이 있다고나 할까요?

아웅 산 수 지: 그래요. 상황에 대해 뭔가를 하려는 의욕을 개발해야 해요. 거기서부터 바른 자세를 개발하고 지혜롭게 끈기를 가지고 나아가는 거지요. 그래야만 우리의 노력이 성공할 수 있어요. 물론 오계(伍戒)라고 하는 다섯 가지 기본적인 도덕적 계율도 우리가 제 길에서 벗어나지 않도록 하는 데 중요하지요. 이런 것들이 있어야 우리가 원하는 목표에 도달할 수 있는 겁니다. 다른 건 필요하지 않아요.

앨런 클레멘츠: 그렇다면 여사께서 하고 계신 일은 개인들에게 질문하고 분석할 용기를 키워주는 것인가요?

아웅 산 수 지: 그리고 행동할 용기도……. 나는 사람들에게 '카르마(karma: 업보)'가 실제로 작용한다는 걸 상기시킵니다. 그건 편안히 앉아만 있으라는 게 아니지요. 어떤 사람들은 카르마를 운명 내지 숙명이라고 생각해서, 자신들이 할 수 있는 일은 아무것도 없다고 말합니다. 어떤 일이 일어나는 건 과거에 자신들이 한 일 때문이라고 보는 거예요. 버마에서는 카르마가 종종 이런 식으로 해석됩니다. 그러나 카르마는 전혀 그런 뜻이 아니에요. 카르마는 활동이고 행동입니다. 우리는 우리 자신의 카르마를 매순간 창조하고 있는 거예요. 불교는 매우 역동적인 철학인데, 일부 사

람들이 불교의 그러한 측면을 잊어버린 건 아주 애석한 일입니다.

앨런 클레멘츠: 저는 버마의 불교문화에서 사람들이 자기네가 현재 당면하고 있는 고통을 이야기할 때 과거의 좋지 않았던 카르마의 쓴 열매를 따먹는다는 식으로 해석하는 걸 종종 보았습니다. 그런 사람들은 이렇게 말할 겁니다. "과거에 내가 어리석어서 지금 이런 고통을 받는 거다. 그러니 현재의 고통을 감수해야지 별 수 있겠나."

아웅 산 수 지: 그건 아무것도 하지 않는 데 대한 변명이라고 생각해요. 불교적 관점과 완전히 반대되는 태도지요. 만약에 지금 일어나고 있는 일이 이전에 일어났던 일의 결과라면, 그 때문에라도 오히려 지금 더 열심히 일해서 상황을 바꾸어야 하지 않겠어요?

앨런 클레멘츠: 만일 제가 틀린 말을 하면 바로잡아주십시오. 그런데 그런 사람들은 종종 자신의 불운한 현재 상황을 바꾸는 최선의 방도가 '쿠살라(*kusala*: 선업[善業])'를 쌓는 것이라고 하여, 이를테면 절에 시주를 한다거나 탑이나 사원을 짓는 데 헌금한다거나 그런 일을 많이 합니다. 다음 생에서는 자신의 지위를 향상시키고 싶은 마음에서 이로운 카르마를 지으려는 의도인 것 같습니다. 하지만 그런 건 분명히 그들이 당하고 있는 고통의 좀 더 직접적인 원인, 곧 SLORC를 변화시키는 것과는 아무런 상관도 없는 것 아닙니까?

아웅 산 수 지: 그런 태도가 아주 흔하지요. 어떤 일이 잘못되면 사람들은 그저 자기 자신만 위해서 뭔가를 하려는 경향이 있어요. 그러나 남을 위한 일에도 착수할 수 있어야 한다고 생각해요. 어쩌면 우리는 이 점을 좀 더 격려해야 하겠지요. 자기 자신을 위한 일도 좋지만, 남을 위해 일하는

것도 많은 가치를 얻을 수 있어야 한다는 생각 말이에요. 사실 나는 우리 버마의 불교인들이 이 점을 깨달았으면 좋겠어요.

앨런 클레멘츠: 여사님의 투쟁에서는 자립에 관한 부분이 얼마나 되고, 또 개인의 해방이 다른 사람들의 해방과 불가분하게 서로 연결되어 있다고 하는 부분이 얼마나 됩니까?

아웅 산 수 지: 우리 운동에서 내가 하는 주장은 아주 실제적이고 간단합니다. 나는 항상 이렇게 말하거든요. "나 혼자서는 할 수 없습니다. 여러분이 민주주의를 원한다면, 나에게 의존하거나 NLD에게 의존하는 것만 갖고는 소용이 없습니다. 민주주의란 국민의, 국민에 의한, 국민을 위한 정부를 의미합니다. 그러므로 민주주의를 원한다면 민주주의를 위해 일하십시오. 민주주의에 참여하십시오. 더 많이 참여할수록 더 빨리 목표가 달성됩니다."

앨런 클레멘츠: 여사께서는 일치의 힘과 그 필요성에 대해 빈번히 언급하십니다. 하지만 SLORC는 여사님을 가택연금시켰는데요. 여사께서 아직도 사람들을 조직하거나 연합하지 못한 것에 대해 혹시 좌절감을 느끼지는 않으십니까?

아웅 산 수 지: 절망스럽지 않은 까닭이, 우리가 사람들을 정말로 결속시키고 있기 때문이에요. 명확한 비율을 들 수는 없지만, 우리가 사람들을 상당히 많이 결속시킨 건 사실입니다. 우리는 조직이 없이도 용케 문제들을 처리해나가고 있어요. NLD의 중심에 있는 우리는 사실 결속력이 대단하지요. 게다가 점점 강화되고 있어요. 우리 사이에는 한 번도 문제가 발생한 적이 없습니다. 우엉슈웨와 우루인은 감옥에 가지 않았고, 우

띤우, 우윈텡, 우지멍 그리고 나는 갇혀 있었는데도 그런 사실이 우리의 단합에 아무런 영향도 미치지 않았지요. 당국은 믿기 어려운 일일 겁니다. SLORC는 우리가 철저히 단합되어 있어서 의사결정도 집단적으로 한다는 사실을 실제로 믿는 것 같지 않아요. 우리 중 하나가 다른 사람들을 지배한다고 생각하는 거지요. 내가 그들을 지배하든지 아니면 예컨대 우지멍 삼촌이나 우띤우 삼촌이 나에게 영향을 끼치든지 그런 식으로 말이에요. 하지만 실상은 전혀 그렇지 않아요. 내 생각에 그들은 군대적 시각을 가지고 있는 것 같아요. 군대에서는 지휘관이 명령을 하달하면, 모든 사람이 "네, 네, 네" 그래야 하잖아요. 아마 그들은 집단적 의사결정 같은 게 있다는 사실을 상상하지도 못할 거예요.

앨런 클레멘츠: 앞서 여사께서는 "모든 사람은 (SLORC의) 잔인한 불의에 맞서 저항해야 한다."고 말씀하셨습니다. 그 말씀을 들으니 마틴 루터 킹이 떠올랐습니다. 그는 이런 말을 했지요. "우리한테는 짓밟힌 모든 흑인을 위해, 기꺼이 짓밟힘을 당하고자 하는 1천 명의 흑인들이 더 있다. 일자리에서 쫓겨난 모든 교사를 위해, 일거리를 제공하려고 기다리는 4천 명의 교사들이 더 있다. 폭격당한 모든 흑인의 가정을 위해, 기꺼이 폭격을 당하고자 하는 5만 개의 가정이 더 있다. 우리가 원하는 비전과 미래를 위해서라면 우리는 얼마든지 기꺼이 그렇게 할 수 있다." 여사님의 국민도 저항할 준비가 되어 있습니까? 정의와 자유의 목표를 이루기 위해서라면 감옥이 꽉 차도 좋다고 말할 준비가 되어 있나요?

아웅 산 수 지: 우리 운동은 아직 그 수준까지는 도달하지 못했다고 봅니다. 미국에서 흑인들의 운동이 그렇게 될 수 있었던 이유 중의 하나는 그들이 겉보기에 모두 한편에 속했기 때문일 거예요. 반면에 우리는 이편 또는 저편에 속했다는 게 뚜렷하게 부각되지 않아요. 내 생각에는 단일민

족이나 단일종교 안에서 투쟁이 일어나는 게 항상 더 어려운 것 같아요. 자신이 추구하는 원칙이나 목표 말고는 자신을 구분 지을 게 하나도 없으니까요.

앨런 클레멘츠: 피부색이나 뭐 그런 이유보다는 원칙 때문에 격리되는 셈이군요.

아웅 산 수 지: 내가 하고 싶은 말은 이겁니다. 마틴 루터 킹이 "폭격당한 모든 흑인의 가정을 위해, 기꺼이 폭격을 당하고자 하는 5만 개의 가정이 더 있다."는 말을 했을 때, 나는 그게 정말로 자발성의 문제인지 잘 모르겠어요. 그건 어쩌면 폭격당한 가정만큼이나 자기들도 취약하다는 사실을 아는 흑인 가정이 더 있다는 뜻이 아닐까요?

앨런 클레멘츠: 제 생각에는 거기에 '자발성'도 있었다고 봅니다. 그게 투쟁의 힘이 되었어요. 역동적인 결속력을 가져다주었지요. 여사님은 킹목사가 흑인들에게 했던 것과 똑같이 여사님의 국민에게도 얼마만큼이나 역동적인 결속력의 정신을 일깨우고 계신가요? 자발적으로 불의에 저항하도록 말입니다.

아웅 산 수 지: 물론 우리 국민도 하나로 단합되기를 바라지요. 하지만 그 일은 우리가 꾸준히 해나가야 합니다. 어느 때고 끝날 작업이 아니지요. 나는 적어도 인간 세상에서는 완벽한 통합은 없다고 생각합니다. 그렇기 때문에 우리의 통합이 완벽하지 않다는 사실을 깨닫고 받아들일지언정, 그것이 나를 절망으로 몰아가지는 않아요. 다만 언제나 그것을 향해 꾸준히 일할 뿐이지요.

앨런 클레멘츠: 마틴 루터 킹의 운동을 떠받친 힘 중의 하나는, 많은 흑인이 그랬듯이 킹 목사 자신도 자신들이 비폭력 행진을 하거나 시위를 하거나 연좌농성을 하거나 불매운동을 벌일 때, 백인들이 얼마나 잔인하고 폭력적인 짓을 하더라도 결국 정의와 선의가 자신들 편이라고 굳게 믿었다는 점입니다. 킹 목사가 말했듯이 이러한 '우주적 동반(Cosmic companions)' 혹은 우주의 고유한 특질은 그들의 기독교 신앙에서 연유합니다. 그는 야만성에 부딪쳤을 때 하느님의 현존을 '아는 것'이 사람들의 단합을 유지시키는 주요 요인이었다고 말한 바 있습니다. 어둠이 얼마나 깊든지 간에 그들은 항상 온 우주가 자신들 편이라고 믿는 거지요. 그런데 이건 불교에서도 맞지 않습니까? 우주는 편애하지 않겠지만, 그럼에도 불구하고 연기법(緣起法)에 비추어보면 옳은 소리가 아닙니까?

아웅 산 수 지: 네, 맞아요. 아시다시피 불교에서도 나쁜 짓을 하면 그에 상응하는 값을 치르고, 선한 일을 하면 그에 상응하는 보상을 얻는다고 믿지요. 내 생각에는 그것 때문에 많은 불교인이 이런 생각을 하는 것 같아요. 당국이 잔인하고 불의하니까 우리는 아무 일도 할 필요가 없다, 그들은 어차피 자기 몫의 대가를 치를 것이다. ……나는 그런 생각을 받아들이지 않습니다. 그냥 가만히 앉아서 '카르마'가 모든 사람의 발목을 잡기만 바라서는 안 된다고 생각해요. 그런데 반드시 기독교인이나 불교인뿐만 아니라 세계의 모든 사람 사이에는 이런 믿음이 깔려 있는 것 같아요. 결국에는 정의가 승리한다는, 빛이 어둠을 이기고야 말 거라는 믿음 말이에요. 물론 모든 사람이 다 그렇다는 건 아니고요. 다수가 그렇게 믿는다는 뜻이에요.

앨런 클레멘츠: 결국에는 정의가 승리한다는 믿음은 좋은 것이라고 봅니다. 그런데 "빛이 어둠을 이기고야 말 것이다."고 말씀하시는, 무슨 증거라

도 있으십니까? 전 세계의 수백만의 사람에게는 오히려 그 반대가 현실에 더 가까운 것처럼 보이는데 말입니다.

아웅 산 수 지: 이러니저러니 말은 많이 해도 세상이 더 좋아진 건 확실해요. 왜냐하면 오늘날에는 아무개를 공공장소로 끌고 나가서 참수해도, 그 누구도 그에 관해 말 한마디 하지 못하는 그런 시대는 아니잖아요? 오늘날 어느 정부가 아무개를 만인이 보는 앞에서 교수형을 하거나 능지처참을 하고는 잘했다고 생각하겠어요? 인류는 덜 야만적이에요. 전반적으로 사람들이 더 문명화되었어요. 그렇다고 끔찍한 고문이 사라졌다는 말은 아니에요. 막후에서는 계속되고 있지만, 적어도 사람들이 고문은 용납될 수 없다는 걸 인식하기 시작했어요. 민주주의의 어머니라고 하는 영국 같은 나라를 예로 들어보지요. 만약 그들이 소련 스파이인 킴 필비(Kim Philby)를 잡아서 공개적으로 참수했다거나 능지처참을 했다면, 사람들이 영국에 대해 엄청난 비난을 퍼부었을 거예요. 영국 사람들인들 찬성했겠어요? 설령 그가 반역자라 해도 그런 시대는 오래전에 지나갔어요. 그러니 민주국가에서만이 아니라 구소련에서조차 인간들이 진화한 거지요. 물론 구소련은 반역자를 처형하기는 했어요. 하지만 붉은 광장으로 죄수를 끌고 가 만인이 보는 앞에서 머리를 자른 건 아니에요. 그게 진보지요. 이러한 사실들을 볼 때, 사람들이 야만적인 행동은 용납할 수 없다는 걸 이해하기 시작했다는 걸 알 수 있어요. 그런 행동은 부끄러워해야 하는 것, 우리가 반드시 제거하려고 노력해야 하는 것이라는 인식이 싹튼 거지요. 인간의 야만적인 본능을 제어하려는 운동들이 늘어났다는 사실을 부정할 수는 없어요.

앨런 클레멘츠: 그 점에 관해서 좀 더 다루고 싶은데요……

아 웅 산 수 지: 아, 그러세요!

앨런 클레멘츠: 20세기에는 앞선 그 어느 세기보다도 더 많은 전쟁과 살육이 있었습니다. 그리고 나이지리아의 작가이자 환경운동가인 켄 사로위와(Ken Saro-Wiwa)도 전 세계가 보는 앞에서 공개처형을 당했고요. 더 나아가 CNN과 BBC는 43개월 동안 '인종청소'가 자행되었던 보스니아의 악몽을 대중의 눈앞에 24시간 틀어댔습니다. 저는 여사께서 어떻게 그런 관점을 갖게 되셨는지 더 알고 싶습니다.

아 웅 산 수 지: 이런 식으로 말해보면 어떨까요? 문명의 가치가 좀 더 우세해졌다고요.

앨런 클레멘츠: 앞서 나눈 대화에서 언젠가 말씀드렸듯이, 유럽 문명의 확장은 대부분의 지역에서 원주민 말살 정책을 기반으로 이루어졌습니다. 그러한 관점에서는 문명의 가치가 과거보다 현재에 더 우세해졌다고 말할 수 있을는지 모르겠습니다만, 확실히는 잘 모르겠습니다.

아 웅 산 수 지: 버마가 왕조 시대였던 때를 예로 들어보지요. 당시에는 왕의 눈 밖에 난 사람들을 아주 잔인한 방식으로 처형했어요. 지금의 버마는 수많은 인권유린으로 비난받고 있어요. 하지만 당국이 어디 그걸 인정하던가요? 안 합니다. 오히려 "우린 그런 짓을 저지른 적이 없다."고 시치미를 뗄 거예요. 반면에 옛날 왕들이 다스리던 시절에는 부정하고 말고도 없지요. 그냥 하는 거예요. 왕의 특권이니까요. 아무도 감히 질문조차 하지 못하는 겁니다. 왕들은 심지어 이런 짓을 하지 않은 척할 필요가 있다는 생각조차 하지 않았을 거예요. 그러니 그때에 비하면 확실히 진보한 거지요.

앨런 클레멘츠: 그렇다면 여사님의 나라가 문명화되었다고 말씀하시는 건 가요?

아웅 산 수 지: 그렇습니다. 가일층 문명화되었어요. 방금 말한 것처럼, 정말로 백성의 생사여탈권을 쥔 왕들의 시대를 생각해보세요. 그렇다고 해서 현 정부가 국민의 생사여탈권을 쥐고 있지 않다는 말은 아니에요. 그러나 현 정부는 적어도 이것이 허용되는 권리가 아니라는 건 알아요. 그게 진보지요.

앨런 클레멘츠: 계산된 이중성일 수도 있는데…….

아웅 산 수 지: 그것도 진보예요. 아무리 그들이 만행을 저지른다고 해도 창피한 줄은 아니까요. 최소한 제멋대로 사람을 고문하고 죽이는 행위가 기본적으로 용납될 수 없다는 건 아는 거지요. 그래서 항상 자신들이 그런 짓을 한다는 걸 부인하는 거예요. 그게 첫 단계입니다. 자신이 한 짓이 용납될 수 없다는 걸 깨닫는 거예요. 두 번째 단계는 그게 잘못이라는 걸 아는 거고요.

앨런 클레멘츠: 여사님은 진짜 그들을 너무 많이 봐주시네요…….

아웅 산 수 지: 아니오, 나는 그들의 본성이 옛날 왕들보다 더 낫다거나 나쁘다는 말을 하려는 게 아니에요. 왕들은 복수심이나 잔인성을 누그러뜨릴 필요를 전혀 느끼지 않았지요. 자신들은 이런 감정을 마음껏 충족시킬 권리가 완벽하게 있다고 생각했으니까요. 하지만 적어도 지금의 권력 당국은 사실 자기네한테 고문하고 죽일 권리가 있다고 생각하지 않아요. 그런 짓을 할 수야 있지요. 또 실제로 하고 있고요. 그래도 했다

고 인정하지는 않아요. 만일 그들이 그런 짓에 대해 전혀 부끄러워하지 않고 완벽하게 떳떳하다면 "그래, 우리는 고문한다. 어쩔래?"라고 왜 말하지 못하는데요? 현재 SLORC의 누구라도 고문을 시인하던가요? 항상 부인만 하지요. "미얀마에서는 고문 같은 건 전혀 없다."고 말합니다. 우스꽝스러울 정도로 계속 부인하고 있어요. 최근에는 (SLORC의) 대표자가 유엔 총회에서 "미얀마에서는 일체 인권유린이 없다."고 발언했어요. 그들이 왜 그렇게 말하겠어요? 만약에 자기네가 한 일이 떳떳하다고 생각한다면 "그래, 우리는 인권유린을 한다. 그래서 어쩌라고? 뭐가 잘못이라고?" 하는 식으로 말해야 맞을 텐데 왜 그러지 못하는데요?

앨런 클레멘츠: 글쎄요, 그건 순전히 비겁한 병리학적 속임수거나 아니면 엄청 놀라운 자기기만의 표현이 아닐까요? 그것도 아니라면 그들은 그 짓이 잘못이라는 걸 알면서도, 여사님이 말씀하신 것처럼 시인하지 않는 것인지도 모르지요. 어제 SLORC의 신문에 무역부 장관의 대중 연설 한 토막이 실렸습니다. "미얀마에서 인권유린과 강제노동 등이 자행되고 있다는 비난과 관련하여, 당국은 유엔인권선언을 굳게 지키며 존중하고 있음을 알려드립니다. 아울러 우리 정부는 인권학대에 철저히 반대합니다."

아웅 산 수 지: 그러니까 왜 그렇게 말하겠냐고요? 이게 내가 하고 싶은 말인데…….

앨런 클레멘츠: 그는 계속해서 이렇게 덧붙이더군요. "그러나 이곳 동양의 인권 개념은 서양의 그것과는 다르다는 것을 명백히 말씀드리고 싶습니다."

아웅 산 수 지: 네, 하지만 그가 유엔인권회의를 충분히 존중한다고 말한

걸 보면, 자기모순에 빠져 있군요. 하기야 군부는 항상 자기모순적이라 스스로를 곤경에 빠뜨리지요.

앨런 클레멘츠: 동양의 인권 개념이 서양과 다르다는 생각의 배후에는 무엇이 있을까요?

아 웅 산 수 지: 아무것도 없어요. 단지 자신들이 인권유린을 저지르고 있다는 걸 알기 때문에 자기방어를 하는 것뿐이에요. 그게 전부예요.

앨런 클레멘츠: 아무 생각이 없는 주장이네요?

아 웅 산 수 지: 정말 아무 생각이 없어요! 예전에 한번은 SLORC의 구성원 중 한 사람이 "오, 인권을 요구하는 사람들이 다음에는 누드촌을 요구하겠군."이라고 말하더군요. 그렇게 말할 정도이면 '인권'이 도대체 무슨 뜻인지를 모른다는 게 분명하지요.

앨런 클레멘츠: 그러니까 여사님은 정말로 그들이 현실을 전혀 모른다고 생각하시나요?

아 웅 산 수 지: 흥미로운 질문입니다. 그 점에 관해서는 우리도 종종 스스로 묻곤 하지요. 요전에 내가 칼 포퍼(Karl Popper)의 말을 인용한 적이 있는데요. "악은 없다. ……단지 어리석음만 있을 뿐"이라는 그 말을 진짜 많이 음미할 필요가 있다고 봐요.

앨런 클레멘츠: SLORC의 무역부 장관은 이런 말을 하면서 연설을 마쳤습니다. "미얀마 국민은 자유와 인권 그리고 민주주의 아래서 행복하게 살

고 있으며, ……어떠한 종류의 억압으로부터도 자유롭다.” 여사님이 옳습니다. 버마는 옛날보다 오늘날이 더 문명화된 게 맞네요.

아웅 산 수 지: 그것 보세요. 너무 뻔뻔하잖아요. 그걸 뭐라고 불러야 할지 모르겠군요! 진짜 기발한 상상력이에요.

앨런 클레멘츠: 그들이 이런 보도자료를 영어로 찍는 데 적지 않은 돈을 쏟아 붓는 이유가 뭘까요? 저 말고 또 누가 미쳤다고 그런 걸 읽겠습니까?

아웅 산 수 지: 아마도 우리한테 시시때때로 웃음이 좀 필요하다고 생각하나 보지요.

앨런 클레멘츠: 그런데 모순되게도 지난주 신문에 보면 그들은 대담하게 자기네가 사실상 ‘독재 정부’임을 표명했습니다. 그 사실이 부끄러운 줄도 모르는 모양입니다.

아웅 산 수 지: 네, 그들은 세계에서 자기네가 합법적인 정부가 아님을 공식적으로 인정한 소수의 정부 중의 하나지요.

앨런 클레멘츠: NLD와 SLORC 간의 화해 문제를 다시 반추해보면, 저는 당국이 자신의 두려움에 도전하고 잘못을 인정할 용기를 갖기 위해 스스로를 깊이 성찰할 필요가 있다고 생각합니다. 왜냐하면 만일 진정한 대화와 화해의 과정으로 들어가게 되면, 그들은 분명히 사실을 날조할 수 없을 테니까요. 그들에게는 진정으로 마음의 변화가 필요할 겁니다. 그러면 처음으로 저 역시 그들에게 모종의 연민을 느끼겠지요. 그건 엄청난 도전일 테니까요…….

아웅 산 수 지: 그래요. 피해자가 자신을 괴롭힌 자를 용서하기보다는 잔인한 짓을 저지른 가해자가 피해자를 용서하는 것이 항상 더 어렵다는 글을 언젠가 읽은 적이 있어요. 처음 그 글을 읽었을 때는 이상하다 싶었는데, 생각해보니 맞는 말이더라고요. 피해자는, 말하자면 자신이 도덕적으로 높은 위치에 있기 때문에 용서가 어렵지 않아요. 하나도 부끄러울 게 없거든요. 물론 아주 나쁘게 처신했거나 비열하게 굽실거렸다면 부끄러울 수도 있겠지요. 그렇다면 자신을 괴롭힌 자를 향해서 증오심을 갖게 될지도 몰라요. 그가 자신에게 한 일 때문이 아니라, 자신이 그에게 한 일 때문에 말이에요.

내 기억에는, 감옥에 갇혔을 때 줄곧 자기 자신에게 이 말을 상기시키려고 했던 사람이 슈차란스키였던 것 같아요. "오직 나 자신 외에는 아무도 나를 굴복시킬 수 없다." 만약에 피해자가 부끄러워할 행동을 하나도 하지 않았다면 가해자를 용서하기가 어렵지 않아요. 하지만 가해자가 피해자를 용서하기란 어려운데, 왜냐하면 자신이 부끄러운 짓을 했다는 걸 알기 때문이지요. 피해자를 볼 때마다 매번 자신의 수치가 떠오를 게 아니겠어요? 이 점이 가해자에게 용서를 어렵게 만드는 거예요. 가해자를 용서하지 못하는 피해자의 경우에도 마찬가지라고 봅니다. 그러나 처신을 잘했던 피해자는 가해자를 용서하기가 비교적 쉽지요. 가해자를 볼 때마다 매번 자신의 자랑스러운 행동과 용기가 회상되면서 힘을 받게 되니까요. 그는 아마 이렇게 말할 거예요. "나는 저 사람의 고문에 맞서 고결하게 저항했다." 이런 식이 되니까 자신을 괴롭힌 자를 용서하기가 쉬운 겁니다.

앨런 클레멘츠: 실제로 이 집에서 SLORC가 여사와 마주 앉아 "수 여사, 우리 함께 문제를 풀어봅시다."라고 말하는 걸 볼 수도 있지 않겠습니까?

아웅산수지: (웃으며) 아, 정말 그러고 싶어요. 그런 일을 상상하는 건 전혀 불편하지 않아요. 어떤 사람들의 해석에 따르면 그저 희망사항일 뿐이라고 하지만, 언젠가는 일어날 일이라고 봐요. 누가 참여할지는 몰라도 꼭 일어날 거예요…….

앨런 클레멘츠: 여사께서는 그 점을 확신하십니까?

아웅산수지: 오, 물론이죠. 이 나라가 갈 길은 오직 그 길뿐인 걸요. 그들이 더 빨리 그 길로 나아갈수록, 전 국민이 당하는 '두카(*dukkha*: 고통)'도 더 줄어든다는 걸 기억하셔야 합니다. 옛 유고슬라비아를 보세요. 결국에는 그들도 서로 대화해야 했어요. 그러나 고통당한 사람들의 수를 보세요. 우리가 "모든 게 협상 테이블에서 끝난다."고 말하는 이유가 거기 있습니다. 지각이 있는 사람이라면 먼저 그 테이블로 달려갈 거예요. 반면에 지각이 없는 사람들은 총으로 달려갈 테지요.

앨런 클레멘츠: 「민주주의를 찾아서(In Quest of Democracy)」*라는 에세이에 이렇게 쓰셨더군요. "친절은 어떤 의미에서는 치유하려는 용기이다." 그 점에 대해 좀 더 설명해 주시겠습니까?

아웅산수지: 그건 엄밀한 의미에서 실제로 나 자신의 독창적인 견해가 아니라 오래전에 의사 친구와 논의했던 내용이지요. 나는 의사와 간호사에 대해 비교적 이상주의적인 견해를 갖고 있다는 이야기를 했어요. 왜

---

* 이 에세이는 아웅산수지 여사가 민주주의와 인권에 관하여 쓴 기획물의 하나로, '보초크 아웅산을 기리는 에세이들'이라는 제목을 붙여 부친에게 헌정하기를 바라며 쓴 것이다. 그러나 에세이를 기획하고서 곧바로 1989년 7월 20일에 가택연금에 처해졌기 때문에 작업을 완수하지는 못했다. 이 에세이는 『두려움으로부터의 자유』(Penguin Books, 1995년 개정판)에 포함되어 출간되었다. ─옮긴이

냐하면 제 어머니가 아주 헌신적이고 자애로운 간호사셨거든요. 어머니의 환자들 전부 어머니를 좋아했어요. 일도 잘하는데다가 아주 너그럽고 잘 돌보셨지요. 그런데 의사 친구가 말하기를, "일반적으로 의사와 간호사가 다 어머니 같을 수는 없다. 환자를 깊이 보살피는 용기를 지닌 이는 소수에 불과하다. 오히려 약간 냉정한 태도를 가진 이들이 많은데, 왜냐하면 그런 태도를 취하지 않을 경우에는 고통받고 있는 환자들을 다루기가 어렵기 때문이다."고 하는 거예요. 그는 또 이런 말도 했지요. "물론 진정으로 자애롭고 환자를 위해서 자신이 할 수 있는 모든 일을 다 하는 사람들도 더러 있다. 하지만 그런 사람들은 소수에 불과한 것이, 왜냐하면 환자에 대한 느낌에 자신을 내놓을 수 있는 용기를 지닌 사람은 그리 많지 않은 까닭이다. 본인이 아주 강하고 용감하지 않은 한, 그건 몹시 지치는 일이다."

앨런 클레멘츠: '느낌에 자신을 내놓을 수 있는 용기'라고요?

아웅 산 수 지: 네, 그건 보살핌의 용기이기도 하지요. 그런 용기를 가지려면 엄청난 자비와 강인함의 자원이 필요해요. 왜냐하면 항상 그걸 내주어야 하니까요. 많이 갖고 있지 않으면 금방 소진하고 말 거예요. 그러면 대응할 수 없게 되지요.

앨런 클레멘츠: 수 여사님, 솔직히 그런 지경이 되면 어떻게 대응하십니까?

아웅 산 수 지: 내 생각에 우리를 정말로 지탱해주는 것은, 진부한 문구를 사용하자면 우리가 옳은 편에 서 있다는 감각이에요. 그리고 우리 사이의 '메타(자비)'가 우리로 하여금 계속 이 길을 가도록 해주지요.

앨런 클레멘츠: 여사님은 스스로를 구식이라고 보십니까?

아웅 산 수 지: 음, 도덕성을 이야기한다든지 옳고 그름, 사랑과 자비를 논하면 오늘날에는 구식으로 취급받지 않나요? 그러나 어쨌든 세계는 등급니다. 모든 게 돌고 도니까, 내가 신식이 될 날도 오겠지요.

우리는 스스로를 의지해야 합니다

앨런 클레멘츠: 여사께서 그리시는 민주화된 버마의 모습은 본질적으로 어떤 것입니까?

아웅 산 수 지: 우리가 민주화된 버마의 모습을 그려볼 때는 NLD에게 막강한 권력과 특권이 주어진다는 측면에서 그리지 않아요. 국민의 고통을 덜어준다는 측면에서 보지요. 우리는 민주주의에 대해 몽상적으로 보지 않습니다. 추상적인 제도의 측면에서가 아니라 '국민의 행복과 복지에 기여할 수 있는 것이 무엇일까?'라는 측면에서 민주주의를 생각하는 겁니다. 우리는 법이 통하는 나라, 누구나 이 세상에서 안전할 수 있는 범위까지 국민이 안전하게 지낼 수 있는 나라, 국민의 시야를 넓힐 수 있도록 교육이 뒷받침되는 나라, 정신과 육체의 편안함을 이끌어내는 조건들이 조성되는 나라를 원합니다. '메타(자비)'가 우리 운동의 핵심이라고 말하는 이유가 바로 거기에 있지요. 사람들에게 안도감을 주고 싶은 겁니다.

앨런 클레멘츠: 여사의 내면에서는 비전으로서의 민주주의와 과정으로서의 민주주의 그리고 정신 상태로서의 민주주의가 어떤 방식으로 작동하나요? 이런 질문을 드리는 까닭은 어떤 목표에 대한 신념이 얼마나 자주 타협을 보게 되는지, 또는 그것을 성취하지 못하도록 방해받는지를 종종 보아왔기 때문입니다.

아웅 산 수 지: 글쎄요, 세 가지가 동시적(同時的)이어야 하겠지요. 우선 민주주의는 정신 상태여야 합니다. 우리가 민주주의를 지향하고 실천해야 한다는 뜻이에요. 그 다음에는 비전을 향하여 과정을 밟아나가야 합니다. 이 세 가지는 따로 분리할 수 없어요. 모두 나란히 가지요. 또 불교적이기도 하고요, 그렇지 않나요? 일과 행동 그리고 자력의존, 이런 것들은 상당히 불교적이에요. 이 가운데 일과 행동은 '카르마(업보)'로 요약됩니다. 자력의존도 물론 아주 불교적이고요. 우리는 '아타 히 아타노 나토 (*Atta hi attano natho*)'라는 말을 종종 하는데, 그 뜻은 "결국 믿을 데는 우리 자신밖에 없다."는 거예요.

앨런 클레멘츠: SLORC를 상대로 여사께서 대화와 화해를 촉구하실 때는, 분명히 일정 수준의 용서가 필수적일 것입니다. 그 용서는 또 어느 정도 정의와 균형을 이루어야 할 테고요. 그런데 사람이 자신을 억압한 자들을 진정으로 용서하게 만드는 핵심적인 특징은 무엇이라고 생각하십니까?

아웅 산 수 지: 내가 보기에 용서한다는 것은 기본적으로 사람을 그 행위와 구분해서 보는 능력, 곧 그가 그런 짓을 저질렀음에도 이것이 그가 구제불능이라는 뜻은 아니라고 하는 것을 인식하는 능력을 의미합니다. 그에게도 용납될 만한 측면들이 있다는 것이지요. 사람을 그의 행위와

완전히 일치시키면 용서하기가 진짜로 불가능해집니다. 예를 들어 우리가 어떤 살인자를 생각할 때 항상 살인이라는 측면에서만 보면 절대로 그를 용서할 수 없을 거예요. 하지만 그를 객관적으로 생각하면, 즉 한순간 살인을 저지른 사람으로 보면, 그래서 그가 저지른 살인이라는 행위와 별개로 그에게도 다른 측면이 있다는 것을 인정하면, 비로소 그를 용서할 수 있는 자리에 있게 됩니다.

앨런 클레멘츠: 적을 바라볼 때, 그가 저지른 잔인한 짓들을 그의 존재의 다른 측면들과 떼어서 보려면 어떤 마음가짐이 있어야 할까요?

아웅 산 수 지: 시야를 넓히는 거지요. 넓은 마음을 가진 사람이라면 살인자가 살인과 완전히 동일시되지는 않는다는 걸 알 거예요. 살인자는 살인을 저지른 사람일 뿐이지요. 살인자와 살인은 구분되어야 합니다. 물론 너무나 자주 살인을 저질러서 살인과 거의 완전히 동일시될 만한 살인자들이 있다는 것도 압니다. 하지만 그런 사람은 아주 드물어요. 그러니 궁극적으로는 문제를 두루 볼 줄 아는 능력, 시야의 폭을 넓힘으로써 문제를 전체적으로 보는 능력이 필요합니다.

앨런 클레멘츠: 여사님의 동료들이 SLORC가 여사님과 NLD와의 대화에 무관심한 것은 명백히 두려움에 기인한다는 점을 아주 확실히 말해주었습니다. 그들이 권력을 잃을까 봐 두려워하는 것은 "자신들의 담보, 곧 재산, 부, 특권, 지위를 상실하는 데" 대한 두려움으로 바꿀 수 있다고 하더군요. 여사님의 동료들은 또 말하기를 "그들은 가족들의 안전도 두려워한다."고 합니다. 여사께서는 계속해서 이 나라의 힘없는 약자들에게 불의에 맞서 일어나라고 격려하고 계시는데요. SLORC가 자신들의 두려움을 극복하려는 용기를 갖는 부분에 대한 견해는 어떠신지 궁금합니다.

아웅 산 수 지: 두려움을 극복하기 위한 첫걸음은 먼저 타인에게 연민을 보이는 것입니다. 일단 사람을 연민과 친절 그리고 이해심을 가지고 대하기 시작하면 두려움도 사라질 거예요. 아주 간단한 일이지요.

앨런 클레멘츠: 두려움의 벼랑을 건너기 위한 용기를 일깨우는 것은 무엇일까요?

아웅 산 수 지: 그건 말하기 어렵네요. 위대한 스승의 가르침에서 영감을 받는 사람들도 있을 수 있고요. 아니면 누군가가 자신에게 두려움 없이 살아간다는 게 무슨 의미인지를 보여주었기 때문에 변화된 사람들도 있을 수 있어요. 그리고 어떤 사람들의 경우에는 변화해야 한다는 결론에 도달하도록 한 것이 한 가지 경험 때문이 아니라 여러 경험들의 조합을 통해서 일어났을 수도 있습니다. 그러니까 모두를 위한 해결책은 없다고 생각해요. 사람마다 다른 거지요.

앨런 클레멘츠: 여사께서 말씀하시는 연민을 활성화하는 방안은 무엇입니까?

아웅 산 수 지: 때로는 물론 연민을 발휘한다고 해서 사람이 변화되지 않을 수도 있습니다. 또 때로는 자신의 이득을 고려하여 다른 방도가 없다는 걸 깨달았기 때문에 변화하는 사람들도 있고요. 남아프리카공화국의 과거 정부와 라틴아메리카의 군부 독재, 기타 동유럽의 전체주의 정부들을 보면 그들이 변화가 불가피하다는 것을 깨달았기 때문에, 즉 그들로서는 변화의 흐름을 타고 가는 게 최선의 길임을 깨달았기 때문에 변화를 수용했다고 생각합니다. 그러나 내가 말하고 싶은 것은, 연민과 정의와 사랑의 가치를 배움으로써 안으로부터 흘러나오는 게 진정한 변화라는 점이에요.

앨런 클레멘츠: 진정한 변화가 일어나게 하기 위해서는 너무나도 많은 피와 폭력이 수반된다는 게 슬픈 현실이지요…….

아웅 산 수 지: 네, 그게 아주 안타까워요. 어떤 사람들은 왜 자신이 보고 싶은 것만 보는지 모르겠어요. 마치 눈가리개를 뒤집어쓴 경주마 같아요. 왜 그들은 전체 그림을 보지 못하는 걸까요? 버마의 선거를 예로 들어보지요. 당국은 NLD가 그렇게 압도적인 대승을 거두리라고는 생각하지 못했던 게 분명해요. 내가 알기로는, 외신 기자들과 외국 참관인들을 비롯한 수많은 사람이 NLD가 최대 의석을 차지하기야 하겠지만 절대 다수를 차지하지는 못할 거라고 결론을 내렸었어요. 무슨 근거로 그들은 그런 결론에 도달하게 되었을까요? 나는 외신 기자들이 이 나라에서 일어나고 있는 일에 관해 잘못된 인상을 갖게 된 경위를 이해할 수 있어요. 그들은 오직 잠깐 동안만 체류하도록 허락받아요. 알 만한 사람들과 자유롭게 이야기하는 건 불허되어 있고요. 그런데 완전히 자기 마음대로 주무르는 정부기구를 가진 당국이, 게다가 정보기관에 있는 사람들을 사방에 풀어서 국민을 감시하고 있는데도, 선거 결과가 압도적으로 NLD를 지지하는 쪽으로 판명 나는 동안에 어찌 그리도 민심을 알아차리지 못했는지가 놀라운 일이지요.

앨런 클레멘츠: 그렇게 놀랄 일도 아니에요. 여사께서도 SLORC를 묘사하면서 '어리석다'라는 단어를 빈번히 사용하시지 않았습니까? 그런데 그들이 정말 그렇게 어리석을 수 있을까요? 미친 것처럼 구는 책략일 수도 있지 않습니까? 어쨌든 결과는 대부분의 당선자들이 감옥에 갇히는 것으로 드러났으니까요.

아웅 산 수 지: 미친 것처럼 군다고는 생각하지 않아요. 어쩌면 어리석다기

보다는 무지하다는 걸 보여주는지도 모른다는 생각이 드네요. 왜냐하면 사람들은 항상 독재자의 화가 자신들에게 미칠까 봐 진실을 말하기를 두려워합니다. 그래서 민초들은 선거가 어느 방향으로 가는지를 알고는 있었지만, 감히 윗사람들에게는 진실을 말하지 못했던 게 아닌가 싶네요.

앨런 클레멘츠: SLORC가 처음으로 주관한 선거에서 결과를 완전히 묵살한 것이, 제가 보기에는 그들의 엄청난 실수 중의 하나인 것 같습니다. SLORC는 자신들의 계산 착오를 처리하는 법을 모르는 게 아닐까요?

아웅 산 수 지: 내가 보기에도 그들은 진짜 상황을 다스리는 법을 모르는 것 같아요. 하기야 그들만 그런 건 아니지요. 장기적으로 나라를 다스리는 법을 아는 독재자가 거의 없어요. 전체주의 정부와 독재정권의 본성이 그러니까 독재자들도 진실을 배우는 것에서 스스로를 효과적으로 차단하게 됩니다. 한편 그러한 정권 아래서 살아가는 국민은 독재자로부터 그리고 서로 숨는 습관이 생기게 되는데, 심지어 독재자를 위해 나라에서 벌어지는 일들을 낱낱이 파헤치는 직업을 가진 사람들조차 상관에게 진실을 말하지 않는 습관을 갖게 되지요. 그러니 일부만이 진실을 보는 습관을 회피하는 게 아니라, 모든 사람이 진실을 말하는 습관을 저버리는 겁니다. 그들은 자신이 보고 싶은 것만 보거나 스스로 생각하기에 상관이 보고 싶어 할 것 같은 것만 보는 거예요. 그런 습관에 물들면 나중에는 듣고 싶지 않은 것은 아예 듣지도 않는 습관을 지니게 됩니다. 그러면 진실을 보지도, 듣지도, 말하지도 못하는 지경에 이르고야 마는 거예요. 그리고 결국에는 이것이 사람의 지성을 무디게 만드는 거고요.

앨런 클레멘츠: 자아가 완전히 일그러지고 창조성이 무뎌지는 것이로군요?

아웅 산 수 지: 그래요. 전체주의적인 정권 아래서 오로지 특정한 것만 표현하도록 허용되는 곳에서는 재능의 성장이 뒤틀리게 되어 있지요. 재능이 꽃을 피울 수 없어요. 한쪽으로만 자라도록 가꾸어져서 뒤틀린 나무처럼, 당국에게 수용될 수 있는 방도만 모색하게 되니까요. 그러니 절대로 재능과 창조성이 꽃을 피울 수가 없지요.

앨런 클레멘츠: SLORC는 다양성을 왜 그다지도 혐오할까요?

아웅 산 수 지: 두려움 때문에요. 권력을 잃는 데 대한 두려움, 진실을 마주하는 데 대한 두려움 말이에요. 만약에 진실을 마주한다면, 하지 말아야 할 온갖 짓들을 저질렀다는 사실을 인정해야 한다는 걸 알기 때문에 두려움이 밀려오는 거지요.

앨런 클레멘츠: 바츨라프 하벨이 혁명이 일어나기 몇 년 전에 체코 대통령에게 보낸 편지에 보면, 그 정권을 "엔트로피적(Entropic): 사회의 에너지와 다양성의 양이 점차 둔화되고 비활성화되어 획일성의 상태로까지 감소되기에 이르는 불가항력적인 힘"으로 묘사하는 대목이 나옵니다. 같은 편지에서 그는 조만간 정권이 그 자체의 '치명적인 원칙'의 희생자가 될 것임을 예견하는 것으로 결론을 내리는데요. 그 원칙이란 "생명이 선을 위한 목적으로 파괴되어서는 안 된다."는 것입니다. 자유를 구속하거나 탄압하기를 갈망하는 인간심리, 곧 전체주의의 사고방식에는 무엇이 있다고 보십니까?

아웅 산 수 지: 그것은 독재정권이 자신의 것과 다른 의견이나 태도를 두려워해서, 그런 것들이 번성하는 것은 고사하고 행동으로 옮겨지지 못하도록 하는 것이라고 생각합니다. 그게 진짜 폭정이지요.

앨런 클레멘츠: 사람들은 왜 자기와 다른 생각을 용인하지 못하고 서로를 두려워하는 것일까요? 그 저변에는 무엇이 깔려 있을까요?

아웅 산 수 지: 폭넓은 가능성을 두려워하게 만드는 건 그들 자신의 편협함과 한계 때문이 아닐까요?

앨런 클레멘츠: 여사께서는 '두려움으로부터의 자유'라는 문구를 자주 사용하십니다. 만약에 그것을 뒤집어서 '자유에 대한 두려움'이라고 표현한다면, 그 의미는 무엇이겠습니까?

아웅 산 수 지: 바츨라프 하벨이 '자유의 충격'이라고 부른 게 있어요. 그는 체코가 민주화된 이후에 체코 공화국에서 일어난 온갖 문제를 그렇게 표현했지요. 포로 상태에서 벗어나게 되면 자유 상태에 적응해야 합니다. 어떤 사람들은 적응에 아무런 문제가 없어요. 하지만 다른 사람들은 그렇지 않아요. 감옥에서 출소한 사람들의 경우에도 마찬가지인데, 왜냐하면 감옥에 있을 때는 매사에 특정하게 정해진 규칙적인 틀에 따라 일하는 것이 익숙했거든요.

앨런 클레멘츠: 마틴 루터 킹이 한 말에 대해 여사께서는 어떤 의견을 갖고 계신지 듣고 싶습니다. 그는 이런 말을 했지요. "연민과 비폭력의 진정한 의미와 가치는, 그것이 우리로 하여금 적의 관점에서 보고, 적의 물음에 귀 기울이며, 적이 우리를 어떻게 평가하는지를 알도록 도울 때 나온다. 왜냐하면 적의 관점으로부터 우리는 사실상 우리가 처한 조건의 근본적인 약점을 볼 수 있고, 또 우리가 성숙하다면 반대파라 불리는 형제들의 지혜로부터 유익을 얻으면서 성장하는 법을 배울 수 있을 것이기에 말이다."

아웅 산 수 지: 글쎄요. 이 말은 우리가 비판을 적절히 취하는 법을 알면 비판으로부터 유익을 얻을 수 있다는 것이 핵심이겠군요. 비판을 바라보는 데는 두 가지 길이 있어요. 설령 비판이 타당하지 않더라도, 적어도 나를 비판하는 사람에 관해 무엇인가를 배울 수는 있지요. 가령 적들이 완전히 말도 안 되는 비판을 한다면, 이를 통해 그들이 지향하는 가치와 태도, 기준에 관해 배우는 거예요. 하지만 만약에 비판이 타당하다면 오히려 더 낫지요. 자기 자신을 향상시킬 수 있을 테니까요.

앨런 클레멘츠: 여사께서 정치에 입문하시고 버마의 민주화 투쟁에서 지도력을 발휘하게 되셨던 시기, 말하자면 1988년부터 오늘에 이르기까지의 세월을 되돌아볼 때, 의식적으로 자각하고 계신 어떤 실수가 있으신지요?

아웅 산 수 지: 스스로도 묻는 질문입니다. 실수를 범한 건 확실해요. 하지만 아직까지는 내가 범한 실수를 말할 수 없습니다. 정치에서 어떤 걸음이 실수였는지 아닌지를 말할 수 있는 건 오직 시간밖에 없거든요. 우연히 행한 어떤 일이 대의를 이루는 데 큰 도움이 되는 것으로 밝혀질 때도 있고요. 순전히 선의를 가지고 조심스럽게 행한 일인데도 장기적으로는 대의에 손상을 입힐 수도 있기에 그렇습니다. 말하기 어려운 부분이에요.

내가 한 일이 무엇이냐고 물으셨지요? 나의 정치 이력을 되돌아봐야겠군요. 나는 항상 대화를 촉구했어요. 그걸 실수라 일컬을 수는 없을 것 같네요. 또 내가 정부를 너무나 자유롭게 비판한다고 말한 사람들이 있었지요. 그게 실수였을까요, 아닐까요? 내가 당국을 비판하지 않았더라면, SLORC가 나와 대화를 했을 거라고 주장하는 사람들이 더러 있어요. 하지만 그들은 심지어 우엉슈웨(NLD의 현 의장)와의 대화도 고려하지 않아요. 한 번도 그들을 비판하지 않고 최선을 다해 협력을 시도했는데도 말이지요.

그래서 결과가 어떤가요? 우리가 석방되고 다시 함께 일을 시작하기도 전에 많은 사람이 우엉슈웨에 대한 신뢰를 잃었어요. 어떤 사람들은 그가 너무나 회유적이었던 게 NLD의 대의명분에 도움이 되지 않았다고 말해요. 그렇다면 무엇이 옳고, 무엇이 그른가요? 이때가 지나가고 우리가 민주주의를 성취하기 전까지는 알 수 없을 거예요. 심지어 그때가 되어도 몇몇 대답은 끝내 나오지 않을 수도 있고요.

앨런 클레멘츠: 본질적으로 여사께는 권력이 어떤 의미입니까?

아웅 산 수 지: 권력은 나를 믿고 그것을 맡겨준 사람들에 대한 책임을 의미합니다. 그 사람들을 위해 최선을 다해야 한다는 마음가짐이지요. 그건 엄청난 책임입니다. 만약에 나의 최선이 충분히 만족스럽지 않으면, 그때는 정말로 엄청난 책임이 되지요. 그러면 지각이 있는 사람은 '나는 적합하지 않다'는 걸 인정하고 한 걸음 물러나서 생각해봐야 합니다. 그러나 불행히도 권력을 쥐고 있거나 권력을 쥐기 원하는 많은 사람은 이런 식으로 생각하지 않아요. 그들에게 권력은 곧 특권을 의미합니다. 권력이 일차적으로 책임을 의미한다는 전제에서 출발한다면, 권력에 훨씬 덜 매혹당할 텐데 말이에요.

앨런 클레멘츠: 자유를 위해 투쟁한 다른 분들, 이를테면 만델라, 간디, 마틴 루터 킹 같은 분들의 삶에 관하여 읽으면서, 이들 각자가 자신의 결정이 수백만 명의 삶에 영향을 미친다는 사실을 아는 채로 자기 자신의 신념을 참되게 고수하는 고귀한 노선을 따라 책임 있게 행동하는 과정에서 얼마나 개인적인 투쟁에 끊임없이 직면했는지를 보며 큰 감명을 받았습니다. 수 여사님, 여사님의 경우에는 그토록 무거운 책임의 긴장과

무게를 감당하기가 어떠신지요?

아웅 산 수 지: 그저 묵묵히 일할 뿐입니다. 날마다 일하는 거예요. 가만히 앉아서 '아, 내가 이토록 무거운 책임을 지고 있구나.' 생각하고만 있지 않아요. 그럴 시간도 없고요.

앨런 클레멘츠: 그러니까 여사께서는 그러한 책임을 짐으로 느끼지 않으시는군요?

아웅 산 수 지: 네, 딱히 그렇게 느끼지는 않아요. 만약에 그냥 앉아서 나에게 집중되는 국민의 열망에 부응할 책임을 묵상한다면, 그게 엄청난 짐이 될 수도 있겠지요. 하지만 나에게는 앉아서 그것에 관해 많이 생각할 시간이 없어요. 단지 일할 뿐이지요. 최선을 다하는 거예요.

앨런 클레멘츠: 여사께서는 "운명적인 버마 여성"으로 불리신 적이 있는데요…….

아웅 산 수 지: 사람들이 그렇게 말하는 의미는 뭘까요?

앨런 클레멘츠: 저도 여사께 똑같은 질문을 드리려고 했습니다만…….

아웅 산 수 지: 아시다시피 나는 불교도예요. 그러니까 '운명'이라는 말은 나에게 그다지 많은 의미가 있지 않아요. 왜냐하면 나는 '카르마'를 믿거든요. 그리고 카르마는 행동을 의미해요. 자기 자신의 카르마를 창조하는 겁니다. 어떤 의미에서 내가 운명을 믿는다면, 그건 나 자신을 스스로 창조해 간다는 의미예요. 그게 불교적 방식이지요.

앨런 클레멘츠: 여사께서는 지금 과거에 살고 싶으셨던 삶의 흐름에서 벗어난 삶을 살고 있다고 느낀 적이 있으십니까?

아웅 산 수 지: 아니오, 내가 살고 싶었던 종류의 삶과 완전히 다른 삶을 산다고는 생각하지 않아요. 물론 나도 내 주위에 가족들이 있으면 좋겠지요. 특히 아들들을 내 손으로 키웠으면 좋았겠지요. 애들이 성장하는 것도 지켜보고……. 하지만 그건 내 삶의 일부일 뿐이에요. 나의 조국 역시 삶의 일부이고요. 삶이란 아주 드넓게 열려 있다고 생각해요. 그 반경 내에 아우를 수 있는 것도 많고요. 그래서 내가 비정상적인 삶을 산다고는 생각하지 않아요. 또 인생에는 반드시 선택해야 하는 것이 있는 만큼, 포기해야 하는 것도 있다는 걸 알지요. 삶에서 자신이 원하는 모든 것을 가질 수 있다고 생각하는 사람은 미성숙한 사람이 아니겠어요?

앨런 클레멘츠: 희망이라는 개념이 여사께 의미가 있나요?

아웅 산 수 지: 아, 그럼요. 하지만 나는 희망에는 노력이 따라야 한다고 생각해요. 희망은 단순히 바라는 것하고는 달라요. 가만히 앉아서 입으로만 "이런저런 일들이 생겼으면 좋겠다."고 말하는 게 아니지요. 그런 종류의 태도는 희망이라는 단어로 표현하기에는 너무나 미온적이에요. 만약에 무언가를 위해 일한다면, 성공하리라고 희망할 권리가 있어요. 하지만 아무 일도 하지 않는다면, "민주주의를 희망한다."고 말할 권리가 없다고 생각해요. 그건 그냥 순전히 바라기만 하는 거지요.

앨런 클레멘츠: 그래서 많은 국민이 여사를 희망의 상징으로, 자신들에게 자유를 가져다줄 인물로 보는 것이로군요. 여사께서는 그들에게서 어떻게 이러한 믿음의 베일을 벗기시겠습니까?

아웅 산 수 지: 그들 역시 무엇인가 할 수 있다는 걸 확신시키는 겁니다. 많은 사람이 "우리가 할 수 있는 일은 아무것도 없다."거나 "할 수 있어야 하지, 도저히 할 수 없다."는 관점을 취하는 경향이 있어요. 말도 안 되는 소리지요. 마음만 먹으면 모든 사람이 크든 작든 도움을 줄 수 있어요. 각자에게는 자신의 역할이 있는 법이니까요.

민주주의의 대의를 밀고 나갈 수 있는 기회는 매순간 다가옵니다. 예를 들어 해서는 안 되는 일을 하라고 시키는 누군가에게 "아니오."라고 말하는 거예요. 또는 민주주의를 위해 일하는 사람을 도울 수도 있지요. 정의를 위해 목소리를 높이거나 인권을 외칠 수 있어요. 어떤 중대한 인권침해를 목격한다면 펜을 들어 그 일을 기록한 뒤 이 문제를 처리할 수 있는 누군가에게 편지를 보내는 시도도 할 수 있고요.

앨런 클레멘츠: 우리 시대의 뛰어난 지도자들 중 일부가, 곧 그들이 추구한 고귀한 가치 때문에 이름을 날린 사람들이 필요한 사랑을 자기기만적인 방식으로 얻는 것에 관해 어떻게 생각하십니까? 좀 더 구체적으로 말해 위대한 지도자가 자신에게 잠재해 있는 자기기만을 어떻게 해야 가장 잘 점검할 수 있을까요?

아웅 산 수 지: '자기기만을 점검'한다는 게 무슨 뜻인가요?

앨런 클레멘츠: 우리 모두는 일정 수준의 무지가 있어서, 실제로부터 자기 자신을 가리게 되지요. 자기기만을 점검한다는 것은, 가장 탁월하고 존경받는 지도자들도 자신의 도덕적 판단을 지지하고 무의식적으로 자기기만적 행동에 유혹받지 않도록 하기 위해 모종의 안전장치를 개발할 수 있어야 한다는 뜻입니다.

아웅 산 수 지: 어떤 안전장치가 있을지는 잘 모르겠습니다. 전에도 말씀드렸듯이 사람에게는 계속 노력해야 한다는 생각이 있는 것 같아요. 누구라도 가만히 앉아서 "맞아, 그거야. 나는 완벽해. 나는 더 이상 노력할 필요가 없어."라고 말하지는 않을 거라고 봅니다. 그러므로 대답은 간단해요. 끊임없는 자각(self-awareness)이지요. 이건 아주 불교적이고, 거기에 어떤 이해하지 못할 신비는 없다고 생각해요. 그렇다고 깨달음을 발전시키려고 애쓰는 모든 사람이 자신이 염원하는 수준에 도달할 수 있다고 말하는 건 아니에요. 심지어 수도승들조차 항상 정진해야 합니다. 지속적인 노력이 늘 요구되는 거지요.

앨런 클레멘츠: 명상가로서 저는 깨달음이 본질적이라는 걸 너무나도 잘 알고 있습니다. 하지만 자기기만은 아주 미묘하고 은밀한 베일이 아닌가요? 양심이 부패하는 건 순간적으로 일어날 수 있습니다. 사람이 자기 자신에 대해 보지 못한다는 걸 어떻게 알아차릴 수 있을까요?

아웅 산 수 지: 내 생각에 자기기만은 단지 권력을 가진 자들만 하는 게 아니라 모든 사람이 하는 거예요. 어떤 사람들은 이런 말을 합니다. "이 상황에서 우리가 할 수 있는 일은 아무것도 없으니 그냥 받아들이는 게 좋다." 그 자체가 자기기만이라는 거예요. 만일 누군가가 정말로 상황에 관여하기를 원한다면, 거기에는 언제나 할 수 있는 일이 있어요. 그래서 나는 자기기만을 세도가의 특권이라고 보지 않습니다. 우리 모두가 범하기 쉬운 인간적 결함일 뿐이지요. 그것을 막는 최선의 방어는 내가 무슨 일을 하고 있는가를 자각하는 거예요. 설령 자기 자신을 속이려고 한다 해도 그걸 알아차리는 게 중요해요. 진실로 자각이 계발되면, 자기 자신을 속이려고 한다는 걸 알게 됩니다. 하지만 그렇지 않더라도 어떤 식으로든 반드시 알게 되어 있어요.

앨런 클레멘츠: 인간은 왜 자신의 한계와 실수를 인정하기가 그다지도 어려울까요?

아웅 산 수 지: 왜냐하면 상처받기 쉬운 존재니까요. 특히 남에게 웃음거리가 되거나 비판받는 것에 대해 말이에요. 누구도 비판받는 걸 좋아할 사람은 없어요. 그게 바로 인간이지요. 인간 존재는 칭찬받기를 좋아해요. 기분이 좋기를 바라지요. 대부분의 비판은 기분을 상하게 만들거든요. 아니, 어쩌면 그건 비판하는 방식 때문일 수도 있어요. 비판받는 사람의 기분을 상하게 하지 않는 방식으로 비판할 줄 아는 사람들도 있거든요. 그건 굉장한 은사라고 생각해요. 오직 몇몇 사람만 갖고 있는 선물이지요. 그렇지만 아주 드물어요.

앨런 클레멘츠: 주말 연설을 하시는 동안 여사님은 SLORC를 빈번하게 비판하지만, 결코 그들 중 아무개를 개인적으로 공격하지는 않으시던데요. 저는 여사님의 비판의 기본 목적이 체제를 변화시키는 것이라고 알고 있습니다. 그런데 반대파를 향해 그쪽의 변화를 이끌어내는 수단으로서 정치적으로 좀 더 우호적이 되는 것과 그들의 행동을 비판하는 것을 어떻게 구분할 수 있겠습니까?

아웅 산 수 지: 정치적으로는 누가 한 행동이든지 간에 그 행동을 비판할 수 있어요. 하지만 반대파의 사람을 그렇게 비판하면 안 되지요. 가끔은 NLD 내부에서 우리도 어떤 구성원이 한 일에 대해 비판해야 할 때가 있어요. 그 일이 당의 활동에 영향을 미치니까요. 따라서 비판은 단지 SLORC를 겨냥해서만 하는 게 아니에요. 하지만 SLORC가 처음 권력을 잡았을 때, 그들은 중립적인 입장을 견지하고 한쪽으로 치우치지 않겠다고 말했거든요. 자유롭고 공정한 선거를 하겠다고 확언을 하기도 했

고요. 그러나 시간이 흘러가면서 자신들이 말한 것을 하나도 지키지 않고 있다는 게 명확해졌어요. NLD를 와해시키려고 한 거예요. 할 수 있는 모든 방법을 동원하여 우리를 공격했어요. 그래서 우리가 SLORC를 비판하기 시작했던 겁니다. 필요에 의해 시작한 일이지요. 물론 나도 토요일과 일요일에 연설하면서 SLORC를 비판합니다. 불의를 겪은 사람들의 편지를 대중 앞에서 읽어주는 방식으로요.

앨런 클레멘츠: 이런 화제를 계속 꺼내서 송구합니다만, 저 나름대로는 지도자로서 여사님을 이해하고 싶어 드리는 질문입니다. 여사께서는 적을 사랑하셔서 그들이 변화되기를 바라시는 건가요? 비판도 그래서 하시는 건가요?

아웅 산 수 지: 전에도 말했던 것 같은데 나는 만인을 향해 '메타(자비)'를 느낀다고 말할 수 있는 그런 단계에 있지 않습니다. SLORC를 향해서도 나로부터 '메타'의 물결이 압도적으로 흘러나온다고 생각하지 않아요. 다만 그들 중 누구를 향해서도 적의를 느끼지 않는다는 것은 사실입니다. 그들과 사이좋은 관계가 되면 참 좋겠어요. 그리고 그들에 대해 이야기하면서 모욕적인 용어들을 사용한 적이 없다는 것도 확실히 말할 수 있어요. 공개적으로만이 아니라 개인적으로도 그래요. 그들에 대해 했던 말 중에 가장 센 말은 그들이 어리석다거나 바보처럼 행동한다는 정도밖에는 없어요.

앨런 클레멘츠: 여사님의 투쟁 방식에 의문을 가져본 적은 없으십니까?

아웅 산 수 지: 물론 있지요. '메타'를 믿기 때문에 비판이 필요한 지점에서도 비판하지 않는다는 뜻은 아닙니다.

앨런 클레멘츠: 저도 동의합니다. 하지만 여기서 주요 문제는 변화를 가져오기 위한 가장 효과적인 방식에 관한 것이 아니겠습니까? 어떻게 해야 억압자들의 마음을 누그러뜨려서 전 국민이 고통에서 해방될까 하는 문제 말입니다.

아웅 산 수 지: 우리는 메타식 접근이 당국에 의해 잘못 해석된다는 것을 경험을 통해 배웠어요. 그들은 메타식 접근을 나약함으로 보더군요.

앨런 클레멘츠: 어떻게 그들이 자애를 나약함으로 해석하던가요?

아웅 산 수 지: 정치적인 맥락에서 살펴보지요. 내가 가택연금을 당했던 6년 동안 그리고 우지멍 삼촌과 우띤우 삼촌이 감옥에 계시던 사이에 우 엉슈웨(NLD 의장) 선생이 NLD를 유지하려고 대단히 열심히 수고했을 뿐만 아니라, SLORC와도 조화로운 관계를 맺으려고 시도했지요. 그분은 SLORC가 반대할만한 이야기는 하나도 하지 않았어요. 그 6년 동안에 NLD는, 일부 사람들이 순전히 겁쟁이라고, 행동할 의지조차 없다고 비난할 정도로 신사적으로 행동했던 거예요. 그랬더니 결과가 어땠나요? 그들(SLORC)은 NLD를 더 무겁게 무겁게 짓밟을 뿐이었어요.

앨런 클레멘츠: 그래서 투쟁에 있어서 메타식 접근이 현재의 접근만큼 효과적이지 않다고 결단하게 된 지점에 도달하셨군요?

아웅 산 수 지: 우리는 메타식 접근을 포기하지 않았습니다. 왜냐하면 기본적으로 우리는 상호이해와 선의에 근거하여 항상 그들과 함께 일할 준비가 되어 있기 때문이에요. 하지만 그렇다고 우리가 앉아서 기다리기만 하겠다는 뜻은 아닙니다. 우리는 행동의 힘을 믿어요. 그게 바로 적극

적인 '메타'지요. 어떤 특정한 순간에 필요한 행동을 하는 것입니다.

앨런 클레멘츠: 최근에 여사께서는 여사님의 자택에서 국회의원 당선자들과 3일간 연속회의를 개최하셨는데요. 그 회의의 주목적은 무엇이었습니까?

아웅 산 수 지: 아시다시피 5월 27일은 1990년에 실시된 총선 6주년이 되는 날이었습니다. 당시 총선의 결과는 버마 국민이 민주 정부를 원한다는 걸 명확히 보여주었지요. 그러나 그 결과는 SLORC의 존중을 받지 못했어요. 그럼에도 우리는 국민에 의해 선출된 대표자들이 자신들을 뽑아준 국민에게 책임감을 느낀다고 굳건히 믿습니다. 그래서 미래 정책을 논의하고 우리가 국민을 돕기 위해 무엇을 할 수 있는지를 보여주고자 회의를 개최하기로 결정했던 거예요. 물론 살해당했거나 해외로 추방당했거나 감옥에 간 의원들은 제외하고 나머지만 모였지요.

앨런 클레멘츠: 회의에서는 어떤 결정들이 나왔습니까?

아웅 산 수 지: 민주화 투쟁을 강화하기로 결정한 것과 미래의 버마를 위해 1990년에 선출된 시민 의회가 통치하도록 촉구한 것 말고도 집행위원회로 하여금 새로운 헌법을 입안하도록 재가했습니다.

앨런 클레멘츠: 회의에 대한 SLORC의 반응을 여사께서는 어떻게 보십니까?

아웅 산 수 지: 공황상태에 빠진 것 같더군요. 우리가 국회라도 소집해서 소란을 피우려고 하는 줄로 생각했나 봐요. 사실 그러한 태도는 흥미로운데, 왜냐하면 그들은 계속해서 NLD의 당선자들이 아무것도 아니라고

말해왔거든요. 그런데 '아무것도 아니라는' 사람들이 회의 좀 하겠다고 함께 모인다는데, 그들이 극도로 초조해하니 우스운 거지요. 그러므로 어떤 점에서 SLORC의 반응은 우리가 대중으로부터 지지받고 있다는 걸 승인한 셈입니다.

앨런 클레멘츠: 많은 사람이 체포당했습니다. SLORC에 의해 아직도 몇 명이나 구금 상태에 있는지 여사께서는 혹시 아십니까? 여사님의 개인비서인 우윈텡과 여사님의 국제홍보담당관인 우애윈의 상황에 대해서는 알고 계시나요?

아웅 산 수 지: 억류되었던 사람들 중에 150명은 지금 풀려났다고 알고 있습니다. 개인적으로 듣기로는 300여 명이 체포당했다고 하더군요. 아직 남아 있는 100여 명의 사람들에게 무슨 일이 일어났는지는 정확히 모릅니다. 하지만 적어도 4명의 당선인이 아직 랭군에 붙잡혀 있다는 건 확실히 알고 있어요. 여기에 더하여 당선자가 아닌 대표들 중에 13명이 회의 전에 붙잡혀 갔습니다. 그러니까 회의가 열리기도 전에 랭군에서만 20~24명가량 붙잡혀간 거예요. 아직까지 이들의 소식을 듣지 못했습니다. 우윈텡과 우애윈은 군사정보부의 수중에 들어가 있어요. 이렇게 잡혀간 사람들은 자기보호의 권리를 전혀 보장받지 못할 거예요. 아시는 바대로 SLORC는 현행법을 지키지 않을뿐더러 현행법에 거스르는 짓들을 하고 있지요. 그들은 우리를 공격하고 싶을 때 현행법에 거스르는 일체의 행동도 용납하지 않겠다는 말을 줄기차게 해대지만, 정작 그들이야말로 계속해서 법을 어기는 당사자들입니다.

앨런 클레멘츠: SLORC가 여사님의 주말 연설을 중단하라고 엄중히 경고한 뒤에도 계속해서 허용하고 있는 이유는 무엇이라고 보십니까? 그리

고 여사께서는 다시 체포되지 않는 한 무슨 일이 있더라도 주말 연설을 계속하실 생각이십니까? 지난 설날에 그들이 했던 것처럼 길 위에 방어벽을 치더라도 계속하시겠습니까?

아웅 산 수 지: 당국은 사실상 전에는 집회를 중단시킬 마음이 전혀 없었어요. 실제로 작년 8월에 두어 명의 기자들이 정부 요직에 있는 사람들에게 왜 그런 집회를 허락하는지를 물었더니, "얼마나 오래 가는지 두고 봅시다." 하고 대답하더랍니다. 그들은 군중이 금방 흥미를 잃고 빠져나갈 거라는 걸 당연시했던 것 같아요. 하지만 당신도 보아서 알다시피 우리가 11월에 있었던 국가회의를 떠난 후에 군중의 규모가 더 많이 늘어났어요. 지난주에 있었던 우리 당의 전당대회 후에는 체포된 사람들도 많았지만, 1만여 명의 엄청난 군중이 위험을 무릅쓰고 모였는데, 그중에는 새로운 얼굴들도 많이 보였지요. 사람들은 우리가 탄압과 협박에도 우리 일을 꾸준히 하고 있다는 사실에 대해 찬성한다는 걸 보여주고 싶었던 겁니다. 이게 바로 대중적 지지에 힘입은 시위예요. 당국은 지금에서야 이런 집회가 계속되는 걸 원치 않았다는 걸 알게 된 거지요. 앞으로는 어쩌면 문제가 생길지도 모르겠어요. 그러나 우리는 그들이 집회를 계속하지 말라고 말할 권리가 없다고 생각해요. 특히 그들 스스로 자기네가 SLORC를 지지하는 사람들의 '자발적인' 시위라고 부르는 것을 고수하면서 그런 사람들이 공개적으로 만날 것을 허락하는 한 더더욱 우리 집회를 막을 권리는 없어요. 우리가 국가회의를 떠난 후에 시위 군중들이 더 많이 모였다는 사실은 두 가지를 보여줍니다. 하나는 국민이 일반적으로 국가회의를 좋아하지 않는다는 거예요. 의미 있는 대화가 이루어지기 전에는 NLD가 국가회의에 참석하지 않을 것이라는 사실을 국민도 수용하며 지지합니다. 둘째로, 국민은 고난의 시기에 우리에게 원기를 불어넣어 주려고 모인다는 사실입니다. 국민은 우리가 국가회의를

떠난 이후에 커다란 고통을 겪을 거라고 생각하고는, 우리 뒤에서 응원하고 있다는 걸 보여주려고 모여든 거예요. 우리가 전당 대회, 아니 사실은 대회라기보다는 회합의 성격에 가까운데, 어쨌든 당 대회를 소집했을 때도 똑같은 일이 일어났다고 생각합니다. 전당대회 때는 18명을 제외하고 모든 당선자들이 체포당했지요.

앨런 클레멘츠: 최근에 NLD와 SLORC 사이에 모종의 막후 대화가 진행되고 있지는 않습니까?

아웅 산 수 지: 아니오, 전혀 없습니다.

앨런 클레멘츠: 왜 SLORC는 여사님을 비행기에 태워 나라 밖으로 추방시키지 못할까요? 여사께서 활동을 계속하시도록 허용하는 대신에, 그렇게 쉽고 간단한 조치를 취하지 못하는 까닭이 뭐라고 보십니까?

아웅 산 수 지: 그들은 나를 추방시키지 못해요! 나는 어엿한 버마 시민이에요. 내가 정치적 망명을 요구하지 않는 한 어떤 나라도 나를 받아줄 수 없어요. 그리고 그런 일은 절대로 없을 거예요.

앨런 클레멘츠: 만약 SLORC가 1990년에 있었던 자유롭고 공정한 선거의 결과에 기반을 두고 국회를 소집하도록 허용했다면, 어떤 일이 일어났을 것 같으십니까?

아웅 산 수 지: 무슨 일이든지 우리는 국가적 화해라는 관점에서 수행할 거예요. 만약 SLORC가 1990년 선거의 결과에 승복하여 국회를 소집했다면, 우리는 그러한 몸짓에 고마움을 표했을 것이고, 국가적 화해의 과

정에 SLORC가 합류하기를 바랐을 겁니다.

앨런 클레멘츠: 우리가 이 문제를 논의한 지도 벌써 몇 달이 지났습니다. 그런데 여사께서는 정말로 경제 제재 없이 버마에서 민주주의를 이룩할 수 있다고 생각하시는지요? 그게 아니라면 어째서 SLORC에 대항하여 경제 제재를 요청하지 않으시는 겁니까?

아웅 산 수 지: 우리는 경제 제재가 버마에 민주주의를 가져다주는 유일한 길이라고 생각하지 않아요. 거기에는 많은 요소가 결부되어 있으니까요. 결정적인 변화를 가져올 수 있는 게 그 길뿐이라고 예단하면 안 됩니다. 이 지점에서는 국제사회의 단결된 노력이 매우 유용할 것으로 봅니다. 우리는 국제사회의 중요성을 대단히 신뢰합니다. 아시는 바대로 물론 우리의 주요 지지자는 이곳 버마 안에 있지요. 우리는 민주주의를 성취하기 위해 국민의 지지에 의존합니다. 그러나 또한 국제사회의 엄청난 중요성도 잘 알고 있어요. SLORC는 다른 나라들이 어떻게 생각하는지 상관없다면서 자신들이 원하는 대로 할 수 있다고 공언하곤 합니다. 하지만 SLORC는 다른 나라들로부터 경제 협력과 경제 원조를 얻기 위해 무척 노력하고 있어요. 오늘날에는 아무도 세계의 나머지 나라들이 무슨 생각을 하는지에 무관심할 수 없어요. 그러니 우리 역시 세계의 의견에 무관심하면 안 되지요. 그렇지만 우리는 경제 제재를 너무 쉽게 생각하는 걸 좋아하지 않아요. 무슨 일이든지 그게 정말로 이 나라가 민주주의를 향해 나아가는 데 도움이 될 수 있어야 한다는 걸 분명히 하고 싶은 거예요. 때때로 어떤 조치들에는 단기적인 고통이 수반되는 게 사실입니다. 어차피 SLORC가 권력을 장악한 뒤로 국민의 다수가 경제적 기회로부터 거의 혜택을 입지 못했기 때문에, 설령 경제 제재가 이루어진들 버마 국민이 너무 많은 고통을 당할 거라고 생각하지는 않지만, 그럼

에도 경제 제재는 조심스럽게 접근해야 할 사안이라고 봅니다.

앨런 클레멘츠: 이런 결정적인 투쟁 지점에서, 특히 SLORC의 탄압이 극적으로 가속화되고 있음을 감안할 때, 여사께서는 모든 외국 투자자들에게 버마에 대한 사업적 흥미를 접고 즉시 다른 쪽으로 관심을 돌리라고 요청하실 의향은 없으십니까?

아웅 산 수 지: 아니오, 아직은 그러지 않을 겁니다. 우리는 다만 민주주의를 향한 발걸음에 진보가 있기 전까지는 버마에 더 이상 투자하면 안 된다는 말만 하고 있어요. 또 이미 버마에 투자한 분들께는 상황을 평가 혹은 재평가해서 자신의 결정을 재고하시라고 부탁드리고 있습니다.

앨런 클레멘츠: 만일 민주주의가 성취된다면 외국 기업과 SLORC의 합자로 이루어진 투자에는 어떤 일이 발생하겠습니까? 민주화된 버마에서는 이런 투자들이 국유화될까요? 아니면 투자자에게 자금을 되돌려주는 방식으로 조정이 이루어질까요?

아웅 산 수 지: 우리는 각각의 사안에 대하여 개별적으로 판단할 것입니다. 그러나 이미 일어난 일에 대해서는 그것이 무엇이든지간에 정당하게 처리하고, 사람들의 편의를 고려하여 유익이 돌아가도록 처리할 것을 확실히 말씀드리고 싶어요. 우리는 투자자들이 불필요하게 고통 받는 것을 원치 않아요. SLORC도 역시 마찬가지이고요. 우리는 어떤 일을 할 수 있는 위치에 있다는 걸 보여주거나 말하는 방식으로 타인에게 무언가를 강요할 생각이 추호도 없습니다.

12

자기 자신을 똑바로 보려면
용기가 필요합니다

앨런 클레멘츠: 가장 기본적이면서도 본질적인 질문 한 가지를 드리겠습니다. 인간이 된다는 건 여사께 무슨 뜻인가요?

아웅 산 수 지: 불교도로서 우리가 이곳에 인간으로 존재하는 이유를 고민한다면 대답은 아주 간단해요. 우리는 깨달음에 이르기 위해 노력하고, 또 그렇게 얻은 지혜를 다른 사람들을 섬기는 데 사용하려고 노력하는 거지요. 그럼으로써 그들 역시 고통에서 벗어나도록 돕는 겁니다. 우리 모두 부처가 될 수는 없겠지만, 자신이 할 수 있는 정도까지 최선을 다해 깨달음을 실현하고 타인의 고통을 덜어주는 데 그 깨달음을 사용할 책임이 있다고 봅니다.

앨런 클레멘츠: 전 세계 사람은 여사께서 버마를 떠나 망명하라는 SLORC의 제안을 수락하는 대신에 가족과 떨어져 가택연금을 당하면서까지 버

마에 남은 것을 중대한 희생으로 생각합니다. 그러나 여사께서는 남기로 한 것이 '선택'일 뿐, '희생'은 아니라고 분명히 밝히셨습니다. 남기로 한 여사님의 선택이 부분적으로는 가족 개념의 확장에 근거한다고 말해도 될까요? 이를테면 여사께서 생각하시는 가족의 범위는 NLD 동료들과 버마의 국민 전체를 아우르는 것이라고 말입니다.

아웅 산 수 지: 그렇기도 하고 아니기도 합니다. 나는 의식적으로 가족 개념을 확장하려고 노력한 적이 없다는 걸 인정해야겠군요. 어쩌다 보니 동료들이 그냥 나의 가족이 된 것뿐입니다. 그들은 따뜻한 마음씨와 애정을 갖고 있거든요. 우리는 동일한 목표를 공유하고 서로를 신뢰하며 하나라는 감정을 갖고 있어요. 목적을 공유한다는 생각 때문에 가족 같은 느낌이 만들어졌지요. 또 하나, 어쩌면 동료들이 내가 혼자라는 걸 알기에 통상 가족들이 하는 식으로 나를 보살펴준 게 아닌가 하는 점도 덧붙여야겠네요.

앨런 클레멘츠: 여사께서는 이 나라의 국민이 스스로를 돕고 문제에 대해 발언하며 자신의 의사를 거리낌 없이 밝히는 용기를 가지고 불의와 탄압 정권에 질문을 던지며 도전하도록 하기 위하여 교육에 힘쓰고 있다는 말씀을 하신 적이 있습니다. 저는 버마를 넘어서 이 문제를 다루고 싶은데요. 부모들이 어떻게 해야 자녀들에게 자유롭고 열린 탐구력을 키워줄 수 있는지에 관하여 어머니로서 여사님의 생각을 듣고 싶습니다.

아웅 산 수 지: 글쎄요, 나는 단순히 우리 아이들의 질문에 할 수 있는 한 많이 대답해주는 것으로 자유로운 탐구를 격려했어요. 특히 알렉산더는 어릴 때 질문을 많이 하곤 했는데, 나는 그 모든 질문들에 대답하려고 노력했어요. 중요하지 않다는 듯이 무시한 적은 한번도 없어요. 그 아이의

질문이 내가 모르는 것이거나 대답할 수 없는 것과 연관되어 있으면 책에서 찾아보고 나서 대답해주었지요. 이 부분에 대해서는 우리 어머니도 아주 훌륭하셨어요. 한 번도 나에게 질문하지 말라는 말씀을 하신 적이 없으니까요. 매일 저녁 일을 마치고 돌아오시면 어머니는 피곤한 나머지 침대에 누우시곤 했어요. 그러면 나는 침대 주위를 빙글빙글 돌다가 침대 발치에 설 때마다 한 가지씩 질문을 던진 거예요. 상상해보세요. 침대를 한 바퀴 도는 데는 별로 오랜 시간이 걸리지 않았을 텐데도, 어머니는 결코 "피곤하니까 그만 좀 물어보렴." 그런 말씀을 하신 적이 없어요. 물론 내가 던진 질문들 중 많은 것은 답하지 못하셨지요. 예를 들면 이런 것도 질문한 기억이 나네요. "물은 왜 물이라고 불러요?" 대답하기 아주 곤란한 질문이 아니겠어요? 하지만 어머니는 절대로 "그런 말도 안 되는 질문은 하지도 마라." 그렇게 말씀하지 않으셨어요. 대답하려고 노력하시거나 아니면 그냥 "모르겠는데."라고 말씀하셨지요. 어머니의 그 점이 존경스러워요.

앨런 클레멘츠: 젊은이들이 더 나은 인간성을 추구하도록 이끌어주는 고귀함과 사랑의 씨앗을 어떻게 심고 가꿀 수 있을까요?

아웅산수지: 우선 우리가 살고 있는 세계를 위해 무언가를 하기 위해서는 야망(ambition)과 욕망(desire)을 구분해야 합니다. 오늘날 많은 젊은이들이 그 의미도 정확히 알지 못하면서 야심만 키우거나 위대해지기를 바라는 경우가 있어요. 유명해지고 특권을 누리고 스타처럼 대접받고 싶은 거지요. 그건 세상을 섬기려는 마음과 거리가 멀어요. 상황이 이러니, 어떻게 해야 젊은이들에게 고귀함을 키워주느냐를 말하기란 어렵습니다. 내 생각에는 어린 시절부터 시작해야 한다고 봐요. 부모가 이런 가치들을 심어주기 위해 노력하는 것만 갖고는 충분하지 않고요. 그러한 가치

들이 존중받는 걸 보면서 자랄 수 있도록 환경이 조성되어야 합니다. 어머니가 나에게 섬김의 이상을 심어주기 쉬웠던 이유들 중 하나는, 부모님이 국가를 위한 봉사를 높이 산다는 걸 내가 알았기 때문이에요. 섬김이 바람직한 활동이구나 하고 느꼈던 거지요. 하지만 오늘날 많은 사회에서는, 서양은 물론이고 동양에서도 점점 더 물질적인 성취를 향한 욕구가 지배적이어서 염려됩니다. 그와 같은 환경에서는 부모들 홀로 섬김의 정신을 심어주려고 노력하기가 힘이 들어요. 그럼에도 꾸준히 노력해야 하겠지요. 이 대목에서도 젊은이들에게 조언하려고 애쓸 때 너무 강압적으로 하지 않도록 유의해야 합니다. 왜냐하면 젊은이들은 통상 강압적인 제안들을 기쁘게 받아들이지 않으니까요.

앨런 클레멘츠: 수 여사님, 버마는 64개 이상의 소수민족과 200여 개의 언어 및 방언을 가진 놀랍도록 다양한 문화를 이루고 있는데, 버마 국민의 주요 특징을 무엇이라고 말씀하시겠습니까?

아웅 산 수 지: 소수민족의 특징에 관해서라면 별로 할 이야기가 없습니다. 단지 추정일 뿐이지요. 그러니까 나는 그저 내가 속한 버마의 다수 종족에 관해서만 이야기하겠습니다. 버마에는 다수의 인종 집단들이 있고, 버마인은 그중의 하나일 뿐입니다. 최대 집단이지요. 말하자면 우리는 티베트-버마 혈통에 속합니다. 나는 버마의 다른 인종집단의 문화에 대해 논평할 만큼 깊이 있는 공부를 하지 못했습니다. 어쩌면 어머니가 항상 나에게 그들이 얼마나 충성스러운지를 강조하시면서 그들을 우리와 아주 가까운 사람들로 여기라고 가르치신 게 전부일지도 몰라요. 어머니가 그들에 대해 말씀하실 때는 언제나 커다란 존경심과 따뜻함을 갖고 하셨지요.

버마에 있는 버마인에 대해 말할 때 마음에 떠오르는 첫 번째는 불교도라는 사실입니다. 하지만 또한 모든 버마인이 훌륭한 불교도가 아니라는 사실도 덧붙여야 하겠지요. 버마인의 또 다른 특징은 유색인이라는 것입니다. 나는 버마인들에게서, 말하자면 총천연색을 봅니다. 내 생각에 버마인들은 색깔 있는 옷도 잘 어울리지만, 감정 역시 다채로운 것 같아요.

앨런 클레멘츠: 버마 내 15개의 무장한 소수민족들이 SLORC에 대항해 싸우다가, 그 가운데 14개가 휴전 협정을 맺었습니다. 두 가지 질문을 드려봅니다. 먼저 이 협정과 관련하여 여사님은 어떤 인상을 받으셨습니까? 그리고 민주주의가 성취된다면, NLD는 민주국가로 나아가기 위하여 이 소수민족들을 어떻게 통합해서 함께 일하시겠습니까?

아웅 산 수 지: 그건 진정한 휴전이 아닙니다. 그들은 계속해서 무기를 소지하고 있어요. 그러니까 그 휴전이 영원한 평화 협정은 아니라는 게 분명합니다. 우리가 성취하고 싶은 바는 나라 전체에 항구적인 평화 협정이 적용되는 거예요. 이를 가능케 하는 유일한 길은 모든 소수민족들이 어떠한 두려움도 없이 자신의 목소리를 내고, 자신의 열망과 불만을 표현할 수 있는 틀을 짜는 것입니다. 합법적인 틀 안에서 그들이 자신의 모든 느낌을 표현하는 게 허용되어야 해요. 그래야 우리가 상호 이해에 도달할 수 있겠지요. 이러한 연합은 버마족 혼자만의 힘으로 이룩된다고 보지 않습니다. 모든 소수민족도 협력해야 합니다. 우리는 그들 모두가 하나 됨을 이루어가는 데 참여하기를 원해요. 모든 소수민족 사람이 자유롭고 온전하게 참여할 수 있는 진정한 국가회의가 열리기를 원합니다. 이를 통하여 참으로 버마 국민에게 책임을 다하는 헌법이 만들어지기를 소망합니다. 그처럼 건실한 기초 위에서 버마의 소수민족 사람들과 참된 관계를 구축해 나갔으면 좋겠어요.

앨런 클레멘츠: 저는 서구의 많은 사람이 동남아시아 국가들, 특히 라오스, 캄보디아, 베트남, 버마 같은 저개발 국가들에 대해 고정관념이 있다고 생각합니다. 이를테면 한편으로는 서구 해안으로부터 1만 마일이나 떨어진 나라들로 신비스럽게 여기는가 하면, 다른 한편으로는 공포와 피로 물든 땅이라고 일반화하는 태도가 그것입니다. 베트남과 라오스에서 있었던 전쟁들, 캄보디아에서 일어난 폴 포트(Pol Pot)의 대학살 그리고 여사님의 나라에서 자행된 네윈의 30년이 넘는 잔혹한 독재와 이어진 SLORC의 탄압을 보면, 그러한 생각이 그다지 틀리지는 않은 것 같습니다. 그렇다면 서구에서 28년 동안 살았던 버마인으로서 여사께서는 버마와 서구 나라들 사이의 공통된 유대가 무엇이라고 생각하십니까?

아웅 산 수 지: 글쎄요, 좋든 싫든 우리의 식민지 유산을 부정할 수야 없겠지요. 버마의 교육체계는 물론이고 현행법 가운데서도 많은 부분이 식민정부에 의해 도입되고 영향 받은 것들입니다. 학교, 병원, 철도 등 식민주의의 모든 덫이 서구 세력을 통해 버마에 유입되었지요. 이런 점을 제외하면, 나는 일반적으로 버마 사람이 관대한 천성을 지닌 민족이라서 다른 문화와 사상에 매우 열려 있다고 생각해요. 하지만 우리에게 강요된 전체주의 체제로 말미암아 관대함이 억압된 부분도 있습니다.

앨런 클레멘츠: 여사께서는 1972년 1월 1일에 결혼식을 올리셨는데, 그에 앞서 몇 달 전 남편인 마이클에게 이런 편지를 쓴 적이 있으십니다. "오직 한 가지 부탁만 할게요. 만약에 우리 국민이 반드시 나를 필요로 할 경우에는, 내가 그들에 대한 의무를 다할 수 있도록 도와주세요. 그럴 개연성이 얼마나 있는지는 모르지만, 분명히 가능성은 존재합니다." 그러니까 여사께서는 스물여섯 살 무렵에 벌써, 어쩌면 그보다 더 이전부터 국민에 대한 의무감을 강하게 느끼고 계셨는데요. 세월이 감에 따라, 즉

1988년에 버마로 돌아온 이후, 그 의무감이 여사님의 삶에서 온통 중심을 차지하게 된 시점에 이르기까지, 그것이 어떻게 진화해 왔는지 들려주실 수 있을까요?

아웅 산 수 지: 그걸 진화의 과정이라 부를 수 있을지는 잘 모르겠군요. 어릴 때 내 안에 심어진 생각일 뿐입니다. 그 생각은 늘 그 자리에 있었어요. 그리고 때가 되었을 때 표면으로 나온 거고요.

앨런 클레멘츠: 어릴 때부터 그런 씨앗이 심기고 자라났다면, 환경이 적합해서일까요? 아니면 타고났기 때문일까요?

아웅 산 수 지: 의무감은 생래적일 수 있어요. 어떤 사람들은 다른 사람들보다 더 강한 의무감을 갖고 있거든요. 물론 이 의무감이 누구에 대한 것이냐를 결정하는 것은 양육의 힘이 큽니다. 내 경우에는 어머니께서 국민에 대한 의무를 가르치셨지요.

앨런 클레멘츠: 왜 하필 국민에 대한 의무일까요?

아웅 산 수 지: 아버지에 관한 말씀들 속에서 그걸 저절로 배우기도 했겠지만, 내 유전자 안에 그쪽으로 기울어지는 무언가가 있었던 게 틀림없어요.

앨런 클레멘츠: 예전에 나눈 대화에서 여사께서는 "진실은 곧 힘이다. 진실의 힘은 정말로 대단하다. 그래서 어떤 사람들에게는 이 점이 아주 큰 위협이 된다."는 말씀을 하셨습니다. 진실이 무엇이냐고 다시 여쭈었더니, 여사께서는 본질에 있어서 진실은 '진정성'이라고 대답하셨는데요.

어떤 사람들에게 그리도 위협이 되는 진정성, 곧 영혼의 진실성이란 무엇일까요?

아웅 산 수 지: 기본적으로 진정성은 누구도 속이지 않으려는 바람입니다. 그래서 진정성이 진실인 거예요. 진정성은 누구를 향해서도 속일 시도조차 하지 않는 걸 의미하기 때문이지요. 자기 자신을 속이지 않는 한, 남을 속일 수는 없는 거예요. 설령 자기 자신을 속이는 지경에 있더라도, 먼저 자기 자신에게 진실해지려고 노력해야 합니다. 그래야 비로소 남에게도 진실해질 수 있어요. 그런데 남을 속일 필요가 있다고, 아니 어쩌면 자기 자신도 속일 필요가 있다고 생각하는 사람들이 있지요. 자신이 하고 있는 짓에 대해 편안함을 느끼려고 말이에요.

앨런 클레멘츠: 그러니까 어떤 의미로는 진정성이란 맑고 깨끗한 거울과 같아서, 진실하지 않은 마음이 들여다보면 다소 불편하게 느껴질 수도 있겠네요?

아웅 산 수 지: 네, 맞아요. 맑고 깨끗한 거울은 잘 보이지 않는 것까지도 환하게 비출 수 있지요.

앨런 클레멘츠: 진정성의 개념이 불교의 도덕적 계율에 들어맞는 부분은 어디라고 보십니까?

아웅 산 수 지: '무사와다(*musavada*: 참이 아닌 말은 하지도 말라[正言])'의 계 아래로 들어갈 수 있지 않을까 싶네요. 또한 진정성은 단순히 남을 속이려고 하지 않는 것만이 아니라, 진심을 가지고 남에게 다가가려는 노력을 의미하기도 하지요.

앨런 클레멘츠: 그렇다면 적극적인 진정성은 타인의 복지에 관심을 보이는 것이로군요?

아웅 산 수 지: 그렇습니다. 그런데 자신이 가진 좋은 견해를 납득시키기 위해서 진실하지 않은 방법으로 남들에게 다가가려는 사람들도 물론 있어요. 그들은 사람들의 선의나 지지를 얻기 위해 진실하지 않은 말을 하거나 행동을 합니다. 그러나 진정성은 사람들에게 정직하고 솔직하게 다가가려는 바람과 연결되어 있어요.

앨런 클레멘츠: 권력의 오용과 남용은 끊임없는 논쟁거리입니다. 권력을 획득하고도 부패하지 않을 수 있는 보호 장치에는 어떤 것들이 있겠는지, 여사님의 생각을 여쭈어봐도 될까요?

아웅 산 수 지: 자기 자신을 대면하는 용기가 필요하다고 봅니다. 내 생각에는 그게 부패를 막는 최선의 보호 장치가 아닐까 해요. 만약에 자기 자신을 똑바로 바라볼 만큼 용감하다면, 다시 말해 정말로 거울을 들여다보듯이 자기 자신의 나쁜 점까지도 모두 낱낱이 볼 수 있다면, 그때에는 부패에 빠질 것 같지 않습니다. 불교도로서 나는 우리가 진실로 '아니카(*anicca*: 무상)'의 의미를 안다면, 자신의 도덕적 자아를 희생시키면서까지 권력이나 부를 좇을 것 같지가 않다고 생각할 수밖에 없네요.

앨런 클레멘츠: 도덕적 판단은 '아니카'의 의미를 모르기 때문에 왜곡되는 것일까요? 그 둘의 상호 연관성을 좀 더 설명해주시겠습니까?

아웅 산 수 지: 모든 것이 흘러가되 내가 한 행위와 그 행위의 결과는 나와 더불어 머문다고 느끼는 건 아마도 나의 불교적 배경 때문일 거예요. 그

러니 부와 권력이라고 하는 모든 덫도 단지 지나갈 것에 불과하지만, 그것을 가지고 내가 했던 행위의 결과들은 그것이 완전히 풀어질 때까지 나와 함께 머물겠지요.

앨런 클레멘츠: 권력 남용의 문제를 더 살펴보면, 많은 지도자가 대중 조작의 기술이나 일종의 카리스마 혹은 사람을 완전히 사로잡는 모종의 에너지를 기르는 것 같습니다. 히틀러가 그 한 보기일 텐데…….

아웅 산 수 지: '카리스마(charisma)'라는 단어의 뿌리는 '은총(grace)'에서 유래한 것으로 아는데, 그렇지 않나요? 그런데 어떻게 히틀러 같은 인간을 카리스마적이라고 부를 수 있나요?

앨런 클레멘츠: 오로지 그가 자기 나라를 절대적으로 사악한 수준에까지 몰고 가는 능력을 지녔다는 의미에서만 그렇겠지요. 저는 그 단어를 남용하지 않습니다만, 어떤 사람들에게는 그렇게 강력하게 사람들을 몰고 가는 능력이 있다는 것에 대해 여사께서는 어떻게 생각하십니까?

앨런 클레멘츠: 우선 특정한 개인의 카리스마와 권력으로 사람들을 매혹시키는 것을 구분해야 합니다. 일반적으로 막강한 자리에 있는 사람들은 어디를 가든지 사람들을 매혹시키는 걸 볼 수 있어요. 그건 사람들이 그가 지닌 권력에서 깊은 인상을 받고 경외 내지는 두려움에 사로잡히기 때문입니다.

앨런 클레멘츠: 이를테면 일본의 옴 진리교가 도쿄 지하철에서 사린가스를 살포한 사건처럼 어둠에 짓눌리는 것이로군요?

아웅 산 수 지: 맞아요. 그런데 도대체 그런 사람들은 어떤 종류의 인간이기에 그런 짓을 저지를까요?

앨런 클레멘츠: 그게 문제입니다. 심리적 투사에 기초하여 사람들을 도취시키는 온갖 도그마와 자기왜곡을 뚫고 나갈 길을 찾으려면 어떻게 해야 할까요? 다른 사람의 실제 의도에 담긴 진실에 다가가려면 도대체 어떻게 해야 할까요?

아웅 산 수 지: 당신은 진실을 직면하는 데 익숙한 분 같군요. 모든 게 그 문제로 되돌아오네요, 그렇지요? 대부분의 사람은 모든 사람에게 자기 자신을 노출하면서 돌아다니지 않아요. 정상적인 사람이라면 그러지 않지요. 그렇다고 자신의 약점과 결점을 잘 아는 사람들이 없다는 뜻은 아니에요. 그것도 진실에 직면하는 일부일 수 있지요. 그러나 정말로 진실 앞에 서지 못하는 사람들이 있어요. 자기 자신에 관해서뿐만 아니라 자신과 친한 사람들에 관한 진실도요. 그렇지 않아도 얼마 전에 몇몇 친구와 이 문제를 토론한 적이 있어요. 자기 자식이 항상 사랑스럽고 아무 잘못도 없다고 생각하는 사람들이 있다는 거예요. 다른 사람들은 전혀 그 애들을 그렇게 생각하지 않을 수 있는데 말이지요. 자식한테 있는 흠조차 보지 못하는 사람들이 자기 자신의 흠은 어떻게 볼 수 있겠어요?

그런가 하면 다른 유형의 사람들이 있는데, 자기 자신뿐만 아니라 자신과 가까운 사람들의 결점과 약점에 대해서도 민감한 부류예요. 그들이 노상 가족이나 자기 자신을 비판만 하면서 돌아다닌다는 말이 아니고요. 다만 의식하고 산다는 뜻이지요. 사람이 자기 자신의 결점을 의식하면, 다른 사람들의 결점도 의식하게 됩니다. 그래서 그 사람들에게 혹독하게 된다는 게 아니라, 오히려 자신의 결점에 민감한 사람들이 그렇지 않은 사람들보다 남에 대해 덜 혹독하더라는 말이에요.

앨런 클레멘츠: 결국 자각의 문제로 귀결되는군요. 권력의 자리에 있는 사람들을 향한 경외심을 스스로 검토하는 능력을 개발하고, 거기서부터 권위에 질문을 던지는 용기를 갖는 게 중요하겠네요.

아웅 산 수 지: 때로는 순전히 게으름의 문제일 수도 있어요. 많은 사람이 순전히 게으른 습관에 빠져서 진실을 회피할 수도 있다고 봐요.

앨런 클레멘츠: 질문을 제기한다는 게 너무나도 귀찮으니까요?

아웅 산 수 지: 네, 정신적으로 또 때로는 도덕적으로 부담스러운 일이지요. 자세를 바로 하고 스스로에게 "이 따위 인간을 섬기는 게 과연 옳은가?" 하고 묻고 싶지 않은 거예요. 삶에는 종종 도덕적 딜레마가 있습니다. 하지만 어떤 사람들은 너무 지쳐 있어서 도덕적 딜레마에 직면하는 걸 좋아하지 않는 것 같아요.

앨런 클레멘츠: 인간이 처한 곤경이군요…….

아웅 산 수 지: 삶은 그 자체가 도덕적 딜레마이지만, 어떤 경우는 다른 경우보다 더 많은 딜레마를 안고 있어요. 특히 내가 일본을 거쳐 인도에 갔을 때 관찰한 겁니다. 일본에 있었을 때는, 물론 부자 나라여서 그랬겠지만, 먹고 싶은 대로 먹고 입고 싶은 대로 입는 데 전혀 거리낌이 없었거든요. 내가 따뜻한 코트를 입고 있다는 데 전혀 양심의 가책이 없었어요. 다른 사람들도 다 입고 있으니까요. 다른 사람들이 모두 잘 먹으니, 나도 잘 먹는 게 걱정스럽지 않았지요. 일본에서 가난하다고 표현할 만한 사람을 하나 보기는 했는데, 단지 취해서 그렇게 보였을 뿐 전혀 가난한 건 아니었어요. 아마 취해서 추레하고 단정치 못하게 보였나 봐요. 그런데

일본에서 곧장 인도로 갔을 때, 그제야 도덕적 딜레마를 깨닫게 되었지요. 공평하지 못한 사회에서 산다는 게 무슨 뜻인가 하는……. 내 생각에는 사회가 공평하지 못할수록 도덕적 딜레마도 더 커지는 것 같아요.

이제 인도에 도착했다 이겁니다. 내가 머물던 마을 어디를 가든지 길가에 거지들이 있는 겁니다. 이게 늘 도덕적 딜레마였어요. '적선을 해야 하나, 말아야 하나?' 돈을 쓰기 싫어서가 아니라, 그런 일을 하는 사람들 중에 이른바 직업으로 구걸을 하는 부자 거지들이 많다는 소리를 들었기 때문이에요. 어떤 의미에서는 그들이 우리를 속이는 거잖아요. 나 스스로 이런 질문을 던지고 있더라고요. '주어야 하나, 말아야 하나?' 돈을 준다면 저들을 돕는 것인가, 아니면 저들의 사기를 촉진시키는 것인가? 그러다가 결국 이런 결론에 도달했어요. 만일 저들에게 무언가를 준다면, 그건 너그러움에서 나온 것이어야지 다른 이유가 있어서는 안 된다고요. 그러니 삶이란 언제나 도덕적 딜레마의 연속인 거지요. 물론 거대한 불의가 있는 사회에서도 도덕적 딜레마는 있을 수 있습니다. 그러나 이러한 경우에는 도덕적 딜레마가 덜할 수 있는 것이, 우리가 위험을 무릅쓰고 정의를 위해 일어서는 편을 택하기만 하면 되니까요.

앨런 클레멘츠: 여사께서 살아오시는 동안 인생에서 당면했던 가장 어려운 도덕적 딜레마를 하나만 소개해주신다면 무엇입니까?

아웅 산 수 지: (긴 침묵) 하나만 이야기하기는 어렵군요. 누구나 매순간 도덕적 딜레마에 직면한다고 생각해요. 특히 정치에 연루되어 있는 경우라면 더더욱 그렇지요. 정치는 사람에 관한 일이라는 걸 항상 기억해야 합니다. 그 점을 잊어버리기 시작하면, 스탈린이나 히틀러처럼 단지 사람들을 이용하고 조작하는 존재로 전락하고 말지요. 그러나 정치가 사람에 관한 일이라는 걸 인식할 때에는 사람들이 지닌 인간적 약함과 인간

적 느낌에 관해 고려할 수밖에 없습니다. 물론 때로는 그게 일을 효율적으로 추진해 나가는 데 걸림이 되기도 하지요. 그래서 영원한 딜레마라는 겁니다.

앨런 클레멘츠: 1988년에 처음 정치에 입문하신 이후로 여사께서 내리신 결정들 가운데 가장 어려웠던 것은 무엇이었습니까?

아웅 산 수 지: 기억나는 게 하나 있네요. 전국 민주당을 창설하기 위해 준비하던 과정과 연관된 거예요. 당시에 누가 당원이 되어야 하느냐, 누구는 되면 안 되느냐를 놓고 매우 다양한 의견들이 있었지요. 처음에는 아주 걱정스러웠어요. 내가 특정 후보를 밀었을 때 일부에서 마음에 들어하지 않을까 봐요. 지금 와서 생각해보면 그건 지체 없이 처리했어야 할 일이에요. 하지만 때로는 분명한 것도 잘 보이지 않잖아요. 그러다가 갑자기 내 안에 이런 생각이 일어나는 거예요. "뭐 이런 일을 갖고서 걱정하고 그래?" 나는 그냥 내가 생각하기에 가장 적합하다 싶은 후보를 밀어주면 되는 거였어요. 오직 그것만이 정직하고 옳은 길이었지요. 그래서 그렇게 했습니다. 그런데 사실상 내가 가장 좋다고 생각했던 사람들이 일반적으로 다른 사람들도 가장 좋다고 생각했던 바로 그 사람이었어요. 아무 문제가 없었지요. 그 일이 나에게 교훈을 주었답니다. 때때로 우리는 전혀 걱정할 일이 아닌데도 사서 걱정한다는 깨달음 말이에요. 그건 인도에서 본 거지와 관련한 일에서도 마찬가지였지요. 그래서 결국 중요한 건 자신의 너그러움이라고 생각했어요. 진심에서 우러나온, 가슴에서 흘러나온 진정한 너그러움 말이에요.

앨런 클레멘츠: 이 나라에 있는 수백만의 국민이 영양실조 상태로 살아가면서, 굳이 테러가 아니더라도 다양한 공포에 짓눌려 삶을 꾸려가느라

안전을 절실히 필요로 하는 상황인데요. 여사께서 갖고 계신 국민에 대한 의무감에는 어떤 딜레마가 없으신지요? 요컨대 국민에게 충분히 주지 못한다는 느낌 같은 것 말입니다.

아웅 산 수 지: 아니오, 나는 내가 줄 수 있는 만큼만 줄 수 있을 뿐이에요. 게다가 나는 모든 사람에게 그들이 원하는 것을 주어야 한다는 과대망상증을 갖고 있지도 않아요. 항상 내가 할 수 있는 일에는 한계가 있다는 사실 앞에 정직한 편입니다. 물론 최선을 다하지요. 그러나 최선을 다했는데도 안 되는 일은 안 되는 대로 놔둡니다. 그렇다고 편안히 앉아서 "이만하면 됐지 뭐." 그런 식으로 말한다는 뜻은 아니고요. 내가 할 수 있는 최선의 기준을 가능하면 높이 올리려고 노력합니다.

앨런 클레멘츠: 국민의 고통을 생각할 때 여사님의 마음에 가장 먼저 떠올라 요동치게 만드는 것은 무엇인가요?

아웅 산 수 지: 고통을 덜어주기 위해 할 수 있는 건 무엇이든지 해야 한다는 생각입니다. 있어서는 안 되는 어떤 일을 보면, 언제나 나의 반응은 한결같아요. 가만히 선 채로 손을 부들부들 떨면서 "어떡해, 어떡해, 어째 이런 일이?" 말만 하는 건 소용없다는 거예요. 할 수 있는 뭔가를 하려고 노력해야 합니다. 나는 말보다는 실천을 믿어요.

앨런 클레멘츠: 언론과 표현의 자유라는 문제에 관해 여사님의 생각을 여쭙고 싶습니다. 거기에도 어떤 한계가 있을까요?

아웅 산 수 지: 언론의 자유가 다른 사람에 대한 존중과 연결되어 있다는 점을 이해하고 지키는 것이 중요하다고 봅니다. 아무개에 대해 자신이

하고 싶은 대로 아무 말이든 해서는 안 되지요. 타인에 대한 고려가 있어야 해요. 그러나 누군가를 혹은 무엇인가를 비판하기 때문에 언론의 자유가 금지되어야 한다고 생각하지는 않습니다. 그건 옳지 않아요. 다른 한편, 언론의 자유란 것은 길 한가운데 서서 지나가는 아무에게나 대고 음담패설을 늘어놓을 수 있다는 뜻이 아니라는 점도 중요합니다. 그런 행동은 자유롭게 발언할 수 있는 권리를 부당하게 사용한 보기에 지나지 않아요.

앨런 클레멘츠: 예술과 음악의 자유는 어떻습니까? 말하자면 서구에서는 갱스터랩 음악에서 로버트 메이플소프(Robert Mapplethorpe)*의 도발적인 사진이나 올리버 스톤(Oliver Stone)의 논쟁적인 영화 〈내추럴 본 킬러(Natural Born Killers)〉**에 이르기까지 너무나도 다양한 표현들이 있는데요. 여사께서는 예술적 표현에도 어떤 한계가 두어져야 한다고 생각하시는지요?

아웅 산 수 지: 내가 음악적 재능이 없는 사람이라는 것부터 고백해야겠군요. 그러니까 나는 음악적으로 재능 있는 사람들의 욕구를 이해하는 데

---

* 로버트 메이플소프(1946~1989)는 미국 뉴욕의 전형적인 가톨릭 가정에서 태어나 사진예술에 심취하면서, 흑인 남성 누드, 여성 보디빌더 누드, 동성애, 사도-마조히즘, 에이즈 등 동시대의 금기시된 주제들을 대담하게 사진에 담는 기법으로, 다른 아방가르드 미술가들과 동등하게 경쟁하는 사진작가의 반열에 올랐다. 그 자신이 에이즈로 사망한 이후에도 그의 사진전이 외설 시비에 휘말리는 등 끊임없이 논쟁을 몰고 다녔다. – 옮긴이

** 올리버 스톤 감독이 1994년에 제작한 영화로, 우리나라에서는 〈내추럴 본 킬러〉라는 제목으로 이듬해 상영되었다. 남녀 주인공 미키와 멜로리는 사회에 대한 반감을 이유 없는 살인유희로 풀어낸다. 그 사이에 엉뚱하게도 대중의 우상이 된 그들은 마침내 감옥에 갇힌 후에 자신들을 인터뷰하러 온 텔레비전 진행자에게 "살인이야말로 순수한 행동이며 자신들의 피 속에는 악마성이 흐르고 있다."고 주장한다. 이 선동적인 말에 광분한 죄수들이 폭동을 일으키는 통에 탈옥한 두 사람은 텔레비전 진행자를 살해하는 것으로 자신들의 살인유희를 끝내는데, 그 사이에도 카메라는 계속 돌더라는 이야기다. – 옮긴이

제한이 있는 사람입니다. 그리고 자신의 음악적·예술적 욕구를 정당화하는 한 무엇이든지 할 수 있다는 관점을 지지하는 사람들의 주장을 깊이 공부해본 바도 없습니다. 그런데 그들은 자신이 원하는 어떤 노래가사도 부를 수 있다는 관점을 어떤 식으로 정당화하나요? 나는 잘 이해가되지 않네요. 예를 들면 공적으로는 발설하지 못하도록 되어 있는 어떤것도 노래 속에서는 할 수 있다는 뜻인가요?

앨런 클레멘츠: 그런 건 발표되거나 생산되지 못할 겁니다. 설령 발표된다고 해도 방송되지는 못합니다. 그런데 왜 진실을 표현하도록 자유롭게 놔두면 안 되는 거지요?

아웅 산 수 지: 음, 무조건 받아들일 수는 없다고 보는데요.

앨런 클레멘츠: 왜죠?

아웅 산 수 지: 서구세계만 그런 건 아니고요. 어디서나 사람들은 자신의 권리를 이용하거나 오용하려고 애쓰는 것 같아요. 내가 항상 하는 말에도 이런 게 있어요. 일단 우리가 민주주의를 성취하면, 자신의 민주적 권리를 오용하는 사람들이 있을 거라는 거지요. 단지 자기 자신의 만족이나 개인적 이득을 위해 권리를 사용하는 거예요. 아마도 민주주의 자체를 공격하는 데 활용할 조직을 건설하기 위해 집회·결사의 자유를 이용하는 사람들이 생겨날 겁니다. 노상 일어나는 일이지요. 민주주의는 완벽함과는 거리가 멀어요. 그러니 항상 질문해야 합니다. 여기서 다시금 '질문하는 정신'이 중요하게 부각되네요. 질문하는 정신에는 장점도 있고 단점도 있어요. 우리는 어떤 발언이나 노래 또는 영화를 금지함으로써 사실상 민주적 권리를 저해하는지 아니면 보호받을 필요가 있는

사람들을 보호하는지 끊임없이 질문해야 합니다. 이래서 삶은 도덕적 딜레마의 연속이라고 말하는 거예요. 나는 서구에서 일어나고 있는 모든 것에 동의하지는 않습니다. 우리의 민주주의가 더 낫고 더 자비로우며 더 보살피는 것이기를 바란다고 말한 이유가 거기에 있어요. 이건 우리에게 자유가 더 줄어들어야 한다는 말이 아닙니다. 다만 그런 자유를 좀 더 책임 있게 진심으로 타인의 안녕을 고려하면서 사용하는 민주주의를 원할 뿐이지요.

앨런 클레멘츠: 여사님이 불편하게 느끼시는 서구 민주주의의 주요소는 무엇입니까?

아웅 산 수 지: 모든 게 폭력으로 수렴된다는 점이에요. 당신이 이야기한 종류의 노래와 음악, 영화들은 어떤 식으로든지 폭력을 다루고 있지요. 인간 본성 안에는 폭력적인 구석이 있어요. 비단 서구에서만 특유한 현상이라고 생각하지는 않지만 말이에요. 아마도 부유한 나라들에서는 사람들이 폭력적인 성향을 어떻게 처리해야 할지 잘 모르기 때문에 그런 것들이 생겨나지 않았나 싶어요. 풍요로운 사회에서는 사람들에게 탈출구를 제공하지 못하는 어떤 조건들이 있기 때문에 그들이 폭력을 처리할 능력을 상실한 게 아닐까요?

앨런 클레멘츠: 이를테면 진정한 정신적 가치 같은 것 말씀이지요? 그런데 폭력은 어디에나 있지 않습니까?

아웅 산 수 지: 맞아요. 폭력은 어디에나 있어요. 미국에서는 폭력이 길거리나 영화, 노래, 음악 등등에 있지만, 르완다 같은 곳에서는 전쟁터에 있지요. 인종간의 싸움이라는 형태로 거리에서 폭력이 벌어집니다. 옛

유고슬라비아는 어떤가요? 거기도 폭력이 만연했지요. 버마에도 물론 폭력이 있어요. 권력 당국이 국민에게 행사하는 폭력이지요. 다른 전체주의 국가들도 마찬가지입니다. 그러니 맞아요, 세상 어디에나 폭력이 있어요. 인간 본성 안에는 시시때때로 폭력을 분출할 대상을 노리는 무언가가 있는 것 같아요.

앨런 클레멘츠: 사람으로 하여금 폭력적인 예술이나 텔레비전 또는 영화를 보는 것에 쾌감을 가지고 빠져들게 하는, 말하자면 폭력을 오락으로 삼게 만드는 게 무엇이라고 보십니까?

아웅 산 수 지: 나는 전혀 그런 영화들을 즐겨본 적이 없어서 잘 모르겠네요. 내 취향은 재미있고 아름답게 만들어진 영화예요. 그러고 보니 이것도 훈련의 일부겠네요. 우리 어머니가 노상 하시던 말씀이 "스스로를 비참하게 만드는 데 일부러 돈을 쓸 필요는 없다."였어요. 나도 그 관점을 절대적으로 지지하고요.

앨런 클레멘츠: 바츨라프 하벨이 말한 "지식인은 본질적으로 도발하는 자이며 끊임없이 교란시키는 자"라는 관점에 대해서는 어떠십니까? 여사께서는 그러한 형태의 예술, 음악, 영화는 흥미를 느끼시나요?

아웅 산 수 지: 그럼요, 변화나 반동을 촉발하기 위해서 도발적이 된다는 것은 당연히 받아들여질 수 있다고 봅니다. 결국 무엇을 일깨우려고 하느냐에 달려 있겠지요.

앨런 클레멘츠: 그러니까 모든 게 그 사람의 의도로 되돌아가겠군요?

아웅 산 수 지: 맞습니다!

앨런 클레멘츠: 예전에 나눈 대화를 떠올리면, 모든 인간의 특징 가운데 여사님의 화를 가장 자극하는 게 '위선'이라고 언급하셨습니다. SLORC의 위선에 대해서는 어떠십니까? 그것에 아예 냉소적이 되셨나요? 그것과 어떻게 싸우십니까?

아웅 산 수 지: 냉소주의의 의미를 잘 모르겠네요. 우리는 사람들이 언제나 자신이 말한 대로 행동하지는 않는다는 사실을 인식해야 하지요. 그런 일은 늘 일어납니다. 하지만 모든 사람이 그렇다는 뜻은 아니에요. 자신이 생각한 대로 말하고, 말한 대로 실천하는 사람들도 있어요.

앨런 클레멘츠: 좀 더 구체적으로 말씀드려 보겠습니다. 서구 나라들, 특히 미국은 온갖 종류의 무기를 구축하려는 강박관념을 갖고 있습니다. '자유기업체제'를 통해 미국은 이런 무기들을 전 세계에 중개하지요. 심지어 이곳 랭군에서도 저는 SLORC의 장군들이 우지(Uzis) 기관단총의 방아쇠에 손가락을 끼운 채로 양쪽에 군인들을 거느리고 자동차 행렬을 벌이는 걸 보았습니다. 물론 동양도 마찬가지겠지만 서양의 무기상들에게 이야기를 할 시점이 아닌가요? 중국도 우려가 되기는 합니다만……

아웅 산 수 지: 사는 사람이 있으니까 파는 사람이 있는 거예요. 다시 말해 무기를 생산하는 나라들의 문제만은 아니라는 겁니다. 그런 무기를 구매하고 싶어 하는 나라들의 문제이기도 하지요. 이것은 결국 인류가 폭력 없이 사는 법을 배우지 못했다는 사실의 방증입니다.

앨런 클레멘츠: 비폭력에 헌신하는 지도자로서 여사께서는 모든 대량살상

무기의 철폐를 옹호하십니까?

아웅 산 수 지: 지금 이 시점에서는 이상주의적인 발상이겠지요. 하지만 나는 그게 더 이상 순진한 생각이 아니라 실제로 효력을 발휘할 수 있는 때가 과연 오겠는지 궁금한 거예요. 인류에게서 모든 폭력 성향이 제거될 수 있을지 말이에요.

앨런 클레멘츠: 버마에 자유민주주의가 이루어진 이후의 지도자로서 스스로의 모습을 상상해보신다면, 사람에게 폭력을 사용하는 결정을 내리실 수 있겠습니까? 사람을 죽이게 될 줄 알면서 폭력을 사용하도록 재가하는 결정 말입니다.

아웅 산 수 지: 특정한 상황 하에서는 정부의 모든 구성원이 함께 일을 풀어가야 할 것으로 봅니다.

앨런 클레멘츠: 그러니까 정치가로서 무기와 폭력을 '요령껏' 사용하는 건, 말하자면 직무상 일상적인 일이라는 뜻인가요?

아웅 산 수 지: 그보다는 직무상 위험이라는 뜻이지요.

13

약자에게도 힘이 있습니다

앨런 클레멘츠: 대학생 시절에 저는 겉으로 드러난 모습 말고는 저의 정체를 확인할 길이 없다는 생각에 많은 고뇌를 했습니다. 그때 생각에는, 제가 만일 현 체제를 추구한다면 이른바 '아메리칸 드림(American Dream)'에 집어삼켜질 것만 같았어요. 그 길을 따라 가노라면 어딘가에서 집 한 채와 자동차 두 대 그리고 가족을 거느린, 어쩌면 행복하게 여겨질 법한 저 자신을 발견할 수도 있겠지요. 그런데 이러한 그림이 저는 너무나도 무서운 거예요. 성공하기 위해서 저의 정열과 소질을 다 쏟아 부어 그 길로 가야 한다고 생각하니 정신이 번쩍 들었습니다. 그래서 결국 여사님의 나라로 오게 되었고 불교 승려가 되었지요. 이와 관련하여 두 가지 질문을 드리고자 합니다. 첫째, 여사께서 생각하시는 평범함이란 어떤 것인가요? 그리고 둘째, 여사께서 정의하시는 위대함은 또 무엇입니까?

아웅 산 수 지: 사람이 집 한 채와 자동차 두 대 그리고 가족에게서 행복을

찾는 것이 뭐가 잘못인지 모르겠군요. 만약에 그 가족이 정말로 행복한 가족이라면, 그들은 자기네 주위로 행복을 퍼뜨릴 거예요. 그러니 그 자체가 잘못일 수는 없지요. 사람이 바라는 게 소박하다는 건 범죄가 아니라고 생각해요. 부끄러워할 일도 아니고요. 사실 나는 소박한 욕망을 가진 사람들 그리고 욕망에 항상 끌려 다니지 않는 사람들에게 감탄합니다. 그건 불교적 사유와 대단히 긴밀하게 연결되니까요.

그러나 만약에 사람이 집 한 채와 자동차 두 대를 존재의 모든 것이자 궁극적인 것이라고 생각한다면, 그는 집과 자동차를 얻기 위해 무슨 일이든 할 겁니다. 설령 그 일이 다른 사람들을 짓밟는 것이어도 말이지요. 그건 당연히 잘못입니다. 반면에 집 한 채와 자동차 두 대 그리고 행복한 가족을 가진 평범한 삶을 향하여 남에게 상처를 입히는 일 없이 정도(正道)를 따라 꾸준히 일하겠다는 소박한 야망을 가졌다면, 거기에는 어떤 잘못도 없다고 생각해요. 겉으로 보기에는 아주 평범한 사람들이 실제로는 우리가 알지 못하는 위대한 정신과 영적인 가치를 가지고 있는 경우가 참 많습니다.

위대함과 관련해서는 너무나 다양한 종류가 있겠지요. 예를 들어 작곡가를 위대하게 만드는 건 뭘까요? 그의 음악입니다. 그가 엄청나게 매력적이거나 감동적인 인품을 지니지는 못했더라도, 아름다운 곡을 썼다면 그는 위대한 작곡가예요. 아름다운 음악을 연주하는 사람도 역시 위대한 음악가이지요. 그러니 '위대하다'는 말을 딱 잘라 정의하기는 어려워요.

정치에서의 위대함은 사람들에게 훌륭한 대의명분에 합류하도록 영감을 주는 능력이라고 정의하는 걸 어디선가 읽은 적이 있어요. 어느 정도는 종교 지도자에게도 해당되는 말인 것 같아요. 종교 지도자가 많은 사람들에게 영적인 탐구의 여정에 합류하도록 고무한다면 위대하다고 부를 수 있겠지요. 그런데 나는 위대함이 과연 우리를 둘러싼 사람들과의 관계라는 맥락을 떠나서 이야기할 수 있는 성질의 것인지 의아해요. 말하자면 섬에 홀로 앉아서 아무하고도 소통이 없는 누군가를 위대한 사람이라고 말할 수 있을까 싶은 거예요.

일반적으로 위대함은 다른 사람들과의 관계라는 맥락에서 이야기됩니다. 타인들을 위해 무슨 일을 하는가, 타인들에게 어떤 감동을 주는가, 그런 것들이지요. 아무도 음악가의 음악을 들은 사람이 없다면, 언젠가 그의 음악이 누군가의 귀에 닿아서, 그걸 듣고 행복하다거나 감동을 받았다고 느낄 사람이 생기기 전에는, 누구도 그를 위대하다고 생각하지 않을 거예요. 책도 똑같습니다. 위대한 책은 작가가 생존해 있든 아니든 상관없이 언제나 위대한 책이에요. 그러나 누군가 그 작품을 읽기 전까지는 아무도 그 작가를 위대하다고 생각하지 않을 겁니다. 마찬가지로 위대한 정신도 남들이 알아주든 말든 그 자체로 존재하겠지요. 누군가가 자신 안에 위대함의 씨앗을 가지고 있다면, 남들이 알아주든 말든 그 씨앗은 항상 거기에 있을 겁니다. 하지만 그 씨앗이 자라서 꽃을 피워 세상이 알아보게 되는지 아닌지는 별개의 문제예요. 그건 오로지 그 사람이 사회의 나머지 사람들과 맺는 관계의 맥락에서 이루어질 수 있는 일이지요.

앨런 클레멘츠: 많은 사람이 여사님의 이름을 들으면, 목소리가 없는 사람들을 대변하는 목소리, 그리고 힘없는 사람들, 평범한 사람들, 모자란 사람들, 권리를 박탈당한 사람들을 옹호하는 권위를 연상합니다. 여사님의 나라에서만이 아니라 전 세계에서 엄청난 다수가 바로 그러한 사람들이지요. 여사께서는 빈민이나 난민 혹은 정치범 같은 사람들의 삶에다 위대함의 개념을 어떻게 적용하시겠습니까?

아웅 산 수 지: 개개인의 열망은 항상 다릅니다. 그렇지만 내 생각에 사람

은 자신의 열정을 다스리면서 위대함을 추구하는 게 아닌가 싶어요. "세상을 정복하기보다 자기 자신을 정복하기가 훨씬 더 어렵다."는 말도 있지 않나요? 그러니까 불교식 사유에서는 상황에 구애받지 않고 자기 자신의 열정을 다스리는 것이 위대함에 이르는 주된 길인 겁니다. 예를 들어 우리 사람들(NLD) 중 많은 이가 감옥에 있을 때 명상을 해요. 부분적으로는 시간이 많아서 그런 것도 있지만, 또 다른 이유로는 명상이 아주 예민한 것이어서 그렇기도 합니다. 바깥세상과 접촉하지 못하기 때문에 세상을 위해 아무것도 할 수 없다고 느껴질 때 내면세계를 적절히 제어하기 위해 할 수 있는 일이 바로 명상이라고 하더군요.

앨런 클레멘츠: 버마의 총체적 위기와 버마 국민의 투쟁을 두루 요약한다면 '참된 감정을 느낄 용기'라고 말할 수 있겠습니다. 민주화 투쟁에 뛰어든 사람들에게 그것은 자부심과 자긍심 그리고 존엄성을 느낄 용기와 행동할 용기를 의미하겠고, 당국에게는 수치와 회한을 느낄 용기, 곧 국민을 사랑할 용기와 국민을 향해 스스로 겸손해질 용기를 의미한다고 봅니다. 그런데 이 모든 사람이, 말하자면 마땅히 느껴야 할 올바른 느낌을 느끼지 못하도록 왜곡하는 건 무엇일까요? 느낌 자체를 두려워하기 때문이라고 간단히 얼버무릴 수 있을까요?

아웅산수지: 객관적이 된다는 것은 훈련과 매우 깊은 연관이 있다고 생각해요. 자각이 객관성으로 이어지지요. 더 많이 자각할수록 더 많은 객관성을 갖게 됩니다. 이건 아주 불교적이에요, 그렇지 않나요? 자기 주변 그리고 자신 안에서 무슨 일이 일어나고 있는지를 자각하지 못하는 사람들은 이 세상에서 올바른 일을 하려고 할 때 너무나도 필요한 느낌들을 느끼지 못해요. 자신이 무엇을 잘못했는지조차 깨닫지 못한다면 부끄러움도 느끼지 못하겠지요. 그저 순수한 환상 속에서 사는 건데, 그

건 일종의 광기이자 완전한 객관성의 결여입니다. 이 모든 것은 진실을 대면하지 못하는 문제로 요약되고요. 만약에 자기가 하는 모든 일이 '애국심'이나 '국가를 위한 선'으로 정당화되는 세상에서 살고 있다면, 수치심을 느낀다거나 자기 자신을 바로잡고 싶다거나 하는 다음 단계를 도저히 밟을 수 없을 거예요.

앨런 클레멘츠: 여사께서는 이것을 단순히 훈련의 문제로 보십니까? 아니면 불쌍하게도 착각에 불과한 환상을 몸에 익혀서 나쁜 습관이나 삶의 방식이 된 거라고 생각하십니까?

아웅 산 수 지: 훈련의 문제입니다. 나는 많은 부모가 옳고 그름과는 상관없이 항상 자기 자식 편만 든다는 인상을 받았어요. 이렇게 하는 건 그 자녀들이 성장하면서 객관성과 공정성을 갖는 데 도움이 되지 않아요. 우리가 심라(Simla: 인도 북부 편잡 주의 도시)에 살 때, 그런 경우를 한번 보았지요. 한 꼬마가 너무 정신없게 소란을 피우는 거예요. 번잡한 곳에서 막 뛰어다니는데, 까딱하면 교통사고의 원인이 되겠더라고요. 마침 거기에 있던 한 남자가 아이를 붙잡아 제지하고는 도로 안쪽에 서 있으라고 말했어요. 그리고 아이의 어머니한테도 아이가 사납게 뛰어다니면 사고를 일으킬 수도 있고 아이 자신이 다치거나 죽을 수도 있으니 한쪽에 얌전히 있으라고 했다고 설명했어요. 그런데 그 아이 엄마가 전혀 고마워하지 않는 거예요. 도리어 화를 내더라고요! 나는 너무나 놀랐어요. 내가 만약에 그녀 입장이었다면 먼저 그 남자의 행동에 대해 감사부터 했을 거예요. 그러고는 사과를 했겠지요. "우리 애가 소란을 피워서 정말 죄송합니다. 그렇게 못하도록 해주신 데 대해 너무나도 고맙습니다." 하지만 그 아이 엄마는 남자한테 막 화를 내는 거예요. "어딜 봐서 내 아들이 말썽꾸러기냐?"고 하면서. 사실 이런 일은 노상 일어납니다. 자신이 하

는 모든 일이 외부의 다른 사람들이 하는 것과 반대되는데도 항상 잘했다고 정당화되는 가정에서 자라난다면, 그 사람은 객관적으로 성장하기 어려워요. 언제나 자신이 하는 일은 무엇이든지 옳고 정당하다고 생각할 거예요. 반면에 자기 입맛에 맞지 않으면 다른 사람들이 하는 일은 다 틀렸다고 생각하고요. 그러니 훈련이 아주 중요하지요. 물론 타고난 본성 또한 무시할 수 없다고 봐요. 사람은 어떤 특질들을 가지고 태어나는 것 같아요. 요즘에는 그걸 유전이라고 말하더군요. 하지만 얼마나 잘 양육 받느냐에 따라 차이가 생기기도 합니다. 그러니까 전부는 아닐지라도 어느 정도는 훈련과 양육이 도움이 될 수 있어요.

앨런 클레멘츠: 오랜 불교문화의 영향 속에서 신령하게 양육 받았을 텐데, 어떻게 SLORC의 억압적인 장군 무리들이 나올 수 있었을까요?

아웅 산 수 지: 글쎄요, 마찬가지로 캄보디아에서 어떻게 크메르루주(Khmer Rouge)*가 나왔는지 물을 수 있겠네요. 선량하고 친절한 종교를 가졌기 때문에 모든 사람이 선과 친절을 행하는 건 아니에요. 많은 사람이 자기 종교에다가 말로만 헌신을 합니다. 기도도 잘하고 예배도 꼬박꼬박 참석하고 온갖 예식을 잘도 거행하지만, 실제로는 어떤 것도 마음속에 흡수되지 않는 거지요. 당신도 단순히 며칠이 아니라 몇 달 심지어 몇 년간 명상했다고 말하는 사람들을 많이 알 거예요. 그런데 세상을 향한 그들의 태도는 많이 달라지지 않을뿐더러 하나도 변하지 않는 경우도 있어요. 그런 경우를 많이 보셨지요?

---

* 캄보디아의 급진적인 좌파 무장단체로 1967년에 결성되었다. 캄보디아 사람을 뜻하는 '크메르'와 적색을 의미하는 프랑스어 '루주'의 합성어이다. 정식 명칭은 캄보디아 공산당이며, 1980년대 이후에는 지도자의 이름을 따 '폴 포트(Pol Pot)파'라고도 불리었다. - 옮긴이

앨런 클레멘츠: 네, 두 경우 모두 혹시 변화가 있다고 하더라도 더디게 이루어지는 것 같습니다. 저는 이 부분을 여쭙고 싶습니다. 세상의 어떤 사람들은 온전함을 추구하려고 하는 반면에, 다른 사람들은 어둠에 매료되어 있는 것처럼 보인다는 사실이지요. 온전해지거나 온전함을 향해 나아가려면, 어둠에 대해 깨어 있어야 하고 어둠을 통합해야만 합니다. 어쩌면 제가 틀릴 수도 있겠지만, 내적 자각의 과정에서 여사께서는 제가 어둠이라고 부른 외부적 사건들과 대면하지 않으면 안 되셨을 것으로 생각되는데요. 그 어둠으로부터 여사님 자신에 관하여 배우신 게 있다면 좀 나누어주시겠습니까?

아웅 산 수 지: 음, 나는 어둠속에 들어간 적이 없다고 생각해요. 바깥사람들은 매사를 안에 있는 사람들보다 훨씬 더 드라마틱하게 보는 것 같아요. 집에 있다가 붙잡혀서 감옥에 집어넣어지고는 문이 쾅 닫혀버린 사람들이 더 많이 드라마틱하겠지요. 내 경우에는 그렇지 않았잖아요. 가택연금에 처해진 첫 번째 날, 많은 사람이 몰려와서 집을 홀라당 뒤집어엎고는 물건들을 가지고 가더군요. 밤새 한바탕 난리를 치른 뒤에 나 홀로 집에 남겨졌는데, 그게 가택연금의 시작이었어요. 그러니까 특별히 드라마틱할 건 별로 없는 셈이에요.

앨런 클레멘츠: 그러시군요. 하지만 많은 사람이 매일 여사님께 와서 자신들이 당면한 고충을 이야기하지 않습니까? 여사님의 동료들은 투옥되어 고문을 받기도 하고, 여사님 역시 어느 정도 고통을 당하셨습니다. 이렇게 매일매일 고통과 마주하면서 무엇을 깨달으셨는지요?

아웅 산 수 지: 인간 본성에는 가장 좋은 면과 가장 나쁜 면이 있다는 걸 깨닫게 됩니다. 물론 고문과 고통을 가한 사람들에게서는 인간 본성 안에

있는 가장 나쁜 면에 대해 배우지요. 반면에 영혼이 망가지지 않고도 그런 고통을 견뎌내는 사람들에게서는 가장 좋은 면을 배워요.

앨런 클레멘츠: 세상의 많은 사람이 타인을 섬기려는 본능 내지 욕구를 가지고 있다고 말하는 것이 타당하다고 봅니다. 인생을 단지 소모하기만 하는 것이 아니라 무언가를 되돌려 주어야 한다는 소명이랄까요? 이러한 베풂의 본능은 어떻게 키울 수 있을까요? 어떤 사람에게는 기껏 점화되었다가도 잠시 명멸하다가 이내 사라져버리는데…….

아웅 산 수 지: 말씀하신 대로 어떤 사람들은 베푸는 본능을 타고나지만, 다른 사람들은 그렇지 않아요. 어린애들도 보면 자기 사탕이나 장난감을 주는 걸 좋아하는 애가 있고, 그렇지 않은 애가 있지요. 그게 바로 타고난 본성이에요. 그런 한편 어린애들이 이기적으로 굴어도 가만히 놔두는 부모들이 있는가 하면, 나누어야 한다고 가르치는 부모들도 있어요. 우리 어머니는 항상 나누어야 한다고 말씀하시는 쪽이었지요. 어머니의 판단에서 이기심은 누구나 저지를 수 있는 최악의 죄 가운데 하나였어요. 어머니는 "아무개는 너무 이기적이야!"라는 말씀을 항상 하시곤 했어요. 나는 이런 어머니한테서 많은 걸 배웠지요. 어머니는 남을 섬기고, 받기보다는 주는 것에서 만족과 행복을 얻는다고 믿는 분이셨습니다.

앨런 클레멘츠: 모친께서 여사님께 심어주신 또 다른 중요한 가치들이 있었습니까?

아웅 산 수 지: 어머니는 나에게 아버지가 옹호하신 가치들을 존경하고 존중하라고 가르치셨어요. 이를테면 두려움은 별로 영향받을 게 못 된다고 강조하셨지요. 그래서 혹시 내가 겁을 먹으면 단단히 화를 내셨어요.

겁쟁이를 아주 싫어하셨거든요. 어머니는 또 내가 어둠을 무서워한다는 점에 대해서도 야단을 치셨어요. 그렇게 여린 감정들을 절대로 부추기지 않으신 거예요. 어머니는 용기, 책임, 봉사, 나눔 같은 걸 대단히 높게 생각하셨어요. 정말 보기 드물게 올곧은 여성이셨습니다.

앨런 클레멘츠: 부처님의 가르침에서 가장 두드러진 특징은 깨달음입니다. 지금 여기 이 순간에 깨어서 생생하게 살아내는 능력을 중요하게 보셨습니다. 과거에 몰두하거나 미래를 예측하기보다는 현재의 순간을 산다는 의미에 관해 어떻게 생각하시는지요?

아웅 산 수 지: 정말로 흥미를 느끼거나 마음과 영혼을 사로잡는 일을 하지 않는 사람들은 현재에 비추어 생각하지 않는 사람들이라고 봅니다. 요 전날 우윈텡과 어떤 사람이 이야기를 나누던 중에 그 사람이 그러더래요. "아, 나는 절망감이 느껴지는데, 당신은 어떻소?" 그래서 우윈텡이 말했답니다. "나는 너무 바빠서 절망감을 느낄 새도 없소." 바로 이거예요! 만약에 할 일이 많고, 하고 있는 그 일에 대한 신념이 있다면, 현재에 사는 겁니다. 현재에 사는 법을 배울 수는 없어요. 그냥 사는 거지요. 우리는 과거에 살 시간이 없습니다. 미래는 현재에 우리가 한 일로부터 생겨나는 법이고요. 내 생각에는 행복하게 일하는 사람은 매사에 즐겁고, 행복하지 않게 일하는 사람은 지루해하거나 분노하면서 절망하는 것 같아요.

앨런 클레멘츠: 많은 기자가 여사님께 특별히 신변의 안전과 암살 가능성에 대한 질문들을 합니다. 역사를 통해 보면, 용감하게 현재 상태를 넘어서서 진리와 자유, 정의에 관해 이야기하고, 그럼으로써 죽임을 당한 사람들의 보기가 많이 있는 탓이라고 봅니다. 마틴 루터 킹, 마하트마 간디,

존 케네디 등이 그렇습니다. 물론 여사님의 부친도 예외가 아니었지요. 저의 질문은 이것입니다. 만약에 이게 설명될 수 있는 문제라면, 누군가 기존의 규범에 도전할 때, 게다가 배후에 상당한 정도의 권력을 가지고 있을 때 사회는 어째서 그를 끌어내려 짓뭉개거나 죽이려고 하는 것일까요?

아웅 산 수 지: 내가 보기에는 사람들로 하여금 저명한 사람에 대해 강한 감정을 갖게 만드는 무언가가 있는 것 같아요. 존 레논(John Lennon)은 인권을 위해 일했다거나 민주주의를 외쳤기 때문에 살해당한 게 아니에요. 인간 본성 안에는 유명한 사람들에게 끌리는 무언가가 있어요. 헌데 그러한 끌림이 항상 올바른 종류의 것이 아니라는 데 문제가 있지요. 그건 부정적인 종류의 것일 수도 있어요. 그 사람을 파괴하거나 죽이고 싶게 만드는 식으로. 그러니까 말하자면 진실을 말하는 것과는 별 상관이 없다고 봅니다. 그런가 하면 물론 정치적 상황에서는 진실을 말하는 것이 어떤 사람들에게 고통을 야기할 수도 있지요. 아버지가 언젠가 연설에서 하신 말씀 중에, 동료들이 그러는데 아버지에게는 고통스러운 진실을 이야기하는 재주가 있으셨다는 거예요. 진실은 아픔을 줄 수 있습니다. 사람이 아픔을 느끼면 종종 달려들어 해치려고 할 수 있어요. 결국 진실을 듣는 이가 어떤 종류의 사람이냐에 달려 있다고 봅니다. 고통을 느낄 때 고통의 원인을 분석하는 사람들도 있어요. 다른 사람들은 고통이 자기 자신에 의해 야기되었는지 아니면 타인에 의해 야기되었는지 헤아려 보지도 않고 무조건 주변의 아무한테나 달려들어 폭력을 가하는 반면에, 이런 사람들은 고통을 합리적이고 현명한 방법으로 처리하지요.

앨런 클레멘츠: 버마에서 벌이고 계신 여사님의 투쟁은 넬슨 만델라가 남아프리카공화국의 아파르트헤이트(apartheid: 극단적인 인종차별·분리정책)에 대

항하여 일으킨 운동과 종종 비교됩니다. 이와 관련하여 두 가지를 여쭙고 싶은데요. 우선 남아프리카공화국의 투쟁이 여사님의 생각이나 가치관에 어떤 영향을 미쳤는지요? 그리고 두 번째로, 혹시 넬슨 만델라가 한 인간으로서 여사께 어떤 영향을 미친 게 있다면 말씀해주실 수 있겠습니까? 이를테면 여사님이 취하시는 정치적 접근과 민주화 비전에 끼친 영향 같은 것 말입니다.

아웅 산 수 지: 남아프리카공화국과 넬슨 만델라가, 내가 견지하고 있는 버마의 민주화 투쟁에 관한 관점에 유일하게 영향을 미친 주체는 아닙니다. 물론 우리가 남아프리카공화국을 염두에 두고 있기는 하지요. 명백하게 불의한 체제로부터 완전히 돌아선 나라의 가장 최근 사례이니까요. 그렇다고 남아프리카공화국에서 모든 게 순조롭게 진행되었다는 말은 아닙니다. 아무도 이런 일이 일어나리라고는 생각하지 못했던 게 사실이에요. 모든 사람이, 심지어 민주화된 그러나 여전히 인종이 혼합된 정부 아래서조차 수십 년간 해묵은 아파르트헤이트 정부 시절에 급증했던 문제들에 직면하게 될 것이라고 생각했지요. 그런 의미에서 남아프리카공화국은 편견을 넘어선 사고의 보기입니다. 왜냐하면 아파르트헤이트의 전체 시스템이 흑인은 백인과 동등한 인간이 아니라고 하는 관점에 입각해서 순전히 편견에 기초하고 있으니까요.

그건 버마도 마찬가지입니다. 민주주의를 원하는 사람들을 향해 민주주의를 저지하는 사람들이 갖고 있는 감정은 순전히 편견이에요. 우리는 그런 편견을 극복하는 사고를 가지고 싶습니다. 한 가지 피부색을 가진 사람들이 다른 피부색의 사람들을 지배하도록 허용하는 체제의 불의가, 한 조직의 사람들이 자신들을 제외한 국가의 전체를 지배하도록 허용하는 체제의 불의보다 더 나쁠 것도 없지요. 이 둘은 아주 유사해요. 그렇기 때문에 우리는 남아프리카공화국의 상황을 연구하고 싶은 거예요.

하지만 서로 다른 점도 많습니다. 남아프리카공화국의 경우에는 백인 정부가 민주주의를 실천했어요. 그들은 군사정권을 좋아하지 않았지요. 흑인을 향한 그들의 태도는 완전히 부정적이고 부당했지만, 그런 가운데서도 그들은 제한된 범주 안에서 민주화 과정을 존중했어요. 혹시 헬렌 수즈먼(Helen Suzman)*에 관한 글을 읽으셨다면, 그녀가 정권에 반대했음에도 국회의원으로서 온전한 권리를 행사했다는 사실을 발견할 거예요. 그러니까 거기서는 의회 제도에 대한 존중이 있었다는 거지요.

다른 한편, 흑인들을 향한 백인들의 태도는 자신들이 더 우월하다는 확신에서 나온 겁니다. 전부 다 그런 건 아니지만, 백인의 다수가 정말로 자신들이 흑인들보다 유전적으로 우월하다고 확신했어요. 그건 교육이나 양육 또는 환경에 의해 근절되거나 동등하게 만들 수 있는 성질의 것이 아니었지요. 버마의 군사정권이 취하는 태도는 그렇지 않다고 봅니다. 물론 그들이 애국심에 있어서 더 우월하다고 주장하기는 하지만 말이에요. 그래도 사람들은 그들이 너무 심하게 그 점을 항변하려고 애쓴다고 느낍니다. 그럴수록 고작 말뿐이 아닌가 의아해하는, 아니 사실상 말만 그렇게 한다고 확신하는 사람들이 늘어나는 거지요.

앨런 클레멘츠: 여사께서 체코의 바츨라프 하벨 대통령에 대해 높이 평가한다고 알고 있습니다. 그분이 지도자로서 여사께 어떤 영향을 미쳤는지 여쭈어보아도 될까요?

아 웅 산 수 지: 그분의 책들을 읽었어요. 간접적으로 나에게 영향을 미친

---

* 헬렌 수즈먼(1917~2009)은 남아프리카공화국 태생으로, 아파르트헤이트 철폐를 주장한 백인 여성정치인이다. 경제학 교수를 지내다가 1953년에 정계에 입문한 뒤, 36년 동안 국회의원직을 수행하면서 여성의 권익은 물론, 특히 넬슨 만델라가 수감된 로벤 섬을 최초로 방문하는 등 그의 석방을 위해 힘썼다. 이러한 공로로 1978년에 유엔 인권상을 수상하기도 한 그녀는 '백인의 양심'으로 일컬어진다. ─옮긴이

셈인데, 그건 그분이 체코의 상황에 관해 쓰신 게 깨달음을 주었다는 뜻이에요. 이를테면 "무력한 자들의 힘" 같은 것들 말이에요. 하지만 체코슬로바키아에 관한 이야기 중에서 가장 인상적이었던 부분은 일부 상류층 사람들이 보여준 지적 정직함이에요. 그들은 자신의 지적 진정성을 양보한 채 대학이나 정부에 들어가기보다는 오히려 배관공, 도로 인부, 거리 청소부, 벽돌공이 되는 길을 택했지요. 말하자면 그들은 육신보다 정신의 우월성을 인정하고, 지적 진정성의 중요성을 물질적 안위보다 훨씬 우위에 놓았지요. 그 점이 나에게 엄청난 영감을 불러일으켰어요. 나는 이것이야말로 우리가 정신적·지성적 통전성을 유지하고자 할 때 이룩할 수 있는 놀라운 사례라고 생각해요.

앨런 클레멘츠: SLORC가 '1996년은 버마 방문의 해'라는 슬로건을 내걸고 펼치는 악명 높은 캠페인이 장군들의 주요 관심사가 되었는데요. 여사께서는 미래의 여행자들이나 관광객들에게 아예 이 나라에 접근하지 말라고 주장하시는 입장이십니까?

아웅 산 수 지: 아니오, 그런 식으로 주장하지는 않아요. 다만 그 캠페인에 동조하지 말고 불매운동을 해주기를 바랄 뿐이지요. 그 캠페인은 1996년 11월 초에 시작해서 1997년 4월 말까지 지속되는 걸로 알고 있어요. 이 시기가 관광 특수를 누릴 때이니까요. 우리는 관광객이 버마의 민주화 운동과 연대한다는 의미에서 무엇보다도 그 캠페인을 보이콧해주기를 요청하고 있어요. 관광객이 영원히 버마로부터 멀찍이 물러나 있기를 바라는 게 아니고요. 또 어쨌든 외국인들이 들어온다고 해서 우리가 그들에 대항하여 어떤 일을 할 생각도 전혀 없어요. 문제는 SLORC가 '1996년은 버마 방문의 해'라는 캠페인을 선전도구로 이용한다는 점이지요. 사실상 그렇게 하지도 못했으면서, 자신들이 원했던 바를 성취

한 것처럼 보여주고 싶은 거예요. 우리가 특히 이 캠페인이 지속되는 동안만이라도 관광객이 버마 여행을 자제해주기를 바라는 이유는, 도로며 호텔이며 관광명소 같은 수많은 편의시설이 버마 국민의 희생을 대가로 이루어졌다는 사실을 관광객도 알고 있다는 걸 보여달라는 취지입니다. 버마 국민은 정말 고통이 컸어요. 아시다시피 도로를 닦고 다리를 세우는 데 강제로 동원되어야 했지요. 집에서 쫓겨난 사람들도 많아요. 관광객들에게 깨끗하게 보여야 한다는 이유로 마을 전체가 철거당하기도 했어요. 그러니 버마를 방문할 계획을 가지고 계신 잠재적인 여행자들께서는 가련한 국민의 희생을 대가로 자신들의 쾌락을 구매하지 않겠다는 의지를 보여주십사 요청하는 겁니다.

앨런 클레멘츠: 랭군 전체만이 아니라 다른 지역들에서도 새 호텔들이 계속 지어지고 있습니다. 관광객은 여전히 오지 않을까 생각됩니다. 아무도 그 숫자를 정확히 가늠할 수는 없지만, 어쨌든 들어오고 있습니다. 여사께서는 그들에게, 특별히 지각에 호소하는 여사님의 말씀에 응답할 만한 관광객에게 어떤 조언을 해주실 수 있겠습니까?

아웅 산 수 지: 우선 왜 이곳에 오는지를 스스로 질문해보도록 권고하고 싶습니다. 모든 사람에게 일일이 찾아가 충고할 수는 없으니까요. 나는 사실 사람들이 왜 오는지 모르겠어요. 어떤 사람들은 '패키지 투어'로 옵니다. 단지 사진이나 찍고 거기에 가봤다고 말하고 싶어서 오는 사람들이지요. 이른바 '가봤다 증후군(the "I've been there" syndrome)'입니다. 또 어떤 사람들은 순수하게 문화에 관심이 있어서 오기도 할 거예요. 그런데 이런저런 이유로 버마에 오는 관광객들에게 내가 충고랍시고 도대체 무슨 말을 해줄 수 있겠어요? 그저 이런 말씀밖에는 드릴 게 없습니다. "왜 이 나라에 오려고 하시나요? 당신이 옴으로써 이 나라에 어떤 선한 일을 한

다고 생각하나요? 아니면 단지 당신 자신의 허영이나 호기심을 만족시키기 위해 오는 건가요? 부디 스스로 물어보시기 바랍니다."

앨런 클레멘츠: 여사님의 글을 읽은 사람들은 어쩌면 여사님과 버마 국민이 민주주의를 성취하도록 지원할 수 있는 방법을 알고 싶어 할 텐데요. 어떻게 도우면 될까요?

아웅 산 수 지: 남아프리카공화국의 아파르트헤이트와 마찬가지입니다. 만약에 전 세계에서 오직 소수의 사람들만이 남아프리카공화국에서 생산되는 상품들을 사지 않기로 거부했다면, 그건 별 효과를 거두지 못했을 거예요. 그러나 다수가 동조했지요. 남아프리카공화국에서 나오는 건 무엇이든지 사지 않겠다고 거부한 사람들이 많았어요. 사실 나도 거기에 동참했지요. 이러한 행위는 단순히 물건을 거부하는 것이 아니라 아파르트헤이트를 거부하는 의미예요. 나 역시 남아프리카공화국 정부가 자행하는 인종차별정책을 도덕적으로 지지할 수 없다고 느낀 다수의 사람 가운데 하나였지요.

　버마가 민주주의를 이룩하도록 돕고자 하는 분들이 할 수 있는 일이 참 많습니다. 이를테면 버마의 불의한 체제를 든든히 떠받치는 데 기여하는 기업들을 지원하지 않기로 거부하는 겁니다.

앨런 클레멘츠: 그러니까 이 세계에서 자유를 존중하는 사람이라면 누구나…….

아웅 산 수 지: 자기 몫의 일을 할 수 있습니다. 모든 사람이 진실로 관심을 갖는다면 자기 몫을 감당할 수 있어요. 버마 바깥에 있는 모든 세계인들이 말이에요.

앨런 클레멘츠: 여사님의 민주화 운동에 공감하는 외국인들이 여사님과 NLD를 재정적으로 어떻게 도울 수 있겠습니까?

아웅 산 수 지: 아닙니다. 현재의 법규 아래서는 외국 출처로부터 기부금을 받는 것이 불허되어 있어요. 그래서 우리도 그러지 않으려고 매우 조심합니다. 이 점에 있어서는 아주 엄격해요.

앨런 클레멘츠: 외국 출처라지만 노벨 평화상 상금이야 받으셨겠지요?

아웅 산 수 지: 받지 않았어요. 그 밖의 다른 상금들도 나 자신을 위해 받은 적은 한 번도 없어요. 그 자금은 버마교육신탁(Burma Trust for Education)을 조성하는 데 사용되어서 현재 해외에 보관 중입니다. 우리는 그 신탁기금을 태국과 기타 등지에 있는 버마 어린이들을 교육하는 데 사용하고 있어요. 버마를 돕고는 싶은데 직접적으로 도울 수는 없는 외국인이시라면 그 신탁기금에 기부하실 수 있습니다. 그러면 우리로서는 대단히 감사한 일이지요.

앨런 클레멘츠: 버마 국민의 자유와 민주주의를 위한 투쟁을 전 지구적으로 호소하는 수준까지 끌어올리려면 무엇이 필요하겠습니까? 더 많은 고통이 수반될까요?

아웅 산 수 지: 쉬운 대답을 찾을 수 없네요. 나라마다 사정이 다르니까요. 세계가 넬슨 만델라에게 관심을 갖기까지 수십 년의 세월이 흘렀다는 걸 잊으면 안 됩니다. 단순히 그가 오랜 세월 감옥에 있었다는 사실과 관련해서만이 아니라 세계 자체가 인권 같은 문제에 관심을 갖게 된 데는 그토록 오랜 시간이 필요했다는 거지요. 통신기술의 발달과 더불어 사

람들이 세계의 다른 부분들에서 무슨 일이 일어나고 있는가에 좀 더 많은 흥미를 갖게 된 점도 있을 테고요. 여기에는 인간에 대한 관심이 반영되어 있다고 생각합니다. 남아프리카공화국의 흑인들이 25년 이상이나 지독한 억압을 당해왔다는 사실이, 넬슨 만델라 한 사람이 25년 동안 감옥에 있었다는 사실만큼 세계인들에게 강한 인상을 준 것 같지는 않아요. 더구나 그렇게 오랜 세월 수감생활을 한 것이 넬슨 만델라 혼자만이 아닌데도 말이지요. 다른 사람들도 있었잖아요. 하지만 이것이 인간의 본성입니다. 사람들은 다른 사람과 동일시하는 걸 좋아해요. 굉장히 많은 사람들이 넬슨 만델라를 남편으로, 또 아버지로 동일시할 수 있었기 때문에 그에게 관심이 쏠린 게 아닌가 싶어요. 그 무렵 그분은 완전히 할아버지가 되어 있었는데, 자기 가족들에게서 떨어져나가 자신이 추구하는 원칙을 위해 25년의 수감생활을 견딘 그런 할아버지였지요. 그 점이 사람들에게 커다란 감동을 주었어요. 그러니까 버마에서 일어나고 있는 일에 자기 자신을 동일시할 수 있도록 사람들을 움직이는 무언가가 있어야 세계인의 의식수준이 올라갈 겁니다. 그게 무엇인지는 아무도 정확히 말할 수 없겠지요.

앨런 클레멘츠: 세 가지 질문을 드립니다. 첫째, 여사께서는 버마에서 민주주의가 성취될 것이라고 얼마나 확신하십니까? 둘째, 그 목표가 성취되기 위해 가장 필수적인 요소들은 무엇이라고 보십니까? 그리고 셋째, 언제 민주주의가 성취될는지 그때를 대충 가늠할 수 있으시겠습니까?

아웅 산 수 지: 마지막 질문부터 먼저 대답하면, 모릅니다, 언제라고 예측할 수 없어요. 또한 언제인지 전혀 말할 수 없을 때, 그런 걸 예측하려는 시도는 위험하다고 생각합니다. 첫 번째 질문에 대해서는, 네, 우리가 반드시 민주주의를 성취할 거라고 확신해요. 그리고 두 번째 질문과 관련

하여 필요한 것은 국민에게 자신들이 무력하지 않다는 걸 이해시키는 일이라고 봅니다. 우리 국민은 '무력한 자의 힘'을 배워야 해요. 우리가 원하는 걸 성취하기 위해 할 수 있는 일이 많이 있어요. 자기 자신을 바라볼 때, 권력을 장악한 자들의 손아귀에 완전히 사로잡혀서 아무것도 하지 못하는 무기력한 존재로 보면 안 됩니다.

앨런 클레멘츠: 석방되신 지 11개월가량 흘렀습니다. 이 시점에서 민주화 투쟁을 어떻게 평가하시겠습니까?

아웅 산 수 지: 우리 당(NLD)의 구성원들이 훨씬 더 적극적이 되어서 다시 활동을 시작하고 있어요. 아시는 바대로 우리 구성원들과 지지자들에게 실제적인 도움을 줄 뿐만 아니라 우리도 우리 자신과 우리의 권리를 보호할 수 있는 길이 있다는 걸 보여주기 위해서 법률자문단을 꾸렸지요. 이제는 단지 "당신의 권리를 보호할 수 있다."고만 말하지 않고 이렇게 말하고 있어요. "당신의 권리를 '이런 식으로' 보호할 수 있다. 우리가 현행법에 따라 당신의 권리를 보호해줄 것이다. 불법으로 당신을 체포하려는 사람들에게는 당신이 현행법을 어긴 게 없으므로 당신을 체포할 권리가 없다고 말하라." 내 생각에 실제로 보여주는 게 중요한 거 같아요. 이런 것들이 어떻게 이루어질 수 있는지 보여주어야 해요. 어떤 사람들은 너무나도 두려운 나머지 감히 자신들에게 제공되는 도움조차 받지 못해요. 그렇지만 도움을 받는 사람들도 있거든요. 그만큼 용감하지 않은 사람들이 남들이 진짜로 도움을 받는 걸 보면 용기를 얻게 되지요. 그런 식으로 일하는 거예요.

말하자면 실제적인 수단을 가지고서 일한다는 뜻입니다. 단지 사람들에게 다가가서, "자, 당신 자신을 위해 무슨 일이든 하시오."라고 말하지 않아요. 우리가 직접 하지요. 사람들은 우리가 우리 쪽 사람들을 보호하는 걸 보게 됩니다. 그들을 지키기 위해 우리 변호사들을 보내주는 걸 보는 거예요. 우리가 법률자문단을 구성해서 활동하는 걸 지켜봐요. 그러면 처음에는 반신반의하던 사람들도 '이런 일이 일어날 수 있고, 또 실제로 일어나는구나.' 생각하기 시작합니다.

우리는 정치범의 가족들을 돕는 방도에서도 실제적인 기획들을 증가시키고자 합니다. 단순히 돈만 주는 게 아니라 그들이 자립할 수 있도록 도움을 주려는 거예요. 1990년 총선 6주년 행사 때 당선자대회를 열기로 결정한 것도 NLD의 재건과 재통합의 과정을 보여주려는 것이었지요. 많은 국민이 알게 되었듯이, 그 결정은 NLD에 대한 대중적 지지가 얼마나 강력한가를 입증하는 데 광범위한 영향을 미쳤습니다.

앨런 클레멘츠: 냉전은 종식되었지만 지금 우리는 지구가 핵무기와 핵폐기물, 온갖 종류의 오염, 인구과잉, 과소비, 지구온난화, 산림파괴 등등 각종 문제들로 가득 차 있다는 것을 압니다. 지구의 미래에 대해 어떻게 생각하십니까? 인류의 생존에 희망이 있겠는지요?

아웅 산 수 지: 네, 희망이 있다고 봅니다. 왜냐하면 내가 꾸준히 일하고 있으니까요. 나는 세계를 좀 더 나은 곳으로 만들기 위해 노력함에 있어 내 몫을 다하고 있어요. 그래서 자연스럽게 희망을 포기하지 않는 겁니다. 하지만 분명코 세계를 향상시키기 위해 아무것도 하지 않는 사람들은 미래를 희망하지도 않겠지요. 그들이 왜 절망할까요? 세계를 향상시키기 위해 아무런 일도 하지 않기 때문입니다. 그러나 내 생각에는 상황을 개선하고자 정말 열심히 일하는 사람들이 아주 많이 있어요. 정치가나 사회운동 또는 종교운동의 지도자들을 말하는 게 아니에요. 요즘에는 설령 그것이 길거리나 아파트 건물에 국한되어 있다고 해도, 자신이 몸담고 사는 사회에 대해, 옛날식으로 표현하면 의무감 같은 걸 느끼는 평

범한 사람들이 많다고 생각해요. 그리고 긍정적인 변화를 가져오기 위해 일하는 사람들은 그저 가만히 앉아서 사태가 흘러가는 대로 내버려 두는 사람들보다 언제나 더욱 강력한 힘이 있어요.

앨런 클레멘츠: 저는 여사님이 쓰신 수필, 「참된 피난처를 향하여(Towards a True Refuge)」 가운데 마지막 몇 구절을 인용하고 싶습니다. "……'어둠은 항상 그곳에 있었으나, 빛이 새롭게 비추었다.' 새롭기 때문에 빛은 보살핌과 성실함을 필요로 한다. 아주 작은 빛도 세상의 모든 어둠에 의해 소멸되지 않는 까닭은, 어둠이란 단지 빛의 부재이기 때문이다. 하지만 작은 빛으로는 거대하게 둘러싼 어둠을 내쫓을 수 없다. 그 빛은 더 강하게 자라나야 한다. 아울러 사람들은 그 작은 빛을 고통이 아니라 축복으로 볼 수 있도록 자기 눈이 빛에 익숙해질 필요가 있다. 우리는 진정으로 밝은 세상을 간절히 염원한다. 그 세상에서는 거기에 몸 붙이고 사는 모든 거주민에게 적당한 피난처가 제공될 것이다." 여기서 빛이 의미하는 바가 무엇인지요?

아웅 산 수 지: 빛은 우리가 보고 싶어 하는 것뿐만 아니라 보고 싶어 하지 않는 것까지도 보게 한다는 뜻입니다. 만약에 빛이 있다면 모든 걸 분명히 볼 수 있지요. 그렇게 되면 달갑지 않은 것과 선호하는 것 모두를 대면해야 합니다. 우리는 보지 않는 대신에 봄으로써 빛과 더불어 살고 빛에 대처하는 법을 익혀야 하는 거예요. 불의를 저지르는 많은 사람이 자신이 보고 싶어 하지 않는 것들은 아예 보지 않아요. 자신이 저지른 행동들이 불의하다는 사실에 눈이 먼 셈이지요. 그들은 오직 자신이 한 일들을 정당화해주는 것만 봅니다. 그 일들에 대해 나쁘게 평가하는 건 보려고 하지를 않아요. 그게 바로 SLORC의 이야기예요. ……완전한 그림은 감히 마주볼 용기가 없어요. 국민은 이런 상황에 신물을 냅니다. 가난,

부패, 목표상실, 어리석음 등에 진이 빠진 거예요. 허나 당국은 그런 진실을 보려고 하지 않습니다.

앨런 클레멘츠: 혹시라도 여사께서 다시 감금되어 모든 소통이 단절되는 처지에 놓이실 경우를 대비해서 여사와 버마 국민의 자유와 민주주의에 대한 열망을 지지하는 세계인들에게 무슨 말씀을 하시겠습니까?

아웅 산 수 지: 간단합니다. 버마 국민이 민주주의를 원한다는 사실을 꼭 기억해주세요. 당국이 무슨 말을 하든지, 진실은 국민이 민주주의를 원하며, 국민의 기본권을 박탈하는 독재 정권을 원하지 않는다는 것입니다. 세계는 버마의 다수 국민이 원하는 정치 체제를 낳도록 돕기 위해 가능한 모든 일을 해야 합니다. 이를 위해 너무나 많은 국민이 스스로를 희생하고 있으니까요.

버마가 도움이 필요한 때 도움을 받았으면 좋겠습니다. 그리하여 언젠가 우리도 도움이 필요한 나라들을 도울 수 있는 위치에 있기를 희망합니다.

우감비라와의 대담

아래의 인터뷰는 2007년 10월 중 여러 날에 걸쳐 저자인 앨런 클레멘츠와 버마승려연맹(All-Burma Monks Alliance)의 지도자인 우감비라(U Gambira) 사이에 이루어진 것이다. 우감비라는 2007년 9월에 있었던 전국적인 버마 항쟁을 진두지휘한 인물이다. 뉴욕 컬럼비아 대학의 방문학자이자 불교 승려인 아신 나야카(Ashin Nayaka) 박사가 통역으로 수고했다. 29세인 우감비라는 버마 민주항쟁에 대한 강력탄압이 이루어진 죽음의 9월 26~27일 이후에 도망자가 되었다. 그러고는 이 인터뷰가 있은 지 얼마 되지 않은 11월 4일, 사가잉(Sagaing: 버마 북부) 지역에서 군경에게 붙잡혀 최고형인 사형에 처할 수 있는 반역죄로 기소당했다. 만약에 유죄가 확정될 경우, 우감비라는 처형을 면치 못할 것이다. 그는 현재 랭군의 인센 감옥에 수감되어 극심한 고문을 당하고 있는 것으로 여겨진다.

앨런 클레멘츠: 랭군에서만 해도 천 명이나 되는 승려들이 랭군의 악명 높은 인센 감옥에 잡혀 들어갔다는 소리가 들립니다. 50여 곳의 사찰들이 불시 단속에 걸렸다는 소식도 들려오고요. 보안요원들이 급습해서는 전화선을 끊고 컴퓨터와 휴대전화를 빼앗고 샅샅이 뒤졌다고 하더군요.

또 스님을 잡기 위해 전국적으로 지명수배가 내려졌다는 말도 들었습니다. 그래서 체포를 피해 이집저집으로, 어떤 때는 두세 시간 단위로 도망 다니는 신세가 되셨다고요. 상황이 몹시 긴박한 걸 감안하면 이것이 우리의 마지막 대화가 될지도 모르기 때문에 가장 중요한 질문부터 드리겠습니다. 만약에 체포되신다면, 이 나라의 승려들이 주도하는 반정부 항쟁을 대변하여, 또한 버마 자체의 자유로운 미래를 위해 세상에 대고 무슨 말씀을 하시겠습니까?

우감비라: 온 세상 사람이 우리가 겪은 처참하고도 사악한 독재체제를 똑똑히 목격했습니다. 언론매체를 통해 그 잔인성을 보았을 거예요. 군사정권은 평화롭게 시위하는 사람들을 학살했어요. 승려들도 죽였고요. 사찰들을 소탕하고 강제로 승려들의 옷을 벗기고는 폭행을 가했어요. 승려들에 대한 고문도 마다하지 않고 마침내 감옥에 가두었지요. 수많은 승려가 실종되었거나 도망 다니며 숨어야 하는 처지입니다. 저 역시 피신 중이고요. 당국은 저를 사형시키고 싶어 합니다. 상황이 좋지 않아요. 이틀 밤을 밖에서 보낸 상태라 제 몸도 말이 아닙니다.

독재정권은 인간성을 거스르는 범죄들을 저질러 왔습니다. 이것은 우리 국민에게나 오랜 사원 중심의 이 나라의 불교 역사가 고수해온 '담마 (*dhamma*: 불법[佛法])'를 위해서나 커다란 비극이에요. 이 사악한 정권은 전 세계가 버젓이 보는 앞에서 이러한 만행들을 저질렀습니다. 그리고 파렴치하게도 앞으로 수십 년 동안 계속 우리를 조직적으로 탄압할 궁리만 하고 있어요.

제가 말하고 싶은 바는 이겁니다. 버마의 영적 권위는 '담마'에 있다는 사실입니다. 버마에서 '담마'는 일차적으로 비구와 비구니들의 정신과 가슴에서 보호되고 실천됩니다. 물론 평범한 불자들도 '담마'를 실천하기야 하지요. 하지만 우리 사회 희망의 상징은 역시 '상가(Sangha: 승가[僧家] 혹은 승가의 법도)'입니다.

현재 '상가'는 정권의 적이에요. 만일 이런 상황이 지속된다면, 유혈 대립이 더욱 거세지는 것은 불가피합니다. 우리의 영적 의무는 자유에 있을 뿐 침묵이나 복종에 있지 않아요. 그러므로 버마의 '상가'로서 우리는 그 목표를 달성할 때까지 절대 멈추지 않을 것입니다. 아울러 우리는 그 목표를 이루기 위해 자유에 마음을 쓰는 전 세계 모든 사람이 우리와 함께 투쟁에 참여하기를 바라며 간곡히 초대하는 바입니다. 모쪼록 여러분에게 적합한 방식으로 우리를 도울 길을 찾아서 부디 행동으로 옮겨 주십시오.

앨런 클레멘츠: 버마의 독재자 수하에는 40만 명의 군인들이 있습니다. 이 젊은이들 대부분은 독실한 불교도들입니다. 그들 중 많은 수가 어린 시절에 한때는 머리를 깎고 동자승이 되어 절에서 살면서 부처님의 기본 가르침을 배웠지요. 그런 그들이 지금은 군대의 상관으로부터 승려들을 죽이고 '상가'를 공격하며 이 나라에서 가장 신성한 기관을 향해 총격을 가하라는 명령을 받고 있습니다. 이것은 마치 누군가 그들 자신의 양심에 대고 총알을 박으라고 요구하는 일종의 도덕적 자살과 마찬가지가 아닐까 합니다.

그런데 도대체 왜 불교도인 군인들이 승려들을 죽이라는 명령을 따르는지 이해가 가지 않습니다. 왜 그들은 무기를 집어던지고 집단파업을 하면서 "싫다, 우리는 당신네의 역겨운 명령을 따르지 않겠다"고 말하지 못하는 걸까요?

우감비라: 우리도 충격을 받았습니다. 우리나라의 군인들이 우리를 향해 사격을 개시하리라고는 전혀 생각조차 하지 못했으니까요. 군인들도 어느 정도는 '상가'에 대한 믿음이 있다고 생각했거든요. 그들이 '상가'를 향해 사악한 행위를 하도록 명령을 받았다고 해도, 믿음이 있는 한 설마 우리를 해치거나 체포하거나 죽이라는 명령에 따르지는 않을 거라고 기대했습니다.

하지만 만약에 군인들이 상관의 명령을 따르지 않으면 그들 자신이 체포되거나 죽게 된다는 걸 알게 되었어요. 군인들도 승려들을 폭행하는 것이 불교의 삼보(三寶: the Triple Gem), 곧 불보(佛寶) · 법보(法寶) · 승보(僧寶)를 어기는 행위라는 걸 안다는 데는 의심의 여지가 없습니다. 그리고 불교 경전에 따르면 삼보를 해하는 것은 사람이 일생에 지을 수 있는 죄 가운데 가장 큰 범죄에 해당합니다. 그건 마치 자기 부모를 죽이거나 자식을 죽이는 것과 같지요. 상상할 수도 없는 일입니다.

불교적 신앙을 따르는 우리는 업보(業報: kamma-vipaka)를 믿어요. 또 우주가 서로 다른 차원들, 곧 세간(世間: lokiya)과 출세간(出世間: lokkuttara)으로 나뉘어 있는 것을 믿지요. 말하자면 삶은 단지 이 땅에만 국한되어 있지 않다는 겁니다. 심지어 이 땅에서도 동물들, 곤충들, 새들, 개들과 같이 다양한 형태의 생명이 존재합니다. 군인들이 저지른 극악무도한 행동들은 업보에 따라 그들을 나락(那落: apaya lokas)으로 떨어뜨릴 것입니다. 고통이 매우 극심한 곳이지요. 당신네 서양 사람들이 영어로 지옥이라 부르는 곳입니다. 나락은 오늘날 우리가 수단에 관해 듣는 것과 비슷한 일들이 일어나는 곳이라고 보시면 되겠습니다.

그런데 기이하게도 군인 중에 다르게 행동하는 이들이 있더라는 겁니다. 우리는 몇몇 군인의 눈에서 눈물이 흐르는 것을 보았습니다. 우리를 향해 가까이 다가왔을 때 그들의 눈물을 볼 수 있었어요.

그들이 속으로 괴로워하고 있다는 걸 알 수 있었습니다. 총을 내려놓으면 그들은 갈 곳이 없어요. 해외로 도피할 안전한 경로도 없거니와 국내에 숨을 만한 은신처도 없지요.

우리는 독재자 휘하의 군인들 다수가 사랑과 친절 그리고 자비를 가르치는 우리의 '담마' 메시지에 공감한다고 확신합니다. 군복을 입고 있기는 하지만 결국 그들도 뼛속 깊이 불교도들이니까요. 불교도로서 그들은 무엇이 옳은지 그른지를 압니다. 그들도 폭정으로부터 자유롭기를 원합니다. 그들도 민주주의를 원합니다. 끝장나야만 하는 쪽은 독재자 딴슈웨와 그의 수족인 장군들입니다. 일단 그들이 끝장나면 군인들도 우리 편이 되리라고 확신합니다.

앨런 클레멘츠: 버마의 최고 군부 독재자인 딴슈웨 장군과 그의 부하 장군들 역시 독실한 불교도들이라고 주장합니다. 그들은 떳떳하게 사찰을 방문하고는 주지승에게 존경을 표하면서 거액의 시주를 합니다. 그러고는 아무렇지 않은 듯이 불교식 헌금기도를 암송합니다. (버마의 불교에서는 '지각 있는 모든 존재의 더 나은 삶'을 위해 누군가 바친 헌물의 공덕을 함께 나누는 관습이 있다.)

제가 정말 궁금한 건 이것입니다. 이 장군들은 도대체 무슨 생각을 하고 있을까요? 그들은 스스로 무슨 말을 할까요? 부처님의 가르침 가운데 가장 핵심적인 두 가지 특징인 불살생(不殺生)과 자비의 계율을 어긴 채, 승려들을 살해할 뿐만 아니라 그들 자신마저 죽이는 짓을 스스로 어떻게 정당화할까요? 공공연하게 그리고 당당하게 자기들이 지키고 있노라고 주장하는 그 가르침들을 헌신짝처럼 버린 채로 말입니다.

물론 단순히 그들을 위선자라고 말할 수 있겠지요. 아니면 병리학적으로 마음의 눈이 먼 자들이라고 볼 수도 있겠지요. 스님의 생각은 어떠신가요? 그들은 정말로 자기들이 말하고 행동하는 것이 '담마'에 일치한다고 생각할까요? 그 점에 관한 한, 버마 국민 중의 하나라도 그들을 믿는 사람이 있을까요?

우감비라: 아주 간단한 문제입니다. 그들은 불교적 언사를 늘어놓기는 하지만, 부처님이 가신 길을 따르지는 않아요. 우리는 이러한 수준의 위선과 사악함을 세계의 거의 모든 곳에서 볼 수 있어요. 그건 일반적인 현상입니다. 예외가 없지요. 인생의 모든 궤적에서 평범한 시민으로부터 정치 지도자에 이르기까지 자기 자신을 잘 알지 못하는 인간들을 얼마든지 보게 됩니다. 그들은 자기가 무슨 생각을 하는지 분간할 능력이 없어요. 자기가 무엇을 느끼는지도 알지 못하지요. 의식 상태를 구별하지 못하는 거예요. 한 상태를 다른 상태와 혼동합니다.

영어로는 이것을 정신적 무분별 내지 무지 혹은 어리석음이라 부를 테지요. '아비담마(*Abhidhamma*: 법문)' 또는 불교 심리학에서는 팔리어로 '모하(*moha*: 어리석음. 불교에서 말하는 탐진치의 삼독[三毒] 가운데 '치'[痴]에 해당 – 옮긴이)'나 '아비자(*avijja*: 무명[無明])'에 해당합니다. 실재를 왜곡하는 정신의 편벽이라고나 할까요? 승려를 죽이는 것은 단순한 잘못이 아닙니다. 그건 완전히 정신 나간 짓이에요. 이렇게 정신이 뒤틀린 것은 대단히 중대하고도 사악한 수준의 '모하'라 할 수 있습니다.

만약에 딴슈웨와 그의 부하 장군들이 승려들을 죽인 행위가 '국가의 안정'을 위해 이롭고도 자비로운 행위라고 생각한다면, 그들은 사이코패스(psychopath)일 거예요. 그들이 정말로 사이코패스라고 믿을 만한 이유야 충분하지요. 하지만 우리는 불교도이기 때문에 마음속 깊은 곳으로부터 구원을 믿어요. 그러므로 그들에게 희망이 없다고 생각하지는 않습니다.

그들은 겁을 먹고 있어요. 겁이 나서 죽인 거예요. 폭력은 약하기 때문에 나오는 행동입니다. 정말로 강한 사람은 폭력을 쓰지 않아요. 그들은 반드시 이 점을 알아야 합니다. 그들 속에도 이 사실을 알 만한 장소가 있다고 봅니다.

그들이 운영하는 국영 텔레비전을 통해 장군들이 자기 휘하의 군인들을 데리고 사찰을 방문하는 모습을 보셨을 거예요. 그런데 장군들이 권총집에 권총을 휴대하고 있더라고요. 사찰에 들어가면서 총을 휴대한다는 것은 상상할 수도 없는 일이지요. 우리의 사찰은 평화의 성역(聖域)이에요. 이처럼 그들이 성역을 더럽히는 것은 그들에게 있는 두려움이 그들의 믿음 내지 '담마'에 대한 헌신보다 더 크기 때문입니다.

제가 묻고 싶은 것은, 아니 우리가 모두 묻고 싶은 질문은, 그들이 양심을 갖고 있느냐 하는 겁니다. 만약에 그들에게도 양심이 있다면, 그들의 양심은 과연 깨어날 수 있을까요?

우리는 승려들이 이끄는 항쟁이 그들의 양심을 뒤흔들 것이라고 믿습니다. 어쩌면 이미 그렇게 했는지도 모를 일이지요. 다만 그들이 아직 깨닫지 못했을 뿐이겠지요. 어쩌면 어느 고요한 순간에, 딴슈웨나 그 밖의 다른 장군 중 누구라도 제각각 홀로 있는 시간에, 마음속 깊은 곳으로부터 불편함이 느껴질지도 모릅니다. 불교에서는 이렇게 마음이 불편한 상태를 '히리(*hiri*: 도덕적 수치)' 또는 '오타파(*ottappa*: 도덕적 가책)'라고 부릅니다. 세간에서는 이 두 가지 마음 상태를 양심이라고 부르겠지요.

만약에 그들이 이러한 불편함을 느낀다면, 그들을 위해서나 우리나라의 미래를 위해서나 엄청나게 좋은 일이 될 것입니다. 그것만이 화해로 이르는 유일하게 참된 길이지요. 우리가 원하는 화해는 바로 그런 거예요. 우리는 평화를 원합니다.

모든 인간은 자기의 마음을 다스릴 줄 알아야 합니다. 우리 모두의 마음 안에 잠복해 있는 포악한 세력에 굴복당하면 안 됩니다. 부처님께서는 "이러한 세력에 맞설 수 있는 것은 오직 자기 자신밖에 없다"고 가르치셨습니다. 그러한 맞섬은 '히리'와 '오타파'를 느끼는 데서 시작하지요. 이 두 가지 의식의 특질들이 이 나라를 구해내어 참되고도 영원한 평화를 가져다줄 것입니다.

이 일이 일어나기 위해서는 딴슈웨와 그 밖의 높은 지위에 있는 다른 장군들이 자기 자신의 마음속으로 들어가 자기들이 저지른 끔찍한 범죄들을 느껴야 합니다. 그들은 근대 버마에서 우리가 보아온 가장 심각한 자기기만적 행위를 저지르고 있어요. 그들은 국민에게 헤아릴 수 없이 막중한 고통을 가한 것이 국민에게 시혜를 베푼 것으로 생각하니까요. 하지만 그들은 언제든지 이 생각을 바꾸어야 하고, 또 바꿀 수 있습니다. 예컨대 그들 자신이 변화되기만 한다면 말입니다.

그들에게 전하고 싶은 메시지는 이겁니다. "당신들의 의식을 고양하십시오. 당신들의 윤리적 성실성을 향상하십시오. 그리고 불교의 원칙에 맞추어 정말로 당신들 자신을 개혁하십시오. 당신들 자신의 두려움을 극복하라는 뜻입니다. 무기를 내려놓으십시오. 그리고 국민을 위해 옳은 일을 행하십시오. 당신들은 언제든지 그렇게 할 수 있습니다."

불교는 자비를 가르칩니다. 용서와 구원에 깊이 뿌리 내린 종교입니다. 전통적인 불교 경전에 보면 의식의 변화에 관한 수많은 보기가 들어 있습니다.

많은 승려가 바로 이 순간에도 체포당하고 있어요. 저 역시 오늘 당장 체포당할지도 모릅니다. 항쟁은 여전히 스러지지 않고 있어요. 독재정권은 우리를 죽이거나 체포하거나 고문하겠지요. 그러나 항쟁의 불길은 꺼지지 않을 겁니다. 대지에 깊이 뿌리박힌 대나무처럼, 아무리 뽑아내려고 애를 써도 그것은 여기저기서 그리고 일순간 모든 곳에서 싹이 틀 거예요. 우리 버마 국민은 저들의 독재가 끝장나고 이 땅에 민주주의가 자랄 수 있도록 자유롭게 되는 그날까지 어디서나 항쟁을 계속해 나갈 것입니다.

앨런 클레멘츠: 이 나라의 발전을 위해, 또한 그들 자신과 그들의 가족을 포함한 전 국민의 진정한 평화와 안정을 위해 현 정권은 아웅 산 수 지 여사나 NLD의 구성원들과 의미 있는 대화를 개시해야 할 텐데요. 그들

이 이 점을 정말로 이해하는 데 필요한 마음의 변화는 무엇이겠습니까?

장군들은 대화를 서로간의 차이를 해소하기 위한 수단으로 이해함에 있어 왜 그다지도 어려워하는 것일까요? 그들은 도대체 무엇을 두려워하는 건가요? 권력의 상실? 아니면 박해에 대한 두려움? 부를 상실할 것에 대한 두려움? 진실을 규명하는 위원회가 열릴 것에 대한 두려움? 만약에 해외로 도피한다고 했을 때, 가령 중국이 배반해서 그들에게 피난처를 제공하지 않을까 봐 그게 두려운 걸까요?

그들이 수십 년 동안 독재정권 아래서 절대 권력에 맹목적으로 복종하도록 길들인, 그야말로 배움이 짧은 군인이어서 그럴까요? 그래서 전체주의 로봇이 되어버린 걸까요? 독재자 딴슈웨와 그의 살인기계를 움직이는 중추적인 심리에 대해 조명을 좀 해주시겠습니까?

우감비라: 우리 승려들은 현 정권에 현실세계를 똑바로 보고 국가의 평화와 화합을 도모하라고 요청했습니다. 국가와 국민을 위해 최선의 일을 하라고 말이지요. 우리는 이것이 도전과 위험을 야기하는 일임을 깨달았습니다. 승려들은 장군들에게 권력을 포기하라고 요구한 게 아닙니다. 아웅 산 수 지 여사께서 누차 말씀하셨듯이 우리에게는 군대가 필요하거든요. 이 나라의 평화와 안정을 이루기 위한 해법의 일부로서 말입니다.

군부 역시 자기네가 잘못했다는 것을 압니다. 그들은 자기 손에 피를 묻혔어요. 인간성에 반하는 범죄들을 저질렀고요. '상가'를 거스르는 범죄, '담마'를 거스르는 범죄, 부처님을 거스르는 범죄들을 자행했습니다. 그러니 어찌 그들이 국민의 힘을 두려워하지 않을 수 있겠습니까? 아마도 그들은 자기 자신의 마음을 두려워하는지도 모를 일입니다. 제가 "사람은 자기 자신의 마음을 다스려야 한다"고 말씀드린 이유가 거기에 있어요. 그들은 자신의 두려움을 이겨내야 합니다.

만일 그들이 두려움을 극복하고 진실한 대화를 시작한다면, 버마의 미래가 독재정권 아래에서보다 민주주의 아래서 훨씬 더 안전하리라는 것을 조속히 깨달을 수 있을 것입니다. 민주주의가 이룩되면 그들은 겁에 질린 군인들에게 평화적인 승려들을 죽이라고 명령하는 대신에 민주적으로 평화롭게 국가의 내적 번영을 누릴 수 있게 되리라 봅니다.

결국은 두려움이 문제입니다. 모든 게 두려움에서 비롯된 것이지요. 그들은 우리가 그들에게 해를 입히고 싶어 하지 않는다는 것을 알 필요가 있어요. 우리는 불교도입니다. 너그러운 사람들이에요. 하지만 우리 국민은 너무 많이 참아서 이제 그 한계에 도달했다고 생각합니다. 대나무가 어디서나 싹을 틔우기 시작했어요. 두고 볼 일이지요.

앨런 클레멘츠: 베트남 전쟁 동안에 우리는 비구들과 비구니들이 혁명적인 저항의 일종으로 소신공양을 감행하는 것을 보았습니다. 대부분은 그 충격이 세계인의 양심을 일깨워서 미군이 베트남 국민에게 가한 어마어마한 잔혹 행위를 느끼도록 했습니다. 몇몇 역사학자는 텔레비전을 통해 알려진 승려들의 분신(焚身)이라는 이미지가 베트남 전쟁의 종식을 알리는 시작이었다고 말하기도 합니다.

버마에서도 비구나 비구니의 소신공양이 일어난 적이 있었는지요? 만약에 그랬다면 그건 누구였나요? 또 어떤 상황에서 일어났나요? 아울러 현재 승려들이 이끄는 항거운동에서 비구 또는 비구니 중 아무라도 그런 행동에 관한 논의가 제기된 적이 있었습니까? 그랬다면 어떤 말들이 오갔나요? 또 만약 그런 일이 없었다면 혁명적인 정치적 저항의 일종으로 소신공양을 하는 것에 관해 스님은 어떻게 생각하시는지요?

우감비라: 국민의 삶을 향상시키기 위한 혁명적인 행동에 자신을 내맡긴 승려로서 우리는 두 가지 극단을 저지하고 있습니다. 하나는 자기 하고 싶은 대로 하는 방종이요, 다른 하나는 자기를 희생 제물로 바치는 고행

입니다. 소신공양은 우리의 길이 아니에요. 평화적인 저항을 선호합니다. 저항을 시작하기 전에 우리는 군부독재의 반응이 어떨지를 논의했어요. 우리를 체포할까? 고문할까? 감옥에 가둘까? 죽일까? 이 문제에 관해 참 많은 논의를 했습니다. 결론은, 결과야 어떻든 두렵지 않다는 것이었어요. 또한 우리는 어떠한 상황에서도 줄곧 평화를 유지하기로 결론 내렸습니다. '담마'에 대한 우리의 헌신이 버마에서 불의한 통치자들을 끌어내릴 거라고 확고히 믿으니까요. 우리는 그들이 승려들과 국민에게서 '담마'의 힘을 봄으로써 스스로 더 숭고한 길을 추구하고 자기 내면의 '담마'의 힘을 발견하여 우리가 모두 함께 자유의 정신을 누리게 되도록 믿음을 찾기를 소망합니다.

앨런 클레멘츠: 그러한 노선과 함께 지금 현재 버마 내부에서든 외부에서든 현 정부에 변화를 가져오기 위해서는 어떠한 혁명적인 행동이 일어나야 한다고 보십니까? 무력간섭이 필요하겠습니까? 아니면 국민에 의한 대중 파업이 일어나야 할까요? 장군들이 벙커 안에 숨어 있는 신(新)수도에 미국이 폭격을 가해야 하겠습니까? 스님께서는 솔직히 무슨 일이 일어나기를 바라십니까?

우감비라: 제가 준비해온 메시지를 읽는 것으로 대신하겠습니다. 이 메시지는 유엔 특사인 이브라힘 감바리(Ibrahim Gambari)와 미국 대통령 조지 부시에게 보내는 것입니다. 또한 전 세계를 향한 메시지이기도 합니다.

"버마를 위해 무슨 일이든 효과적인 조처를 해주십시오. 경제 제재나 무기 통상금지 같은 조치들은 정치적 해결을 보는 데 시간이 걸립니다. 중요한 건 오늘입니다. 감바리 특사께서 버마 사태에 관여해주신다면 감사하겠다고 전해주십시오. 그분을 굉장히 존경합니다. 모쪼록 버마를 위해 효과적이고 실제적인 조처들을 시행해주십사고 말씀해주십시오. 제발 애써주십시오. 유엔 대표를 버마에 보내서 지금 당장 우리에게 정치적인 해결을 가져다줄 다양한 수단과 방법을 취해주십시오. 오늘 당장에 말입니다.

전 세계 불교도들과 활동가 및 버마의 민주화 운동을 지지하시는 분들께 전합니다. 부디 이 억압적이고 사악한 체제로부터 버마 국민이 해방되도록 도와주십시오. 전 세계 60억 인구 가운데 버마의 국민이 당하는 고통에 연민을 느끼시는 분들께 알립니다. 우리가 이 악한 정권으로부터 자유롭게 되도록 도와주십시오. 많은 사람이 죽고 옥에 갇히고 고문당하고 강제노동 수용소로 보내졌습니다. 그러므로 저는 국제사회를 향해 이러한 잔혹 행위가 중단되도록 무슨 일이든 해주십사고 진심으로 부탁하는 바입니다. 지금 저 역시 생사가 불투명한 입장입니다. 하지만 저는 포기하지 않고 최선을 다할 것입니다."

앨런 클레멘츠: 버마는 5천만 국민이 모두 옥에 갇히고 노예살이를 하는 땅입니다. 군부는 국민의 염원을 지지하고 방어해야 할 고귀한 기구라기보다는 테러조직에 가까운 행동들을 일삼고 있습니다. 스님의 투쟁이 오로지 평화행진만 벌이는 비폭력 투쟁인 점을 감안할 때, 스님께서는 국민이 시민 불복종 행위에 가담하도록 독려하는 것인지요? 헨리 데이비드 소로(Henry David Thoreau)가 1849년에 작성한 〈시민정부에 저항함(Resistance to Civil Government)〉이라는 선언문 일부를 인용해볼까 합니다.

"불의하게 투옥하는 정부 아래서 정의로운 인간이 있을 참된 장소는 감옥이다. 국가는 자기와 함께하지 않고 저항하는 사람들을 그곳에 가둔다. 노예국가에서 자유로운 인간이 명예롭게 머물 수 있는 유일한 집은 감옥밖에 없다 ……. 소수가 다수에 순응하면 무력해진다. 그럴 때는 심지어 소수도 아니다. 하지만 그 비중이 막강해지면 이들을 억누를 길이 없다.
만약에 대안이 정의로운 모든 인간을 감옥에 가두거나 또는 전쟁과 노예제도를 포기하는 것 중 하나라면, 국가는 어느 쪽을 선택할지 주저하지 않을 것이다. 그러나 만약 천 명의 사람이 올해 납부할 세금을 내지 않는다면 그들이 세금을 내도록 폭력적인 유혈 조처를 취하지도 않을 것이거니와 국가가 폭력에 기대어 무고한 피를 흘리지는 않을 것이다. 그런 일이 가능하다면 사실상 이것이야말로 평화로운 혁명이라고 하겠다."

저는 버마의 모든 비구와 비구니 그리고 일반 국민이 어째서 독재정권을 위해 일하기를 그만두도록 조장하지 않는지, 그것이 궁금합니다. 왜 모든 사람이 일제히 행진에 참여해서 감옥을 채우지 않는 걸까요? 감옥에 있지 않은 유일한 사람이라곤 장군들과 그 휘하의 군인들밖에 없을 때까지 말입니다.

다시 말하면 스님과 다른 승려 지도자들은 버마 국민의 변화를 이끌어내기 위해 권면하는 방법이 행진 말고 또 무엇이 있으신지요?

우감비라: 현 정권은 버마를 노예와 수인(囚人)들의 나라로 만들었어요. 그렇지만 우리의 메시지는 한결같습니다. 변화는 폭력이 아니라 자비를 통해 이루어져야 한다는 것입니다. 자비에 입각한 시민 불복종의 형태야말로 우리가 사는 이 지옥을 끝낼 수 있는 유일한 길이라고 생각합니다. 하지만 모든 국민에게 정권에 협력하지 말라고 이해시키기는 어려운 일입니다. 특히 실패할 경우 목숨이 위태롭게 되는 군인들은 더더구나 그렇지요.

우리의 길은 비폭력 투쟁이기 때문에 국민도 점점 더 이 정권의 통치에 반항할 용기를 갖게 될 것이라고 굳게 믿고 있어요. 아마도 점진적으로 그렇게 될 거예요. 하지만 변화를 거부할 수는 없습니다. 반드시 일어나게 되어 있으니까요.

우리는 이 나라 안에서야 무슨 일을 해야 할지 알지만, 이 나라 밖의

사정은 어떨지 모르겠습니다. 국제적 압력이나 유혈참사를 통해 변화가 이루어져야 할까요?

앨런 클레멘츠: 스님과 인터뷰한 이 책이 나오면 분명히 버마로 밀반입될 것입니다. 혹시 버마 국민이나 아웅 산 수 지 여사께 하고 싶은 말씀이 있습니까? 무슨 말씀을 하고 싶으십니까?

우감비라: 변화야말로 인생의 법칙인 것 같습니다. 오직 과거만 돌아보거나 현재만 바라보는 사람들은 미래를 잃어버리기 십상이지요. 우리는 정말로 이러한 견해를 신봉합니다. 그래서 더욱 큰 결단을 하고 미래의 도전에 직면하고자 끊임없이 앞을 내다보지요. 우리에게는 이 나라를 역동적인 민주국가로 변혁할 잠재력이 있습니다. 자비와 통찰의 나라로서 세계 만방에 그 위상을 높이 떨칠 수 있는 그런 나라 말입니다.

저는 용기와 노력 그리고 지혜만 있으면, 우리가 이 나라를 재건하고 존엄성의 토대 위에 세워진 제도들을 창설하는 신나는 과제에 몰두할 수 있다고 확신합니다.

우리는 세계 곳곳의 평화를 사랑하는 모든 사람, 특히 이 나라의 군부를 포함하여 모든 버마 국민이 자유를 위한 투쟁에 참여하기를 바랍니다. 이 길, 곧 해방된 하나의 버마를 이루고자 하는 '샤프란 혁명(Saffron Revolution)'*의 약속은 반드시 이루어질 것입니다.

세계에서 가장 악랄한 정권에 저항하는 사람들의 용기와 품성을 존중하는 의미로 머리를 곧추세우십시오. 이 나라의 평화와 자유라는 대의를 위해 최후의 희생을 바친 용감한 승려들에게 존경을 표합시다. 버마

---

* 주로 음식의 색을 낼 때 쓰는 샤프란은 본래 크로쿠스(crocus) 꽃으로 만드는 짙은 황색 가루를 말하는데, 버마 승려들의 승복을 지칭할 때 사용되는 색이다. 그러므로 샤프란 혁명이란 2007년 반독재 민주화 운동에 나선 버마 승려들의 비폭력 투쟁을 가리킨다. -옮긴이

인들을 위한 그들의 행동은 절대 헛되지 않고, 세대에서 세대로 전해지는 거룩한 '담마'의 기억 속에 영원히 남아 있을 것입니다.

우리는 아웅 산 수 지 여사의 품성과 용기 그리고 강인한 정신력에 탄복하지 않을 수 없습니다. 그분은 인내와 친절, 용서라는 부처님의 가르침에 깊이 침잠해 계신 분입니다. 군사정권의 쉴 새 없는 거짓 기소에도 그분은 세계에서 자유를 열망하는 모든 사람에게 윤리적 안내자가 되어 굳건히 서 계십니다. 아울러 그분은 이곳 버마에서도 우리 자신의 희망의 목소리를 대변하고 계십니다.

중요하고도 어려운 과제들이 우리의 가장 깊은 내적 원천들을 일깨우며 호소합니다. 우리는 혁명에 참여해야 할 의무가 있으며 자유를 위해 일어설 의무가 있습니다.

이 나라가 자유를 얻고 우리 자신의 마음이 자유롭게 되기 위하여 헌신하는 일에 변함없이 매진합시다. 우리가 한 인류로서 하나임을 잊지 맙시다. 우리는 함께해야 합니다. 서로 힘을 모아야 존엄성과 자유 그리고 평화의 삶이 창조될 수 있습니다.

오랜 투쟁의 세월 동안에 스러져간 영웅들을 위하여 고개를 숙입시다. 그들이 궁극적인 대가를 치름으로써 우리는 참된 평화와 자유에 더 가까이 다가갈 수 있었습니다.

버마 국민의 자유는 가까이에 있습니다. 그 자유를 얻는 데 필요한 노력만이 유일한 관건입니다. 우리는 역사상 중대한 순간에 놓여 있습니다. '담마'의 빛이 이 혁명에서 우리를 인도할 것입니다. 비폭력에 헌신하는 존엄한 빛이 우리 힘의 원천입니다. 기억하십시오. 버마의 미래는 우리가 지닌 용서의 능력과 하나가 되기 위한 헌신에 달렸다는 것을. 우리는 심지어 적들과도 화해해야 합니다. 총보다 더 강력한 무기는 바로 자비라는 것을 믿으십시오.

앨런 클레멘츠: 감사합니다, 스님……. 마음으로 열어 가시는 혁명이 부디 전 세계 수많은 사람의 마음에도 영감을 불러일으키기를 바랍니다. 언젠가는 우리도 해방된 버마를 경축할 날이 오겠지요.

다시 한 번 고마움을 전합니다. 그리고 버마 국민에게도 숨 막히게 놀라운 용기를 보여준 데 대해, 또한 정신혁명의 그토록 심오한 표현들을 보여준 데 대해 감사드립니다.

우지멍과의 대담

NLD(민족민주동맹) 부의장인 우지멍(U Kyi Maung)은 아웅 산 수 지 여사와 우 띤우가 구금되어 있는 동안, 1990년 5월 버마 총선에서 NLD를 압도적 인 승리로 이끄는 데 가장 크게 공헌한 인물로 간주된다. 젊은 시절에는 버마의 독립 투쟁에 참가했으며, 1938년에는 시위 도중 머리를 다치기 도 했다. 전쟁이 발발하자 버마 독립군에 가담한 그는 후에 대령으로 승 진했다. 1962년 군부의 정권 찬탈에 강하게 반대하다가, 1963년 마침내 남서부 사령부를 지휘하던 자리에서 강제로 쫓겨났다. 두 번에 걸친 투 옥으로 모두 7년간 감옥 생활을 했으며, 1988년 민주화 운동을 계기로 세 번째 투옥되었다가 한 달 뒤에 석방되었다. 그해 9월, NLD 집행위원 회를 구성하는 12명의 위원 가운데 하나가 된 그는 당의 지도자들이 체 포된 뒤에도 1990년 총선에서 당의 승리를 이끄는 데 탁월한 능력을 발 휘했다. 그럼에도 1990년 9월, 군사 법정은 그에게 20년 징역형을 선고 했다. 그러나 1995년 3월에 석방된 그는 곧바로 NLD 부의장으로서 민주주의를 위한 활동을 재개했다. 문학과 음악을 사랑하는 교양인, 버마의 자유에 헌신하며 엄청난 용기를 지닌 사람, 많은 사람이 알고 있는 우지멍은 그렇게 소박한 인물이다.

앨런 클레멘츠: 아웅 산 수 지 여사하고는 처음에 어떻게 만나셨습니까? 그분의 인상은 어떠시던가요?

우지멍: 우연히 이곳 랭군에 사는 친구 집에서 만났습니다. 그때가 벌써 1986년도로 거슬러 올라가네요. 그런데 첫 만남은 별로 특별할 게 없었어요. 우리는 고작 몇 분 정도만 이야기를 나눴을 뿐이거든요. 수가 어찌나 수줍음이 많고 말수가 적던지, 그게 가장 오래 인상에 남더군요. 그녀는 시시한 잡담이나 수다 같은 데는 영 관심이 없는 예의 바른 소녀처럼 보였습니다. 가만히 생각해보면 그때 당시에 그녀가 웃는 걸 전혀 보지 못했다는 게 얼마나 이상한지 모르겠어요. 낯선 사람하고는 아예 말도 하고 싶어 하지 않는 것처럼 보였다니까요. (웃음) 하여튼 중요한 건 수가 나에게 별다른 인상을 주지 않았다는 겁니다. 한 가지 예외가 있다면 진짜로 어려 보였다는 것 말고는 없어요. 당시에 42세 정도 되었을 텐데도, 내 눈에는 17세 소녀처럼 보였거든요.

앨런 클레멘츠: 그 다음에는 또 언제 만나셨나요?

우지멍: 대략 일 년쯤 뒤에 우트웨민(U Htwe Myint)이라는 친구가 찾아왔어요. 그는 지금 감옥에 있지만, 그때는 수와 가까운 동료였지요. 그가 말하더군요. "아웅 산 수 지가 정치에 입문하려고 한다. 그녀는 네가 자문 역할을 해줄 수 있는지 알고 싶어 한다." 나는 전혀 관심이 없다고 말해주었지요. 정말 하나도 관심이 없었어요. 나는 정치에 개입할 계획이

전혀 없었거든요. 두 번이나 그 친구가 같은 요구를 들고 찾아왔는데, 그 때마다 똑같은 대답을 했지요. 그래서 그 문제는 일단 거기서 중단되었어요.

앨런 클레멘츠: 그렇게 거절하신 이유는 다시 정계에 들어가면 감옥에 갈 것이 너무도 확실하기 때문이었나요?

우지멍: 아니오, 전혀 그 때문이 아니에요. 독재정권 아래서는 어차피 정 계에 있든 아니든 상관없이 항상 체포당할 가능성이 있지요. 그런 걸 직 무상의 위험이라고 하나요? 여기는 무법지대니까요. 가령 당국이 그날 따라 별로 밥맛이 없었다고 하면, 누군가를 덥석 잡아채 가면 그만이에요. 늘 그런 식이지요. 그러니까 내가 다시 체포될 것인가 아닌가에 근거해 서 결정을 내리지는 않는다는 뜻입니다. 나는 그렇게 경솔한 사람이 아 니에요. 언제든지 붙잡혀갈 수 있다는 가정하에서 움직입니다. SLORC 와 더불어 사는 인생이라는 게 늘 그래요. 그렇지만 나는 자신을 언제나 자유인이라고 여깁니다. 네 번에 걸쳐 총 11년 동안 감옥에 있었는데, 그 걸 특별히 에너지 낭비라고 생각하지는 않아요.

앨런 클레멘츠: 수 여사가 가마솥처럼 펄펄 끓는 버마 정치 속으로 들어가 기를 원한다는 사실에 놀라셨습니까?

우지멍: 음, 그녀로서는 그렇게 단호한 결단을 할 만한 이유가 많이 있었 지요. 아시다시피 수는 우리의 국가 영웅인 보초크 아웅 산의 따님입니다. 그녀는 부친을 '군인 정치가'라고 부르더군요. 게다가 수는 버마 시민이 에요. 정계에 진출하는 데 관심이 있어서 들어간다면 그건 그녀의 권리 인 거지요. 그런데 내가 놀랐던 점은, 그녀가 나에게 관심이 있었다는 사

실이었어요. 말하자면 우리는 완전히 남남이었거든요. 나는 그녀를 모를 뿐더러 그녀의 역량도 알지 못했어요.

그러다가 약 일 년쯤 뒤인 1988년 7월 말경, 내가 세 번째로 감옥에 끌려 들어갔습니다. 장기 독재자 네윈에게 권좌에서 그만 물러나라는 내용으로 장문의 편지를 쓴 베테랑 정치가 아웅지(Aung Gyi)와 오랫동안 친분이 있다는 이유로, 다른 9명의 사람과 함께 수감되어 28일간 구류를 살았어요. 그런데 석방된 지 한두 시간쯤 되었을까, 우트웨민이 다시 우리 집으로 찾아와서 말하는 거예요. "아웅 산 수 지가 너를 보고 싶어 한다"고. 그래서 속으로 생각했지요. '좋다, 이 숙녀분께서 뭘 하실 작정인지 어디 한번 들어나 보자…… 지금이야말로 혁명이 용트림할 때가 아닌가…….' 그러고는 그녀를 만나러 차를 몰고 갔지요. 그 만남의 알짬은 이랬습니다. 내가 이런 말을 했어요. "수, 만약 버마 정치에 발을 내디딜 준비를 한다면, 정녕 그 먼 길을 가고자 한다면 인내해야 합니다. 그리고 최악의 경우를 대비해야 합니다." 그녀는 주의 깊게 경청하더군요.

앨런 클레멘츠: 수 여사가 선생님께 관심을 가진 이유는 무엇 때문이라고 하시던가요?

우지멍: 나는 감옥을 제집 드나들듯 하는 베테랑 상습범이거든요. (웃음) 게다가 그녀보다 넉넉잡아 스무 살은 위라고요. 나중에 보니 그녀는 사람들을 관찰하고 있었더군요. 믿을 수 있는 사람이 누구인가, 함께 투쟁할 후보자들이 누구인가, 사방팔방으로 찾고 있었던 거예요. 그녀의 핏속에는 혁명가의 자질이 흐르지만, 그걸 끝까지 밀고 나가려면 가능한 한 모든 도움을 얻어야 했어요. 그래서 그때부터 우리는 마침내 그해에 NLD를 결성할 때까지 빈번한 만남을 가졌지요. 긴 역사를 간결하게 축약하면 대략 그렇습니다.

앨런 클레멘츠: 그러니까 수 여사는 선생님을 현 정권에 반대하는 목소리를 내는 베테랑으로서 신뢰하셨네요?

우지멍: 그녀는 나에게 존경을 표했어요. 내 생각에는 나를 좋아했던 것 같아요. 내가 의지할 수 있는 사람이라고 믿었나 봐요. 나에게 NLD의 선언문을 쓰는 과제를 맡기더군요. 그래서 했지요. 그걸 당에 제출했더니 그대로 받아들이더군요. 또 수는 내가 분별력이 있고 사리 있게 말을 한다며 신뢰했어요. 그녀가 어떤 생각과 느낌과 태도를 보이고 있든지 간에, 내가 가진 것들에 비추어서 판단했어요. 달리 말하면 좋은 동역 관계였다는 거지요.

우리가 NLD를 구성할 때 전체 개념은 간단했어요. 단일 정당체제를 가지고 있는 한 버마는 거대한 진공상태나 다름이 없으니, 우리가 할 일은 그 구멍을 메우는 것으로 생각했지요. 약간의 조직 개편이 있은 후에 우띤우가 의장, 수가 사무총장 그리고 내가 조사 책임을 맡았어요. 그러다가 우띤우와 수가 1989년 7월 20일에 체포되었을 때, 내가 NLD 대변인이 되어 외신 기자들을 상대하거나 언론을 상대하는 등등의 일을 하게 된 거지요.

앨런 클레멘츠: 수 여사와 우띤우 선생님에 이어서 사람들이 줄줄이 투옥되었는데도, 선생님은 제외되었다는 게 이상하네요. 선생님이야말로 NLD의 견해를 세계에 알리고 버마의 투쟁에 관해 목소리를 내신 분이신데요.

우지멍: 글쎄 말입니다. 그들이 실수한 거죠. 자기들한테 얼마든지 성가신 존재가 될 수 있는데도 내 능력을 과소평가했어요. 어쨌거나 그 뒤 1990년 5월 27일 총선이 열릴 때까지 내가 NLD의 사실상 의장 노릇을

했지요. 그러고는 9월 6일에 나도 감옥에 끌려갔고요.

앨런 클레멘츠: 그런데 선생님은 수 여사와 우띤우 선생이 구금되고 나서도 거의 14개월 동안이나 어찌 그리 용케 투옥을 피하셨습니까?

우지먱: 실은 계속 미행당하고 괴롭힘을 당했지요. 하지만 그에 대해 열변을 토하지는 않았어요. 나는 한 가지 일로 사람들 앞에서 공공연하게 장광설을 늘어놓지는 않아요. 잘난 듯이 나대는 게 내 천성은 아니거든요. 익명으로 사는 걸 행복해하는 쪽이지요. 자신에게 항상 '너는 아무것도 아니다'라고 상기시킵니다. 어쩌면 그게 내 장점일 수도 있어요. 유일한 장점이라고나 할까요? (웃음)

앨런 클레멘츠: 무슨 말씀을요? 다른 장점들도 분명히 많으십니다. 헌데 선생님은 정치적 야망이 없으신 분 같네요.

우지먱: 맞아요. 나는 언제든지 즉각 정치를 그만둘 준비가 되어 있어요. 그래서 당원들에게도 노상 "어느 한 사람이라도 내가 하는 일에 불만을 품는다면 무조건 그만두겠다"고 말합니다. 동료한테도 그래요. "이봐, 이건 게임이야. 우리는 그저 게임에 참가한 선수들일 뿐이지. 그러니 너무 자존심 내세우지 말고 또 어리석은 생각도 하지 말고 플레이나 하자고." 만일 내가 내린 결정을 좋아하지 않고 그 결정에 찬성하지도 않는다면, 요컨대 어떤 불만 같은 걸 느껴서 내가 떠나기를 바란다면, 그때는 가차 없이 경기장을 떠날 겁니다. 나는 완전히 이 일에서 손을 뗄 준비가 되어 있어요. 동료도 그 점을 분명히 알고 있다고 봅니다. 우리 집은 수의 집과 걸어서 불과 몇 분 거리에 있기 때문에 그냥 아무 때고 조용히 가서 이야기하면 그뿐이거든요. 이런 태도가 장점이 아닐까 생각합니다.

앨런 클레멘츠: 선생님, 단순한 질문 하나 드리겠습니다. 왜 독재정권인 SLORC가 민주국가를 수립하는 데 필요한 '자유롭고 공정한 다당제 선거'를 했을까요? 사실 그 선거의 결과로 수많은 당선자가 감옥에 갇히고 그중 몇몇은 고문을 당해 죽기도 하고 또 다른 사람들은 침묵을 강요당했는데 말이지요.

우지멍: 자기네가 이긴다고 생각했으니까요.

앨런 클레멘츠: 충격적이네요. SLORC는 민주주의를 지지하는 비폭력 시위자들을 수천 명이나 대량살상하고 국민을 통제하기 위해 고문을 제도화하는 방식으로 '테러국가'를 창출하지 않았습니까? 그런데도 정말 자기네가 이기리라 생각했다니 믿어지지 않네요.

우지멍: SLORC는 우리 정당이 와해되었다고 생각했어요. "머리를 잘라냈으니, 사지만 갖고서는 쓸모가 없다"는 말까지 서슴없이 해댔으니까요. 이제 우리가 상대하는 사람들이 어떤 부류의 인간인지 아시겠지요?

앨런 클레멘츠: 그들이 계산 착오를 했군요. SLORC의 진짜 의도는 대중적 인기와 정치적 능력을 겸비한 인사들을 사회에서 모조리 축출하고 민주적인 기구를 버마로부터 완전히 제거해버리는 것이 아니었습니까? 네윈 스스로 향후 독재를 유지하기 위한 사악한 술책으로 다당제 민주주의 사업을 꾸며냈다고 볼 수 있지는 않을까요? 선생님께서 민주화 운동의 목을 자르고 조각조각 분열시켰다는 이미지를 계속 조작해 내면서 말입니다.

우지멍: 그들은 자기들이 군사력으로 지배하는 영토에서 설 자리를 잃었

다는 사실을 깨달았을 때 충격을 받고 분노했어요. 적어도 자기네 사람들만큼은 자기들에게 투표할 거라고 전적으로 확신했거든요. SLORC의 군사정보부가 투표 양상이 어떻게 드러날지를 알기 위해 개략적인 비밀 조사까지 벌였다고 들었습니다. 그런데 그 조사가 너무 늦어지는 바람에 국민의 대다수가 NLD에게 투표할 거라는 걸 미처 깨닫지 못한 거예요. 그러니 투표 결과가 자기들이 기대했던 것과 완전히 반대로 나온 데 대해 충격을 받을 수밖에요.

앨런 클레멘츠: 전체적으로 어딘가 기만적인 구석이 있네요.

우지밍: 그 가설을 신뢰할만한 증거들이 많이 있어요. 전(前) BSPP(버마사회주의계획당) 당원 중 일부, 특히 요직에 있던 사람들이 선거 결과를 듣고는 쓰러져 울었다는 보고를 실제로 들었습니다. 어떤 지역에서는 승리를 축하하기 위해 잔치까지 준비해놓았다더군요. 여러 경로를 통해 이런 소식이 들려왔지요. 아시다시피 그들은 연기자가 아니에요. 그러니 이런 보고들은 신빙성이 있습니다.

앨런 클레멘츠: 하지만 여전히 제가 네윈에 관해 아는 바에 의하면, 그는 자기가 꾸미는 책략을 소수의 사람에게만 알린다고 합니다. 어쨌든 선거 결과가 나오고 당선된 의원들이 투옥되자 선생님께서도 틀림없이 시간이 얼마 남지 않았다고 생각하셨군요.

우지밍: 군사정보부가 어디든지 나를 미행하고 있었기 때문에 무슨 일이 벌어지든지 만반의 준비를 하고 있었어요. 그렇지만 나는 절대로 내가 가진 자유가 그들에 의해 빼앗긴다거나 부정당한다는 생각을 해본 적이 없어요. 그걸 알기에 꿋꿋이 내 일을 해나갈 수 있는 겁니다.

앨런 클레멘츠: 그러고 나서 1990년 9월 7일에 그들이 선생님을 붙잡아 갔네요. 송구스럽지만 당시 상황을 말씀해주실 수 있을는지요?

우지멍: 자정이 지난 무렵이었어요. 그들은 와도 꼭 자정이 지나서야 찾아와요. 대문 앞에 와서는 뭔가로 열려고 시끄러운 소리를 내더군요. 나는 일어나서 옷을 챙겨 입었지요. '드디어 인센 감옥행이구나' 생각하면서 말이에요. 나는 이미 전과 기록이 꽤 많아요. 그러니까 상습범이라고 부를 만도 하지요. (웃음) 아내와 함께 창문 너머로 내다보니까 그들이 담장을 뛰어넘는 게 보이더군요. 대충 1개 중대 이상의 무장 군인들이 우리 집을 에워싸고 있었고요. 그 난리를 피운 다음에 군사정보부 소속의 소령이 체포 영장을 들이밉니다. 그러고는 집안에 들이닥쳐서 찬장이고 서랍이고 할 것 없이 샅샅이 뒤지기 시작했어요. 집 전체를 수색한답시고 모든 걸 헤집어 놓았지요. 진짜 영화에서나 보던 장면이었다니까요. 시간이 꽤 걸리더군요. 내 생각에는 무슨 총이나 마약 또는 포르노물 같은 게 나올까 봐 찾는 눈치였어요.

앨런 클레멘츠: 재판 때도 그렇게 애를 먹이던가요?

우지멍: 물론이죠. 그건 단지 시작에 불과했어요. 모든 사람이 법정에 끌려와서 유죄를 선고받고 형이 확정되었어요. 그들은 그냥 시늉만 한 게 아닙니다. 철저히 사법체계를 짓밟은 거지요. 그들은 나를 끌고 17명의 다른 주요 인사들 앞을 지나갔는데, 나를 뺀 모든 사람이 수갑을 찬 채로 묶여 있더군요. 모두가 우리 당원이에요. 공학자, 변호사, 예술가 등으로 민주 인사들이지요. 그러고는 SLORC의 유명인사가 나와서 증언하기를, "얼마 전에 우리가 NLD 본부를 급습하여 이 문건을 빼앗았다"고 하더군요. 아이러니하게도 그 문서는 반대파들끼리 어떻게 하면 상호 합

의에 도달할 수 있을지를 보여주는 협상 원리를 개관한 작은 책자에서 발췌한 글이었어요. 그들은 엉성하게도 경찰과 군사정보부 요원들을 믿을만한 증인이랍시고 계속 내세웠지요. 이쯤 되니까 점점 지루해져서 내가 판사에게 물었습니다. "저 사람들한테 교차 질문을 해도 되겠습니까?" 판사는 전혀 반응이 없더군요. 마치 자기 얼굴에 침이라도 뱉은 것처럼 으르렁대기만 했어요. 그래서 도로 자리에 앉아 웃기만 하는데 판사가 묻더군요. "당신은 유죄입니까, 무죄입니까?" "무죄입니다." 한 사람씩 우리는 모두 '무죄'를 호소했어요. 그런데도 형량이 구형되었는데, SLORC의 판사가 앞자리에 앉은 사람들한테는 각각 10년씩 그리고 뒷자리에 앉은 사람들한테는 각각 7년씩 선고하는 거예요. 그런 다음 나는 독방으로 끌려갔어요. 거기서 '나 홀로 투쟁'을 계속한 셈이에요.

앨런 클레멘츠: 판사라는 작자들이 밤에 잠이나 제대로 잘 수 있을지 궁금하군요.

우지밍: 아, 짧은 이야기 한 토막을 들려 드려야겠네요. 오늘 아침에 수의 집으로 카렌 주에서 손님들이 찾아왔어요. 그 가운데 원로 한 분이 자신의 투옥 이야기를 들려주더군요. 법을 위반하지도 않았는데 붙잡혀 갔대요. 헌데 재판 도중에 판사가 그를 책상 앞으로 가까이 오라고 부르더니 그러더랍니다. "선생은 아무 잘못도 하지 않았소. 완전한 무죄요. 허나 우리 상관이 나더러 7년형을 때리라고 명령하더이다. 하지만 나는 3년으로 줄여 드리겠소." 카렌의 원로는 재판도 없이 1년이나 감금되어 있던 차에 그 말을 듣고 얼마나 기뻤는지 모른대요. 속으로 '이제 2년만 더 갇혀 있으면 되겠구나' 생각했대요. 그렇게 판결을 받고 감방으로 다시 돌아가는 길에 판사가 다가오더니 또 말하더랍니다. "아까는 미안했습니다. 죄도 없으신 분께 3년형을 선고하다니요? 그런데 방금 저도 해

고당했어요. 그들은 저한테도 감옥행을 선고했습니다." "아니, 왜요?" 원로가 물었더니, 그 신사가 대답하기를, "상부 권력자가 7년형을 명령했는데 그에 불복해서요" 하더랍니다. 이 말을 듣더니 수가 원로에게 물었지요. "선생님, 쫓겨난 그 판사의 이름을 알 수 있을까요? 그 사람을 꼭 찾아서 돌봐주어야겠어요. 아주 특별한 인물이니 잘 대접해 드려야지요."

앨런 클레멘츠: 선생님은 수 여사를 누구보다도 잘 아실 텐데요. 여사님을 어떻게 묘사하시겠습니까?

우지멍: 수가 가진 훌륭한 점 중의 하나는 표리부동하지 않다는 거예요. 그녀는 진실해요. 도통 연기할 줄을 몰라요. 위선자가 아닙니다. 자기 생각을 솔직담백하게 말하지요. 수의 또 다른 놀라운 점은 정말로 국민을 사랑한다는 거예요. 그녀는 사람들과 접촉해야 기운이 납니다. 사람들의 말을 경청하고 사람들에게서 배우지요. 인내심도 대단하고요. 주말에 그녀를 본 적이 있을 거예요. 청중과 얼마나 친밀한 관계를 맺는지 보세요. 완전히 가족 같잖아요. 성격은 또 얼마나 재미있다고요. 유머 감각이 아주 뛰어나요. 단체 미팅을 할 때면, 그녀는 항상 농담을 하지요. 항상! 우리는 모두 농담을 즐기는 편이에요. 우리 사이에는 진심으로 애정이 있어요. 모두가 가족인 셈이지요. 우리가 일하는 분위기가 보통 그래요.

수는 사적으로나 공적으로나 한결같은 사람이에요. 대단히 영리하기도 하고요. 수많은 대형 기자회견의 중심에 서 있는 그녀를 본 적이 있을 거예요. 기자가 무례하거나 요점 없는 질문을 던지면, 그녀는 그걸 고쳐서 제대로 돌려놓지요. 그녀의 답변은 성실해요. 질문자가 똑똑하든 부족하든 상관하지 않아요.

또 그녀는 국가에 대한 의무를 수행하는 일에 완전히 몰두합니다. 업무 일정을 보시라고요. 아침 8시나 8시 반에 시작해서 저녁 7시가 되어서도 끝나지를 않아요. 장시간 대화 요청이 계속 이어지거든요. 이 나라 도처에서 사람들이 그녀를 보러 와요. 수 또한 농부, 학생, 노동자, 인력 거꾼 할 것 없이 다양한 인생을 사는 사람들을 알고 싶어 하고요. 그녀는 진실과 사실을 원해요! 사람들이 어떻게 느끼는지 듣고 싶어 하고, 사람들의 일상생활에서 무슨 일이 벌어지는지 알기를 원해요. 그들의 희망, 관심사, 투쟁, 그리고 SLORC의 잔혹 행위와 비인간적인 처사들을 정확히 알고 싶은 거예요. 정치는 사람에 관한 일이라는 것을 우리 모두 알지요. 그 점을 늘 마음에 새기고 있으니까 수로서는 국민을 우선순위에 두는 게 아주 당연한 일이에요.

그런데 내가 보기에는 헌신이 너무 지나쳐서 광신 수준까지 간 게 아닌가 싶을 정도예요. 그녀는 진짜 일 중독이라니까요. 요즘에는 내가 이 문제로 수한테 약간 잔소리를 합니다. 그러면 수도 즉시 수긍하더라고요. 아시다시피 전 세계에서 그녀를 보기 위해 몰려드는 기자들의 행렬이 끊임없잖아요. 그런데 한번은 공동 인터뷰를 하는 동안 수많은 카메라가 동시에 수에게로 쏠리고 뜨거운 조명이 쏟아지는 거예요. 그러고는 동시다발적으로 여기저기서 질문 세례가 퍼부어지는데, 수가 질문 속도만큼이나 빠른 속도로 받아치고 있더군요. 그걸 보자니 어찌나 측은한 마음이 들던지…… 그건 벌 받는 거나 매한가지예요. 인터뷰가 아니라 거의 심문이라고요. 그래서 내가 인터뷰 끝에 수한테 다가가서 그랬지요. 다시는 이런 일이 일어나지 않도록 하겠다고요. 수는 나한테 딸이나 다름없어요. 물론 공적으로야 그런 식으로 자리매김하지 않지만, 수는 내 아내나 나를 깊이 존중해주고, 우리 역시 그 점을 명예롭게 생각합니다.

앨런 클레멘츠: 여사님에 대한 선생님의 보살핌이 참으로 감동스럽습니다.

우지밍: 수에게는 갖가지 도움이 필요해요. 예컨대 그녀가 가택연금을 당

했을 때 당국이 제공한 건 아무것도 없었으니까요. 그녀는 살기 위해 어쩔 수 없이 가구까지 팔아야 했어요. 잘 먹지를 못해서 걷는 것도 힘들고 일어나는 것도 힘들 만큼 기력이 떨어진 적도 있었고요. 머리카락까지 빠졌다니까요. 수는 이 부분에 대해 이야기하는 걸 한사코 거부해요. 자기 방식이 아니라는 거지요. 나도 그 점을 존중합니다. 우리는 모두 고난을 버텨나가는 그녀의 방식을 존중해요.

그녀가 풀려났을 때도 의료 혜택을 받은 바가 없습니다. 전혀! 그래서 우리가 믿을만한 사람을 주선했어요. 물론 다른 사람들도 와서 그녀를 도왔고요. 요점은 이겁니다. 수는 도움이 많이 필요해요.

앨런 클레멘츠: 7년 동안 SLORC는 상상할 수 있는 모든 방법을 동원해서 수 여사를 비난하고 중상모략을 일삼았습니다. 그들이 가장 끈질기게 물고 늘어지는 비판점은 여사께서 20년 동안 해외에 거주하는 바람에 버마 국민을 이해하지 못한다는 것과 영국인과 결혼을 했다는 것인데요. 이런 문제에 관하여 선생님의 객관적인 인상은 어떠신가요?

우지멍: 그건 정말 바보 같은 소리입니다. 아주 한심한 짓이에요. 수에 대한 SLORC의 비난은 다섯 가지 동기에서 나옵니다. 질투, 시기, 분노, 탐욕, 유치한 어리석음이지요. 이 모든 게 그들이 날마다 얼마나 두려움과 불안을 느끼는지를 보여줍니다. SLORC의 논리로는 이거야말로 부처님의 다섯 가지 도덕 계율이라는 식이지요. 수는 지적인 데다가 모국어인 버마어로 뛰어나게 의사소통을 해요. 버마의 고전문학과 시를 공부했거든요. 그러니 그녀의 적수들이 그녀를 재외국민이라는 둥 뜨내기 정치인이라는 둥 비판하는 걸 보면, 그 사람들이 오히려 안쓰럽게 느껴진다니까요. 물론 그녀는 오랫동안 버마를 떠나 있었어요. 하지만 독재정권 아래서 부패의 세월을 보낸 이 사람들을 보세요. 그들이 나라를 위해 한 일

이 뭐가 있습니까? 스스로 정직하게 물어야 합니다.

분명히 말하건대 수가 해외에서 지낸 세월은 그녀 자신뿐만 아니라 이 나라에도 큰 선물이었어요. 그 시기 동안 그녀는 공부했거든요. 민주주의 아래 살면서 민주주의를 배우고 흡수했어요. 말하자면 핏속에 자유를 빨아들여 정맥을 통해 흐르도록 한 거지요. 그녀는 유엔에 들어가, 버마의 위대한 정치가 중의 한 분인 유엔 사무총장 우딴(U Thant) 아래서 일하는 귀하고도 놀라운 기회를 얻기도 했어요. 아프리카, 영국, 네팔, 부탄, 인도, 일본 등 아주 다양한 여러 문화에서 살아보기도 했고요. 그래서 다양성을 잘 알아요. 그녀가 버마에 없었다고 해서 아예 떠났다고 말할 수는 없는 겁니다. 오히려 그런 경험이 그녀를 다듬었어요. 어른으로, 여성으로 성숙시켰지요. 그녀가 돌아와 국민을 섬길 수 있게 된 건 모두 그 덕택이에요. 그녀는 국민이 독재의 가공할 잔혹성에 도전하도록 도우려고 온 겁니다. 적어도 제가 보기에는 그래요. 제가 마치 그녀의 운명을 해석하려고 애쓰는 것 같지만, 이미 상황 자체가 말해주고 있는 걸요.

심지어 그녀를 비판하는 사람들조차도 그녀가 어떻게 그렇게 사람들이 알아듣기 쉬운 말로 연설을 하는지 깜짝 놀란다니까요. 나도 그런 방식을 그녀한테서 배웠지요. 수는 실제로 일상언어를 사용합니다. 그녀가 삼각주 지역에서 일하는 농부, 인력거꾼, 노동자 등 그야말로 보통 사람들에게 연설하는 걸 보면, 청중이 그녀에게 홀딱 반한다니까요. 수는 언제나 친구를 만듭니다. 그게 그녀의 특징이고 힘이에요. 그녀는 사람들을 좋아해요.

또 성인군자 노릇은 아예 할 생각도 안 하지요. (웃음) 수한테는 성자인 양하는 면모가 전혀 없어요. 어릴 때 어둠이나 귀신을 무서워했다든지, 특출한 용기 같은 건 별로 없고 오직 의무감이 자기를 몰아간다든지, 그런 걸 쉽게 인정해요. 그러니까 이런 말도 할 수 있는 거예요. "설령 두렵더라도 당당하게 맞서 극복하면서 자기 일을 해나가야 합니다." 이게 수의 단순한 메시지예요. 그녀는 매번 이 메시지를 전달하지요. 그리고 막말로 외국인과 결혼했으면 또 어떻습니까? 수와 결혼한 분은 아주 좋은 남자인걸요.

앨런 클레멘츠: 선생님, 1989년 7월 16일에 SLORC는 군 장교들에게 정치적 저항자들을 마음대로 체포하도록 허용하고, 판사들에게는 3년의 중노동, 종신형, 사형 중에서 하나를 선고하도록 하는 법규를 선포했습니다. 그러고 나서 7월 20일에 SLORC가 아웅 산 수 지 여사를 체포했는데요. 그때로 돌아가서 말씀을 좀 해주시겠어요?

우지멍: 아, 사실은 특별할 것도 없었어요. SLORC가 어리석은 일 하나를 더 한 것뿐인데요, 뭐. 우리도 수가 체포될 걸 미리 예상하고 있었어요. 수도 알았고요. 우리 모두 알았지요. 그러니 그들의 무력행사는 조금도 놀랍지 않았어요. 감옥들이 빈 공간이 없을 정도로 빠르게 채워지고 있었거든요. SLORC는 사냥 중이었어요. 자유의 목소리를 내는 사람들은 누구나 그들의 사냥감이었지요.

수의 체포에 관해서라면 내가 설명해줄 수 있어요. 그러니까 그날 아침 6시 반쯤, 무장한 SLORC 병력이 수의 관저를 둘러쌌어요. 내가 도착해서 보니 너무나도 기이한 광경이 벌어지고 있는 거예요. 군인들이 하나같이 로봇 같은 자세로 수의 집을 향해 총을 겨누고 있더라고요. 포위 상태로 얼어붙은 채 꼼짝도 하지 않았어요. 단 한 명의 여성 때문에 이 난리라니! 체포가 임박한 상황이었고 피할 수 없었지요. 그런데 이상하게도 지휘관인 SLORC의 장교가 우리를 안으로 들어가게 해주더군요. 내가 도착했을 무렵에는 벌써 우리 NLD 집행위원들이 우띤우만 빼고 다 모여 있었어요. 군대가 우띤우의 집도 포위했기 때문에 오지 못한 거죠. 순간적으로 그들이 우리 모두를 감옥에 집어넣으려고 하는구나 하는 생각이 스쳤어요. 하지만 우리는 늘 하던 대로 간단히 점심을 먹고 농담을 했어요. 생각해보세요. 우리 중 누구도 걱정하는 사람이 없었다고요. 아무도 SLORC한테 겁을 먹지 않았거든요. 그래서 그런 날도 웃을 수 있었지요.

앨런 클레멘츠: 평소처럼 웃고 농담하면서 점심을 즐겼다고요? 포위상태라기보다는 파티 분위기를 묘사하시네요. 선생님도 감옥행이 임박했는데 말입니다. 그러한 압박 상태에서 어떻게 그렇게들 쾌활하실 수 있었나요?

우지멍: 뭐 딱히 비법이 있는 건 아니에요. 군인들이 수의 저택을 둘러싸고 있는데, 우리가 그 안에서 농담하며 재미있게 지냈다는 것이 이상하게 들린다는 건 압니다. 그렇지만 수가 정말 재미있는 사람이라는 걸 아셔야 해요. 우엉슈웨와 우루인(NLD 집행위원들)에게 여쭤보세요. 우리는 내내 농담을 던졌어요. 물론 몇 가지 실질적인 문제들도 처리했고요. 가령 NLD 집행위원회의 빈 자리를 누구로 메울지 결정한다든가 또 앞으로 수행해나갈 단기적 의제를 설정한다든가 그런 일들이요.

앨런 클레멘츠 : 어려운 상황에서도 그 상황에 갇히기보다는 내일의 희망을 꿈꾼다는 게 신선하게 느껴집니다.

우지멍: 글쎄 말입니다. 그게 좋은 거지요, 안 그런가요? 이상(理想)은 우리를 계속해서 모색하게 합니다. 이상이 있어야 희망찬 사람이 될 수 있어요. 하지만 희망이란 현재 우리의 행동방침에 반대되는 것이지요. 우리는 그런 부분들에 대해 현실적이 되려고 노력해요. 정치는 사람이 하는 일이자 실용주의에 근거한 것입니다. 민주주의는 현실을 발판으로

추구되어야 하지요. 그래서 모든 이상과 희망의 기획은 반드시 실천으로 옮겨져야 합니다.

그나저나 다시 수의 체포 상황으로 돌아가서 말을 이어보겠습니다. 의심할 여지 없이 험악한 순간이었어요. 하지만 피할 수 없다면 받아들이자……. 내가 하고 싶은 말은 이거예요. 그 일은 사람들이 추측하는 것만큼 비극적이거나 근심스러운 게 아니었다는 거지요. 달리 말하면 거기에는 어떤 멜로드라마도 없었어요.

앨런 클레멘츠: 선생님은 지금까지 총 세 번, 합해서 7년 동안 감옥에 계셨습니다. 그래서 인센 감옥이 얼마나 악명 높은지 잘 아십니다. 고문이라든가 인간 이하의 생활조건 같은 거요. 하지만 수 여사는 한 번도 감옥에 간 적이 없으시잖아요? 체포 당시에 혹시 선생님께서 이 부분에 대해, 그러니까 감옥 생활을 견디는 법이라든가 독방에서 지내는 법에 대해 어떤 조언 같은 걸 해주셨는지요?

우지멍: 심각한 모든 사안 중에서 우리가 가장 많이 논의한 부분은 아무래도 수의 체포에 관한 것이었어요. 나는 그녀가 인센으로 보내질 줄 알았어요. 가택연금은 생각지도 못했지요. 그러나 적어도 내 기억으로는 그녀가 감옥 생활을 어떻게 대처해야 하는가에 관해서는 한마디도 언급하지 않았습니다. 당신도 아셔야 해요. 수는 단호한 사람이라는 걸. 충분히 자기 스스로 대처해나갈 수 있는 인물이지요. 물론 우리는 군인들이 아무 때라도 들이닥칠 수 있다는 걸 알았어요. 그 무렵에는 벌써 몇 달째 우리가 군인들한테 둘러싸여 있었잖아요? 그러니까 수의 자택 바깥에 군인들을 배치한 것은 SLORC의 논리상 당연한 절차였지요. 대략 오후 2시 반쯤 되어서 우리는 이런 말을 했어요. "좋아…… 지금 바깥에서는 우리 모임이 끝나기를 기다리느라 조바심이 났을 거야." 그래서 작별

인사를 하고는 모두 물러났지요. 그게 다예요.

앨런 클레멘츠: 체포 당시의 상황은 어땠습니까?

우지멍: 이상하게도 군인들이 그날 오후 4시 반 무렵까지도 수의 집으로 들어가지 않는 거예요. 무슨 조각상처럼 열 시간 내리 꼼짝 않고 서 있기만 한 거지요. 그들이 그렇게 오래 기다린 이유는 어쩌면 그 집 안에 우리 NLD 청년 활동가들이 여럿 있어서 그랬을지도 몰라. 한 20명 정도 있었는데, 그들은 수의 경호원이에요. 사실 온 종일 그들이 스피커로 수의 연설과 민주화 노래들을 틀었거든요. 여기서 잠깐 딴소리를 좀 하면, 정책 면에서 우리는 무지와 억압의 너울을 벗기는 가장 효과적인 무기가 바로 비폭력 교육이라고 믿어요. 그래서 우리 NLD 청년들이 용기와 인간 존엄성을 일깨우는 자유의 노래와 수의 연설을 활용해 온 종일 군인들에게 꾸지람했던 거지요. 그들도 이런 것들을 듣기 좋아하는 것 같았어요.

그러다가 그들이 마침내 우리 NLD 본부이기도 한 수의 관저를 침입하면서, 드디어 수는 구금 상태에 놓이게 됩니다. 그들은 타자기, 카메라, 비디오 장비, 녹음기는 물론 NLD의 당원 등록 카드까지도 모조리 압수했지요. 그 파일에는 전국의 NLD 당원들의 이름과 주소가 사진과 함께 정리되어 있었어요. 이것을 맥락에 두면, 몰상식한 그들이 저지른 만행의 전체 그림이 분명하게 그려질 거예요. 이 모든 일이 SLORC가 천명한 '자유롭고 공정한 다당제 민주선거 캠페인' 기간에 일어났다는 말씀이지요. 수와 우띤우가 체포된 뒤에는 우엉슈웨와 내가 일을 수행해 나갔습니다.

앨런 클레멘츠: 선생님은 수 여사가 가택연금에 들어간 날, 여사를 본 마지

막 인물이십니다. 그리고 제가 듣기로는 여사께서 석방되던 날 가장 먼저 만나고 싶어 했던 인물도 바로 선생님이었다고 하던데요. 절친한 친구이자 동료를 그토록 오랫동안 만나지 못하다가 다시 보게 된 심정은 매우 특별했을 것 같습니다. 이로써 마침내 투쟁이 재개되었나요?

우지명: 아니, 투쟁은 결코 중단된 적이 없어요. 하지만 맞아요. 우리 역시 수가 자유롭게 되어 매우 기뻤지요. 그때 이야기를 들려 드릴게요. 정확히 1995년 7월 10일 월요일이었어요. SLORC의 경호원 중에 여러 해동안 수의 집 대문을 지키던 자가 있었는데, 그날 오후에 우리 집으로 온 거예요. 나는 서재에서 정치 자료들을 살피고 파시스트 정권의 붕괴에 관한 오래된 책들을 뒤적이고 있었는데, 아내가 조용히 걸어와서 말하더군요. "문 앞에 군사 정보부 요원이 와 있어요." 우리는 야릇한 침묵 속에 서로 바라봤어요. 나는 책을 내려놓고 문으로 가서 분명하게 물었지요. "무슨 일입니까?" 무표정한 얼굴로 그가 대답하더군요. "아웅 산 수 지 여사가 선생을 보고 싶어 하십니다." 언뜻 스치는 생각에 그녀한테 무슨 일이 일어났구나 싶었어요. "여사가 많이 아픈가요?" 내가 물었습니다. "아니오. 편찮으신 건 아닙니다." 그가 대답했어요. 그 요원이 말한 건 그게 전부입니다. 그러니 그때까지도 나는 그녀가 석방되었다는 생각을 도저히 하지 못한 거지요. 그러고 나서 내가 그의 의향을 물었어요. "나를 태워주러 왔습니까?" "아닙니다. 선생 차로 오십시오." 그가 대답했어요. 그래서 나는 적어도 내가 다시 체포되는 상황은 아니구나 생각했지요. 그가 다시 말하더군요. "여사께서는 사모님도 함께 보고 싶어 하십니다."

우리는 오후 5시쯤 도착했어요. SLORC 경호원들이 우리를 들여보내 줘서 차를 몰고 집으로 들어갔는데, 수가 현관에 서서 농담을 건네더군요. "삼촌, 왜 이렇게 오래 걸렸어요? 고작 1마일을 운전하는 데 6년이나 걸려요?" 그제야 우리는 수가 석방되어서 자유롭게 된 걸 알았어요. 우리 세 사람은 안으로 들어가서 실컷 이야기를 나눴습니다. 말하자면 그동안의 공백을 채운 거지요. 다행히도 수는 무탈했어요. 하나도 달라지지 않고 새처럼 자유로운 정신상태 그대로더라고요. 나는 그 점에 대해서 한 번도 의심한 적이 없어요. 6년 만에 처음으로 그녀를 다시 만나면서 나의 직감을 확신했지요. 우리는 이 모든 부조리에 대해 웃으며 농담을 했어요. 나 자신의 투옥 경험으로 미루어보면, 감옥은 결코 영혼을 약하게 만들지 않더라고요. 오히려 결의를 더 단단히 다지게 하지요. 수도 마찬가지였어요. 그녀의 확신은 항상 강했지만, 그날 내가 본 것만큼은 아니에요. 그날의 수는 자유로운 심장과 강철 같은 의지 그리고 번개처럼 번뜩이는 정신을 가진 여성이었어요.

우리 부부가 막 나오려는 데 우띤우가 부인과 함께 도착했어요. 수의 석방 소식은 도깨비불처럼 빠르게 퍼졌어요. 그는 말하기를, 수의 집 현관 앞에 사진기자들과 기자들이 장사진을 이루고 있다고 하더군요. 바로 그때 현재 NLD 의장인 우엉슈웨가 도착했어요. 이제 비로소 우리 당이 다시 뛸 준비가 된 거예요. 우리는 너무 웃어서 눈물이 다 나올 지경이었어요. 그날 밤 9시쯤에는 현관이 외신 기자들과 사진기자들로 꽉 들어찼지요.

내가 말하고 싶은 요점은 우리 중 누구 하나라도 투쟁을 중단한 적이 없다는 겁니다. 휴면기를 가진 적이 없어요. 우리는 모두 각자 갇혀 있던 동안 생각할 시간을 많이 가졌기 때문에 다시 뭉쳤을 때는 에너지가 그 전보다 더 강해졌어요. 그러나 당시는 마음을 진정시키고 실제적인 업무에 들어갈 시점이었지요. 잔치 하나가 끝났으니 이제 다른 잔치판을 벌여야지요.

앨런 클레멘츠: 감옥에 갇혀 있으면서도 자유로운 정신을 갖는다는 게 어떻게 가능합니까? 어떻게 해야 분노나 괴로움, 복수할 생각 같은 것에

굴복당하지 않을 수 있을까요?

우지멍: 어떤 의미에서 자유는 신체적·정신적으로 억압하는 족쇄가 없다는 뜻이에요. 감옥에 던져진 사람은 가장 먼저 상실의 충격을 경험합니다. 그건 너무나 많은 요인에서 비롯되기 때문에 어느 하나의 요소로 못 박기는 어려워요. 이를테면 그 상실감은 가족이나 친구들과 접촉하지 못하는 데서 올 수도 있고요. 익숙했던 일상생활을 더 이상 지속하지 못하는 데서 오기도 해요. 또는 책이나 라디오를 접할 수도 없고 가까이 지내던 사람들과 교제할 수 없다는 데서 올 수도 있지요. 자기 자신을 위해서나 자기보다 더 나쁜 상황에 있는 다른 사람을 위해 간단한 허드렛일을 해야 하는 어려움과 씨름하는 데서 오기도 하고요.

나는 1965년 5월 말에 처음으로 감옥에 갔어요. 투옥된 지 사흘째 되던 날 갑자기 상실감이 극복되었는데, 그건 전혀 예상치 못한 일이었지요. 마치 누군가가 나에게 아무것도 생각하지 말라고 조언이라도 해준 것 같았어요.

그 후로 인센 감옥에서 보내야 했던 내 인생의 11년 동안 나의 행동에 길잡이가 되도록 그 생각을 상세히 다듬었는데, 바꿔 말하면 이래요. "현재의 고립상황에서 너는 네 사고의 전제로 이용할, 또 그것에 근거하여 적절한 결론을 도출할 모든 자료를 거부당했다. 그러니 네 삶을 비참하게 만들기로 했다면 계속해서 아무 생각이나 해라." 그때부터 나는 내 삶을 용케 살아낼 수 있었다고, 극도의 분노와 좌절에 사로잡히지 않고 어느 정도 성공의 길을 걸어갈 수 있었다고 믿어요.

앨런 클레멘츠: 버마에서는 임의체포가 흔하다고 알고 있습니다. 이러한 SLORC의 전략에 대해 선생님의 생각은 어떠신지요?

우지멍: 임의체포는 정치적 반대 의견을 탄압하기 위해 고안된 비열하고도 무책임한 수단이므로 더욱 강하게 규탄되어야 합니다. 이런 식의 체포는 여러 면에서 민주적인 변화를 위해 일하는 정치 기구들을 망가뜨리는 짓이에요. 30년이 넘도록 이 나라 국민을 길들인 단일 정당체제에서는 수도에서 정치 활동가들을 체포하는 것이 전국적으로 영향을 미칩니다. 지방 도시에서도 낮은 계급의 안보 요원들, 그중에서도 특히 성과를 올리는 데 열심인 사람들이 본부의 별다른 지시사항이 없어도 자체적으로 체포할 수 있어요. 활동가들의 가족은 가장 피해가 심하지요. 왜냐하면 주요 생계 부양자를 잃게 되는 셈이니까요. 기상천외한 법정에서 극도로 가혹한 판결을 내리는 것이 이 시기 전체를 통틀어 표준 관행이 되었어요. SLORC 정권의 시작 자체가 잔인무도한 만행으로 이루어진 마당에 정치범에 대한 처우가 좋을 리 없지요.

앨런 클레멘츠: 선생님의 주말 공개 연설에 참석하는 사람들의 수가 매주 눈에 띄게 증가하고 있습니다. 무장한 SLORC 군인들이 군중 속으로 뛰어들어 일제히 탄압하고 모두를 체포하리라는 예측은 해보신 적이 없으십니까?

우지멍: 몇 가지 고려할 점이 있어요. 하나는 어느 때든지 화해가 이루어질 수 있다는 점입니다. 그들은 무슨 이유에선가 주말 연설을 허용하고 있어요. 우리는 다만 그 이유를 추측할 뿐이지요. 수, 우띤우, 그리고 나, 그 밖에 NLD의 모든 사람이 정말 화해를 원해요. 이를테면 주말 연설 자리가 화해의 시작이 되기를 진심으로 바랍니다. 우리가 계속 연설하도록 용인한다는 것 자체가 아마도 그들 속에 진정한 무엇인가가 있다는 표시일 수도 있겠지요. 만약에 그렇다면, 그게 시작이에요. 어쩌면 그들은 우리가 하는 말에서 무언가를 배우고 있는지도 몰라요. 아니면 사람

들 사이에서 '메타(자비)'를 느끼는지도 모르고요. 그들은 사람들로부터 강요되거나 강제된 것이 아니라 그들을 향해 자연스럽게 흘러나오는 '메타'를 갈망할 수도 있어요. 사람들 사이에서 생겨난 '메타'가 그들에게 영향을 미친다는 건 충분히 있을 수 있는 일이지요. '메타'는 그런 일을 할 수 있어요. 말하자면 그들로 하여금 사람들을 다루는 새로운 방식을 깨닫게 해주는 거예요. 인간을 억압하고 착취하는 대신에 존중하고 섬겨야 할 존재로 보도록 그들의 마음을 열어줄 수도 있어요. 이런 일은 그들이 사람들의 용기에 감동할 때 가능하겠지요. 그들에게 자진해서 저항할 뿐만 아니라 그들을 용서할 준비가 되어 있고 또 용서하기 위해 인내할 줄도 아는 그런 사람들 말이에요. 이 모든 일은 정말 가능성이 충분히 있다고 봅니다.

두 번째로, 우리는 주말 연설을 듣기 위해 오는 사람들에게 제대로 된 환경을 제공할 수 있게 되기를 소원합니다. 지금은 신문지나 비닐봉지 같은 걸 깔고 앉거나 더러운 아스팔트 위에 그냥 앉을 수밖에 없는 형편이거든요. 그늘이 없으니까 더위에 지치기도 하고요. 사람들이 이런 불편과 위험을 감내하는 걸 보고 있자니 우리 마음이 편치 않아요. 그리고 군인들이 아무 때고 들이닥칩니다. 길을 막고는 "움직이지 마!" 하고 위협하지요. 그래도 사람들은 자신들의 양심을 따르고 있어요. 자유에 헌신하는 거지요. 이건 특별한 겁니다. 존엄하게 행동하는 거라고 부를 만하지요. 자유롭게 살고자 하는 용기 그리고 단순히 자유가 주어지기만을 기다리지 않을 용기가 있다는 거예요. 그래서 나는 걱정이 없어요. 사람들에 대해서도 걱정하지 않아요. 우리는 함께 이 길을 갈 겁니다.

언젠가 어쩌면 빠른 시일 내에 내가 몇 걸음도 걷지 못하게 될 날이 오겠지요. 그때가 언제일지 나는 몰라요. 우리 모두 알 수 없는 노릇이지요. 안 그런가요? 나는 노쇠하고 허약해질 겁니다. 그때가 되면 침대에 누워서 죽을 날만 기다리겠지요. 아시다시피 나는 나 자신의 가치에 대해 어떤 환상 같은 걸 갖고 있지 않아요. 누군가 젊고 강한 인물이 나를 대신할 겁니다. 나도 그걸 권장하는 편이고요. 하지만 지금은 이 일이 나에게 주어진 의무입니다. 물론 아무도 강요하지는 않았지요. 다만 내 양심을 따라 여기까지 온 것이지요. 그러니 내가 쓸모 있는 한 나는 일어설 것이고 발언할 겁니다. 두려움이나 걱정 따위는 하나도 없어요.

세 번째로, 이제 당신의 질문에 대답하겠습니다. 내 생각에는 현 시점에서 SLORC는 주말에 모이는 군중을 체포하고 싶어 하지 않는다고 봐요. 그들의 국제적 이미지가 감시받고 있거든요. 참을 수 없는 행위를 하면 확실히 역효과가 날 거예요. 비디오카메라를 든 외신 기자들이 전부 후세에 남기기 위해 SLORC 군인들을 찍느라 난리가 나겠지요. 그러면 슬픈 장면이 CNN과 BBC를 통해 전 세계에 방송 될 겁니다. 그런 화면은 우리가 상대하는 사람들이 어떤 부류의 인간인지를 보여주는 충분한 증거가 될 테지요.

앨런 클레멘츠: 몇 달 후면 선생님의 강연회에 참석하는 사람들이 1만 명에 육박할 텐데, SLORC가 여기에 대해 어떻게 반응할지 생각해보셨나요?

우지밍: 당국이 우리의 '행복한 시간' 때문에 상당히 심기가 불편해한다는 걸 잘 압니다. 그들 중 일부는 틀림없이 자기 자리에 만족하겠지만, 행복한 시간 따위는 없을 테니까요. 그런데 아시다시피 그들은 우리가 옛날 군주나 왕이 통치하던 시대의 신하들처럼 행동하길 원해요. 개구리처럼 납작 엎드려 있으라는 거죠. 이게 그들의 사고방식이에요. 아마 그들은 우리를 전능한 지존자의 권좌를 무시하는 거지 같은 존재들로 볼 겁니다. 우리를 그저 자기들이 기분 내키는 대로 이용했다가 아무 때나 버릴 수 있는 '물건' 같다고 여기는 거지요. 그들은 우리가, 말하자면 NLD의 핵심인 우리가 행복하다는 사실을 견디지 못해요. 하지만 어느

때고 그들이 우리 당에 합류한다면 당연히 대환영입니다.

앨런 클레멘츠: 요즘 버마에서 언론의 자유는 어떤 식으로 탄압되고 있습니까?

우지멍: 그 답은 쉽게 찾을 수 있어요. 행동을 통해서요. 만일 당신에게 용기가 있다면 내가 하는 말을 시험해보세요. 시내 길모퉁이 어느 찻집에 들어가서 탁자 위에 올라가 민주주의에 대해 몇 마디만 해보시라고요. 무슨 일이 벌어질지 똑똑히 보게 될 테니까요. 입 밖으로 '정의'라는 단어가 튀어나오자마자 붙잡혀가서 당장에 다음번 비행기로 쫓겨나게 될 거예요. 만약에 버마 사람이 그랬다면 인센 감옥으로 가는 편도행 트럭에 실리는 길밖에 없겠지요. 이게 바로 내가 버마의 유일한 해방구는 수의 집이라고 말하는 이유예요. 거기서는 온갖 이야기를 다 할 수 있지요. SLORC에 관한 농담도 얼마든지 가능해요. 만약에 그들이 우리와 대화를 하게 된다면, 그들 자신을 포함해서 모든 사람이 얼마나 행복해질지 말해주겠다니까요. 지난 주말 연설에서 수가 집 밖으로 몰려든 군중에게 이런 이야기를 했어요. "언젠가 여러분이 오랜 공포와 투쟁의 세월을 되돌아본다면, 이 자리에 함께 모인 여러분과 우리는, 가시철조망 너머에 있는 여러분과 문 너머에 있는 우리는 어처구니없는 이 모든 일에 대해 웃게 될 것입니다. 그렇습니다. 이 상황은 정말로 불편합니다. 비록 지금은 아니더라도 언젠가 이 상황을 회상하며 웃게 될 날이 올 겁니다. 아니, 틀림없이 그날은 오고야 맙니다. 세계 곳곳의 반체제 인사들이 지금까지 지녔던 하나의 특권은 이것입니다. 자신들이 얼마나 용기 있게 투쟁했는가를 돌이켜볼 때 의기양양한 기분이 든다는 사실입니다. 여러분도 언젠가는 반드시 그런 기분을 느끼게 될 것입니다. 그리 오래 남지 않지 않았습니다. 그날은 점점 가까이 다가오고 있습니다."

앨런 클레멘츠: 그런데 당국은 왜 언론의 자유는 금지했으면서 주말 연설은 허용하는 걸까요?

우지밍: 어쩔 수 없는 양해 내지는 전략적 술책이라고 부를 수 있겠지요. SLORC의 이런 행동이 그들에게 플러스 되는 면이 없지는 않을 겁니다. 몇 가지만 따져보면, 일단 시간이 흐르면서 주말 연설 장면 자체가 관광 명소로 빠르게 변화했어요. 이건 '1996 버마 방문의 해'에 도움이 됩니다. 또 서방 언론을 통해 SLORC에 대해 잔인하고 탄압적인 정권으로 알고 있던 사람들의 인식을 완화하는 데도 아주 큰 도움이 될 수 있고요. 더 나아가 SLORC는 수의 추종자들이 수에게 보낸 편지들에서 뭔가 건지는 게 있을 거예요. 그 편지들에는 현재 국민이 SLORC에 대해 어떤 불만을 느끼고 있는지 적혀 있으니까 주의해서 들을 필요가 있지요. 그리고 끝으로 주말 연설을 들으면서 SLORC는 자신들의 반대파로 간주하는 NLD 지도부의 성향을 지속적으로 평가할 수도 있을 테지요.

앨런 클레멘츠: 그럼 NLD에게는 어떤 유익이 있을까요?

우지밍: 우리의 시각에서 보면, 주말 연설은 NLD 지도부가 현 정치 상황에 대해 가진 견해를 나누는 기회가 됩니다. 인쇄물을 통한 소통이 불가능하기 때문에 주말 연설을 통해서나마 NLD 추종자들과 소통하는 거지요. (1990년 7월 이후부터 NLD는 출판권을 거부당했다.) 현 상황에서는 반체제 인사들이 어떤 처벌도 받지 않고 서로 간에 자기가 가진 신념을 표현하고 상의하고 조언하고 교환하며 보급할 수 있는 유일한 장소가 이곳밖에 없습니다. 이 모종의 협상에는 또한 제3의 변수를 포함하지 않을 수 없는데, 그건 바로 군중이에요. SLORC의 협잡을 무릅쓰고 수의 연설을 들으려고 정기적으로 그녀의 집 문 앞에 모이는 사람들 말이에요. 경찰과 민간

무장 보안원들이 야간 방문객의 목록을 확인하기 위해 정기적으로 밤에 사람들의 집을 덮칩니다. (누구든지 아무개의 집에 밤새 머물려면, 저녁때 일찌감치 지역 내 '법과 질서 사무소'를 찾아가 미리 보고해야 한다. 그렇지 않으면 주인이 벌금을 내든지 아니면 투옥당하는 위험에 처하게 된다.) 그러고는 사람들한테 곤란한 일을 당하지 않으려면 주말 연설에 가지 말라고 협박하는 거지요. SLORC가 고용한 여섯 명의 사진사가 집회에 참가한 사람들의 신원을 파악하려고 연방 사진을 찍어댑니다. 그렇지만 의연하게도 국민은 주말마다 계속해서 몰려들고 있어요.

앨런 클레멘츠: 선생님은 신앙심이 두터우신가요?

우지멍: 대답하기가 좀 곤란한 질문이군요. 나 역시 부처님이 가르치신 계율 가운데 몇 가지는 지키려고 애를 씁니다. 그 계율이 무엇인지 말한다면, 당신은 아마 혼란을 느낄지도 모르겠어요. 그러니 차라리 딱 집어 말하지 않는 편이 낫겠습니다. 다만 그게 무엇이든지 간에 그 계율들이 있어서 그나마 내가 인생을 잘 꾸려가고 있다는 정도만 말하면 충분하겠지요.

예를 들어 수가 체포되던 날이나 그 밖에도 우리가 함께 겪었던 모종의 암울한 상황들에서 우리 모두 얼마나 많이 웃었는지 말했을 때, 당신은 꽤 놀라더군요. 하지만 그런 말을 서슴없이 할 수 있다는 것은 화자(話者)가 과거에 일어났던 일에 대해 아무런 후회도 하지 않는다는 사실을 보여주지요. 과거를 기억하는 '나(I)'와 그 기억의 대상인 '나(me)'가 모두 죽고 사라진 겁니다. 마찬가지로 현재의 화자도 미래의 '그(he)'에게 일어날 일에 대해 걱정하지 않아요. 사실상 미래의 '나'는 '그'일 뿐이지요. 현재로서는 미래의 '나'가 어떤 모습으로 빚어질지 전혀 알 수 없으니까요. 그러므로 그저 순간순간마다 온전히 자각하는 삶을 살려고 노력하는 게 전부입니다. 할 수 있는 한 모든 살아 있는 존재들에게 차별대우하지 않고 초연한 마음으로 최선을 다해 섬기는 삶을 살려고 추구하는 것이지요. 종교가 정치를 섬기나요? 나는 그렇게 생각하지 않아요. 그러나 단지 최선을 다하려고 애쓰기는 합니다.

앨런 클레멘츠: 선생님은 '어디에도 집착하지 말라'는 부처님의 가르침을 따르고 계십니다. 선생님의 그러한 이해는 버마 국민의 자유민주주의를 위한 투쟁에서 선생님의 지도력에 어떤 식으로 영향을 미치고 있다고 보십니까?

우지밍: 차를 몰고 도시의 거리를 한번 둘러보세요. 교차로마다 커다란 붉은색 선전판과 마주치게 될 거예요. 거기에는 당국의 현재 생각을 반영하는 슬로건이 적혀 있지요. 그 선전판들은 우리가 대항해야 할 세력들을 대변하고 있어요. 한번은 누군가 이런 글귀를 적어 넣었더군요. "신중한 자라면 입조심을 해야 한다."

부처님의 가르침 중에, 할 수 있는 한 자주 자기 밖으로 나가서 자신의 어리석음을 들여다보라는 게 있어요. 우리는 이런 가르침을 마음에 새기고 정도(正道)를 걷기 위한 나침반으로 삼지요. 순간적인 분위기에 이끌려서 전체 전략과 무관한 행동을 한다면 재난을 초래할 수 있으니까요.

앨런 클레멘츠: 선생님은 버마 군대에서 제대하기 전까지 지휘관이셨습니다. 그러니까 전투에도 참가하시고 총탄에 맞서기도 하셨겠지요. 제 생각에는 사람, 즉 적도 죽이셨을 것 같은데요. 불교도이시니까 마음속으로는 사랑을 품은 채로 죽이셨나요?

우지밍: 네, 나도 전쟁에서 사람, 즉 적을 죽였답니다. 하지만 마음속에 사

랑을 품고서 죽인다? 당신은 정말 거짓말을 못하는군요. 그렇지요? 아니올시다. 참된 의미에서 그건 사랑이라 부를 수 없어요. 짧게 설명하지요. 나는 우리를 쳐부수려는 적에 대한 증오심에서 싸운 건 물론 아니에요. 다만 그야말로 순전히 전투일 뿐이지요. 직업이 군인이니까 그런 일을 해야 하고, 그래서 했을 뿐이에요.

앨런 클레멘츠: 선생님은 민주화 투쟁의 지도자로서, 만약에 무기가 있으시다면 SLORC에 맞서 무장 투쟁을 선동하시겠습니까?

우지멍: 아닙니다. 나는 무장 투쟁이 정치적 변화를 가져다준다고 보지 않아요.

앨런 클레멘츠: 선생님은 1940년대에는 파시즘에 대항해서 무장 투쟁으로 싸우셨으면서, 왜 90년대에는 그런 식으로 싸우지 않으시는 건가요?

우지멍: 오해하지 마세요. 당시에 내가 군대에 지원한 오직 한 가지 이유는 독립을 바라고 그런 거예요. 그게 전부예요. 전쟁이 버마까지 오지 않았더라면, 나는 음악과 연극 같은 진짜 관심 분야를 추구하는 데 더 만족했을 거라고요. 나는 예술을 사랑하는 사람이에요. 그런데 알다시피 그때 우린 어렸어요. 길가에 누워 있는 나뭇잎들처럼. 혁명의 바람이 강하게 몰아닥치니까 그냥 휩쓸려간 거지요. 내가 군대에 연루된 것은 어쩌다 우연히 일어난 일이지 의도적으로 된 게 아니에요. 우리는 독립을 위해 싸우는 것 말고 다른 선택의 여지가 없었어요. 그런 선택에 의심하지도 않고……, 그저 싸운 거지요. 하지만 다른 선택권이 있었다면 절대로 군대를 선택하지는 않았을 거예요. 이 정도면 명쾌한 답변인가요?

앨런 클레멘츠: 네, 선생님. 저는 그냥 자유를 위한 투쟁의 주요 지도자이신 선생님의 비폭력 행동주의에 대한 견해를 알고 싶었을 뿐이에요.

우지밍: 비폭력에 관해 말하자면, 나는 그걸 책망하지 않아요. 하지만 나는 간디가 아닙니다. 무력이 필요할 기미가 보이면 지체 없이 정면 돌파를 할 거예요. 그 길만이 내가 취할 수 있는 유일한 수단이라면 말이지요.
　나는 싸우는 훈련을 받은 사람이에요. 만약 어떤 사람이 당신을 밀치려고 한다면, 나는 당신이 내 등 뒤에서 지르는 비명을 그저 듣기만 한 채 꼬리를 내리고 도망치지는 않을 겁니다. 그건 겁쟁이나 하는 짓이에요. 비열한 행동이지요. 그뿐만 아니라 내 안에 있는 '메타'가 시련을 해결해 줄 것으로 믿고서 자리에 앉아 명상만 하지도 않을 겁니다. 나는 성자가 아니거든요. 당신을 보호하기 위해 뭔가를 하려고 시도할 거예요. 지금의 나는 무력 사용을 좋아하지 않지만, 그렇다고 완전히 무력을 사용하지 않겠다고 장담할 수는 없어요. 물론 간디라면 그렇게 말하겠지만요.

앨런 클레멘츠: 이 나라에서 벌이는 민주화 운동이 미국과 유럽의 강력한 지지 없이도 과연 성공할까요?

우지밍: 우리는 외부의 지원에만 의존하지는 않습니다. 이 운동은 국민의 운동이에요. 그게 우리가 중시하는 핵심이자 우리의 강점이지요.

앨런 클레멘츠: 그러니까 인내의 문제, 곧 비폭력을 끈기 있게 고수하는 인내가 문제로군요?

우지밍: 네, 인내입니다. 우리는 도망갈 필요가 없어요. 만약 그들이 나를 다시 투옥한다면, 좋아요, 기꺼이 감옥에 가지요. 감옥에서도 내 집만큼

이나 자유로우니까요. 하지만 감옥에 나를 도로 집어넣는다고 해서 해결되는 건 아무것도 없어요.

또 한 가지 짚어봐야 할 점은, 그들(SLORC)은 자기네가 수와 일대일로 대화할 수 없다고 생각한다는 거예요. 왜 그들은 (SLORC의) 장군이 대화를 할 수 있다는 걸 의심할까요? 그러니 보다시피 나는 바보의 궁전에서 사는지도 모르겠어요. 그러나 내가 있는 곳에 만족합니다. 나는 아무 걱정이 없어요. 그들이 당면하고 있는 문제야말로 너무 거대해서 우리와 협력하지 않는 한 전 국민의 협조를 보장할 수는 없을 겁니다.

앨런 클레멘츠: 성 아우구스티누스가 쓴 이야기가 생각나네요. 어디서 읽었는지는 확실하지 않습니다. 한번은 알렉산더 대왕이 해적을 붙잡아서 물었답니다. "어떻게 감히 바다를 어지럽히고 다니느냐?" 그러자 해적이 반발하기를, "그러시는 폐하는 어떻게 감히 온 세상을 어지럽히고 다니십니까? 제가 가진 배는 작아서 저는 도둑이나 해적이라 불립니다만, 폐하께는 군대가 있으니 황제라 불리는군요." 하더랍니다.

이곳 버마에서 SLORC의 적반하장은 한 수 위예요. 그들은 나라 전체를 집어삼키고는, 자기 자신들을 일컬어 도량이 넓은 지도자요 정의의 수호자라고 부르지요. 반면에 NLD에서 비폭력주의 '정신 혁명'을 이끄는 선생님께는 '체제 전복자', '정치적 테러리스트'라는 낙인을 찍었고요.

이제 SLORC는 버마의 무장반군과 협상을 했습니다. 최근에는 전 세계에서 가장 악명 높은 헤로인 마약왕 쿤사(Khun Sa)와도 협상을 했어요. 그런데 아이러니하게도 NLD와는 말조차 트려고 들지 않네요. 이렇게 무장반군과 손을 잡은 걸 정확하게 '휴전'이라 부를 수 있을까요?

우지멍: 우선 15개 '반군' 집단은 그 본래 이름으로 불려야 합니다. 요컨대 그들은 SLORC에 대항해서 무기를 집어든 소수민족들이에요. 이 사

람들, 곧 남자들과 여자들, 어린이들도 버마 시민이라는 겁니다. 그들은 엄연히 인간이에요. 그게 첫 번째 지적할 점이고요.

두 번째로, 그런 식의 휴전으로는 결코 버마 소수민족 문제에 종지부를 찍을 수 없다는 겁니다. 내가 보기에 휴전은 역할과 책임 할당 그 이상이 아니에요. 일례로 골든 트라이앵글(Golden Triangle) 지역에 사는 와(Wa)족의 경우를 보세요. 휴전은 그들에게 집단을 재편해서 더 많은 사람을 훈련하기 위한 냉각기 이상의 의미가 아닙니다. 와족 마을에서는 가구마다 반드시 아들 하나를 낳아서 군사 훈련을 받도록 해야 합니다.

카친(Kachin)족의 상황도 그래요. 열다섯 집단 전체가 다 마찬가지예요. 그들은 계속 무기를 소지해 왔어요. 그러니 휴전이라는 말은 단지 재훈련 및 재편성 기간을 의미할 뿐이지요. 그러니까 휴전은 장기적 평화를 보장할 수 없다고 보는 게 맞아요.

또 다른 문제도 있어요. SLORC가 항상 그래 온 것처럼 다시금 공식적으로 돈세탁 기간을 발표한 거예요. 자기네 신문에다가 아예 공표한다니까요. 환수금 가운데 75퍼센트가 신고되지 않은 현금이에요. 의문의 여지가 없는 거지요. SLORC가 권력을 장악한 이후로 버마에서 헤로인 생산이 왜 급증하게 되었는지를 이해하기 위해서는 굳이 많은 상상력이 필요하지도 않아요. 증거가 명확하고 확실하니까요. 검은 돈은 당연히 부동산에 직접 투자됩니다. 랭군과 만달레이의 노른자 땅의 일부는 검은 돈으로 구매한 거예요. 수영장이 딸린 호화 맨션이 지어지는가 하면, 어떤 곳은 그냥 공터로 남겨져 있지요. 검은 돈은 호텔 건설을 통해 관광 산업으로 들어가기도 해요. 그 밖에도 비취나 사파이어, 루비 같은 보석을 캐는 채광 산업으로 흘러들어 가고 있어요.

앨런 클레멘츠: 선생님, 조지 오웰(Gorge Orwell)은 1920년대에 버마의 주요 도시들에서 경찰국장을 지냈습니다. 그런데 지난번 일요일 공개 연설

에서 선생님께서 조지 오웰의 『1984』에 나오는 이른바 오웰적 개념들을 설명하고 해독하시는 걸 들으니 참 아이러니하다는 생각이 들었습니다. 이를테면 선생님은 "언제 어디서나 감시하는 빅 브라더(Big Brother)의 눈"을 말씀하셨는데요. 혹시 그렇게 언급하신 이유가 오웰의 '1984'와 SLORC의 '1996'이 비슷하다는 뜻인가요?

우지명: 물론입니다. '1984'의 모든 요소가 오늘날 이곳 버마에 있어요. 약간 희석되었을지는 몰라도 분명히 있습니다. 사상 통제는 전체주의 체제를 수호하는 방어벽이에요. 하기야 이 체제에만 국한되지는 않지요. 심지어 민주주의 사회에서도 미묘하지만 똑같이 효과적으로 작동할 수 있어요. 선전과 허위정보를 통해 대중의 의식을 조작한다는 것은 광범위하고도 매혹적인 주제인데, 그런 통제가 어떻게 일어나는지를 아는 게 중요해요. 대중 통제는 정부와 홍보회사들, 광고업체들 그리고 숨은 검열기구들이 사용하는 왜곡된 용어와 난해한 개념들을 통해 이루어지지요. 교육제도를 통한 통제와 종교적 제재도 있고요. 그러므로 우리는 질문하는 법을 배워야 해요. 우리 자신을 보호하는 방법들도 배우고……왜곡의 층들을 벗겨 내는 일에 한 치도 방심해선 안 돼요. 달리 말하면 선전에 의한 감옥살이를 해선 안 된다는 거예요. 그런 식으로 SLORC판 빅 브라더가 지배하는 이곳 버마에서 버텨내야 합니다.

앨런 클레멘츠: 버마에서는 빅 브라더가 어떻게 작용하는지, 또 그 빅 브라더가 누구인지, 예컨대 정확히 SLORC를 가리키는 것인지 설명해 주시겠습니까?

우지명: SLORC의 실체는 21명의 장군으로 이루어진 파벌이에요. 그게 전부지요. 높으신 양반들한테 감히 반항하지 못하는 졸개들이 따라다니

고요. 그 장군들이 이 나라의 전체 생활 영역을 통제합니다. 기능적으로 말해 전체주의가 바로 빅 브라더지요. 그러니까 오웰적 용어들, "사상 통제, 세뇌, 신어(新語, Newspeak)*, 진성(眞省, Ministry of Truth), 애성(愛省, Ministry of Love)" 등 모든 것들이 온갖 통제 시스템 안에 다양하게 존재하는 겁니다. 그것들은 오웰이 묘사한 것만큼 정교하지는 않지만, 그럼에도 이곳에 있어요. 소설과 같은 목적, 곧 삶을 부정하기 위해서요!

앨런 클레멘츠: '빅 브라더 SLORC'는 어떤 식으로 정치적 반대파나 심지어 보통 시민에게까지 자신들의 의지를 강요했나요?

우지밍: SLORC는 반대파뿐만 아니라 적으로 의심되는 모든 것을 박살내기 위해 자기들이 할 수 있는 모든 수단을 쓸 거라고 반복적으로 보여줬어요. 지금도 계속해서 다양한 방식으로 보여주고 있고요. 괴롭히는 게 무슨 권한이라도 되는 양 굴기 때문에 발생 빈도가 아주 빈번해요. 사람들의 일자리를 대폭 줄이고 토지와 재산을 몰수하고 아무 데서나 구타를 일삼고 젊은이나 노인 할 것 없이 붙잡아다가 도로, 다리, 댐을 건설하는 데 무보수로 써먹어요. 한밤중에 사람들을 낚아채 간다고요. 수가 7년 전, 그러니까 체포되기 전에 이런 말을 했어요. 지금도 말해요. 우리 모두 하는 말이지요. "변한 건 아무것도 없다. 세계는 이 체제 아래서 우리가 자기 나라 안에 갇힌 수인이라는 걸 알아야 한다."

---

* 조지 오웰의 유명한 디스토피아 소설 『1984』의 주 무대인 오세아니아의 공식 언어다. 신어란 '구어'(Oldspeak)를 대체할 목적으로 만든 것으로, 가령 '진리성'(Ministry of Truth)을 '진성'(Minitru)이라 말하는 등 단어를 될 수 있으면 줄여 말하고, 어휘의 수를 대폭 줄이는 것이 특징이다. 전체주의의 대중 선동이 어떤 식으로 이루어지는지를 밑바닥에서부터 충분히 관찰한 오웰로서는 언어의 통제가 사고의 통제를 가져온다는 사실을 누구보다도 잘 간파했을 것이다. —옮긴이

앨런 클레멘츠: 그 말씀은 '빅 브라더 SLORC'가 너무나도 사악하고 교활하고 심술궂어서 모종의 이유로 자기들의 기만적인 이득을 챙기고자 수 여사와 우떤우 선생님의 주말 연설을 용인하고 있다는 뜻인가요? 아니면 그들은 진실로 새로운 존재방식을 향해, 곧 진정한 개혁을 향해 작은 발걸음이라도 옮기고 있는 걸까요?

우지멍: 새로운 존재방식? 진정성? 그런 개념들은 적어도 아직은 SLORC의 사전에 들어 있지 않아요. 그들이 우리가 하는 주말 연설을 따로 공부하지 않는 한 말이에요. 그렇지만 맞습니다. 어떤 일이든 가능하지요. 무슨 일이든 일어날 수 있어요. 공룡의 멸종을 생각해보시라고요. 내가 하고 싶은 말은 그들의 억압적 습성이 너무 단단히 굳어져서 그들이 과연 생각을 바꿀 수나 있겠는지 또는 참된 민주주의를 향한 노정을 따를 수나 있겠는지 진지한 의심이 든다는 겁니다.

지금은 물론 그들이 우리의 공개 연설을 용인하고 있어요. 그러나 그건 또 하나의 오웰주의(Orwellianism)지요. 보다시피 우리가 공개 연설을 할 때는 SLORC 버전의 쌍방향 텔레비전 시스템이 돌아가요. 저만치에 SLORC 정보요원들이 군중과 뒤섞여 있어요. 사람들의 얼굴을 일일이 비디오로 찍는 자들을 유심히 보시라고요. 언제 어디서건 빅 브라더 SLORC가 한 시간 안에 우리를 밀착 감시하리라는 걸 모두가 알고 있어요. 그리고 수가 자기에게 편지를 보내는 사람들에 대한 SLORC의 탄압 전략에 대해 자주 비판하기 때문에 빅 브라더는 고위직 내부 인사들에 대한 통제를 유지하기 위해서라도 그런 정보를 활용해야 하는 거예요. 그게 공포에 기초한 정권의 본성이지요. 아무도 안전하지 않아요. 아무도 믿을 수 없어요. ……심지어 꼭대기에 앉아 있는 사람들도 감시의 대상이라니까요. 빅 브라더 자신만 빼고는요. 허구적 존재라도 아무나 걸려들어요.

앨런 클레멘츠: 바츨라프 하벨은 체코슬로바키아의 비밀경찰의 영향력에 대해 쓴 적이 있어요. 그는 비밀경찰들을 '흉측한 거미'라고 부르면서 이렇게 묘사했지요. "흉측한 거미가 사회 전반에 걸쳐 보이지 않게 거미줄을 친다. …… (이로써) 무딘 실존적 공포가 생겨나는데, 이 공포야말로 일상생활의 모든 틈새로 스며들어서…… 사람들이 무슨 말을 하고 무슨 행동을 할 때마다 두 번씩 생각하게 한다." SLORC의 군사 정보부에 의해 생겨난 전반적인 사회 분위기가 이렇지 않나요?

우지밍: 맞아요. 거미떼가 지금도 우리를 주시하고 있어요. 군사정보부가 길모퉁이에도 있고 문밖에도 있고 도로 위에도 있어요. 내가 어디를 가든 따라오지요. 휴대전화를 소지하고는 즉시 본부로 정보를 전달하는 거예요. 국가 전체에 통신망이 쫙 깔렸어요. 당신이 여기 올 때도 따라붙었다는 걸 확실히 장담할 수 있어요. 그들은 당신이 묵는 호텔에도 있어요. 아마 방도 수색하고 전화도 도청했을 가능성이 커요.

앨런 클레멘츠: 선생님은 이 '흉측한 거미'에 눈곱만큼도 신경을 쓰지 않으시는군요.

우지밍: 네, 전혀요. 조금도 신경 쓰지 않아요. SLORC가 더 많이 관찰하고 엿들을수록 우리를 더 신뢰하게 될 테니까요. 우리의 의도는 진실하거든요. 무엇보다도 우리의 민주화 투쟁은 그들을 배척하지 않고 오히려 보듬어 안지요. 헌데 그들은 군 정보부의 모든 자료를 인신공격용으로, SLORC가 말하는 모든 것을 위한 자료로 쓴답니다.

앨런 클레멘츠: 솔직히 말하면 저는 연구 목적으로 SLORC 텔레비전을 보고 SLORC 신문을 읽어야 합니다. 얼마나 따분한지. 글쎄, 하루라도 아

웅 산 수 지 여사와 우띤우 선생님 그리고 우지멍 선생님에 대해 악의적으로 비방하는 기사를 절반씩 도배하지 않고 넘어가는 법이 없더군요. 하지만 그런 걸 누가 읽겠습니까? 그들은 도대체 누구에게 호소하는 걸까요? 그들의 출판물을 곧이곧대로 믿는 사람이 있을까요? 선생님은 그 신문이나 텔레비전을 보신 적이 있으신지요? 만약에 있으시다면 그들과의 대화를 현실화하기 위해서는, 또 희망컨대 화해까지도 이끌어내려면 그들의 생각이 어떻게 돌아가는지 알아야 하니까 그런 쪽으로 통찰력을 얻기 위해서는 적과 친숙해져야 한다는 것 말고 또 다른 이유가 있을까요?

우지멍: 잘 들어보세요. 아이러니한 건 그들 자신도 그런 방송이나 신문을 당최 믿지 않는다는 거예요. 그들도 이게 전부 터무니없다는 걸 알아요. 우리도 물론 알고요. 온 나라가 다 아는 사실이에요. 그들이 출판하는 모든 게 다 휴짓조각입니다. 모조리 쓰레기라고요. 당신이 아무리 읽어보려고 노력해도 그들의 출판물 대부분이 읽을 가치가 없어요. 장황하게 늘어놓기는 했는데, 너무 왜곡된 사실이 많으니까 논점을 찾아내기도 어렵게 쓰였다 이겁니다. 핵심을 놓친 방송을 보려고 애쓰는 것과 비슷해요. 요컨대 우리는 보이 스카우트 버전의 빅 브라더를 가지고 있다고나 할까요?

앨런 클레멘츠: 선생님은 정권에 의해 출판이 금지된 극작가라고 알고 있습니다. 여전히 지하에서 글쓰기를 계속하시는지요?

우지멍: 아니, 아니, 천만에요. ……그건 정확한 말이 아니에요. 만약에 나를 바츨라프 하벨과 비교하려는 뜻에서 한 말이라면 틀렸어요. 나는 하벨 근처에도 못 가요. 그냥 나는 어쩌다가 드라마를 사랑하게 된 거라고

요. 왜 그 멋진 이야기 있잖아요? 설령 내가 글을 쓸 수 있다고 해도, 그건 전혀 쓸모가 없어요. 당국이 내 이름을 보는 순간, 작품을 즉시 불태워버리는가 화장실 휴지로 사용할 텐데요, 뭐. 내 글이 출판될 확률은 완전 제로에요. 불가능한 거죠.

앨런 클레멘츠: SLORC는 잡지 같은 데 나오는 진부한 이야기 속에 감춰진, 또는 소설 주인공의 악몽 속 위급한 상황에 숨겨진 미미한 정치적 풍자조차 참아내지 못하나요? 그들이 그렇게 주도면밀한가요?

우지밍: 독창적이고 도발적이고 지적인 모든 것, 영감을 불러일으키는 어떤 것이든지 SLORC에 의해 검열당해요. 그래서 우리 조직의 거의 모든 작가가 창작을 거부하지요. 또는 그 일을 못하도록 강요당하기도 하고요. 우리 중 아무개가 무언가를 출판한다면, 당국은 즉시 저자가 누구인지 가려내서 그 작품을 금지할 거예요. 작가는 괴롭힘을 당하거나 구금되겠지요. 예술가, 음악가, 작가, 배우 할 것 없이 우리 NLD 편에 있는 사람이면 누구나 싸잡아서 그런 취급을 받아요. 우리는 그야말로 금지 작가인 거지요. 이렇게 해서 지적이고 창조적인 재능의 엄청난 자원이 사회로부터 완전히 제거되었어요. SLORC가 내건 꼭두각시 쇼만 빼고요. 그건 나쁜 코미디예요.

앨런 클레멘츠: SLORC의 검열이 어떤 식으로 작동하는지 구체적인 보기를 좀 제시해주시겠습니까?

우지밍: 최근 이곳 랭군에서 제75회 다이아몬드 영화제가 열렸는데 그때 공연된 연극 작품이 있었어요. 막이 내린 뒤 한 배우가 무대 위로 나오더니 SLORC의 정보국장(킨윤)을 가리키면서, 자기가 연기했던 버마 영웅의

마지막 대사를 읊은 거예요. 연극 마지막 장면에 나온 그 대사는 "이봐, 당신의 그 알량한 우월감은 총에서 나오는군"이었지요. 그 말에 뭔가 효력이 있었던 거예요. 두말할 나위 없이 정보국장은 이런 자유로운 공개 발언을 견디지 못하고 넌더리를 내면서 느긋하게 청중 틈을 빠져나가더군요. 그 일이 있은 뒤에 곧장 그 배우는 3년간 연기활동을 금지당했어요. 아니, 5년이던가? 확실치 않네요.

그 뒤 독립기념일에 우리는 수의 집에서 NLD 당원들을 위한 축하연을 열었어요. 당신도 거기 왔었지요? 모임 중간쯤에 연극이 한 편 공연되었는데, 아주 재치 있고 지적인 정치 풍자극이었어요. 거기에는 어떤 불순한 의도도 전혀 깔리지 않았다고요. 사실상 배우들이 오래된 농담들을 반복하는 수준이었지요. 그 가운데 일부는 심지어 SLORC 텔레비전 쇼에도 나오는 것들이었어요. 그런데도 그 연극에 출연했던 배우와 음악가 열한 명이 만달레이에 있는 집으로 돌아가는 길에 체포된 거예요. 몇 주 동안 심문을 받고 풀려났는데, 그중 네 명은 아직 석방되지 못했어요. 주연배우 두 명은 실형을 선고받고 투옥될 것 같아요. (그들은 모두 7년의 중노동을 선고받았다.) 이게 바로 SLORC 체제 아래서 자유 발언을 한 대가지요. 하지만 그 배우들도 사전에 그 사실을 알았다는 게 중요해요. 그중 한 명은 전에 몇 년간 감옥살이를 한 경험이 있거든요. 그러니 그런 일이 다시금 일어날 수 있다는 걸 아주 잘 알았을 테지요. 그럼에도 맞선 겁니다. 그들은 자기들이 만들어낸 농담을 전달했고 대담하고도 용기 있게 공연을 해냈어요. 그러니 내가 왜 빅 브라더 SLORC가 항상 감시한다고 말했는지 그 이유를 알겠지요?

다른 보기를 더 들어볼게요. 널리 알려진 젊은 음악가가 최근에 〈파워 54〉라는 타이틀이 붙은 음반 테이프를 만들었어요. 54번째 녹음한 노래라나, 뭐 그래서 그런 타이틀을 붙였대요. 그 테이프는 SLORC 검열위원회의 심사도 무사히 통과했어요. 그의 인기 때문인지 금방 퍼져 나갔고요.

그러다가 SLORC는 문득 '54'가 수의 집이 위치한 번지수를 가리킨다는 걸 깨달은 거예요. 대학로 54번지에 있거든요. 당국이 길길이 날뛰는 걸 상상해보세요. 며칠 이내로 전국의 모든 매장에서 그 테이프를 싹 없애 버렸다니까요. SLORC는 수가 그렇게 무서운가 봐요.

때로는 100쪽짜리 잡지에서 15장, 20장, 아니 심하게는 40장 이상씩 찢겨나갈 때도 있어요. 이런 게 문제를 야기할 수 있지요. 그런 이야기를 하자면 한도 끝도 없어요. 검열위원회가 30년 넘게 운영되고 있거든요. 독재자들은 자유로운 사고라면 딱 질색을 합니다. 그들의 사회 관념은 동독 같은 곳을 모방했어요.

앨런 클레멘츠: 만약에 SLORC와 대화가 이루어진다면 어떤 일을 첫 번째 의제로 다루시겠습니까?

우지밍: 우리가 첫 번째로 하고 싶은 일은 경청입니다. 우리는 그들이 원하는 게 무엇인지 듣고 싶어요. 적과 이야기할 때는 언제나 그를 파멸시키지 않겠다는 진정한 바람을 가져야 한다는 게 나의 소신이에요. 대화는 상호합의여야 하지요. 호혜성이 중요해요. 주고받는 거예요. 일방적이면 안 됩니다. 나의 이득이 증진됨에 따라 적의 이득도 늘어나야 하는 거지요. 진정성이 열쇠예요. 그리고 진정성을 가지려면 용기가 필요하고요. 왜 그런가 하면 진정성을 갖기 위해서는 개방성이 요구되거든요. 기꺼이 듣고자 하는 순전한 마음, 나의 견해와 반대되는 견해에 대해서도 성찰해보려는 마음가짐이 필요해요. 나는 모든 사람 안에서 자존심과 두려움의 왜곡된 층위를 걷어내면 맨 아래 선한 가슴이 숨겨져 있다고 믿어요. 인간성의 자연스러운 상태라고나 할까요? 모든 이기적인 속임수들, 곧 탐욕, 오만, 불안, 인종차별, 지배 등 모든 것들이 인간의 가슴 속에 본래 내재해 있는 진정성으로부터 생생한 빛이 새어나오지 못하도

록 가로막지요.

실제로 나는 SLORC를 적으로 보지 않아요. 물론 관습적인 언어 수준에서는 그 단어를 쓰기야 하지요. 그들이 하는 짓을 보면 경멸스러워서, 그런 내 심정을 묘사하려고 일부러 강한 단어를 씁니다. 사실은 사실대로 말해야 하거든요. 성인다운 대화를 해야 합니다. 그러나 그 모든 것 이전에 그들도 인간이라는 거지요. 그들도 씻고 먹고 땀 흘리는 사람입니다. 우리랑 똑같아요. 그러니 그들도 가슴이 있지 않겠어요? 그들에게도 선의가 있을 겁니다. 그들 안에 분명히 있어요. 확신합니다. 우리는 단지 그 부분을 좀 더 원할 뿐이에요. 그들의 말과 행동에서 그 부분이 훨씬 더 많이 표현되어 뚜렷하게 나타나도록 해달라는 거지요.

요즘 그들은 국민의 이익을 위해 쉬지 않고 일한다고, 또 넓은 도량을 갖고 일한다고 공공연하게 발언합니다. 글쎄요, 만약 그게 사실이라면 우리한테 그 뜻이 전달되어야지요. 그 말이 진짜라면 우리도 그들의 진정성을 받아들인다는 뜻에서 최선을 다할 거예요. 그런 정신이라면 우리가 행복하게 그 일을 해낼 수 있다고 확신합니다.

그들이 우리와 더불어 노력하는 가운데 협력한다는 전제하에서는 우리도 그들이 다치는 걸 원치 않아요. 모욕을 줄 생각도 전혀 없고요. 시간 낭비 좀 그만 하자고 말하고 싶어요. 사람들이 고통받고 있으니까요. 그러니 그들도 머리를 맞대고 하나부터 열까지 차분히 세어봐야 해요. 그들이 우리와 하나가 될 때 비로소 국민을 위한, 국민에 의한 단일 국가를 말할 수 있는 거예요. 그러면 그야말로 복음을 가지고 대학로까지 후다닥 달려가겠지요. 우리는 그들의 초대를 기다리고 있어요. 하지만 우리가 그들에게 초대장을 쓸 수는 없습니다. 그들이 어느 정도 진실한 선의를 보여주기 전까지는요.

앨런 클레멘츠: NLD와 SLORC가 함께 일할 수 있다고 생각하시나요?

우지밍: 함께 일하기 위한 첫 단계로, 우선 1990년 5월 총선의 결과를 확정 짓는 게 중요하다고 봅니다. 왜 그런지 설명해볼까요? 1988년의 대규모 시위들과 그 여파로 나타난 군부의 반민주주의 정서가 NLD로 쏠렸다는 건 아실 테고요. NLD의 당원 수에 비례해서 그 강도도 점점 세졌지요. 그러다가 마침내 1989년 7월 20일, 군부가 우띤우와 수를 가택연금에 처하기로 했을 때, 군부의 반민주주의 정서가 완전히 표출되었어요. 그리고 NLD가 1990년 5월 27일에 개최된 총선에서 모두 452석 가운데 392석을 차지하며 압승을 거두자, SLORC는 곧이어 7월 28일에 '1990년 제1호 선언(Notification 1/90)'이라 불리는 포고령을 발표했는데, 이건 명백히 민주화 과정을 늦추고 흐려놓기 위한 술책이었지요. 이후 NLD 지도부가 즉각 '1호 선언'을 거부함과 동시에 SLORC가 1990년 9월 1일 제1차 국회를 소집하면서 상황은 점점 악화되었어요.

9월 첫 주, SLORC는 NLD 조직을 박살 내기 위해 대대적인 캠페인에 착수하기로 합니다. NLD 활동가들이 대거 검거되고 의원 당선자들이 무더기로 체포되어 나라 곳곳으로 끌려다니며 재판을 받았는데, 그들에게는 장기 복역이 선고되도록 다양한 혐의들이 만들어졌지요. 그러는 사이에 NLD에게는 새로운 당원 모집을 중단하라는 지침이 떨어졌고요. 죽거나 장애를 입어서 빠지게 된 당원의 자리를 보충하는 것도 금지되었어요. 어떤 조직이든지 회원 수가 5명 아래로 떨어지면 사무실은 문을 닫게끔 되어 있었거든요.

1992년 1월 SLORC는 결국 자기네들 스스로의 지휘 아래, 그러면서도 또한 삼엄한 감시 아래 국가회의를 개최하는 절차에 들어갑니다. 자기들 나름대로 의제를 설정하고, 당선 의원들에 비해 그 세력이 어림잡아 6 대 1 정도밖에 되지 않는 비의원들을 엄선해서 말이지요. NLD는 국가회의가 열리는 동안에 가끔 발생하는 다양한 변칙들에 반대권을 행사하면서 SLORC의 뒤를 쫓아다녀야 했지요. 그러다가 1995년 10월 29일,

국가회의 소집위원회 의장(SLORC 장군)이 NLD 의장(우영슈웨)에 의해 제기된 중대한 요청을 무시하자 한계점에 도달한 거예요.

내가 보기에 버마 국민에게 가해진 엄청난 비참과 고통과 불행은, 군부가 그들의 감시 아래 이루어진 1990년 총선의 결과에서 나타났듯이, 국민의 뜻을 존중하지 않는 데 그 기원이 있다고 생각해요. 이런 역사를 곱씹어봄으로써 내 의도는 한 가지 원천, 그러니까 민주주의에 대한 군부의 그릇된 개념에서 발전된 월권행위 간의 연결고리를 보여주고 싶은 거예요. 문제를 해결하려면 일차적 우선순위로서 그들이 1990년 5월 27일에 열렸던 총선의 결과를 받아들여야 합니다.

앨런 클레멘츠: 선생님, 저로서는 이런 질문을 여쭙기가 편치 않습니다만, 군사 정보부가 선생님의 동선을 일일이 관찰하고 있는데 다시 체포되는 게 신경 쓰이지는 않으십니까?

우지밍: 감옥에 가는 게 전혀 내 관심사가 아니라는 걸 이해하지 못하는 것 같네요. 거미, 그래요, '흉측한 늙은 거미'가 사방에 깔려 있어요. 거미줄은 더럽고 칙칙하고, 그 위에 붙잡힌 희생자들의 빈 껍데기로 가득해요. 하지만 나는 두렵지 않아요. 물론 다시 체포되는 일은 얼마든지 있을 수 있어요. 밤이든 낮이든 아무 때라도 일어날 수 있는 일이지요. 버마는 무법지대니까요. 정의가 없어요. 모든 게 제멋대로지요. 그래서 내가 종종 하는 말이, 상황의 심각성과 상황의 부조리함은 서로 균형을 이룬다는 거예요. 나는 풍자와 유머로 자기방어를 합니다. 불쌍한 늙은 거미는 그렇게 추잡한 짓을 하면서도 자기 자신의 그물에 걸려 있잖아요. 하지만 그가 사냥에 온통 정신을 빼앗기고 있는 반면에 나는 자유롭고 행복합니다. 사냥꾼의 마음을 상상해보세요. 먹잇감을 항상 주시하면서 온갖 소리를 의심해야 하지요. 자기를 둘러싼 환경과 늘 불화합니다. 사냥

꾼은 정복하고 죽이는 것만 좋아해요. 그런 마음 상태는 아주 아주 슬픈 거지요. 불쌍하기 짝이 없는 거예요. 그래서 나는 서두르지 않아요. 나의 자유는 내일에 있지 않고, 바로 오늘에 있거든요.

앨런 클레멘츠: 보스니아와 중동에서는 평화 합의와 협정이 맺어지고 있습니다. 조만간 북아일랜드에서도 그럴 것 같고요. 몇몇 경우에는 공포와 유혈 사태를 겪었고 심지어 대량학살의 시기를 보냈는데도, 한때 격렬했던 원수들끼리 대화를 시작한 겁니다. 그런데 왜 버마에서는 안 되는 걸까요? 무엇보다도 이곳 사람들은 모두가 버마인이잖아요. 사실상 가족이나 매한가지라는 말씀입니다. 더구나 SLORC는 절호의 기회를 손바닥 안에 쥐고 있어요. 더할 나위 없이 소중한 기회지요. 저는 이 말을 하는 걸 주저해왔지만, 그들은 스스로 구원할 수 있습니다. 세계적인 존경을 받고, 더 중요하게는 그들이 그토록 갈망하던 국민의 존경을 얻을 수 있어요. 아라파트*, 데 클레르크**, 키신저***도 노벨 평화상을 받았는데, 다음번에는 킨윤이 받으면 안 되나요?

우지밍: 좋은 질문이에요. 그거야말로 정확히 우리가 알고 싶은 내용이에요. 왜, 도대체 왜 그들이 기다리고 있을까요? 왜 그들은 우리한테 그다

---

* 여기 등장하는 아라파트는 팔레스타인해방기구(PLO)의 초대수반과 팔레스타인 자치정부(PNA)의 의장을 역임했던 야세르 아라파트(Yasser Arafat, 1929~2004)를 가리키는 것으로 보인다. 이집트 카이로 출생인 그의 본명은 모하메드 압델 라우프 아라파트 알 쿠드와(Muammad 'Abdar-Ra'f Arafat Al-Qudwah)로서, 팔레스타인해방기구의 모태가 된 무장게릴라조직 '파타(Fatah)'를 결성하였고, 1960년대에는 70여 회에 걸쳐 이스라엘의 주요시설을 파괴하는 공작에 성공했고. 1969년에 팔레스타인해방기구 의장에 선출된 뒤로도 그는 이스라엘에 대항하여 게릴라식 전투를 이끌다가, 마침내 이스라엘의 존재를 부정하는 것이 현실적으로 불가능하다는 판단 아래 팔레스타인 문제를 '정치적으로' 풀기로 결심, 이스라엘과의 평화협상을 개시하여, 1993년 오슬로 협정을 체결함으로써 가자 지구와 요르단 강 서안의 예리코(여리고)에 팔레스타인자치지구를 창설하기에 이른다. 이 공로로 그는 이스라엘의 라빈 등과 함께 1994년 노벨 평화상을 공동 수상했다. ─옮긴이

지도 화가 났을까요? 우리와 얼굴을 맞대고 이야기하면 안 되나요? 우리는 충분히 그럴 수 있는데! 하지만 킨윤이 노벨상 수상자가 된다? 글쎄요, 당신이 말한 대로라면 앞날을 또 누가 알겠어요?

앨런 클레멘츠: 하지만 선생님은 그들이 왜 기다리는지에 대해 어떤 답이 있으실 텐데요.

우지밍: 어쩌면 그들은 기다리는 게 아닐지도 몰라요. 오늘 아침에 실제로 SLORC와 대화하는 문제에 대해 우리 쪽 사람들과 이야기를 나눴어요. 그 부분을 좀 설명해볼게요. SLORC가 자기네 신문인 〈미얀마의 새 빛〉에서 우리에 관해 쓴 사설을 한번 읽어보세요. 그들은 우리에게 말하고 있다고요. 아닌가요? 그리고 우리도 수의 집 대문 앞에서 주말 연설을 통해 그들에게 말하지요. SLORC는 그 연설을 비디오로 녹화해서 보

** 데 클레르크는 프레데릭 빌헬름 데 클레르크(Frederik Wilhelm De Klerk, 1936~)를 가리키는 것으로 보인다. 남아프리카공화국 태생으로, 주요 관직을 거쳐 1989년 9월 총선에서 대통령에 당선된 그는 취임 즉시 완전한 민주주의 정착을 표방하며 남아공의 고질적인 인종차별정책(아파르트헤이트)을 완화하는 데 힘썼다. 특히 1990년 2월에는 옥중에 있던 흑인민권지도자 넬슨 만델라를 석방하고, 아프리카민족회의(ANC)를 합법화하는 등 혁명적인 조치를 단행하였다. 아울러 1992년 3월에는 남아공에서 백인들만 권력독점을 해온 체제의 정당성을 묻는 투표를 백인들을 상대로 시행하여 개헌논의를 이끌어냈으며, 마침내 1994년 5월 남아공 역사상 최초로 흑인들이 참여하는 자유총선거를 함으로써 만델라의 대통령 당선을 이끌었다. 이후 부통령으로 강등된 뒤에도 권력기반이 약한 ANC를 도와 흑백 화해를 이끌어내는 등 결정적인 공헌을 하였다. 이 공로로 그는 1993년 만델라와 함께 노벨 평화상을 공동 수상했다. – 옮긴이

***독일에서 태어난 키신저(Henry Kissinger, 1923~)는 나치의 유대인 학살을 피해 가족과 함께 미국으로 이주하여 하버드대학 정치학 교수를 지내다가 정계에 입문한 인물이다. 1969년 닉슨 정부의 출범과 함께 대통령보좌관 겸 미국국가안전보장회의 사무국장직에 취임한 그는 국무부의 통상적인 외교 경로를 무시한 채 이른바 '키신저외교'를 전개한 것으로 유명하다. 1971년 극비리에 중국을 방문하여 닉슨의 중국 방문을 성사시켰는가 하면, 1973년에는 프랑스 파리에서 북베트남 정부와 접촉하여 미군철수 및 남북 베트남 정부의 평화 정착을 위한 기구 창설을 내용으로 하는 휴전협정을 체결하였고, 또 같은 해 아랍-이스라엘전에서는 '왕복 외교'로 군사적 긴장을 해소하고 휴전협정을 이끌어내는 등 세계평화에 기여하였다. 이 공로로 그는 그해 노벨 평화상을 받았다. – 옮긴이

고요. 문제는 우리가 서로 말을 하지 않는다는 게 아니라, 상대방의 등에다 대고서 말을 한다는 거예요. (웃음) 그러니 우리한테 필요한 건 누군가 와서 그들에게 "이봐요, 얼굴을 이쪽으로 좀 돌려보세요"라고 말하는 사람이지요. 그러면 그들도 들을 게 아니겠어요? 이런 게 대화지요. 하지만 그들은 우리를 가리켜 숱한 모욕이나 주는 어릿광대요 불순분자라고 불러요. 그건 배고픈 사람의 입에다가 음식을 넣어주는 방식이 아니에요. 정치범들이 갇힌 감옥 문을 여는 방식이 아니라고요. 그런 건 1990년 총선의 결과를 존중하는 표현이 결코 아니지요. 그렇지만 대화는 그렇게 시작하는 게 아니라고 누가 과연 말해줄 수 있겠어요? 혹시 또 모르지요. 어쩌면 이게 그들이 우리 쪽으로 마음을 여는 방식일지도. 내 사고방식은 그들과 다르니까요. 그들은 그야말로 예측불허거든요. 물론 그들의 탄압정책만 빼고요. 그건 꾸준하더라고요.

앨런 클레멘츠: 똑같은 질문이지만 다른 식으로 여쭙겠습니다. 선생님은 SLORC의 절망의 뿌리에 권력 상실의 두려움이 놓여 있다는 점을 분명히 짚으셨는데요. 그 의미가 실제로는 뭔가요?

우지멍: 좋아요, 말하리다. 그들을 꽉 붙잡고 있는 건 두려움이에요. 보복당할까 봐, 박해 받을까 봐, 체면을 구길까 봐, 재산을 빼앗길까 봐 두려운 거예요. 맨션주택, 고급 차, 차량 행렬, 이 모든 특권을 잃을까 봐 두려운 거지요. 요컨대 권력 상실에 대한 두려움이에요. SLORC의 장군들도 자기들이 잘못을 저질렀다는 걸 알아요. 그러니 그동안 누리던 안전을 빼앗길까 봐 두렵고, 가족에게 해가 미칠까 봐, 아들딸한테 무슨 일이 닥칠까 봐 두려운 거지요. 하지만 내가 확실히 보장할 수 있어요. 잘 들으세요. 과거는 과거일 뿐이라고요. 끝난 일은 끝난 일이에요. 우리는 국민 대다수가 허용할만한 범위 이상으로 그 문제를 끌고 나갈 의향이 없어요.

거의 모든 사람이 한국에서 두 명의 전직 대통령에게 가해진 기소와 법적 절차를 알고 있어요. 거의 모든 사람이 남아프리카공화국에서 데즈먼드 투투가 진실과 화해 위원회를 이끈다는 걸 알고 있어요. 물론 어떤 이들은 거의 20년 전에 저지른 행위에 대한 비난을 면치 못할 거예요. 그러나 우리 버마 국민은 선천적으로 연민이 강해서 그들을 용서할 거라고 봐요. 그게 내 신념이지요. 마침내 용서가 이길 겁니다. 그리고 용서는 우리나라를 강하게 만들 것이며 절대 약화시키지 않을 거예요. 장군들도 이 점을 알아야 합니다. 그래서 우리와 대화하기를 원한다면, 좋아요, 지금 합시다! 우리는 준비가 되어 있으니까요.

앨런 클레멘츠: 다음 주말 연설에서 또다시 반복하셔도 좋을 귀한 메시지처럼 들리네요.

우지멍: 그런 말은 우리의 첫 대화를 위해 남겨둘 겁니다. 알다시피 그들은 우리를 믿지 않거든요. 그들은 국민이 용서하리라는 걸 믿지 않아요. 나는 혹시라도 수가 그들을 용서하지 않을 마음을 품고 있다면 고쳐줄 요량이에요. "수, 그건 버마 국민을 이롭게 하는 목적에 봉사할 수 없어요." 물론 수는 전혀 그런 사람이 아니지만요. 우리는 보복이나 응징의 정책을 펼치지 않아요. 속임수와 박해가 아니라 진실과 화해를 원합니다. 용서가 버마 민주주의의 초석이 될 거예요. 그런데도 SLORC가 시간 끌기만 하고 있으니, 하루하루가 국민 다수에게는 또 다른 고통의 시간인 거지요.

앨런 클레멘츠: 아마도 현 상황에서 필요한 건 SLORC를 대화 테이블로 데려갈 수 있는 적절한 중재자가 아닐까 싶습니다. 이를테면 카터 대통령이 떠오르는군요. 아니면 양측에서 동의할만한 중재 팀을 구성하는 겁

니다. 각각의 진영에서 사람들을 뽑아서요.

우지멍: 기막힌 아이디어네요. SLORC가 그 사람 쪽으로 얼굴을 돌릴 수 있게끔 제발 우리를 도와주세요. 그 사람은 양쪽에서 신뢰를 얻을 수 있는 인물이어야 하겠지요. 만약에 SLORC가 외부인사 중에서 중재자를 가려낼 수 있다면 그야말로 하늘이 준 선물일 겁니다.

앨런 클레멘츠: SLORC가 이런 가능성에 마음이 열려 있다고 보십니까?

우지멍: 아니요, 지금은 아니에요. 그들은 아무도 공정하게 보지 않으니까요.

앨런 클레멘츠: 구제책이 있을 것 같습니다만, …… 어쩌면 그들한테는 인센티브가 먹힐지도 모르지요. 세계은행이나 국제통화기금에서 차관을 얻는다거나 미국이나 유럽연합에서 원조를 받는다거나 등등…….

우지멍: SLORC의 옆구리를 슬쩍 찔러서 협상 테이블로 끌고 올 수만 있다면 누구든 좋아요. SLORC가 우리와 얼굴을 맞대고 앉아 있는 한 그들이 우리한테 무슨 말을 하든지 심지어 욕을 하더라도 괜찮습니다. 틀림없이 장담할게요. 그들이 정말 우리를 꾸짖고 싶다면 그렇게 하라고 하세요. 원한다면 악을 써도 괜찮아요. 우리한테 물리적 해를 입히지 않는 한 상관없어요.

앨런 클레멘츠: '물리적 해'라는 표현이 나와서 말인데, SLORC의 장군들은 자기네가 자유롭게 갈 수 있다는 걸 어떻게 신뢰할 수 있지요?

우지멍: 고통을 겪어본 많은 사람, 이를테면 나보다, 우띤우보다, 수보다 실제로 더 많은 고통을 당한 많은 사람이 우리처럼 자기 경험에 대해 웃고 농담을 합니다. 당신한테는 좀 충격적으로 보이겠지만요……

앨런 클레멘츠: 네, 그렇습니다. 저로서는 그토록 극심한 고통 앞에서 유머와 웃음이 나온다는 게 잘 이해가 되지 않습니다. 바로 이 점에 대해 수 여사와도 이야기를 나눈 적이 있는데요. 이제는 시련을 그런 식으로 달리 보는 것의 가치와 자기에게 유익한 것으로 만드는 것의 가치를 어렴풋이 알아가는 중입니다. 그건 그렇고, 바츨라프 하벨이 이런 말을 했더군요. "사람은 자기 형상을 본 뜬 조각상 안에 갇혀 굳어지는 경향이 있다." 아주 불편한 이미지인데요. 다시 선생님의 이야기로 돌아가서……

우지멍: 그것 참 좋은 지적이네요. 내가 하는 말과 연관성이 있어요. 만약 우리가 우리를 억압하는 자들을 향해 증오심을 품는다면, 우리는 즉시 그런 조각상으로 변할 거예요. 그건 연민과 용서에 반대되는 길이지요. 그렇기에 필요하다면 나는 정말로 고통을 겪은 사람들을 설득하러 거리로 나갈 겁니다. 그들에게 자비심을 보여 달라고 인간적으로 부탁할 거예요. 우리의 사고방식에 맞춰 그들 스스로 생각을 바꿔달라고요. 나 자신의 경험으로부터 이야기를 꺼낼 겁니다. 나 역시 여러 차례 감옥에 갇혔던 생존자예요. 그런데도 여기까지 왔잖아요. 그런 이야기는 언급하지 말고 가야겠지만, 그래도 말하렵니다. 어떤 슬픔은 분명히 필요할 거예요. 상실감이 일어날 수도 있지만, 애통해한다는 것은 인간적이지요. 어떤 사람에게는 그런 감정이 필요하기도 하고요. 그러나 SLORC가 저지른 악뿐만 아니라 다른 사람들이 저지른 모든 악을 자꾸 끄집어낸다면 절대 참된 치유가 일어날 수 없어요. 나는 버마 국민 대다수가 보복이 아닌 자유를 원한다고 확신합니다.

앨런 클레멘츠: 저는 선생님의 그런 확신과 신념을 존경합니다. 절대적 정의를 신봉하지 않는 저 같은 사람은 도저히 따라갈 수 없지요. 그렇지만 선생님, 원인이 있으니까 결과가 생긴다는 건 당연하지 않습니까? 사람들에게 만행이 가해졌는데, 어떤 형태로든지 정의가 행사되면 안 되나요? 도대체 법치 없는 민주주의가 가당키나 한가요?

우지밍: 그래서 수가 이런 말을 한 거예요. 우리 모두 거기에 동의했고요. 만약 그들 편에서 책임 있는 자리에 있는 어떤 이가 단지 '네'라고만 말해도 그동안 이런저런 일을 해서 미안하다고, 이쪽에 있는 다른 사람들이 그런 일을 다시는 반복하지 않도록 하겠다고, 그러면 우리는 너무나 행복할 거라고요. 그 비슷한 소리를 듣기만 해도 좋겠어요. 만약 버마가 민주국가가 되더라도, 우리는 그들의 급여를 끊는다거나 그들을 투옥하지 않을 거예요. 이게 우리의 기본자세예요.

앨런 클레멘츠: 민주화된 버마에서 SLORC가 맡을 만한 역할이 있겠는지 구상해보셨는지요?

우지밍: 그들은 오리엔테이션을 다시 받아야 해요. 민주주의와 관련된 공부를 한 번도 해본 적이 없으니까요. 이 사람들의 정치적 명분은 완전히 전체주의 체제에 잇닿아 있어요. 그 배후에 깔린 정치적 콘셉트가 무엇이던가요? 그저 지도자를 따르는 것 말고 또 뭐가 있나요?

앨런 클레멘츠: 괜찮으시다면 개인적인 질문을 좀 드리고 싶습니다. 선생님은 밤이건 낮이건 가리지 않고 언제든지 붙잡혀 갈 수 있다는 불확실성 속에서 매 순간 급진적인 벼랑 끝의 삶을 살고 계시는데요. 이런 '엄청난 미지'의 삶이 결혼생활에는 어떤 영향을 미쳤나요?

우지멍: 괜찮아요. 묻고 싶은 게 있으면 뭐든 질문하세요. 사실대로 말하면 그런 질문을 해줘서 오히려 기쁜걸요. 아내는 친구나 다름없어요. 여러 면에서 가장 좋은 친구지요. 아내 역시 민주화 투쟁에 헌신한 사람이에요. 그래서 우리는 둘 다 지속적인 감시와 협박 아래 놓여 있지요. 이미 우리 집 바깥에 군사 정보부 요원들이 배치되어 있다는 건 충분히 이야기했을 거예요. 그들은 우리가 어디를 가든지 따라붙어요. 이런 것들이 물론 우리한테 영향을 미치지만, 아내는 익숙해진 것 같아요. 전에 언젠가 아내가 친구에게 이런 말을 하는 걸 들은 적이 있어요. "수가 석방되던 날 우리 부부더러 오라고 했잖아? 그때도 우리는 다시 체포되는 줄 알았다니까." 아내는 상황 파악을 잘하고 있어요. 언제든지 체포될 가능성이 있다는 걸 아는 거지요. 하지만 심각하게 인지하는 게 아니라 그 점에 관해 농담할 정도예요. 작은 보기를 들자면 이런 식으로요. "우리, 실종 신고할까요? 결혼생활에서 11년이 사라졌다고." 또 감옥에 있는 나를 면회 와서는 그러는 거예요. "이런 식으로 데이트하는 건 그만둘 때도 되지 않았나요?" 사실은 이게 바로 SLORC가 지배하는 버마의 현실이에요. 민주주의와 결혼생활 그리고 감옥생활이 함께 손을 잡고 나란히 가는 거예요. 나는 투쟁 중인 우리 모두의 결혼관이 확대되었다고 생각해요. 가족이나 사랑하는 사람과의 이별을 불가피한 것으로 받아들이는 거지요. 우리는 그 점을 충분히 수용합니다. 우리가 한 선택이니까요.

앨런 클레멘츠: 선생님, 만약에 진짜로 다시 체포되신다면, 그리고 이게 선생님의 마지막 발언 기회가 된다면, 이 나라 국민에게 무슨 말씀을 하고 싶으신가요? 함께 투쟁해 온 사람들에게 남기고 싶은 메시지가 무엇입니까?

우지멍: 앞으로 올 세대를 위해 두 가지 중요한 사안들에 강조점을 두라

고 권하겠어요. 하나는 교육이고, 다른 하나는 풍부한 역사 감각을 가지는 거예요. 앎이 근본입니다. 미래 세대는 버마에 관해, 우리 역사에 관해, 우리 국민에 관해, 그리고 넓은 의미의 세상뿐만 아니라 우리가 몸담고 사는 좁은 의미의 세계에 관해 배워야 합니다. 그래야 자기 삶을 자유롭게 만들어나가는 데 도움을 얻을 수 있어요.

역사를 간파하기 위해서는 상관관계의 중요성을 알아야 합니다. 언제, 어디서, 왜, 어떻게, 그런 일이 일어났는가, 사고와 행동의 원인, 조건, 결과는 무엇인가, 그것들은 문명 혹은 넓은 의미의 인간 실존의 발전이나 퇴행에 어떤 영향을 미쳤는가 등등을 깨우쳐야 해요. 사람마다 제 몫이 있어요. 깊은 책임감을 가지고 그 몫을 다해내는 게 생의 선물이지요. 더욱이 20세기는 인간과 연루된 모든 부문에서 우리에게 커다란 교훈을 주었어요. 인류가 전혀 상상할 수 없었던 모종의 진보가 이루어진 게 20세기예요. 이 세기 동안 파시즘과 공산주의처럼 인간의 창조성이나 영혼의 번영과 부합되지 않는 어리석은 이데올로기들도 출현했고요. 사실 세계 도처에 억압과 착취라는 전염병을 퍼뜨린 이른바 대영제국의 발흥은 19세기부터 있었지요. 하지만 그건 약과예요. 도심 폭력에서 세계대전까지, 수동 방아쇠가 달린 소총에서 핵폭탄까지 모든 종류의 전쟁과 폭력을 목도했어요. 타자기에서 사이버스페이스로의 진화, 음악과 무용에서의 혁명, 그 밖에도 무수히 많은 일이 일어난 가운데, 비전을 지닌 소수의 멋진 남녀가 등장하여 인류의 미래를 볼 수 있도록 해준 것이 또한 두드러진 선물이에요. 그 선물은 지구의 미래에 관해, 하나의 종(種)으로서 인류의 생존에 관해 새롭게 사고하라는 초대지요. 이 모든 게 서로 연결되어 있어요. 그래서 앞으로 올 모든 세대가 이런 것들에 대해 충분히 탐구하라고 권하고 싶은 거예요. 그래야 문명이 때 이른 종말을 맞지 않고 번영할 수 있겠지요. 나는 문명이 꽃피기를 희망해요.

앨런 클레멘츠: 특별히 현 세대의 버마인들과 그 자녀, 또 그 자녀의 자녀에게 선생님께서 지니신 '자유롭고 민주적인' 버마 사회의 비전을 더 발전시키도록 하기 위해 어떤 말씀으로 장려하시겠습니까?

우지멍: 두려움 속에서 살지 말고 인간답게 할 수 있는 일은 무슨 일이든 하십시오. 이 한마디면 족합니다.

앨런 클레멘츠: 이 책이, 그러니까 선생님의 인터뷰가 버마어로도 번역되어 버마의 여러 감옥으로 밀반입될 수 있다는 가능성을 염두에 두고서, 이 땅의 수많은 양심수들에게 몇 말씀 해주신다면요?

우지멍: 나는 그분들이 소련의 붕괴도 예측할 수 없었다는 것, 또 일단 쇠락의 조짐이 보이면 빛의 속도로 진행된다는 사실을 기억했으면 좋겠어요. 게다가 우리의 민주주의 세력은 강해서 나날이 가속도가 붙고 있는 터에, 국민 역시 자유를 얻기 전까지는 쉬지 않을 겁니다.

앨런 클레멘츠: 선생님, 이번에도 사적인 질문을 여쭙고 싶은데요. 삶이 끝난 뒤에 선생님은 이생을 어떻게 기억하고 싶으신지요?

우지멍: 아…… 난 아무것도 남겨두고 싶지 않아요. 전혀요! 나를 기억할 만한 장소도 필요 없고, 묘비도, 책도 필요 없어요. 흔적 없이 물 위를 날아가는 새처럼 자유롭게 되면 그만이지요. 난 화장을 원해요. 그래서 이름 없는 무덤에 묻히고 싶어요. 아무개를 위한 유언 따위는 남겨두고 싶지 않아요. 사람마다 자기 삶을 돌아보면 진짜 어처구니가 없다고요. 그러니 자기 뼈 위에다가 기념비를 세운다는 건 더욱 황당한 짓이지요. 나는 기념비 같은 거 믿지 않아요. 스탈린 동상에 허비한 막대한 황동을 보

시라고요…….

앨런 클레멘츠: 선생님은 SLORC의 협박에 완전히 면역된 것처럼 보이십니다. 또다시 체포되거나 감옥에 가는 데 대한 공포도 전혀 없으신 것 같아요. 하지만 선생님도 인간이신데 가끔은 두려움에 사로잡히지 않으시나요?

우지밍: 그런 건 조금도 신경 쓰지 않아요. 내가 신경 쓰는 것, 하루 종일 오며 가며 실천하는 것은 오로지 깨어 있음이에요. 그게 전부예요. 보세요. 내 주머니에는 항상 쪽지가 들어 있어요. 잊어버릴까 봐 상기하려고 들고 다니는 인용문들이지요. 내 마음을 지금 여기에 집중하도록 모아주는 글귀들이에요. 나한테는 그게 가장 중요해요. 지금 여기에 머물기, 깨어 있기, 깨어 있기! 알다시피 감옥에서 보낸 삶은 장밋빛이 아니었다고요. 하지만 그 시간을 나는 이점으로 활용했어요. 지금 내가 보고 있는 것들, 이를테면 연못을 가로지르는 담녹색의 물결무늬나 당신의 다리 위로 드리워진 나무 그림자, 이 모든 것들은 내가 다른 쪽으로 얼굴을 돌리는 순간 사라져버린다는 게 진리지요. 그게 삶의 단순성이에요. 단지 지금 여기에만 존재한다는 것. 영원한 건 아무것도 없고 모든 게 그림자처럼 공(空)이라는 사실을 자각하기. 수의 집 뒤쪽으로 가시철조망이 처져 있는 걸 보면 거슬리지요. 헌데 왜 그게 존재한다는 사실로 인해 걱정해야 하나요? 그런 건 중요한 게 아닌데……. 뭔가를 걱정하면 각(覺)의 감각도 상실하게 돼요. 그래서 깨어 있음을 귀하게 지켜야 하는 겁니다. 내가 본 것들은 다…… 지나가기 마련이다, 인생은 각자가 만들기 나름이다, 아무것도 너무 심각하거나 아주 근본적인 것은 없다, 그러니 삶에 에너지를 쏟아 붓자, 이런 식으로 나의 관점을 잃지 않으려 노력합니다.

앨런 클레멘츠: 선생님은 본인의 죽음을 생각해본 적이 있으신지요?

우지멍: 네, …… 일요일에 저기 서서 사람들에게 연설할 때, 가끔 총알이 내 심장을 뚫어서 피 흘리며 땅바닥에 꼬꾸라지는 모습을 그려보곤 합니다. 하지만 걱정하지는 않아요. 전혀 염려할 게 없지요. 그런 건 아무래도 좋아요. 그런 일이 닥친다면 오게 놔두면 그만이니까요. 하지만 내가 진짜로 두려운 건 따로 있어요. 나 자신이 나약해져서 편안하고 손쉬운 탈출구를 선택할까 봐, 온종일 침대에 누워 빈둥대면서 다른 전체주의 체제의 붕괴에 관한 책들이나 뒤적이며 시간을 허비할까 봐 그게 두렵습니다.

우띤우와의 대담

NLD(민족민주동맹) 부의장인 우띤우(U Tin U)는 1943년, 16세의 어린 나이로 버마 독립군에 입대했다. 독립 후에는 재편된 버마 군대에서 장교로 임명되었으며, 중국 국민당과의 전투에서 용맹을 떨쳐 두 차례나 훈장을 받았고, 빠른 승진을 거듭하다가 1974년에 안보수석 및 국방장관직에 올랐다. 1974년과 1976년에 군부 통치에 반대하는 대규모 시위가 발발하자 국민 영웅으로 추대되었는데, 이는 그가 1976년 군대에서 해고된 것과 관련이 깊다. 같은 해 그는 7년형을 선고받았다. 1980년, 특별사면으로 풀려난 뒤 사찰에 들어가 2년간 수도승으로 살았다. 보통 사람으로 환속해서는 랭군 대학에서 법학을 공부하여 법학사(LL.B.) 학위를 취득했다. 1988년, 민주화 운동의 지도자로 참여한 그는 같은 해 9월에 부의장이 된다. 그러다가 1989년 7월에 체포되어 군사재판을 받고 3년형을 선고받는다. 형기를 거의 마칠 즈음, 다시 재판에 넘겨진 그에게 이번에는 7년형이 선고된다. 그리고 마침내 1995년에 석방되어 NLD 부의장으로서 활동을 재개하게 된다. 사람들은 우띤우를 볼 때 군인이며 불교학자요 법학자에다가 정치가로서 최고의 자질을 갖춘 인물로, 또한 이 모든 자질을 자신의 독특한 성품과 잘 결합한 인물로 평가한다.

앨런 클레멘츠: 선생님은 언제부터 불교도가 되셨습니까?

우띤우: 나면서부터입니다. 부모님께서 열렬한 불교 신자여서 나를 자주 마을의 절로 데려가셨어요. 주지 스님이 나에게 불교의 기초를 가르쳐 주신 게 아마도 여덟 살 어간으로 생각됩니다. 그분이 얼마나 사무량심(四無量心: brahma viharas)을 강조했던지, 여전히 생생하게 기억이 나네요. 자애심, 동정심, 이타심, 평정심, 이 네 가지 마음가짐을 잊지 말라 하셨지요. 내 삶은 달콤한 '담마(dhamma: 불법)'의 환경에서 시작되었다고나 할까요? 그러다가 몇 년 뒤 아버지가 돌아가셨습니다. 어찌나 슬프던지요. 인생에 대해 실망한 나는 어머니께 중이 되고 싶다고 말씀드렸어요. 어머니는 흔쾌히 승낙하시더군요. 하지만 초보 중 생활을 2년 하고는 다시 학교로 돌아갔어요. 10학년 때, 아웅 산 수 지 여사의 부친이신 아웅 산 장군이 버마의 독립을 위해 투쟁하는 군대에 가담하라고 청년들을 모집했지요. 친구들과 나는 애국적 열정이 들끓었어요. 그분은 말씀하시길, "독립을 위해 싸우려면 위대한 비전을 가져야 한다. 여러분은 많은 장애물을 만날 것이다. 심지어 죽을 수도 있다. 쉬운 길은 아니나 여러분의 마음에 어떤 감동이 일어난다면 함께 손을 잡자. 우리나라의 자유를 얻기 위해 부딪쳐야만 하는 모든 것들에 맞서 싸우자"고 하셨습니다. 이 말씀이 의미 있게 들려서 어머니께 아웅 산 장군이 이끄는 군대의 군인이 되고 싶다고 말씀드렸어요. 처음에는 눈물을 흘리며 말리던 어머니도 결국 허락하셨지요. 떠나는 나에게 해주신 어머니의 마지막 말씀은 이랬습니다. "기왕에 자유를 위해 싸우려고 군대에 들어갈 바에는 용감하게 싸워라.

두려움을 가져서는 안 된다." 그렇게 해서 투쟁에 가담했고, 이 나라의 해방을 위해 최선을 다했습니다.

앨런 클레멘츠: 그 투쟁이 이후로도 50년간 계속되고 있는데, 선생님께서 보시기에는 언제쯤 끝날 수 있겠습니까?

우띤우: 금방 끝날 겁니다. 우리나라는 머잖아 '담마'가 다스리는 법치국가가 될 거예요. 국민이 기본 자유를 누릴 수 있는 정의롭고 평화스러운 나라가 될 겁니다. 하지만 그런 일을 앞당기려면 명상 수행처럼 열심을 다해야 합니다.

앨런 클레멘츠: 오늘 선생님 댁으로 오는 길에, SLORC 경찰들과 군사 정보부 요원들이 집 앞에 쫙 깔린 것을 보았습니다. 그리고 사모님께서 대문으로 나와 저를 맞아주시며, 선생님은 다시 체포될 예감에 위층에서 의약품과 침낭을 챙기고 계시다고 알려주셨습니다. 선생님께서는 인센 감옥에 세 차례에 걸쳐 총 9년간 독방에 감금되셨는데요. SLORC는 NLD 지도부인 선생님과 아웅 산 수 지 여사 그리고 우지멍 선생님을 투옥하는 것이 민주주의와 자유에 대한 NLD의 결의를 무너뜨리기는커녕 강화시킨다는 사실을 깨닫지 못하는 걸까요?

우띤우: 솔직히 SLORC가 뭘 아는지, 또 뭘 모르는지 감을 잡기란 상당히 어렵습니다. 매번 태도가 바뀌거든요. 그들은 우리를 다시 체포하고 싶어 안달일 겁니다. 하지만 지금 시점에서는 감히 그러지 못할 거예요. 그들은 이미 전 국민과 멀어졌기 때문에 우리를 다시 체포하는 게 상황을 더 악화시키기만 할 테니까요. 하지만 그럼에도 아웅 산 수 지 여사는 민주주의에 대한 국민의 이해를 심화시킬 필요가 있다고 느끼십니다. 아울

러 NLD에 있는 우리는 적당한 때에 강력한 조직을 세워서, 가령 우리 세 사람이 다시 체포되는 것과 같은 잠재적인 어려움을 능히 극복할 수 있도록 해야겠다고 느끼고 있습니다. 우리는 국민을 대표합니다. 하지만 그와 동시에 국민이 자신을 대변할 수 있도록 교육하고 싶습니다. 이것이 바로 대중 민주주의 운동이며 국민의 투쟁인 것이지요.

앨런 클레멘츠: 선생님과 아웅 산 수 지 여사 그리고 우지멍 선생님은 모두 SLORC의 끊임없는 투옥 협박과 위협의 압박 아래 살고 계십니다. 어디를 가든지 군사 정보부의 미행을 당하고 전화를 도청당하고 편지를 검열당합니다. 아무것도 안전하지 않고 사생활도 보장되지 않습니다. 그들이 한밤중에 들이닥쳐서 도로 감옥에 처넣을지 모르는 불안 속에 항상 노출되어 매 순간 불확실한 벼랑 끝에 매달려 계실 텐데요. 그럼에도 꾸준히 영혼의 순전한 따뜻함과 밝음을 유지하고 계신 게 신기합니다. 어떻게 그리하실 수 있으신지요?

우띤우: '아니카(anicca: 무상)' 덕분이지요. 불교에서는 아무것도 영원하지 않다고 말합니다. 그러니 나의 통제를 벗어난 것들에 대해 내가 왜 염려해야 한단 말입니까? 나는 밤이건 낮이건 잡혀갈 준비가 다 되어 있어요. 지금은 SLORC의 물리력에 휘둘리는 시기니까요. 우리 모두 잘 아는 현실입니다. 그러나 민주적인 변화에 박차가 이미 가해졌어요. 우리를 감옥에 도로 가둔다고 해서 그 어떤 것으로도 변화를 막을 수는 없습니다. 도리어 명분만 제공하는 형국이 될 뿐이지요. SLORC가 감히 우리를 다시 체포하지 못하는 주요 이유가 바로 이게 아닐까 생각합니다. 한편 그러는 동안에도 우리는 가족처럼 함께 일합니다. 그 점이 너무나도 큰 기쁨이에요. 나는 지금이 내 인생에서 가장 행복한 때라고 말할 수 있어요. 사실이 또 그렇고요. 왜냐하면 민주주의가 마침내 성취될 것을 알기 때

문이지요. 물론 모든 사람의 수고로 이룩되겠지만 결국엔 성취될 겁니다.

앨런 클레멘츠: 만약 세 분 가운데 어느 한 분이 다시 투옥된다면 버마 국민이 어떤 반응을 보이리라 생각하십니까? 시위나 전국적인 파업이 일어날까요? 만약 그렇다면 SLORC가 폭력으로 대응할 거라고 생각하십니까?

우띤우: 버마의 여러 지역에서 산발적인 저항이 일어날 수 있겠지요. 하지만 1988년처럼 대대적인 규모는 아닐 겁니다. 그런데도 그러한 저항에 뒤이어 SLORC는 아주 가혹한 진압 행동을 개시하리라 봅니다. 그러나 그런 행동은 심각한 국제적 비난을 받게 되겠지요. 우리가 느끼기에는 유엔이 그 시점에서 SLORC를 사실상 국제적인 따돌림의 상태로 철저히 고립시키려고 할 수밖에 없을 겁니다.

앨런 클레멘츠: 선생님께서 작년에 석방되셨는데도 SLORC는, 전 국민에 대한 억압의 강도를 높이고 있습니다. 버마는 완전히 포위된 국가나 다름이 없어요. 왜 당국은 선생님과 아웅 산 수 지 여사를 우선적으로 석방했을까요? 그들의 동기가 무엇일까요? 군 정보부 요원들을 통해서 소란을 책동하고는 그걸 NLD에게 뒤집어 씌워 비난하면서 선생님을 투옥할 빌미로 삼는 건 잔인한 계략이 아닙니까?

우띤우: 그럴 수도 있겠지요. 전체주의 정권은 그런 식으로 작동하기 마련이니까요. 그런데 우리의 시각에서는 SLORC에 대한 부정적인 견해가 1990년 이래 세계적으로 급증했어요. 왜냐하면 당시 SLORC는 NLD 지도부와 기타 수천 명의 정치범을 투옥했을 뿐만 아니라 잔혹하게 인권을 짓밟았거든요. SLORC는 자금이 필요해요. 해외 투자를 바라고 있지요.

사실상 SLORC는 자금 수요에 다소 미쳐 있어요. 이러한 집착에 비추어 보면, 설령 투자율에서는 별다른 뚜렷한 변화가 나타나지 않는다 하더라도, 아웅 산 수 지 여사의 석방이 국제 사회의 압력을 어느 정도 완화하는 결과를 낳기야 하겠지요. 그분을 석방한 것은 아마도 SLORC 측의 계산착오였던 것 같아요. 그게 아니면, 동기가 나빴어도 결과가 좋게 나온 거라고 말해야 하나…….

반면에 SLORC는 아웅 산 수 지 여사가 지난 6년간 지도자 구실을 하지 못했기 때문에 체포되기 전에 얻었던 명망을 되찾을 입장이 아니라고 가정했을 수도 있지요. 물론 정반대의 결과가 나타났지만요. 여사는 이전보다 더 강해졌어요. NLD의 우리도 이전보다 훨씬 더 단결되었고요. 당신이 말한 대로 감금이 우리의 투쟁을 방해하지 못한 건 고사하고 오히려 더 고취했지요. SLORC가 우리와 대화해야 한다는 걸 이해할 날이 곧 오리라 생각합니다. 우리는 도망치지 않을 거니까요. NLD에 속한 우리는 모두 계속 이 자리에 있을 거예요. 그러니 우리와 대화하는 것만이 최선의 길일 겁니다.

앨런 클레멘츠: 처음으로 돌아가 다시 여쭙겠습니다. 전직 장군으로서 선생님은 아웅 산 수 지 여사와 나란히 NLD 동료와 함께하고 계시고 버마의 정의와 자유의 회복을 위해 비폭력 혁명을 이끌고 계십니다. 어떻게 해서 이 투쟁에 처음 가담하시게 되셨는지요?

우띤우: 1988년에 일어난 민주화 운동 격변기에 동료가 나더러 대중 연설을 하라고 강권했어요. 처음엔 거절했지요. 나는 '위빠사나(*vipassana*: 지관[止觀])' 명상을 수행하면서 계속 조용히 살고 싶었거든요. 그런 수행의 평온함과 평정심에 조금 애착이 있었던 모양이에요. 하지만 동료는 포기하지 않았어요. 수많은 논의 끝에 우리 모두 '전 버마 애국지사 동지회

(All-Burma Patriotic Old Comrades' League)'라는 이름의 연맹을 결성하기로 동의했지요. 전국에서 거의 모든 퇴역 장교들이 봉사하겠다고 우리 본부, 그러니까 우리 집으로 왔어요.

아웅 산 수 지 여사가 1988년 8월 26일에 대중 연설을 했습니다. 우 아웅지(U Aung Gyi)는 25일에 했고요. 모두가 나한테도 하라고 권했지요. 어쩔 도리가 없더군요. 그들은 나한테 "너도 한때는 참모총장(Chief of Staff) 출신이 아니었나? 이제 다시금 봉사직으로 돌아와서 민주주의 회복을 위해 싸우며 고통당하는 사람들을 도와야 한다"고 설득했어요. 그래서 내가 새로 결성된 연맹을 대표하여 랭군 제너럴 병원(Rangoon General Hospital) 뜰에서 대중 연설을 하게 된 거지요. 어마어마한 규모의 대중이 활기를 띠며 모여들었어요. 나는 약 30분간 연설을 했고요. 그런데 이틀 후에, 우리가 연맹을 결성하기는 했지만 그것으로 충분하지 않다고 느끼게 됐어요. 전체 판을 이끌어줄 강력한 지도자가 필요했던 거지요. 우리 집단이 장병 출신과 또 일정 비율의 인구로 구성되어 규모는 컸어도, 나로서는 다양한 소수민족까지 포함된 나라 전체를 이끌 인물이 되지 못한다는 걸 알았어요. 우리에게는 민주주의를 이해하는 사람, 민주주의 아래서 실제로 살아본 사람이 필요했는데, 아웅 산 수 지 여사가 딱 그 적임자라고 생각했지요. 물론 아웅 산 장군의 따님으로 여사는 이미 유명했고, 국민은 그녀를 지도자로 인식했어요. 우리는 개인적으로야 말하지 않았지만, 여사가 대단히 똑똑하다고 생각했고요.

앨런 클레멘츠: 여사의 연설을 들으실 때 어떤 인상을 받으셨나요?

우띤우: 여사의 슈웨다공 연설이 녹음된 것을 들었는데, 처음 듣는 그 목소리가 대단히 인상적이었어요. 발음이 강하고 또렷한 것이 전혀 거침이 없더군요. 해외에 오랫동안 산 사람 중에는 버마로 돌아와서도 버마

어를 잘하지 못하는 경우가 있어요. 더 이상 버마어에 친숙하지 않은 거지요. 그렇지만 여사는 유창하게 말할 뿐만 아니라 일상적인 어법까지 구사했어요. 여사가 던진 농담들은 버마의 현 상황에 아주 딱 들어맞는 것이었지요. 여사는 확실히 보기 드문 인물이에요. 여사의 첫 번째 대중 연설을 듣기 위해 50만 명의 인파가 모여든 것을 보고 깨달았어요. '국민이 민주주의를 열망하는구나, 국민이 여사를 민주화 운동을 이끌 구심력으로 여기는구나' 하고요. 딱히 '지도자'라는 말을 입에 올리지는 않았지만, 여사께서는 국민이 그토록 열망해 마지않는 목표를 향해 국민을 이끌 수 있고 또 이끌려고 애쓸 수 있는 그런 분인 것을 알았어요. 그래서 곧장 우리 동료와 나는 국민의 권리 회복을 위해 수고하는 모든 정당을 한데 모으기로 했지요. 참전 용사 출신의 정치가들 몇 분도 특별히 우리 연맹에 들어오고 싶어 했어요. 전직 장병으로서 여사 주변에 보호막을 제공할 수 있을 것 같아서요. 우리는 내가 여사와 독대(獨對)하는 데합의했지요. 그래서 그렇게 했어요.

앨런 클레멘츠: 여사를 만나기 전까지 선생님은 여사에 대해 어떤 걸 알고 계셨습니까? 그분이 보초크 아웅 산 장군의 따님이라는 사실 말고도 또 알고 계신 게 있으셨나요?

우띤우: 주로 해외에 거주하셨다는 것만 알았지요. 그게 그분에 관해 알았던 유일한 지식이었어요. 그리고 여사께서 해마다 부친의 시신이 안장된 묘소에 헌화(獻花)하러 오신다는 것도요. 그럴 때면 신문에서 여사의 이름을 보곤 했어요. 그게 다예요.

앨런 클레멘츠: 여사와의 첫 만남은 어떠셨는지요?

우띤우: 내가 여사의 집에 도착했을 때, 여사께서는 거실에 있는 소파의 끄트머리에 혼자 앉아 계셨어요. 나는 그녀를 '아웅 산 수 지 여사'라고 부르면서 존경을 표했어요. 나로서는 친애하는 아웅 산 장군을 대단히 존경했기에, 여사의 이름을 부를 때도 줄임말을 쓰지 않았답니다. 그냥 '수 지 여사'라고 부르지 않고 '아웅 산 수 지 여사'라고 부른 건 나름대로 그녀에게 경의와 존경심을 표현하기 위해서였어요.

앨런 클레멘츠: 그러고 보니 선생님은 우지멍 선생님처럼 그냥 '수'라고 부르거나 또는 그 댁 사모님처럼 '수 수'라고 부르지 않고 꼭 '아웅 산 수 지 여사'라고 부르시는데, 그 이유가 궁금합니다.

우띤우: 나는 한 번도 여사를 '수'라고 불러본 적이 없어요. 처음 만난 이후로 그녀에 대한 호칭을 바꾼 적이 없습니다. 여사의 이름은 그분 할머니의 이름인 '수'와 어머니의 이름인 '지' 그리고 아버지인 '아웅 산'을 합친 거예요. 그러니 내가 그 이름을 부를 때는 그 가족에게 경의를 표하는 셈이지요. 여사는 나보다 19살 정도 어리지만, 한 번도 '마담 수' 또는 '수 여사'라고 줄여서 부른 적이 없어요. 꼭 '아웅 산 수 지 여사'라고 부르지요. 그분의 가족들을 존경한다는 뜻입니다.

앨런 클레멘츠: 여사를 처음 만나셨을 때, 그분에 대한 인상은 어떠셨던가요?

우띤우: 말투나 표정, 용모, 동작이 아버지와 너무도 흡사해서 깜짝 놀랐습니다. 여사는 거의 모든 면에서 아버지를 닮았어요. 아웅 산 장군이 여자로 환생한 것 같더라니까요. 그 정도로 감명을 받았기 때문에 나는 여사께서 장군의 일을 계승해나갈 수 있는 분이라 여겼지요. 또 여사는 아주 분명한 생각과 강인한 지성을 지녔어요. 그분의 대화방식이나 나를

대하는 방식은 아주 효율적이면서도 온화했습니다. 물론 우리는 몇 마디 사교적인 인사말들을 주고받았어요. 그러고 나서 내가 그분께 이런 말을 했지요. "여사의 첫 번째 대중 연설을 들었습니다. 그런데 혼자서는 그런 일을 이룰 수 없습니다. 우리는 인권과 민주주의를 위한 투쟁 안에서 하나가 되어야 합니다." 여사도 동의했어요. 그러고는 "좋습니다. 그렇다면 함께 일하면서 전진해야지요"라고 말씀하더군요.

그런데 떠날 무렵에 여사가 묻는 거예요. "저희 아버지를 만난 적이 있으신가요? 그분을 아세요?" "네, 물론 잘 압니다." 그랬더니 어떻게 아느냐고 물으시더군요. 그래서 사관생도 시절부터 그분을 알았고, 또 그분이 이끄는 애국군(Patriatic Forces)의 장교를 지냈다고 말씀드렸어요. 그러곤 이런 말도 덧붙였지요. "부친을 마지막으로 뵌 건 메이묘(Maymyo)에서였습니다. 그분은 정부의 최고집행위원회 부의장으로 계셨고, 저는 중위였어요. 그 당시 부친께서는 양슈웨 주(Yawngshwe State) 주지사와 샨 주(Shan State) 주지사 등과 함께 방문 중이셨는데, 저는 여사의 모친도 뵈었습니다. 그게 부친의 살아생전 모습을 뵌 마지막이었어요."

그러자 여사가 묻더군요. "그때 누군가에게 안겨 따라다니던 조그만 여자애가 기억나세요?" "아니오"라고 대답하니까, "그게 저였어요. 바로 저예요"라고 하셨어요. 그러고 나서 내가 여사께 아웅 산 장군은 위대한 지도자로, 버마 독립 투쟁에서 우리 모두에게 감동을 주셨다고 말씀드렸어요. 하지만 너무나 불운하고 애석하게도 그분은 몸바쳐 희구한 독립을 끝내 보지 못하셨지요. 그토록 위대한 싸움을 이끌어놓고도 당신은 정작 그 열매를 보지 못한 거예요. 그래서 "지금 이렇게 후손들이 부친께서 다 만들어놓으신 독립을 누릴 기회를 얻지 못하는 겁니다"라고 말씀드리고는 이렇게 끝맺었지요. "이제 제가 장군님의 외동딸이신 여사께서 버마 독립의 찬란한 열매를 누리시도록 섬기고 또 협력해야 한다는 생각이 듭니다."

앨런 클레멘츠: 몇몇 분은 아웅 산 수 지 여사가 선생님에 대해 존경과 신뢰를 갖고 계시다는 걸 잘 압니다. 선생님은 매일 수 여사와 함께 일하고, 또 매주 일요일 대중 연설 때는 여사와 함께 단상에 오르고 계십니다. 그렇게 가까운 동료로서 여사를 보시니, 아웅 산 수 지 여사를 오늘과 같은 모습으로 만든 게 무엇인지, 선생님의 솔직한 생각을 여쭈어봐도 되는지요? 그리고 선생님께서 여사에 대해 가장 존경하는 부분은 무엇인지도요.

우띤우: 지식과 지성에 바탕을 둔 여사의 리더십과 자질을 가장 존경합니다. 여사는 마음공부를 많이 한 사람이에요. 정신적으로도 흡수력이 아주 좋지요. 선친께서 그러셨던 것처럼요. 여사는 잘 자랐어요. 가정교육을 참 잘 받은 것 같아요. 또 정직하고 솔직하며 딱 부러지는 성격이지요. 사람들은 여사가 진실을 말하기 때문에 신뢰합니다. 진실을 말할 때도 단순한 표현을 쓰지만, 거기에 힘이 있어요. 가령 이런 식입니다. "제가 여러분께 민주주의를 가져다줄 수 있을 것으로 생각하지 마십시오. 솔직히 말씀드리면 저는 마술사가 아닙니다. 저는 여러분께 민주주의를 안겨 드릴 만한 어떤 특별한 힘도 갖고 있지 못합니다. 민주주의는 오직 여러분에 의해, 여러분 모두에 의해서만 성취될 수 있다고 정직하게 말씀드립니다. 국민의 의지, 인내, 훈련, 용기가 민주주의를 이루어 냅니다. 여러분이 이러한 자질을 갖고 계시는 한, 민주주의는 여러분에 의해 성취될 것입니다. 저는 다만 여러분께 민주주의로 가는 길을 보여 드릴 수 있을 뿐입니다. 제가 여러분께 그걸 설명해 드릴 수 있는 까닭은 해외에서 터득한 경험과 아버지께서 살아생전 하셨던 활동에 대한 공부를 통해서입니다. 저는 오직 그 지식과 방법을 제공할 수 있을 뿐입니다. 민주주의는 우리 전 국민의 노력을 통해서만 달성될 수 있는 것입니다." 이 점이 내가 아웅 산 수 지 여사를 존경하는 부분입니다. 여사는 솔직하게

말씀해요. 국민도 그걸 좋아하고요.

또한 여사는 1988년과 89년에 닥친 국가 위기 때 고난을 감수하며 자신의 정치적 역할을 찬연히 감당하셨습니다. 엄청난 어려움이 닥쳤음에도 국민의 정치적·경제적·사회적 투쟁을 보고 듣고 공유하고자 대단한 인내심을 가지고서 전국 각지를 꿋꿋하게 여행하셨어요. 여사는 자애심과 동정심의 자질도 갖추셨지요. 고통당하는 사람과 무력한 사람들에게 항상 연민의 정을 느끼세요. 겉으로는 약해 보여도 내면의 의지는 매우 강하고 결단력이 있으십니다. 해외 경험이 풍부하시니까 우리의 대의를 위해 국제기관들을 다루는 데서도 아주 효율적이지요. 근 6년에 걸친 가택연금의 경험 역시 여사의 정치적·경제적·사회적 사고방식을 대단히 성숙시켰고요. 버마의 전 국민이 여사의 선친을 믿고 따랐듯이 여사의 정직성을 신뢰합니다. 여사야말로 버마의 모든 토착 민족들을 하나로 통합할 수 있는 유일한 지도자일 거예요. 말하자면 여사는 보통 여성이 아닙니다. 버마의 평화와 정의, 민주주의 회복을 위해 국민이 신뢰할 수 있는, 자질이 풍부한 지도자가 되셨어요.

앨런 클레멘츠: 여사께서는 선생님께 어떤 식으로 영향을 미치셨나요?

우띤우: 알다시피 나는 장군이었어요. 공격적인 동기로 똘똘 뭉친 군인 출신이에요. 헌데 여사가 나를 달래서 호전성을 누그러뜨렸어요. 여사의 부드러움이 나의 공격성을 잠재운 겁니다. 그런 건 아주 남다른 품성이에요. 여사의 움직임이나 몸짓을 눈여겨 보기만 해도 얼마나 우아한 분인지 알 수 있지요. 그러니 나에 대한 여사의 존중과 애정을 생각하면 영광스럽기 그지없어요. 요즘도 여사를 만날 때면 스스로 행동거지를 바르게 해야겠다고 다짐합니다. 너무 공격성이 드러나지 않도록 말이에요. 나는 좀 더 부드러운 사람이 되기 위해 점점 배워가는 중이고 스스로 훈

련하고 있습니다.

열일곱 살 때부터 거의 오십에 가깝도록 내 인생은 싸움의 연속이었
어요. 아주 거친 삶을 살았지요. 전쟁 중에는 울창한 밀림 속에서 몇 년
을 보내기도 했어요. 전투하다가 수차례 다치기도 했고요. 말했듯이 나
는 어려서 아버지를 여의었고, 아들마저 어린 나이로 떠나보냈지요. 참
모총장으로 승진한 뒤에는 배신을 당하고 해고되고 감옥에 갇히기도 했
어요. 이런 삶을 살았으니 고상한 맛을 모르는 게 당연합니다. 공격성만
남았어요. 대중 연설을 할 때도 그게 남들한테 해가 되는 줄도 모르고 심
중에 있는 생각을 그대로 말한 적이 많아요. 그런데 여사의 영향으로 이
제는 신사답게, 문명인답게 행동해야 한다는 걸 깨닫게 되었어요. 공격
적인 성향이 여사 덕분에 부드럽게 길들여진 것 같아요. 나는 진정으로
여사를 존경합니다. 여사 또한 나를 있는 그대로 존중해주고요.

앨런 클레멘츠: SLORC가 수 여사와의 연합을 끊으라고 선생님께 강요한
적이 있습니까?

우띤우: 네. 그들은 내가 그릇된 이유로 여사와 손을 잡고 있다고 악성 루
머를 퍼뜨리곤 했어요. 물론 나는 그런 것에 신경 쓰지 않았지요. 그런데
내가 마지막으로 투옥되었을 때, SLORC 정보부 장교가 심문하다 말고
손가락질을 하면서 언성을 높이는 거예요. "당신은 장군에다가 국방장
관이었잖소. 자신의 의무에 대해 잘 알았을 텐데! 어째서 아웅 산 수 지
를 위해 일하는 거요? 그 여자는 버마의 정치에 대해 정말이지 아무 경
험도 없잖소. 가진 거라곤 달랑 하나, 아버지 이름값만 있는 거지. 그렇
게 무경험인 여자와 함께 일하는 이유가 대체 뭐요?"

솔직히 그 사람이 불쌍하게 여겨졌어요. 그래서 이렇게 대답했지요.
"당신이 여사를 만난다면, 당신도 그 운동에 동참할 거요. 여사는 훌륭하

고도 뛰어난 정신을 지닌 분이오. 결국에는 당신도 깨닫게 될 겁니다. 왜 냐하면 아웅 산 수 지 여사는 국민을 위해서만이 아니라 당신을 위해서 도 투쟁하고 있기 때문이오."

앨런 클레멘츠: 선생님은 무수한 상황마다 여사와 함께 계셨습니다. 어떤 때는 생사를 오가는 경우도 있었을 테고요. 여사와 함께했던 경험들 가 운데 선생님께 가장 큰 영향을 미친 한두 가지 이야기만 좀 들려주시겠 습니까?

우띤우: 1988년 8월 15일이나 16일쯤에 나쁜 소식이 전해졌습니다. 통 제 불능의 거대 군중이 시내에 있는 중앙무역회사사무소(Central Trade Corporation office)에서 군사보안요원들과 뒤엉켜 미친 듯이 날뛰고 있다는 거였어요. 나는 사태를 안정시키려고 서둘러 그곳으로 갔어요. 어느 정 도는 좀 진정되더라고요. 사람들에게 평화시위를 당부했지요. 하지만 나 자신이 평정심을 유지하기 위해서는 더 이상 그 자리에 머물 수 없 다는 걸 깨달았어요. 상황이 점점 더 통제하기 어렵게 변해갔어요. 모종 의 폭력사태가 일어날 것 같더라고요. 그러면 틀림없이 사상자가 발생 할 분위기였지요. 즉시 나는 아웅 산 수 지 여사 댁으로 가서 상황을 설 명해 드렸어요. 그랬더니 곧바로 여사가 그 장소로 함께 가자시는 거예 요. 별로 좋은 생각이 아니라고, 총격이 있을 수도 있다고, 그러니 그 근 처에는 안 가시는 게 좋겠다고 애써 설득하는데, 여사가 말씀하더군요. 폭력에 등을 돌려서는 안 된다고요. 고집이 얼마나 세시던지, 신속히 일 어났지요. 뒤로는 몇몇 호위차량이 따라오고, 여사와 나는 한 차로 움직 였어요. 도착해보니 군중이 벌써 무역회사 건물에 불을 지른 거예요. 화 염이 자욱하더군요. 사람들이 약탈하고 자동차들을 부수는 게 보였어요. 군중이 완전히 이성을 잃은 것 같았어요. 우리는 금방 군중에게 에워싸

여서 옴짝달싹 못하게 되었지요. 위험이 가깝다고 느꼈어요. 그때 우리를 호위하던 청년이 난폭해진 사람들을 향해 아웅 산 수 지 여사께서 상황을 보러 오셨으니 길을 터달라고 소리쳤어요. 아웅 산 수 지 여사가거기에 있다는 걸 알자마자 놀랍게도 사람들이 흥분을 가라앉히고 침착해지는 거예요. 그러더니 우리가 지나갈 수 있도록 정중하게 도와주었어요. 그 장면에서 여사를 직접 보니까 사람마다 얼굴이 고통에서 경외로 바뀌더군요. 하지만 아웅 산 수 지 여사는 그 자리에서도 균형감각을보이시고 분명한 뜻을 전달하셨어요. 내가 보기에 여사는 위험에 직면해서도 자신의 진정성과 절제력을 입증하신 것 같아요. 나는 그날 여사로부터 뭔가를 배웠어요. 위험으로부터 도망치기보다는 맞서는 게 낫다는 가르침을요.

앨런 클레멘츠: 오랫동안 선생님의 기억에 남은 또 다른 순간들이 있었는지요?

우띤우: 많지만, 한 가지만 이야기할게요. 이 사건은 민갈라동(Mingaladon)을 막 지나서 공항 근처에 있는 러까(Hlawkar) 마을로 가던 길에 일어난일입니다. 아웅 산 수 지 여사의 개인 비서인 고윈텡(Ko Win Htein)이 여사와 한 차에 탔고, 나는 바로 뒤에서 따라가고 있었어요. 그런데 러까 마을 근처 어디쯤에서 보안경찰이 우리의 차량 행렬을 강제로 세운 거예요. 그래서 고윈텡이 차에서 내려 그에게 우리의 프로그램을 설명했지요.

그때 갑자기 어딘가에서 기관총이 발사되었어요. 우리가 더 이상 가지 못하도록 하기 위한 일종의 위협사격이었던 셈이지요. 나는 발포 소리에 너무나 놀랐어요. 얼른 내 차에서 뛰어내려 여사를 보호하려고 여사의 차 앞을 막아섰지요. 그런데 조금도 겁먹은 기색 없이 여사가 차에서 내리더니 무슨 일이냐며 조용히 묻는 거예요. 나는 저쪽 낮은 언덕에 있는 무장 경찰을 향해 "왜 함부로 총을 쏘고 난리냐"며 고함을 지르는데, 여사는 영 딴판이었어요. 대장이 아웅 산 수 지 여사가 계신 걸 알아채더니 금방 사고였노라고 해명하더군요. 게다가 그 불미스런 사고에 대해 정중하게 사과한 것도 모자라 우리가 지나가도록 허락해준 거예요. 침묵 가운데 다시 여행을 계속하는 동안 나는 속으로 여사가 얼마나 침착하게 행동했는지, 또 단순히 예의를 갖춰 "왜 총을 쏘셨나요?" 하고 물어본 덕분에 얼마나 일이 술술 풀렸는지 곱씹었지요. 여사는 나처럼 화를 내기보다는 진정 어린 관심을 표명한 겁니다. 나는 그게 여사의 장점 중 하나라고 생각해요. 여사는 친구든 적이든 상관하지 않고 언제나 '왜'를 알고 싶어 합니다. 내가 사람들의 행동에 즉각 반응한다면, 여사는 원칙에 대해 질문하는 편이지요.

앨런 클레멘츠: 1989년 7월 20일에 선생님과 아웅 산 수 지 여사는 이른바 '국가 안보를 위태롭게 했다'는 죄목 아래 가택연금에 처해졌습니다. 물론 몇 달 후에 선생님은 재판에 넘겨져 징역을 선고받고 투옥되셨고요. 선생님께서 체포되어 투옥되기까지 그 역사적 사건의 기억 속으로 데려가 주시겠습니까?

우띤우: 가택연금을 당하던 날 이른 아침에 대략 100여 명의 무장군인들이 우리 집을 포위했어요. 왜 즉각 집 안으로 들어오지 않았는지 이유는 잘 모르겠지만, 그 덕분에 아내와 다른 식구들이 눈물을 흘릴 시간을 벌었고, 또 내 사무실에 있던 NLD 관련 자료와 편지, 주소 등을 화장실 변기에 버릴 수 있었지요. 나는 앉아서 명상하며 체포에 대비해 정신적·정서적으로 자신을 준비시켰어요. 몇 시간이 지나자 그들이 불시에 들이닥치더니 집을 살살이 뒤지더라고요. 남아 있던 문서들이며 책과 의약품들을 모조리 거둬갔어요. 전화선도 끊어버렸고요. 그들은 내게 이제

부터 가택연금에 처해지는 거라고 말해줬어요.

무장 경비원들이 우리 집 주변에 배치되었지요. 도로의 교차로와 우리 집 대문 앞에는 바리케이드가 쳐졌어요. 심지어 아내가 먹을거리를 사러 가게에 가려고 집을 나갈 때도 허락을 받아야 했는데, 그때마다 고작 몇 시간 이내에 다녀오라고 하든지 아니면 며칠 뒤에 가라는 식이었지요. 가장 불쾌했던 것은 가택연금이 시작되자 우리 소유로 되어 있던 조그마한 임대 주택에 살던 세입자들마저 이사를 강요당했다는 사실입니다. 1976년, 그러니까 네윈 정권하에서 내가 맨 처음 투옥되던 바로 그해에, 내 앞으로 나오던 급여와 연금이 다 중단되었기 때문에 그 임대 주택만이 유일한 수입원이었거든요. 수입 없이 산다는 건 쉬운 일이 아닙니다. 하지만 우리는 삶을 최대한 단순화시켜서 적응해 나갔습니다.

앨런 클레멘츠: 물론 그 이후 곧바로 상황이 엄청 긴박해지셨겠네요.

우띤우: 네. 1989년 12월 22일, SLORC의 군법회의에 회부된 나는 수많은 죄목을 뒤집어썼어요. 일일이 기억하긴 어렵고 그중에 딱 세 가지가 기억나는데, 하나는 외국의 민주화 지도자들과 왕래했다는 거고, 또 하나는 내가 한 활동들이 국가에 대항해서 '내란 선동'을 획책했다는 거예요. 그리고 마지막으로는 국방장관으로 재임하는 동안에 정부를 전복할 음모를 꾸몄다는 거였지요. 나는 모든 죄목을 부인하면서 확고부동하게 무죄를 항변했어요. 그런데 검찰 측에서 내세운 증인 하나가 나한테 불리한 증언을 하더라고요. 물론 나에게는 그 사람한테 반대심문을 하는 것조차 허락되지 않았고, 또 내 입장을 방어할 증인을 세우는 것도 허락되지 않았지요. 그건 심각한 인권 침해였어요. 판사가 묻더군요. 처벌을 완화하기 위해 무슨 할 말이라도 있느냐고요. 그러더니 내가 미처 대답하기도 전에 재판을 담당한 군 장교가 판결문을 읽는 거예요. "이 법정

은 당신을 3년형에 처합니다."

앨런 클레멘츠: 그에 대해 선생님의 반응은 어떠셨어요?

우띤우: 선고를 듣고는 일어나서 법정 절차를 지켜보고 있던 선임 군 장교들을 향해 돌아섰어요. 그 방 뒤쪽에는 약 20여 명의 남자가 있었는데, 대부분이 사실 내가 전에 국방장관으로 재직하던 시절에 훈련시켰던 사람들이지요. 당시 그들은 조무라기들이었어요. 나는 군대의 장군이었고요. 나는 SLORC 판사가 아니라 그들에게 말하고 싶었던 겁니다.

　이렇게 말했지요. "나는 군대를 쪼갤 의도가 없습니다. 나로 말하면 열여섯의 나이에 군에 들어간 사람이에요. 이유는 단 하나, 보초크 아웅산 장군을 따라 우리나라의 독립을 위해 싸우려는 목적 때문이었습니다. 나는 군대를 사랑합니다. 하지만 군대보다도 우리 국민을 더 사랑합니다. 그리고 군인은 모름지기 국민을 자기 부모처럼 여겨야 합니다. 국민을 섬겨야지 억압해선 안 됩니다." 그리고 나서는 그 방에 있던 SLORC 기자들을 향해 돌아서서 큰 소리로 말했어요. "나는 이 선고를 자랑스럽게 받아들입니다. 민주주의에 대한 신념 때문에 감옥에 간다는 건 대단히 명예로운 일이니까요." 순간 방 안에 침묵이 흐르더군요. 그리고 곧장 감방으로 호송되었지요.

앨런 클레멘츠: 혹독한 감옥살이에서, 고독한 감금상태에서 살아남으려면 정서적·심리적으로 무엇이 필요한가요? 혼자서 다음 날을 맞이하고, 다음 달을 맞이하고, 다음 해를 맞이하는 용기는 어디서 찾으셨나요?

우띤우: 글쎄요, 쉽게 얻어지는 건 아닐 테지요. 헌데 내가 SLORC에 의해 투옥되기에 앞서 이미 5년의 세월을 홀로 보냈다는 걸 기억해보세요. 감

옥에 익숙하다고 말할 수는 없겠지만 누구나 적응하기 마련입니다. 물론 개인차가 있을 거예요. 어떤 사람들은 무너지는 반면에 또 다른 사람들은 고립무원의 상태와 참담한 생활조건을 이롭게 활용하기도 하지요.

내 경우에는 교도소에 수감되어 있는 동안 조금도 지루하다고 느낀 적이 없습니다. 제약이 많기는 했어도 정신이 살아 있을 방도를 찾았거든요. 내가 있던 방은 완전히 가시철조망으로 둘러쳐져 있었어요. 나는 줄곧 방안에만 있어야 했지요. 하지만 철조망을 보면서 항상 자유가 얼마나 소중한 것인지를 떠올렸어요. 부처님의 가르침대로 장애가 곧 이점(利點)이 될 수도 있는 거예요. 마찬가지로 자유를 잃으면 그만큼 자유의 소중함에 대해 성찰하는 계기가 될 수도 있는 거지요. 이런 식의 기쁨이 늘 충만했어요.

또 나는 수련승 시절부터 '사티(sati),' 곧 마음챙김 명상(mindful meditation)의 유익을 알고 있었거든요. 당신도 알다시피 마음챙김 명상에서는 우리가 보고 듣고 먹고 생각하고 냄새 맡는 모든 것이 단지 하나의 경험일 뿐 그 위에 어떤 다른 것도 보태지 않아요. 모든 게 그저 지나가는 현상이라 여깁니다.

그런 식으로 보면 옥살이에 대한 생각도 다만 하나의 생각에 지나지 않는다는 걸 알아차리게 되지요. 그냥 왔다가 가는 거예요. 그것에 집착하지 않으면 문젯거리가 되지 않습니다. 모든 게 그냥 일어나는 생각일 뿐 그 위에 굳이 다른 걸 얹어서 얽매일 필요가 없지요.

그 밖에도 나는 팔리(Pali)어로 된 부처님의 법문을 암송하거나 연구하는 일을 규칙적으로 했어요. 이런 일들이 내게 큰 감동을 주었습니다. 아울러 예수님이 하신 말씀들이 포함된 작은 책 한 권이 어쩌다가 밀반입되었는데, 그분의 용서에 대한 태도와 진정성이 아주 마음에 들더군요.

또 '다나(dana: 자선)'를 베푸는 습관을 만들기도 했습니다. 이를테면 아내가 넣어주는 사식(私食)을 교도소장과 교도관들 심지어 군사 정보부 요원들에게 나누어주는 겁니다. 나는 그들을 적으로 간주하는 느낌이 조금이라도 들까 봐 경계하고 싶었거든요. 그래서 내 음식을 그들과 나누는 수행을 한 것입니다. 그들도 알고 보면 감옥 안에서 힘든 삶을 보내고 있어요. 이런 생각과 실천이 나의 정서적·심리적 고통을 어느 정도 누그러뜨린 것 같습니다.

물론 아내는 규칙적으로 면회를 와주었어요. 격주마다 꼬박꼬박 면회 오는 일을 거른 적이 없습니다. 아내는 정말이지 엄마 같고 누나 같고 가까운 친척 같고 좋은 친구 같고 그래요.

나는 감옥에서 매일 운동도 했어요. 그리고 불교의 팔계(八戒)*에 따라 정오 이후에는 음식을 입에 대지 않았지요. 그러나 아마도 가장 중요했던 건 인생에서 친구의 소중함에 관해 성찰한 일일 겁니다. 우정은 모든 선물 중에서도 최고로 위대한 선물이라고 생각해요. 힘든 시기마다 친구들의 얼굴을 하나씩 그려보고 대화를 나누며 견뎠습니다. 우리가 함께 웃고 즐기던 순간들을 회상하는 거지요. 그런 상황에서 사람이 온전한 정신을 유지할 수 있게 만드는 건 바로 사랑인 것 같습니다.

앨런 클레멘츠: 그러니까 고립감은 전혀 느끼지 않으셨단 말씀이지요?

우띤우: 불행하다는 느낌은 진짜 하나도 들지 않았어요. 하지만 몸이 아픈 적이 한 번 있었는데, 그때는 사람이 약해지니까 약간 외롭다는 느낌

---

* 불교도가 속세에서 지켜야 할 여덟 가지 계행(戒行)을 가리키는 말로 '팔재계(八齋戒)' 또는 '팔관재계(八關齋戒)'라고도 한다. 여기에는 불살생계(不殺生戒, 살생하지 말 것), 불투도계(不偸盜戒, 도둑질하지 말 것), 불사음계(不邪淫戒, 음행하지 말 것), 불망어계(不妄語戒, 거짓말하지 말 것), 불음주계(不飮酒戒, 술 먹지 말 것)의 오계(伍戒)와 불좌고대광상계(不坐高大廣牀戒, 높고 넓고 잘 꾸민 평상에 앉지 말 것), 불착화만영락계(不着華瓔珞戒, 꽃다발을 쓰거나 몸에 향을 바르고 구슬로 된 장식물을 하지 말 것) 및 불습가무희악계(不習歌舞戲樂戒, 노래하고 춤추지 말 것), 비시식계(非時食戒, 때가 아니면 먹지 말 것)의 삼계(三戒)가 포함된다. – 옮긴이

이 들더라고요. 누군가 돌봐주면 좋겠다는 바람이 생기더군요. 가족들에게서 떨어져 있다는 게 섭섭했어요. 그렇지만 몸이 나으니까 이내 평상심으로 돌아왔습니다. 좀 전에 말한 것처럼 분별력을 갖는 데는 역시 마음챙김이 열쇠예요.

무슨 일을 하든지 마음을 챙기면서 하면 부정적인 생각이 들어올 틈이 없습니다. 나는 마치 절에서 스님들이 수행하듯 그렇게 감옥에서 매일 마음을 챙겼어요. 몸과 마음에서 일어나는 모든 것을 알아차리려고 애썼지요. 이런 식으로 하니까, 안 그랬다면 화가 날 수도 있는 상황에서도 평상심을 방해하는 감정들로부터 자유로운 마음을 유지할 수 있었어요. 이게 바로 '담마'의 기본인 거지요.

앨런 클레멘츠: 이런 질문을 드리는 건 좀 민망합니다만, NLD 의장으로서 선생님은 독방에 계시면서도 어떻게 SLORC의 일명 '자유롭고 공정한 선거'에서 NLD가 압도적인 승리를 거둔 걸 아셨는지요?

우띤우: 아, 그거요! 심지어 우리 간수들조차도 우리 당에 투표했는걸요! 어찌 된 일인고 하니, 아이러니하게도 그건 나의 옥살이 중 가장 중요한 순간이었는데, 내가 갇혀 있던 '새장'과 관련이 된답니다. 나는 본래 감옥의 주 건물에서 한참 떨어진 막사에 감금되어 있었어요. 그런데 6개월이 지나자, 당국은 갑자기 과대망상에 빠져서 미국인들이 헬리콥터를 타고 내려와 나를 구출할 거라는 생각을 하게 된 거예요. 그래서 내가 있던 막사 주변을 양옆은 물론이고 지붕까지 가시철사로 휘감아놓았지요. 그랬더니 꼼짝없이 새를 가두는 새장처럼 되더라고요. 이후 5년간 그 새장이 내 집이 되었답니다.

어찌 되었든 비밀리에 선거 결과를 알려준 사람들은 나랑 똑같은 수감자들로 그 새장을 만드는 데 동원되었던 일꾼들이었어요. 듣자 하니 그들은 자기네가 울타리를 만드는 전문가라고 교도관들을 설득했다 하더군요. 그 말이 먹혀서 드디어 일을 시작하게 되었을 때, 내가 담벼락에 난 틈으로 보고 있자니 일하는 사람 중의 하나가 나한테 빨간색 배지를 보여주는 거예요. 틀림없이 그 배지는 투지 넘치는 황금 공작새 문양이 새겨진 NLD의 상징이었지요. 그걸 보는 순간 어찌나 감동되던지요. 선거 결과가 나오자 그는 두꺼운 사포 조각 위에다가 정보를 긁어다 주었어요. 하나씩 쳐진 줄이 각각의 선거구와 NLD 측 당선자를 가리켰지요. 헤아려보니 NLD에서 국회의원 당선자가 390명까지 나왔더라고요. 그러니까 내가 갇혀 있던 새장이 바로 옥살이하는 동안 가장 위대한 뉴스를 전해 들은 전초기지였던 셈이에요. 나는 나를 새장 안에 가두어둔 동안에도 내 영혼을 자유롭게 해준 용감한 일꾼들에게 무척 감사했어요. (웃음)

앨런 클레멘츠: SLORC가 선거 결과를 존중할 의사가 없다는 사실을 언제 아셨습니까?

우띤우: NLD 측 국회의원 당선자들이 속속 감옥으로 들어오는 바람에 감옥이 국회로 변했으니까요. 덕분에 진짜 선거 결과를 식별하기가 더 쉬웠지요. 그 밖에도 선거 후에 당국이 수감자들에게 확실한 사실을 말해주는 신문을 넣어줬습니다. 그걸 보고 아웅 산 수 지 여사와 우지멍 그리고 내가 NLD에서 축출되었다는 사실을 알았어요. (SLORC는 남아 있던 NLD 당원들에게 이렇게 하도록 강제 지시를 내렸다.) SLORC가 자기네 입맛에 맞는 헌법을 새롭게 만들어 내기 위해 국가회의를 소집한 것도 이러한 대대적인 체포가 있은 직후였지요. 순 엉터리에다가 개탄해마지않을 일입니다. 도대체 무슨 말을 더 할 수 있겠어요? 그러나 나는 패배했다는 느낌이 들지 않았습니다. 그 반대로 새로운 체포의 물결이 몰아치니까, 끈기 있게 투쟁해서 자유를 쟁취해야겠다는 결심이 더 굳어지더라고요. 자유는

그냥 주어지지 않으니까요. 그런 의미에서 승리는 여전히 우리 몫으로 남겨져 있다고 생각했어요. 억압할수록 우리의 결의만 더 굳세어지니, SLORC가 무슨 짓을 한들 우리를 부술 수는 없는 거지요. 강한 마음과 정신은 절대 깨지지 않는 법이에요. 상처를 입을 수 있을지언정 부서지지는 않아요.

앨런 클레멘츠: 버마의 감옥에는 고문이 존재합니까?

우띤우: 나 자신은 고문을 받은 일이 없지만, 다른 수감자 중에는 고문을 받거나 고약한 취급을 받은 경우가 있었다고 해요. 물론 혼자 있는 외로움 자체가 일종의 고문이지요. 아픈 사람들한테 줄 약이 없다는 것도 그렇고요. 간단한 보기로 두통이 있는데 약이 없거나, 치통이 있는데 적절한 치과 치료를 못 받는다고 생각해보세요. 급성 이질에 걸렸는데 약이 없는 경우는 더하지요. 이를테면 스님들이 공양을 받기 위해 마을을 돌 때처럼 우리도 구호품을 받기 위해 줄 맞춰 걷고 있는데, 어떤 사람이 이질에 걸렸다며 고통을 호소하면서 달려왔다고 해봐요. 즉시 의약적 조치가 필요하겠지요. 그런데 의약품을 구할 수 없는 거예요. 감옥에서는 이런 사소한 형태의 고문들이 많아요. 항상 일어나지요. 그러니 내가 감옥에 있던 몇 년 동안은 비명 없이 지나가는 밤이 거의 없었어요. 고통스러우니까 사람들이 큰 소리로 우는 거예요. 그런 비명은 오직 한 가지, 즉 고문 때문이었어요. 그것도 가혹한 고문에서 비롯된 것이지요.

앨런 클레멘츠: 순진한 질문인지 모르겠지만, 당국이 고문하는 이유는 뭘까요?

우띤우: 대개는 정보를 얻기 위해서겠지요. 그들은 수감자가 자기들이 원

하는 모종의 정보를 갖고 있다고 의심하니까요. 또 어떨 때는 순전히 심심해서 고문하기도 해요. 교도관 중에는 억눌린 분노를 가진 사람들이 많거든요. 대단히 병적으로……

앨런 클레멘츠: 버마의 정치범 현황을 좀 밝혀주시겠습니까?

우띤우: 현재까지 집계된 바로는 600명 이상이라고 봅니다. 우리는 지금도 정치범의 명단을 모으고 있어요. 아마도 1,000명 이상, 어쩌면 많게는 2,000명 이상도 될 것으로 생각합니다. 그런데 찾기가 쉽지 않아요. 정치범은 주로 완전히 고립시켜 가두거나 아니면 변방 감옥 아무 데든지 분산시켜 가두니까요.

당연히 열악한 생활 여건 때문에 많은 정치범이 각종 질병에 시달리고 있습니다. 특히 영양실조나 이질 같은 병에 잘 걸려요. 설령 약품이 있다 해도 공급이 지극히 부족합니다. 심지어 우리는 SLORC 당국이 한 번 사용한 주사기를 소독도 하지 않은 채 여러 환자에게 돌려쓰고 있다는 증거를 갖고 있어요.

누구한테 들어봐도 제공되는 음식은 그 양이 적은데다가 초라하기 짝이 없습니다. 그래서 가족들이 사식을 넣어주려고 해도 가족의 방문조차 허락되는 경우가 드물어요. 최근 몇 달 새 석방된 우리 NLD 당원들은 이구동성으로 '개들도 안 먹을 음식'이었다고 말하더라고요.

아웅 산 수 지 여사의 개인 비서인 우윈텡에 따르면, 저녁마다 달랑 야채 수프만 나왔대요. 그것도 야채에다가 양파만 조금 넣고 기름을 약간 둘러 만든 거였어요. 곡식은 하나도 없고 완전히 야채 천지인 겁니다. 줄기와 뿌리는 고사하고 심지어 흙까지 들어가 있어서, 글자 그대로 땅에서 뽑힌 다음에 곧장 접시에 옮겨 담긴 형국이었어요. 그래서 몇 번이나 씻은 다음에 흙이 거의 없어지면 먹었답니다.

모기장은 당연히 없어요. 정치범들은 종종 콘크리트 바닥 아니면 얇은 대나무 깔개 위에서 자게 되는데, 겨울철이나 우기 때도 담요 없이 이렇게 잔다는 건 끔찍한 일이지요. 화장실이래 봤자 감방에 붙어 있는 작은 변기가 전부고요. 감방 안에는 마실 물도 없어요. 개인마다 잠자는 공간이 너무 비좁은 것도 문제예요. 너비가 약 50센티미터에 길이가 165센티미터쯤 되는 독방에서 자야 합니다. 독방이 아니고 그보다 좀 더 넓은 감방에는 다섯 명에서 여덟 명까지 수감자들을 잔뜩 집어넣어요. 때때로 정치범들은 경찰견들이 지키는 감방에 들어가야 하는 경우도 있어요. 이름 하여 '처벌방'입니다. 가령 NLD의 한 지역구 대표가 한 달에 한 번씩 하는 정규 검사 때 소지품에서 약간의 현금이 발견된 거예요. 그 벌로 그는 발목 사슬에 묶인 채 두 달이나 처벌방으로 보내졌어요. 그러고는 매일같이 끌려 나와서 잔인한 매질을 당했지요. 단지 돈을 좀 몰래 가지고 들어왔다는 혐의로요. 지금도 몇몇 NLD 국회의원들이 처벌방에서 형을 살고 있어요. 그 선두주자가 NLD 당비서인 우윈띤(U Win Tin)이지요. 그는 우리한테 대단한 재목이라, 바로 그 이유 때문에 SLORC가 석방해주지 않아요. 내가 지금 말한 건 이 나라 정치범들의 현황에 대한 기초 설명일 뿐이지만, 문외한이 대강 이해하기엔 충분하다고 봅니다.

앨런 클레멘츠: 선생님은 감옥에 계시는 동안 '중노동'을 선고받았다고 들었습니다. 인센 감옥에 갇힌 수감자들에게 중노동이 실제로 무얼 뜻하는지 설명해주시겠어요?

우띤우: 중노동을 선고받은 건 맞지만, 내가 나이도 많고 건강도 나쁘니까 당국이 무리하게 시키지는 않았어요. 중노동은 인센 감옥뿐만 아니라 전국에 있는 SLORC의 모든 감옥에서 수감자들 사이에 흔히 있는 일이에요. '중노동'은 글자 그대로 무거운 노동이란 뜻이지요. 감옥에 있는

동안은 누구나 고된 일, 극도로 힘든 일을 해야 한다는 거예요. 이를테면 대부분 수감자는 채석장으로 보내지거나 도로 건설 또는 댐 건설 같은 SLORC의 건설 프로젝트에 투입됩니다. 채석장에 간 사람들은 날마다 이른 아침부터 밤늦게까지 온 종일 바위만 부수는 거예요. 점심은 없고, 아침과 저녁때 소량의 음식이 나올 뿐인데, 그마저 항상 나오는 건 아니지요. 어떤 날은 식사가 전혀 나오지 않는 경우도 있어요. 그들은 허리가 사슬에 묶이고 발목에는 강철로 된 차꼬를 차고 있습니다. 그런 상황에서 중노동에 시달리다가 기력이 다하거나 병에 걸리거나 굶주림으로 죽는 사람들이 많아요.

앨런 클레멘츠: 인센 감옥의 교도소장은 누구입니까?

우띤우: 정보국 장교로 있는 어떤 소령인데, 이름은 기억나지 않네요.

앨런 클레멘츠: 그자는 정보국장이자 SLORC의 제1비서인 킨윤 중장한테서 직접 명령을 받겠지요?

우띤우: 네.

앨런 클레멘츠: 아웅 산 수 지 여사가 노벨 평화상을 받았다는 건 어떻게 들으셨습니까? 또 그 사실이 선생님께 미친 영향은 무엇인가요?

우띤우: 아내가 면회 와서 알려주었어요. 그 소식을 듣자마자 엄청난 기쁨이 밀려오더군요. 남의 일 같지 않게 정말 기뻤어요. 아웅 산 수 지 여사는 진짜 탁월한 분이니까요.
아내가 면회를 올 때마다 매번 여러 명의 군사 정보부 요원들이 면회

실로 따라 들어와서 우리가 나누는 대화들을 속속들이 엿들었어요. 그
들은 우리가 만나는 것을 비디오로 찍고 녹음했지요. 그래서 아웅 산 수
지 여사가 노벨 평화상을 받았다는 걸 들었을 때, 나는 일부러 카메라를
향해 득의만만한 표정을 지으면서 웃어 보였어요.

그 상은 우리의 대의를 위해 앞으로 계속 투쟁해 나가는 데 필요한 용
기를 북돋아 준 셈입니다. 감옥에서 외롭던 차에 그 상이 하나의 길잡이
가 되었다고나 할까요? 세계가, 자유를 사랑하는 사람들이 우리의 상황
을 가까이서 지켜보고 있다는 걸 알았습니다. 새로운 동맹자들이 생겨
난 거지요.

앨런 클레멘츠: 선생님, 거의 6년에 걸친 수감생활을 마치고 석방되시던
때의 이야기를 들려주시겠습니까?

우띤우: 석방은 단계별로 이루어졌어요. 원래의 선고대로라면, 1992년 2
월 14일에 석방되게끔 되어 있었거든요. 그때가 다가올 즈음 석방을 기
다리고 있는데, 한 무리의 정보부 요원과 교도관들이 내 방으로 오더니
윗선에서 즉시 보자고 했다는 거예요. 내가 갇혀 있던 방으로 온 호위병
들은 석방되어서 좋겠다며 축하의 말을 건네더군요. 하지만 나는 눈곱만
큼도 좋은 기분이 아니었기에 이렇게 대꾸했지요. "동료가 여전히 감옥
에서 고통당하고 있는 한, 나 홀로 석방되는 게 하등 기쁠 턱이 없다"고
요. 그랬더니 조용하더군요. 그들은 나를 고위 관료 앞으로 데려갔습니다.
가는 길에 보니까 특수무장을 한 경호인들이 '차렷' 자세로 길게 줄지어
서 있는 거예요. 그게 이상해서 '아, 석방된다더니 다 사기로구나' 하고
깨달았지요. 드디어 계엄법정으로 들어가자 커다란 붉은 깃발이 사방에
펄럭이고 있었어요.

검찰 측에서 즉각 일어나 나에 대한 기소문을 읽어내려 갔는데, 그중

하나는 예전 죄목과 같았습니다. SLORC 장교가 "어떻게 답변하겠소?" 묻더군요. 나는 대답하기를, "무죄요. 더욱이 당신들이 이미 나에게 형(刑)을 선고했던 죄목들에 대해 이제 와서 다시금 기소할 수는 없는 법이요" 했지요. 그랬더니 장교가 정색하고 말합디다. "이곳은 계엄법정이란 말이요. 계엄법정에는 법이 없소이다. 이 법정은 어떤 결정이든지 적합하다고 여겨지면 무조건 집행할 수 있소." 그러고는 다시금 7년형을 선고합디다.

그로부터 3년이 지난 1995년 3월 27일, SLORC는 내가 '국가 안보'를 저해할 아무 짓도 하지 않는다는 조건하에 나를 풀어줬어요. 트럭으로 집까지 태워다주었지요. 그 즉시 나는 민주화 투쟁을 계속하기 위한 계획에 돌입했습니다. 아웅 산 수 지 여사가 석방되는 것도 시간문제였거든요. 그래서…… 결국 우리가 여기에 다시 모인 겁니다. 우리는 그 어느 때보다 훨씬 더 강해지고 더 단단히 연합되어 있지요.

앨런 클레멘츠: 선생님은 SLORC에 의해 '공공의 적 1호'로 찍히셨습니다. 당국은 어째서 선생님의 동료, 그러니까 수 여사와 우지멍 선생님보다 특별히 선생님을 더 싫어할까요?

우띤우: 왜냐하면 나는 한때 참모총장이었거든요. 그래서 군인들 모두가 나의 행위를 배신으로 간주하는 겁니다. 그들은 나의 충성과 헌신이 국민에 대한 것이지 군대에 대한 게 아니라는 걸 이해하지 못합니다. 앞서도 말했지만 훌륭한 군대는 국민을 부모처럼 여기지 노예로 보지 않아요. 군대는 공공의 적이 아니라 친구가 되어야 합니다.

앨런 클레멘츠: 마틴 루터 킹은 평등을 위해 투쟁하면서 이런 말로 흑인들을 독려했습니다. "우리의 목표가 백인을 이기거나 모욕을 주는 것이어

서는 안 된다. 오히려 백인의 우정과 이해를 얻는 것이어야 한다." NLD의 지도자로서 SLORC의 우정을 얻기 위한 선생님의 방책은 무엇입니까? SLORC 정권은 NLD를 모욕하고 파괴하려고 작정하며 덤비는 데 말입니다.

우띤우: 때로는 한때의 적이 최고의 친구가 되기도 하지요. 그런 믿음에 근거해서 우리는 끊임없이 SLORC에게 대화와 화해를 촉구합니다. 나는 SLORC가 파괴되는 걸 원치 않아요. 그저 그들이 국민의 삶을 짓밟고 우리가 사랑하는 조국을 무너뜨리는 짓을 그만두기를 바랄 뿐이에요. 아주 간단합니다. 또 불교인으로서 나는 친절과 자비가 SLORC의 공감을 얻어낼 최선의 방법이라는 것도 굳건히 믿고 있어요.

이것이 바로 아웅 산 수 지 여사가 우리의 민주화 운동을 일컬어 '정신혁명'이라고 부르는 까닭입니다. 우리는 모두 그야말로 정신의 변화를 이루어내야 합니다. 정신이 성숙해야 합니다.

앨런 클레멘츠: 최소한의 도덕심도 없는 사람은 남에게 해를 가하고도 수치심을 느끼지 않습니다. 우리가 어떻게 해야 그런 억압자의 마음에 수치심을 심어줄 수 있을까요?

우띤우: 아주 솔직하게 말하면 SLORC의 장군들이 딱 열흘 동안만 무기를 전부 내려놓고 훌륭한 '사야도(Sayadaw: 선사 또는 큰 스님)' 밑에서 위빠사나 명상 수행을 해야 한다고 생각해요. 그들의 명상이 순조롭게 발전해 나간다면 그들 스스로 무한정 수행을 연장하고 싶어 할 거예요. 그러면 온 나라가 그들의 고결한 행위에 박수를 보낼 겁니다. 명상 수행을 하게 되면 다른 누구의 도움도 필요 없이 그들의 진정한 내면상태가 그들에게, 또 그들에 의해 드러나게 됩니다. 모든 버마인은 이 말을 이해하지요.

SLORC는 이런 식으로 '메타(자비)'를 키워나갈 수 있습니다.

앨런 클레멘츠: 그런데 만약 그들이 하지 않으면요?

우띤우: 내 생각에는 국민의 의지와 힘을 통해 조만간 그들의 태도가 변화될 거라고 봅니다. 국민이 민주주의를 원하고 또 기꺼이 민주주의를 성취하겠다는 확신이 충분하다면, 어떤 권력도 국민을 막을 수 없지요. 무기나 탄압으로도 안 됩니다. 그러니까 결국에는 국민의 압력과 결단이 마침내 SLORC로 하여금 자신들의 잘못을 깨닫게 할 거예요. 왜냐하면 그들이 국민을 억압할 수 있는 것은 오로지 전혀 예상치 못한 곳에서 진실이 싹트기 전까지만 가능하기 때문이지요. 그것은 마치 대나무 줄기를 자른다고 해서 대나무 전체를 제거하지 못하는 이치와 비슷합니다. 자를수록 가지가 더 많이 생겨서 더 넓게 퍼져 나가는 겁니다.

앨런 클레멘츠: SLORC가 구제받을 가망성이 있다고 보십니까?

우띤우: 아니오. ……현재로서는 전혀 없어요. 하지만 내일 일은 장담할 수 없지요. 그들은 항상 자기 입장을 바꾸니까요. 과거에는 무장한 소수민족들을 적으로 간주하더니 이내 친구라 부릅니다. 또 언젠가는 쿤사(Khun Sa)를 적이라 하더니 그와 축배를 들이킵니다. NLD하고도 똑같은 일이 일어나지 말란 법이 없지요. 여태까지는 NLD가 섬멸되고 분쇄되어야 할 전복 기관이었지만, 내일은 자기들의 친구라고 여길지도 몰라요. 그것도 가장 친한 친구요.

그러니까 그들은 변할 가능성이 있는 겁니다. 그렇게 되면 그들에게서 어떤 구제 가능한 면을 볼 수도 있겠지요. 그러나 나는 여전히 그들이 먼저 명상부터 해야 한다고 생각합니다. 그것이 변화의 과정을 앞당길 거예요. 국민의 고통을 생각하면 빠를수록 좋지요.

앨런 클레멘츠: NLD가 이끄는 민주정부가 수립된다면, 거기서도 SLORC 가 맡을 역할이 있다고 보십니까?

우띤우: 네. 그렇지만 반드시 그들의 진정성이 입증되어야 합니다. 나는 이 점을 강조하는데, 그들이 자신들의 행동과 태도를 많이 바로잡았다는 걸 보여주어야 한다는 거예요. 만약 그런 게 보인다면, 물론입니다, 그들 은 미래의 버마 민주정부 아래서 한 자리를 차지할 수 있을 겁니다. 하지 만 모든 민주주의 체제가 그렇듯이, 군대라는 자리는 명예롭고 위엄이 있어야 하지요. 군대는 시민의 지도력에 의해 통치를 받는 국민의 '종'이 되어 국가의 안보를 수호할 고귀한 기구로서만 이용될 겁니다.

앨런 클레멘츠: 네윈이 아직도 군부를 지휘합니까? 네윈이 SLORC를 좌지 우지하는 실세인가요?

우띤우: 그렇게 생각하는 사람들이 꽤 있습디다.

앨런 클레멘츠: 어떻게 85세나 된 사람이 호숫가 저택에 살면서 21명의 SLORC 장군들과 40만 군인들을 지휘할 수 있단 말인가요?

우띤우: 그가 SLORC를 지휘하고 있다는 확실한 증거는 없어요. 그러나 SLORC의 많은 사람이 그에게 충성심을 느끼는 건 당연합니다. 그들을 지금의 자리로 이끈 게 바로 네윈이니까요.

앨런 클레멘츠: 선생님과 수 여사 그리고 우지멍 선생님을 석방한 것이

SLORC에게는 어떤 이익이 있나요?

우띤우: 나는 그들의 계산착오였다고 봐요. 우리를 투옥함으로써 그들은 NLD를 효과적으로 붕괴시켰다고 생각했을 겁니다. 투옥이 우리를 약화시키거나 붕괴시키기보다는 오히려 우리의 연합을 더 강화시켰다는 개념이 그들에게는 아예 없는 것 같아요.

앨런 클레멘츠: 선생님은 아웅 산 수 지 여사의 가장 가까운 동료이자 친구 중 한 분이십니다. 어쩌다가 그리되셨는지 여쭈어봐도 될는지요? 요컨대 선생님은 버마의 독재자 네윈 아래서 2년간 군 전체를 통솔하던 장군이셨다 이겁니다. 네윈으로 말하면 30년이 넘도록 인권의 전 영역을 무자비하게 탄압하던 전체주의 정권의 수뇌였고요. 그런데 군에서 해고된 뒤 선생님은 돌연 비폭력 민주화 운동을 이끈 공로로 노벨 평화상을 받은 아웅 산 수 지 여사 편에 서 계십니다. 그래서 드리는 질문이에요. 한때 독재자의 오른팔이 지금은 '버마의 간디'인 아웅 산 수 지 여사의 동료라는 게 신기해서요. 그건 그야말로 일대 변혁이 아니겠어요? 그러니 어떻게 해서 그러한 변화가 일어났는지, 내적 과정을 설명해주시겠어요?

우띤우: 사람이 가혹한 탄압을 받으면서 9년 동안이나 독방에 갇혀 있다 보면 생각할 시간이 아주 많아요. 인간성에서 최악의 면을 알게 되니까 최선의 면도 발견할 수 있다는 확신이 들더군요. 나는 양쪽 면을 다 봤어요. 빛과 어둠 말이에요. 나 자신한테서도 보았지요. 위빠사나 명상 수행을 통해 내 마음을 들여다보다가 문득 깨달은 거예요. 나도 자애심과 동정심을 개발할 수 있겠구나 하고. 만약 내가 할 수 있다면 다른 사람들도 할 수 있을 거라는 굉장한 희망이 생겨났어요. 나 자신이 인식할 수 없을 만큼 깊은 수준의 무지로 인해 눈이 멀었던 터라, 심각하게 미혹된 다른

사람들을 보면 더 공감이 가는 것 같아요. 그러니까 진실로 내가 '메타'를 깨닫게 된 건, 순전히 감옥에서 보낸 긴 세월과 수도승으로 지낸 시간 덕분이지요.

앨런 클레멘츠: 어려운 질문을 드리겠는데, 혹시 선생님의 진정성을 의심하는 사람들이 있나요? 많은 선량한 사람들이 독재자 네윈에게서 등을 돌린 이후에도 선생님은 여러 해 동안 그자 곁에 머물러 계셨기에 드리는 질문입니다. 선생님은 내면적으로도 완전히 청산했다고 느끼시는지요? 한 번도 의심해본 적은 없으신가요?

우띤우: 네, 전혀 의심하지 않아요. 물론 내가 독재자와 수년간 함께 지내다가 이제는 민주화 운동을 하고 있으니, 나의 진정성을 의심하는 사람들이 있을지도 모른다는 게 하등 이상할 것도 없지요. 하지만 내가 전향한 진짜 이유를 깨닫는다면 의심이고 뭐고 하게 되지 않을 거예요. 문제는 그게 외부인에게는 보이지 않을뿐더러 의심하는 자리에 선 당사자에게는 이해될 수도 없다는 점이지요. 방금 당신한테 설명한 것 같은 그런 부분 말이에요. 독방에 갇히는 경험은 사람들이 흔히 말하듯 '영혼을 찾는' 효과적인 방법이라는 식으로 과소평가되면 안 된다고 봅니다.

앨런 클레멘츠: 이 문제로 자꾸 괴롭히는 것 같아 송구스럽습니다만, 어떻게 그리고 왜 그토록 여러 해를 독재 체제와 함께하셨는지 알고 싶습니다. 선생님은 명령이 하달될 때마다 무고한 시민을 죽인 군대의 장군이셨고, 게다가 최고 명령권자의 일부이셨지 않습니까?

우띤우: 의무감 때문에 머문 거예요. 1974년에 총사령관으로 임명될 당시, 내 의도는 4년만 봉직하고 그 이후에는 직위에서 물러나는 거였어요. 헌

데 정부가 먼저 나를 쳤어요. 내 인기가 너무 높으니까 나를 감옥으로 보낸 거지요. 문제가 생길 때마다 토론을 통해 문제를 해결하려고 노력하는 대신에 국민을 체포하고 탄압하고 때로는 죽이거나 대량학살을 하는 정책을 채택하는 행정부와 더 이상 관계를 지속하고 싶지 않았어요. 안보수석으로서 나는 국민을 향해 발포하고 총격을 가해야 했어요. 이런게 국가 정책이라는 거예요. 맹목적으로 그 정책을 따랐던 거지요.

앨런 클레멘츠: 어떤 경위로 그 정권과 최종적으로 관계 단절을 하시게 되셨나요?

우띤우: 랭군에서 우딴(U Thant)*의 장례식이 있던 어간이었어요. 그 행사를 거창하게 치르는 걸 정부가 막았지요. 대학생들이 독자적으로 그 일을 하면서 "우띤우 만세!"라고 외친 거예요. 그때부터 눈 밖에 나서 추락하기 시작했어요. 그러다가 급기야 1976년 3월에 내 아내가 뇌물을 받았다는 이유로 해고되었지요.

앨런 클레멘츠: 부인께 뇌물 혐의가 있었다는 게 무슨 말씀이신가요?

우띤우: 날조된 죄목이지만, 아주 약간의 사실도 포함되어 있기는 해요. 나는 여러 나라에 주둔하고 있는 버마 대사관 소속 군 무관들한테 사랑을 많이 받았어요. 그들이 버마를 방문할 때면 아내에게 자주 선물을 보내곤 했는데, 정책이 정책이니만큼 아내는 그걸 절대로 받지 않았지요.

---

* 우딴(U Thant, 1909~1974)은 네루 상을 수상한(1965) 저명한 버마의 정치가다. 1947년에 반(反)파시스트 버마인민자유연맹(BAFPFL)의 교육선전부장으로 일하다가 아웅 산 장군의 권유로 정부에 들어가 정보성 총리부에서 일했다. 1948년 버마의 독립 후에는 주미대사, 유엔대사로 활약하였고, 1962년에 유엔사무총장이 되었다. 1974년 뉴욕에서 암으로 사망한 후 시신이 랭군으로 옮겨져 안장되었다. ─옮긴이

그런데 한 번은 아내가 어떤 군 무관한테서 약값으로 10파운드를 받은 거예요. 알다시피 죽은 우리 애가 선천적으로 심장병이 있었잖아요. 그래서 아내가 영국에 있을 때 약을 사려고 그 돈을 받은 모양이에요. 그 약은 랭군에서는 살 수 없거든요. 물론 그 사건은 나를 직위 해제시키기 위한 구실이었어요. 헌데 일이 점점 더 고약하게 흘러갑디다. 2주 후에 열린 국회에서 내가 '경제적 범법행위'로 재판에 회부되었다고 공표된 거예요. 국회 전체가 충격에 빠졌지요. 그 소식에 나 역시 충격을 받았으니까요. 그러고는 두어 달 후에 투옥되었습니다.

앨런 클레멘츠: 선생님은 본인 스스로 겪으신 대단히 힘든 심리적 과정을 SLORC에게도 똑같이 겪으라고 요구하십니다. 그 일이 어떻게 이루어질 수 있을까요?

우띤우: 앞서도 말했듯이 하나는 종교예요. 내 경우에는 불교입니다만, 종교에 귀의하는 것이고, 다른 하나는 신앙을 실천하는 것으로 생각합니다. 어떠한 내적 장애를 극복하는 최고의 방편은 스스로 '사티(sati),' 곧 마음챙김 또는 알아차림 명상을 훈련하는 게 아닐까요? 그런 수행이 사람의 어두운 면에 빛을 밝혀줍니다.

나는 힘든 길을 가야만 했어요. 감옥 안에서 나 자신과 대면해야 했으니까요. 독방에서는 외로움으로부터 도망칠 수 없어요. 아무리 발버둥 친들 갈 데가 있어야지요. 만약에 내가 나 자신에게서 잘못, 이를테면 '맹목적인 순종'이라는 잘못을 보게 된 것처럼, SLORC 당원들도 그러고 싶다면 먼저 변화를 원해야 합니다. 강제로 변하는 것보다는 스스로 변화를 시도하는 것이 항상 더 낫지요. 하지만 그들이 자신들의 행보에서 참된 변화를 보여줄 때까지 NLD에 속한 우리는 민주주의를 가르치기 위해 할 수 있는 모든 방법을 계속 실천해 나갈 겁니다.

앨런 클레멘츠: 선생님의 여러 친구분들이 선생님에게서 가장 존경스러운 점으로 진실함, 친절함, 용기를 꼽더군요. 이러한 미덕은 어떻게 계발되나요? 특히 사람이 거짓되지 않고 언제나 참될 수 있는 능력, 곧 진정성의 자질은 어떻게 키울 수 있을까요?

우띤우: 글쎄요, 그와 같은 자질들이 어디서 비롯되는지는 나의 이해력을 넘어서는 문제이고요. 나한테 중요한 건 그런 자질들이 있다는 것, 또 그렇기 때문에 그것을 발현할 최적의 장소는 바로 이 순간 지금 여기라는 사실이에요. 당신도 틀림없이 알겠지만 이건 부처님이 가르치신 기본이지요. '에히파시코(*ehipasiko*: 와서 보면 알 수 있다고 하는 것 – 옮긴이)'는 만인을 위한 부처님의 초대예요. 지금 나타난 그대로의 진리를 탐구하는 게 얼마나 가치 있는 일인지, 몸소 와서 보라고 부르는 겁니다. 그래서 나는 과거에 대해 그다지 염려하지 않아요. 그리고 진정성에 관해서는 아주 간단한데, 그냥 진실하면 그만이라는 생각이에요. 할 수 있는 한 진실해지는 거지요. 그게 전부예요. 나에게 진정성이란 자기가 맺는 관계와 사람들을 대하는 방식에서 솔직하고 개방적인 것을 의미합니다. 진정성은 또 남과 공감할 줄 알고 가엾게 여길 줄 알도록 노력해야 한다는 뜻도 담고 있어요. 만일 누군가에게 나쁜 짓을 하려고 한다면, 그 행위가 자기 자신에게 가해졌을 때 느낌이 어떨지를 고려해보는 거예요. 자기 생각만 하던 버릇을 줄여나갈수록 남한테 더 많이 진실해질 수 있지요. 아주 간단해요.

앨런 클레멘츠: 그런데 어떻게 전체주의가 진실하지 않은 것이 습관화되도록 인간의 본성을 왜곡시키는 걸까요?

우띤우: 전체주의는 공포와 테러, 폭력을 기반으로 한 시스템이에요. 그런 시스템 아래서 오랫동안 살다 보면, 사람이 자기도 모르게 시스템의

일부가 되어버리지요. 두려움이 은밀히 파고드는 거예요. 그렇게 되면 사람은 쉽게 그리고 너무나 자주 무의식적으로 두려움을 삶의 방식이자 존재의 방식으로 받아들여서 거기에 적응해 갑니다. 아웅 산 수 지 여사가 말했듯이 "두려움이 습관이 되는" 거지요. 물론 나는 명상 수행자로서 습관도 여러 가지 방법으로 깰 수 있다는 걸 알아요. 가령 사람이 진실하지 못하고 자꾸 거짓으로 행하는 습관을 깨는 가장 좋은 방법은 진실한 사람들과 사귀는 거예요. 진실한 사람들을 가까이할 수 없다면 멀리서나마 그들의 말을 경청해야 합니다. 그들의 말을 들을 수도 없다면 진실한 사람들이 쓴 글을 읽기라도 해야 해요. 하지만 무엇보다도 진실해지기 위해서는 최소한 진실하고 싶다는 마음의 원(願)이 있어야 합니다. 그것만 있다면 진정성의 꽃이 조금씩 피어날 거예요.

앨런 클레멘츠: 선생님으로 하여금 54세의 적지 않은 연세에 불교 승이 되어 선원(禪院)에 들어가도록 촉발시킨 계기는 무엇이었나요?

우띠우: 1976년에서 1981년까지 첫 번째 감옥생활을 할 무렵, 내가 있던 감옥의 상황은 아주 참혹했어요. 때때로 내 처지를 생각할 때면 분하고 억울해서 참을 수 없었지요.

나는 처참한 마음 상태로 독방에 혼자 있었어요. 누구하고도 의논할 상대가 없었지요. 어떨 때는 속이 끓어 올라서 진짜 미칠 것 같았어요. 도대체 내 마음을 통제할 능력이 없더라고요. 그때는 명상에 대해 거의 몰랐던 시기예요. '담마'에 대한 믿음도 그다지 강하지 않았고요. 알다시피 나는 군인으로 훈련받은 사람이잖아요? 싸움질이나 하는 전투원이었다 이거예요.

독방에 갇혀 있자니 꼼짝없이 우리에 갇힌 성난 동물처럼 느껴지더군요. 게다가 군대에서 참모총장으로 있다가 해고된 다음에는 고작 몇 달치 급여만 받은 게 전부였어요. 연금도 끊겼어요. 내 이름은 버마 군대의 역사기록에서 제명되었고요. 봉직 당시의 사진들과 연설들은 모두 사라졌지요.

한 술 더 떠서 그들은 누구든지 나를 부를 때 그냥 '우띤우'라고 해야지 '장군'이라고 부르지 못하도록 명령을 내렸어요. 실제로 만약 누군가 나를 계급으로 부르면 처벌받게 되어 있었지요. 그러더니 급기야 BSPP당이 나를 악명 높은 범죄자로 묘사하면서 혹평하는 책을 출판하더라고요. 상황이 그렇게 긴박하게 돌아가는 와중에 아내 생각이 납디다. 수입 없이 생계를 꾸린다는 게 얼마나 힘든 일이겠어요? 감옥에서 이 모든 일을 겪자니 내면이 마치 압력솥 같은 거예요. 언제든지 폭발할 준비가 되어 있는 거지요. 갑자기 심각한 이질까지 겹치더라고요. 복통 때문에 배를 부여잡고 쓰러졌지요. 분노가 복통을 더 악화시킨 모양이에요. 헌데 분노에도 약이 없고 복통에도 약이 없으니 죽을 맛이었습니다. 감방 바닥에 털썩 주저앉아 있는데 금방이라도 눈물이 쏟아질 것 같더라고요.

그때 문득 내가 감옥에 들어오면서, 마하시 선사(Mahasi Sayadaw)께서 쓰신 위빠사나 명상에 관한 작은 책자를 가져왔다는 생각이 스친 거예요. 나는 그 책자를 찾아서 무작정 읽기 시작했어요. 마음챙김(mindfulness) 또는 순수한 주의집중(bare attention)에 관한 가르침들이 나와 있더군요. 선사께서는 모든 경험을 단순히 있는 그대로 알아차려야 한다고 말씀하셨어요. 그게 고통이면 '고통스럽구나' 하고 알아채고, 그게 기쁨이면 '기쁘구나' 하고 알아채면 된다는 거예요. 그래서 나도 바닥에 가부좌를 틀고 앉아 내 안에 있는 고통과 분노를 자각하기 시작했지요.

헌데 기적 같은 일이 일어난 거예요. 처음에는 한 10분쯤 지나자 분노와 고통이 심해지더라고요. 그 순간 '괜히 이 짓 했다가 고통만 더 키우는 거 아니야?' 하는 생각이 들더군요. 그래도 그냥 계속했어요. 아, 지금 내 속에서 이런 생각이 올라오는구나, 하고 알아채고는 넘어가는 거지요. 그런 식으로 한 시간쯤 흐르니까 정말 고통과 분노가 싹 사라지는 거예요. 내 기분이 어땠을지 상상이 가나요? 그렇게 해서 감옥에 친구 하나가 생긴 겁니다. 나 자신이라는 친구, 마음챙김이라는 친구 말이에요. 그래서 1981년, 감옥에서 나왔을 때 마하시 선원에서 계(戒)를 받고 스승의 지도 아래 본격적으로 명상을 배웠어요. 우리가 만난 게 그때였지요? 그러므로 사람이 자기 마음만 잘 챙긴다면 위기 때도 좋은 일이 생길 수 있답니다.

앨런 클레멘츠: 선원에 2년간 계시면서 선생님께서 배우신 건 뭐였나요?

우띤우: 무언가에 집착하면 삶이 아주 천박하고 매사에 두려워하게 된다는 거예요. 또 '메타(자비)' 혹은 자애심의 가치를 배웠지요. 우리 모두 어느 정도는 무언가에 집착하면서 살고 있는데, '메타'를 깨우치면 인생 여정이 좀 쉬워진다는 것을요.

앨런 클레멘츠: 참 멋진 말씀이십니다. ……그 부분에 대해 좀 더 하실 말씀이 있을 것 같은데요?

우띤우: 불교는 아주 민주적인 것 같아요. 그렇지 않나요? 특히 안거(安居: rains retreat)* 해제 때 하는 '파와라나(*Pavarana*: 자자[自恣])**' 의식에서 '상가

---

* 불가의 안거(安居) 풍습은 인도의 기후와 연관이 있다. 인도의 기후는 건기, 우기, 겨울로 나뉘는데, 특히 몬순의 영향으로 6월에서 8월까지 약 3개월 동안은 비가 많이 내려서 거리 왕래가 어렵게 된다. 그뿐만 아니라 찌는 듯한 더위가 이어지다가 비가 내리면 숲 속의 생명체들이 활발히 자라기도 하고 왕성히 돌아다니기도 하는 까닭에 혹시 수행자들이 돌아다니다 그 생명을 해칠 염려가 있다고 하여, 이 기간만큼은 외부로 나가지 않고 일정한 장소에 모여 공부와 명상에 전념하는 전통을 만들었다. '안거'를 의미하는 팔리어는 'vassa'인데, 그 자체가 '비'를 의미한다. 이 안거의 풍습은 또한 재가 신자나 왕족들이 자신의 건물이나 토지를 봉헌하여 안거 장소를 제공하는 관행으로 이어져, 사원이 출현하는 계기가 되기도 했다. 안거가 시작되는 것을 '결제', 마치

(*Sangha*: 승가)'의 구성원들이 서로 터놓고 이야기하며 각자 자기 실수를 고백하고 참회하는 걸 보면, 대단히 민주적이라는 생각이 들어요. 군대에서는 권위에 복종하는 법을 배우지요. 반면에 수행자는 진리에 순종하는 법을 배워요. 수행자들은 서로 간에 대화하면서 각자의 실수를 공개적으로 인정하고, 의견이 다르더라도 공손하게 아주 품위 있는 방식으로 풀어나가지요.

앨런 클레멘츠: 버마에서 '상가'가 민주화 투쟁을 지지하는 데서 좀 더 활발한 역할을 할 수 있으리라는 견해에 대해서는 어떻게 보십니까?

우띤우: '상가'는 자기들을 따르는 신도들의 건강과 행복에 대하여 책임이 있습니다. 사람들이 너무 가난하거나 불행하거나 또는 육체적 · 정신적으로 고통을 겪고 있는 상황에서는 '상가'가 그런 현실을 폭로하고 또 그런 상황에 부닥친 신도들을 변호할 의무가 있는 거지요. '상가'에 몸을 담은 수행자라고 해서 현재 일어나고 있는 일들을 묵과하면 안 됩니다. 건강과 행복, 말하자면 육체적인 편안함과 정신적인 평온함을 가져오는 데 필요한 일은 무엇이든지 행하도록 촉구해야 합니다. 버마에서 민주주의가 성취되어야 한다면 모든 사람이 그 일에 협력할 의무가 있는 거예요. 비구와 비구니도 예외는 아니지요. 모두가 제 몫을 감당할 수 있어요. 큰일을 해야 한다는 게 아니에요. 작은 일이나마 여럿이 힘을 모으면 큰 차이를 만들어낼 수 있다는 겁니다. 우리 국민에게 바라는 건 바로 이

는 것을 '해제'라 한다. 또 여름 석 달 동안의 안거는 '하안거(夏安居)', 겨울 석 달 동안의 안거는 '동안거'(冬安居)'라 부른다. ─옮긴이

** 글자 그대로 '책망에의 초대' 혹은 '책망받기 위하여 남을 초대한다'는 의미가 있는 '파와라나' 의식은 우리말로 '자자(自恣)'라고 옮기며, 하안거가 끝나는 마지막 날, 그동안 지은 죄를 고백하고 참회하는 행사를 말한다. ─옮긴이

거예요.

앨런 클레멘츠: 아, 그게 특별히 주말마다 군중에게 하시는 말씀이로군요?

우띤우: 우리는 온 국민이 당하는 '억압과 불행'에 대해 말합니다. 사람들이 두려움에 사로잡힌 나머지, 하고 싶은 말도 제대로 못 하고, 하고 싶은 일도 제대로 못 하는 건 부처님의 가르침에 따르는 것이 아니지요. 사람들이 두려움 때문에 너무나 억눌려 있는 것은 부처님의 가르침에 반(反)하는 행태입니다.

부처님은 우리더러 두려움에 맞서라고 가르치셨어요. 여러 가지 방법으로 맞설 수 있지요. 첫 번째 방법은 '노(no)'라고 말하는 거예요. "아니다. 나는 두려움에 지배받지 않겠다." 그러고 나서는 '예스(yes)'라고 말합니다. "그렇다. 나는 내 나라에서 민주주의를 이룩하는 데 내 몫을 감당하겠다." 두려움을 없애는 게 습관이 되어야 합니다.

앨런 클레멘츠: 그런 맥락에서 아웅 산 수 지 여사가 민주화 운동을 정신혁명이라 부르신 모양입니다. 여사의 말씀에 따르면, "강력한 민주주의 기관들이 국가 주도형 권력에 대항하는 보증인으로 확고하게 세워져 있는 국가를 세우려면, 국민이 먼저 자기 자신의 정신을 무감각과 두려움에서 해방하는 법을 배워야 한다"고 하십니다. 선생님께 여쭙고 싶습니다. 전투에 참가하셨고 죽음을 지켜보셨고 적을 죽이기도 하셨고 또 수차례 몸소 부상도 당하신 분으로서, 게다가 투옥 중에는 열악한 생활 조건 아래 비인간적인 대우도 받으셨는데, 오랜 기간 불교 명상을 수행하는 것 말고 우리가 "자기 자신의 정신을 무감각과 두려움에서 해방하는 법"을 어떻게 배울 수 있을까요?

우띤우: 내가 말하는 게 지나친 단순화라고 생각할 수도 있겠지만, 두려움을 극복하기 위해서는 두려움을 무릅쓰고 행동해야 한다는 게 내 신념이에요. 그냥 저지르고 보는 거예요. 그러고는 결과를 맞이하는 겁니다. 어떤 게 옳다는 걸 알면 무조건 하고 보는 거예요. 용감하게 자꾸 해보면 해볼수록 점점 더 습관이 됩니다. 마음챙김 명상을 하는 것도 그래요. 먼저 마음을 집중하려고 노력해야 합니다. 그렇게 자꾸 집중하려고 노력하다 보면 나중에는 자연스럽게 이루어져요. 일부러 노력하지 않아도 습관이 된다는 말씀이지요.

앨런 클레멘츠: 선생님, 버마의 격변하는 정치판을 떠나 조용하고 평화로운 도량에서 수행자로 살던 삶으로 돌아가고 싶다고 느낀 적은 없으신가요? 무엇 때문에 선생님은 계속 투쟁하고 계신 건가요?

우띤우: 나는 절대로 물러서지 않을 거예요. 물러선다면 겁쟁이로 느껴질 테니까요. 무엇 때문에 계속 싸우느냐고요? 자유를 향한 사랑 때문이지요. 삶에서 중요한 게 그것 말고 또 뭐가 있겠어요?

앨런 클레멘츠: 선생님은 전투 중에 사람을 죽인 적도 있고, 휘하에 있는 수만 명의 군인에게 적을 섬멸하라는 명령을 내린 적도 있으십니다. 그랬다가 지금은 민주화 투쟁의 정치적 책략으로서만이 아니라 삶의 방식과 존재 방식으로도 완전히 비폭력을 옹호하는 입장에 서 계십니다. 단도직입적으로 여쭙겠습니다. 선생님은 어떻게 비폭력에 헌신하게 되셨나요?

우띤우: 나는 본래부터 잔인하거나 폭력을 즐기는 사람이 아닙니다. 싸우고 죽이기는 했지만, 그건 군인으로서의 의무 때문이었지요. 사실 나는

적을 다룰 때도 존중하는 마음으로 했어요. 무력한 상황에 놓인 포로나 적들에게 먹을 것을 주었고, 마치 우리 쪽 사람인 것처럼 선대했어요. 나는 인간이면 마땅히 자비심을 보이고 폭력성을 싫어해야 한다고 믿어요. 나로서는 비폭력이 인생철학인데, 그 뿌리에는 아무에게도 해를 끼치지 말자는 것과 연민의 마음이 놓여 있지요.

평화로운 방법으로 충분히 목표를 달성할 수 있는데도 굳이 사람들을 해치는 이유가 뭐랍니까? 그렇게 폭력을 쓰면 목표 달성이 더 오래 걸릴 텐데요. 하지만 해를 끼치지 않고 살면 그 인생이 존엄하게 남아요. 비폭력을 통해서는 결코 패배란 있을 수 없지요. 왜냐하면 불교도로서 나는 자기 자신이 곧 자기 원수이거나 친구라고 굳건히 믿기 때문이에요. 이건 아주 불교적인 생각인데, 모든 게 마음에서 생겨난다는 겁니다.

나는 죽기 전에 이 땅에서 민주주의가 이룩되는 걸 보고 싶어요. 우리 국민도 죽기 전에 민주주의를 보았으면 좋겠어요. 그러나 비폭력이 아닌 다른 어떤 수단으로 민주주의를 성취하는 건 내가 바라는 민주주의가 아니에요. 감옥에서 예수님 말씀을 조금 읽었을 때도, 이내 그분이 대단히 불교적이라는 생각이 들더군요. 예수님은 세상에서 사랑이 가장 위대한 힘이라는 걸 아주 잘 아신 분이에요. 나 역시 '눈에는 눈, 이에는 이' 식으로 구식 사고를 하는 인간이 아니고요. 내가 보기에는 그건 좀 미개한 방법 같아요.

앨런 클레멘츠: 선생님은 SLORC와 진정한 화해를 추구하십니다. 이건 그들의 잔학행위를 용서하겠다는 뜻이나 마찬가지인데요. 사람이 자기를 억압했던 자를 용서하는 법은 어떻게 배울 수 있을까요? 또한 진정한 용서를 하기 위해서는 모종의 정의가 필요한 게 아닌지요?

우띤우: 이 문제에 관해서라면 남의 입장을 대변할 수 없네요. 나는 국민

에게 SLORC를 용서하자거나 당국을 용서하자고, 그들의 잔학행위를 용서하자고 말할 처지가 아닙니다. 그렇게 말한다면 나는 정직한 사람이 아니라 거짓말을 하는 게 되겠지요. 왜냐하면 우리나라의 많은 사람이 이미 고통을 당해왔고, 더 많은 사람에게 매일매일 고통이 지속되고 있으니까요. 그러므로 이 시점에서는 SLORC를 용서하는 게 사안이 아닙니다. 오히려 필요한 건 연민이지요. SLORC가 국민에게 연민을 느껴야 합니다. 만약 그들이 연민을 느낄 수 있다면, 그들은 자신들의 잔혹 행위가 국민을 대단히 아프게 하고 있다는 걸 보게 될 거예요.

이제 다른 측면에서도 살펴봐야겠네요. 연민과 용서는 아주 다르지요. 용서하기 위해서는 용기가 필요합니다. 보복도 하지 말아야 하고, 자기를 짓밟은 사람을 향해 분노를 품어서도 안 돼요. 그러지 않고서는 용서할 수 없거든요. 누군가를 해치고 싶어 하면서 동시에 그 사람을 용서할 수는 없는 법이지요. 그래서 연민이 더 중요하다고 말하는 거예요. 버마에는 화나고 상처입고 당국을 좋아하지 않는 사람들이 많이 있기 때문이에요. 물론 충분히 이해할만한 일이지요. 하지만 나는 국민에게 이런 말을 하고 싶군요. 만일 우리가 그들에게 연민이 있다면, 그들이 우리가 진정으로 자기들에게 해를 입히고 싶어 하지 않는다는 걸 깨달을 때까지 계속해서 투쟁하는 데 부끄럽지 않을 거라고요. 그러나 국민에게 SLORC를 용서하라고 말하는 건 용서에 필수적인 단계를 건너뛰는 거예요. 지금 필요한 건 연민입니다.

앨런 클레멘츠: 이 시점에서 SLORC를 충동질하는 것은 결국 두려움입니다. 아마도 그것은, 만약 그들이 NLD에게 권력을 이양한다면, 국민이 보복할지 모른다는 두려움일 거예요. 선생님은 어떻게 그들이 지닌 두려움을 완화해서 SLORC의 신뢰를 얻을 수 있으시겠습니까? 그들 중에는 목숨을 잃을까 봐 두려워하는 사람도 틀림없이 있지 않겠어요?

우띤우: 그들 중에 목숨을 잃을까 봐 두려워하는 사람이 있다면 오히려 잘된 일이지요. 그들이 정말로 '느낄' 수 있다는 걸 나타내는 신호일 테니까요. 그들이 보려고만 하면, 자기네가 느끼는 이 '공포'가 그들 자신이 국민에게 조장한 그 '공포'와 정확히 일치한다는 걸 깨닫게 될 겁니다.

그들도 두려움이 얼마나 불쾌한지를 느낄 거예요. 두려움은 진짜 불쾌한 감정이에요. 그렇지요? 아무도 두려움 가운데 사는 걸 좋아할 사람은 없어요. 하지만 두려움을 다루는 건 각자에게 달린 문제예요. SLORC의 경우에는 무기를 내려놓고 잔학행위를 그만두라고 권하는 소리에 귀를 기울임으로써 자신들의 두려움을 다룰 수 있을 겁니다. 그렇게 되면 국민이 진짜 행복하겠지요. 그들의 두려움도 즉시 사라질 거고요. 그때 우리는 비로소 용서의 길로 들어서게 될 겁니다. 버마인들은 용서를 참 잘하는 민족이에요. 본인들 자신도 그걸 알지요.

그러나 그들이 먼저 우리가 자기네를 용서하고 싶은 마음이 들게끔 행동해야 해요. 일방적이어서는 안 되고, 또 그럴 수도 없지요. 그건 우리가 SLORC의 신뢰를 얻는 문제가 아니에요. 그들이 우리의 신뢰를 얻어야 합니다. 그들이 우리에게, 나라 전체에, 자기네가 용서받을 만하다는 걸 보여주어야 합니다.

앨런 클레멘츠: 그러면 선생님 자신은 민주화 투쟁의 지도자로서 SLORC 당국을 용서할 준비가 되어 있으신가요? 지금 당장? 무조건?

우띤우: 당국과 협상테이블에 앉아서 아무런 전제조건 없이, 분노의 감정 없이, 우리 입장을 절대적인 것으로 주장하거나 또 우리 견해만이 이 나라를 지금처럼 엉망진창인 상태에서 벗어나게 할 유일한 방도라고 주장하는 일 없이, 서로의 차이점에 대해 논의하는 것 말인가요? 그거라면 당연히 준비가 되어 있지요!

하지만 지금 이 시점에서는 SLORC를 용서할 수 있다고 말하지 못하겠어요. 이 부분은 그들이 얼마만큼 진정성을 보여주느냐에 달렸지요. 나는 가부좌를 틀고 앉았다고 도통한 척 말하지 못해요. 협상테이블에 앉았다고 그들을 용서한다고 말할 수도 없고요. 그래서 지금 가장 중요한 건 바로 진정성이라고 자꾸 강조하는 거예요. 물론 내가 SLORC를 해치고 싶지 않다고 말할 때는 진정성을 가지고 하는 말입니다. 그렇지만 나는 그들을 용서할 준비가 전혀 되어 있지 않아요. 용서할 수도 없고요. 아직은요! 내가 바라는 건…… 아까도 말했듯이 그들이 우리에게 용서받을만한 무언가를 보여야 한다는 거예요. 사실상 내 눈에는 호전성밖에 안 보이거든요. 탄압이 점점 더 심해질 뿐인걸요. 더군다나 내가 SLORC를 용서할 준비가 되어 있다고 말한들 그들이 믿지 않을 겁니다. 물론 그게 솔직한 말도 아니지만요.

앨런 클레멘츠: 선생님은 왜 SLORC가 선생님이나 다른 NLD 지도자들과 대화를 개시할 마음이 없다고 느끼시나요? 그건 그렇고, SLORC 말입니다. 그들이 과연 NLD와 대화를 개시하기나 할까요? 모든 정황을 고려해볼 때 그들이 원하는 건 NLD를 분쇄하는 거 아니겠어요?

우띤우: 그건 아주 간단해요. 당신이 잃고 싶지 않은 무엇, 예컨대 권력을 갖고 있다면 그 권력을 움켜쥔 채로 죽어서 죽음이 아니고서는 절대로 그걸 잃지 않거나, 아니면 권력이란 게 그 권력을 행사할 대상인 국민을 존경하지 않고서는 아무것도 아니라는 걸 깨닫기 전까지는 그 권력을 붙잡기 위해 필사적으로 매달리게 될 거예요. 그러니 이 모든 것의 핵심이 바로 '모하(*moha*: 어리석음)'라는 거지요. 다 헛된 망상일 뿐이에요. 진정한 권력은 무지가 아니라 연민에 뿌리를 두고 있어요. 민주주의처럼 '담마' 역시 인간의 복지를 우선순위로 하지요. 물론 두려움이 있으면 연민

의 감정이 위태롭게 됩니다. 따라서 SLORC가 조금이라도 자신들의 두려움을 덜어낼 때 우리와 대화하게 될 거라고 확신해요.

우리를 '분쇄'하기 위한 저들의 압력에 관해 말씀드리면, 누구도 진리를 '분쇄'할 수는 없는 법이지요. 그뿐만 아니라 그들이 인구 전체를 '분쇄'할 수도 없고요. 분명한 건 버마 국민이 민주주의를 원한다는 겁니다. 심지어 SLORC도 민주주의를 원한다고 말하고 있어요. 그렇다면 '분쇄'하는 일은 민주적이지 않은 거지요. 그렇지 않습니까? 서로 대화하는 게 민주적이고 서로 경청하는 게 민주적이지요. 민주주의는 서로서로 배우는 거예요. 그럼으로써 국민이 자라고, 국가가 번영하게 됩니다. 분쇄라니요? 그건 그야말로 '아담마(adhamma: 非法),' 즉 '담마'가 아닌 거예요. 말하자면 인간의 복지와 정반대되는 거지요.

앨런 클레멘츠: 83명의 모든 NLD 대표들이 SLORC가 엄청나게 홍보했던 국가회의에서 자리를 박차고 나가버렸습니다. SLORC의 그 파행적인 회의를 세계의 거의 모든 민주주의 국가들이 "엉터리, 민주적 절차의 터무니없는 패러디, 가짜, 환상적인 사기" 등등의 호의적이지 않은 용어들로 낙인 찍은 이유가 무엇인지 상세히 설명해주시겠어요?

우띤우: 다른 민주 국가들이 국가회의에 대해 그런 낙인을 찍은 건 적절하기는 하지만, 진실을 정확히 묘사하기에 충분할 정도로 파고든 건 아니에요. SLORC의 말과 행동을 보면, 그들이 정직하지 않다는 걸 알 수 있지요. 우선 1990년 총선이 끝나고, 그들은 합법적으로 선출된 국회에 권력을 이양하겠다는 약속을 지키지 않았어요. 우리 NLD의 압도적인 승리로 끝난 선거 결과를 무효로 한 건 물론이고요. 또 의석을 얻은 NLD 후보의 대다수를 감옥에 집어넣었지요. 그중 일부는 감옥에서 목숨을 잃었습니다. 게다가 그들은 간디 홀(Gandhi Hall)에서 NLD 전당대회가 열리

기 직전에 포고령을 발표했는데, 바로 그곳에서 우리는 그들에게 약속을 이행하고 국회를 소집하라고 촉구했지요. 이른바 '1990년 제1호 선언(Notification 1 /90)'으로 알려진 그 포고령은 국가회의의 목적과 관련하여 그들의 정책에 변화가 있음을 알린 것이었어요. 새로 정해진 SLORC의 목적이란 선출된 의원들에게 도움을 주겠다는 거예요. 아무도 그들의 도움 따위를 필요로 하지 않는데 말이에요. 요컨대 그건 그저 그들이 권력을 장악하려는 방편이었다 이겁니다. 당이 분해될 거라는 협박과 더불어 NLD 지도자들은 그 '1호 선언'의 내용을 받아들인다는 서면 동의서를 강제로 제출해야 했어요. 그래서 몇몇은 어쩔 수 없이 자진하여 해외 망명을 택했고, 남아 있던 당원 중 일부는 체포되어 각종 죄목으로 형을 선고받아 투옥되었던 거지요. 이때도 다시금 일부는 감옥살이하는 동안에 고문을 받았어요. 지금까지도 수많은 사람이 여전히 풀려나지 못한 채 갇혀 있고요. 그러니까 당신도 알 수 있듯이 SLORC의 국가회의는 이런 바탕 위에서 소집되었던 겁니다.

앨런 클레멘츠: 확실히 엉터리 그 이상이네요…….

우띤우: 현재 SLORC가 주도하는 국가회의의 구성을 보면 우스꽝스럽기 짝이 없어요. 엉터리도 그런 엉터리가 없다니까요. 그들이 '국가회의(national convention)'라 부르는 이 짓거리는 전혀 국가회의가 아닙니다. '국가'는 고사하고, '회의'일 수도 없지요. 이름만 달리 붙였을 뿐 저들의 계엄법정과 비슷합니다. 오직 한 가지 방식, 곧 SLORC의 방식만 통하는 거예요. 완전 불법(不法)인데다 민주주의 원칙과는 하등 무관하지요. 700명쯤 되는 대표들 가운데 적절한 절차에 따라 선출된 사람은 고작 100명 정도이고, 나머지는 모두 SLORC가 뽑은 사람들입니다. 의장은 SLORC 장군이 맡았어요. 회의를 감독할 자문위원들도 모두 SLORC가 지명했고

요. 392석을 차지해서 다수당이 된 NLD가 80명의 대표만 참가 허가를 받았다는 게 말이 됩니까? 그 회의에서는 여섯 가지 기본 원칙들을 논의하게 되어 있었는데, 그것들도 이미 사전에 조율이 다 끝난 사안이었어요. 말하자면 짜고 치는 고스톱인 거지요. 그중에서 가장 중요했던 사안은 군부가 나라를 이끄는 정치적 역할을 떠맡는다는 것이었어요. 민주주의에 대한 가장 노골적인 폭력이 자행된 거예요. 시민의 행정부를 무시한 채 영원히 완벽한 '무력 지배'의 주도권을 장악하겠다는 의도에서 이루어진 일이지요. 이 회의는 결국 민주주의의 베일 아래 전체주의의 음모를 숨기려는 시도였던 겁니다.

앨런 클레멘츠: 그런데 그 행보를 보면 일체 민주주의에 반대되는 쪽으로만 일을 벌여놓고는, 엄청 관대한 척, 다당제 민주주의를 추진하고 있다고 지겹도록 말하는 SLORC의 미사여구들은 다 뭐란 말인가요? 그들은 도대체 누구더러 들으라고 이런 말을 하는 걸까요?

우띤우: 내 말이 그 말입니다. 버마에 투자하고 싶어 할지도 모르는 해외 사업가들일까요? 아니면 단순한 자기기만일까요? 혹시 그들은 버마 국민이 민주주의를 원한다는 걸 알긴 아는데, 동시에 국민이 SLORC의 거짓말을 알아채지 못할 만큼 어리석다고 단정 짓는 건 아닐까요? 아니면 너무나 현실감각이 없기 때문에 전체주의를 정말 민주주의라고 착각하는 건 아닐까요? 이도 저도 아니면 그냥 순전히 오만해서 그런가요? 우리는 그들이 정말로 다당제 민주주의를 신봉하는지 아닌지 모릅니다. 그들의 속내를 안다는 건 불가능한 일이지요. 하지만 우리가 아는 바는, 또 당신도 알 수 있는 바는 그들의 말과 행동이 서로 일치하지 않는다는 사실입니다. 그러니 이러한 관찰로부터 누구나 그들이 위선자라는 걸 쉽게 알아챌 수 있는 거지요.

앨런 클레멘츠: 선생님은 이력이 참 화려하신데, 거기에 덧붙여 변호사 직함도 갖고 계십니다. 그래서 SLORC 당국에 의해 멋대로 체포되어 투옥당한 사람들을 지원하고 상담하기 위해 설립된 NLD 법률자문단을 이끌고 계신 것으로 압니다. 이와 관련하여 두 가지 질문을 드리고 싶은데요. 먼저 SLORC에 의해 임의 체포를 당한 최근의 보기를 몇 가지 소개해주시겠습니까? 그리고 SLORC 법정에서도 혹시 피고인들에게 어떤 권리가 보장되어 있는지요?

우띤우: 쉬운 질문이네요. 우선 나중 질문부터 답을 하면, 피고인들에게는 아무런 권리도 없습니다. 또 첫째 질문에 대해서는, 그래요, 수많은 임의 체포가 일어나고 있어요. 내가 재판받았던 이야기는 아까 했지요? 그게 SLORC가 생각하는 정의관이에요. '피고 기립 – 판사 입장 – 구형 선고 – 감옥 앞으로' 이걸로 끝이지요.

앨런 클레멘츠: 어느 곳에서나 모든 사람에게 무조건 다 똑같이 한다는 거네요?

우띤우: 그보다 더 험한 일도 일어나요. 재판 비슷한 걸 받아보지도 못한 채 감옥으로 직행하는 경우도 있으니까요. 오늘날 SLORC 치하의 버마는 무법지대라는 걸 아셔야 해요. 인권이란 게 없지요. 우리는 철저히 포위당했어요!

사람들이 아무 때고 무슨 이유에서든지 체포당할 수 있습니다. 늘 일어나는 일이에요. 아웅 산 수 지 여사의 모친 묘소에 헌화했다는 이유로 체포당합니다. 자기 집에서 아웅 산 수 지 여사가 나오는 비디오를 시청했다는 이유로 체포당합니다. SLORC가 시도 때도 없이 실시하는 '강제 노동' 일제 검거 때 SLORC에게 부역하기를 거절했다는 이유로 체포당하는 경우도 허다합니다. 그 사람들은 종종 사슬에 묶이고 수갑이 채워진 채 SLORC의 노예처럼 일하는 다른 사람들을 감시하도록 강요받기도 하지요. 이래서 아웅 산 수 지 여사께서 거듭 강조하여 말씀하시기를, "우리 국민 전체가 이 나라 안에 여전히 갇혀 있는 수인(囚人)이라는 걸 온 세상에 알려주세요"라고 호소하시는 겁니다. 여사께서 과장하시는 게 절대 아니에요. 나라 전체가 감옥 중의 감옥이지요.

앨런 클레멘츠: 임의 체포의 실제 보기를 몇 가지 들어주시겠습니까?

우띤우: 그러지요. 몇 가지만 간추려볼게요. 최근 우지상(U Kyi Sang)이라는 사람이 카렌족의 새해맞이 연례행사에서 인사말을 읽었습니다. 그 행사를 주관한 조직위원회 회장의 승인 아래 한 거예요. 이 인사말은 단순히 곧 다가올 새해에 대한 번영의 희구와 더불어 소원과 덕담을 표현한 거였지요. 헌데 그걸 읽었다는 이유로 체포되어서 판사 앞에 서보지도 못한 채 24시간 내내 구금당한 거예요. 소송이 판사한테 넘어갔을 때는 변호사를 세우는 것도 허락되지 않았고요. 그 지역 NLD 법률자문단의 거센 압력이 있은 뒤에야 변호사 상담이 허락되었습니다. 하지만 안타깝게도 우지상은 판결을 기다리던 중 1996년 5월에 구금상태에서 사망했어요.

또 다른 최근의 보기로는 어느 교사가 자기 집에서 친구들에게 〈미국의 소리〉와 〈BBC 방송〉을 청취하도록 놔뒀다는 이유로 잡힌 거예요. 그의 재판에서도 변호사 선임이 허락되지 않았고요. 그는 2년의 감옥행을 선고받았지요. 가족들은 당국이 너무나 협박을 심하게 하는 통에 감히 NLD 법률자문단과 접촉해서 상급 법원에 항소할 엄두도 내지 못했대요.

1996년 1월에는 이런 사건이 있었어요. 우땡툰(U Thein Tun)과 다른 두 명에 관한 거예요. 그들은 감옥에서 고문을 받아 죽음에 이르게 된 고(故)

우띤멍윈(U Tin Maung Win)의 가족들에게 애도의 시를 써서 보냈다는 혐의로 붙잡혔지요. 랭군 지역 NLD 법률자문단이 그 세 사람을 위해 이미 변호사들을 선임해놓았지만, 그들이 어디에 감금되어 있는지조차 파악할 수 없었어요. 당국은 변호인단의 모든 요청을 간단히 무시해버렸고요.

또 다른 큰 사건으로는 1995년 11월 말에 일어난 일을 들 수 있어요. NLD 집행부의 일원인 우윈띤(U Win Tin)을 비롯하여 인센 감옥에서 장기 복역 중이던 28명의 수감자가 유엔 인권위원회에 편지를 보냈다는 이유로 기소되었지요. 모든 정치범이 겪고 있는 개탄스러운 생활환경을 개선해달라는 내용이었어요. 이 일로 그들은 적게는 5년에서 많게는 12년 동안 추가 복역의 벌을 받았답니다.

앨런 클레멘츠: 최근 SLORC는 버마 시민 쿤사와 거래를 텄습니다. 쿤사는 해외에서 더 유명한 인물로, 전 세계 헤로인 공급의 60퍼센트를 담당하는 작자지요. 작년에만도 혼자서 2,000톤을 공급했지 않습니까? 1988년 SLORC가 쿠데타로 권력을 장악한 이래, 그의 헤로인 공급량은 해마다 증가 추세에 있습니다.

지난달에 SLORC는 장군들이 쿤사와 악수를 하고 연회장에 함께 앉아, SLORC의 표현대로라면 쿤사가 "원래 있어야 할 자리에 합법적으로 돌아오기" 위해 13,000명의 군인에게 현찰을 안겨주는 장면을 TV를 통해 공개적으로 방영했어요. 그리고 아주 최근에는 그가 랭군으로 이주했다는 소식도 보도된 바 있고요. 실제 내막을 좀 상세히 밝혀주시겠습니까?

우띤우: 뭘 더 알고 싶으세요? 이미 알 건 다 알면서…….

앨런 클레멘츠: 물론 저도 의견이 있습니다만, 그래도 선생님의 고견을 듣고 싶어서요.

우띤우: 당신도 알다시피 1988년 SLORC의 집권 이래 버마의 헤로인 산업이 해마다 확대됐어요. 그러한 증가는 SLORC가 '쿤사와의 전쟁'을 공공연히 표방하면서 발생했고요. 그렇다면 이제 쿤사가 SLORC와 짝짜꿍이 되어 있으니, 현재 SLORC의 '완전한 통제' 아래 있는 지역들에서 헤로인이 얼마나 많이 나올지는 두고 볼 밖에요. 어떤 사람들은 쿤사가 "원래 있어야 할 자리에 합법적으로 돌아왔기" 때문에 헤로인 거래가 완전히 근절되지 않겠냐고 생각할지도 모르겠어요. 아마도 SLORC로서는 쿤사 사건의 진상이 밝혀지지 않기를 바랄 겁니다.

앨런 클레멘츠: 세계 곳곳에서 인권 남용이 일어나고 있습니다. 동시에 더러는 비폭력적인 방식으로, 또 더러는 폭력적인 수단을 통하여 불의에 용감하게 맞서는 남녀들이 있는 것도 사실입니다. 자기 나라에서 인간 존엄과 위엄 그리고 자유를 위해 투쟁 중인 세계 곳곳의 반체제 인사들에게 특별한 위치에 계신 분으로서 선생님의 견해나 조언을 좀 들려주시겠습니까?

우띤우: 나는 독재체제가 한 인간에 의해 관리되고 통제되는 걸 직접 목격한 사람이에요. 너무나 큰 권력이 그렇게 한 사람의 손에 집중되어 있을 때는 그 사람 안에서 불신이 치명적으로 자리 잡아 마침내 정신병자처럼 되어버립니다. 국민이 개개인의 존엄성 내지 자존감을 상실한 그런 사회에서는 공포와 테러가 만연하는 법이지요. 국민은 점차로 거대한 두려움의 압박 아래서 쇠약해져 갑니다. 그러므로 나는 국민에 의해, 국민을 위해 선출된 것이 아닌 어떠한 형태의 정부, 어떠한 형태의 독재적 지배나 전체주의적 지배도 그 자체로 사회의 안녕에 해가 된다고 확실하게 말할 수 있습니다.

어떤 개인, 어떤 지도자가 권력에 미치면, 인권침해와 기본적인 시민적 자유의 상실이 일어나는 건 당연하지요. 그러니 자국에서 정의를 위해 투쟁하는 분들은 우선 무엇보다도 자기가 추구하는 목표를 향해 차분히 침착하게 조직적으로 일할 힘부터 키운 다음에, 그 역량 안에서 할 수 있는 모든 일을 하라고 조언하고 싶어요. 내 경우에는 버마에서 우리의 목표를 향해 일해 나갈 때 비폭력이 최선의 수단이라고 깨닫게 되었어요. 부처님께서도 가라사대, 남에게 해를 끼치지 말라고 말씀하셨거든요. 하지만 부처님의 가르침대로 사는 건 내 방식일 뿐, 다른 분들도 내 방식을 따라야 한다고 말할 수는 없지요. ……나는 내가 믿는 것만 말할 수 있어요. 비폭력은 더딘 길이 될지도 몰라요. 그러나 멀리 보면 폭력적인 방법을 통해 승리를 쟁취하는 것보다 훨씬 더 탄탄한 결과를 얻는다고 생각해요. 이런 점에서 인내와 연단은 나란히 가는 것 같습니다. 사람이 잔인하고 가혹한 일을 당하면 가장 쉽게 나오는 반응이 분노잖아요? 내 경우에도 그렇습디다. 그런데 참고 견딜 줄도 알아야 하더라고요. 인내심을 가지면 이윽고 자기 성미를 가라앉혀서 필요한 일을 재개하게 되더군요.

끝으로 나는 연민이야말로 이 세상에 살면서 우리 모두에게 절실히 필요한 무엇이라고 말하고 싶어요. 인권활동가건 독재군주건 상관없어요. 사람은 항상 더 자비롭게 되는 길을 찾아야 합니다. 연민의 정치를 통하여 세계는 다음 세대, 우리 아이들을 키우기에 더 좋은 장소가 될 거라고 믿어요. 오늘날 우리가 투쟁하는 목적이 다 두려움으로부터 자유로운 세계를 위한 것 아니겠어요? 그런 투쟁 과정에서 우리 자신부터 먼저 마음에서 두려움을 몰아내야 하는 거예요. 자, 우리 함께 노력합시다!

앨런 클레멘츠: 전 세계의 평범한 보통 사람들이 참된 민주주의를 이루기 위해 투쟁하고 계신 선생님과 버마 국민을 도우려면 어떻게 해야 할까요?

우띤우: 만약 누군가 우리의 대의를 지원하기 원한다면, 여러 가지 방식으로 도울 수 있다고 생각해요. 도움의 규모가 크든 작든, 그건 중요하지 않습니다. 헌데 그보다도 가장 필수적인 건 우선 모든 살아 있는 피조물들에 자유가 얼마나 소중한 것인지를 성찰하는 게 아닐까 싶어요. 불안을 느끼는 걸 좋아할 사람은 하나도 없어요. 고통 받는 걸 좋아할 사람도 없고요. 모든 인간은 행복하게 살기를 원합니다. 버마에서 우리가 투쟁하는 것도 다 자유와 행복을 위해서지요. 혹시 이러한 우리의 투쟁을 거들고 싶으시다면, 이 방법은 어떨까요? 버마에서 사업을 하는 어느 기업체의 상품이든지 일체 구매를 거부하는 겁니다. 일단 거기서 시작하세요. 그러다 보면 더 하고 싶은 일이 생길 거예요. 그다음 행보는 여러분께 달렸습니다. 스스로 답을 찾으실 수 있으리라 생각합니다.

앨런 클레멘츠: 선생님, 혹시 다시 체포되고 투옥되어 연락이 끊어질 경우를 대비해서, 민주화 투쟁을 계속 수행해나갈 사람들에게 남기실 말씀이라도 있으실까요?

우띤우: 만일 내가 다시 체포되거나 아니면 아웅 산 수 지 여사 또는 우지멍 선생, 이른바 NLD 집행부의 누구든지 다시 체포된다면 이것 하나만 꼭 명심해주십시오. 민주화 투쟁을 수행해나갈 주체는 바로 '당신'이라는 사실을요. 우리한테 기대서는 안 됩니다. 우리는 감옥에서도 우리만의 방식으로 투쟁할 거예요. 하지만 민주주의가 성공적으로 성취될 때까지 함께 손을 잡고 계속해서 우리의 비전을 실천해나갈 사람은 바로 당신입니다. 절대로 포기하지 마십시오.

앨런 클레멘츠: 마지막으로 세계인에게 하고 싶으신 말씀이 있으신지요? 부탁이나 당부의 말씀이 있으시다면 해주시지요.

우띤우: 부처님께서 말씀하시기를, 좋은 우정이야말로 인생에서 가장 큰 선물이라 하셨습니다. 버마에서 민주주의를 위해 투쟁하는 우리에게는 좋은 친구들이 더 많이 필요해요. 자유를 소중히 여길 줄 아는 사람들, 우리가 자유를 얻도록 돕고자 하는 사람들 말입니다. 부디 우리의 친구가 되어주십시오.

버마의 주요 사건 연혁

1824~26년, 1852년, 1885년: 세 차례에 걸친 영국의 대(對)버마 침략으로 영국령 인도에 강제합병 당하다.

1937년: 영국이 버마를 인도에서 분리, 영국령 식민지로 삼다.

1941년 12월: 일본의 대(對)버마 지상 작전이 개시되다. 12월 23일과 25일, 랭군에 대한 제1차 공습이 감행되다. 1942년 5월, 일본군이 버마를 완전히 점령, 반(反)영국 민족주의자들이 이끄는 꼭두각시 정권을 내세워 독립을 허위로 허가하다. 이 정권은 이후 일본 지배에 저항하게 된다.

1945년: 국가 지도자 아웅 산(Aung San) 장군이 이끄는 민족주의 세력 연합인 '반(反)파시스트 인민자유연맹'(Anti-Fascist People's Freedom League, AFPFL)의 도움을 받아 영국이 버마를 일본 점령에서 해방하다.

1945년 6월 19일: 버마의 유일한 여성 대사로 인도와 네팔에서 활동한 킨 지(Khin Kyi) 여사와 버마 독립의 설계자인 아웅 산 장군 사이에서 아웅 산 수 지가 태어나다. 출생지는 버마의 랭군.

1947년 1월: 아웅 산 장군이 영국과 버마의 독립을 협상하다. 그러고는 마침내 버마의 독립을 준비하는 임시정부의 승인을 약속한 영국 총리 클레멘트 애틀리(Clement Attlee)와 런던에서 만나 동의서에 서명하다.

1947년 2월 12일: 아웅 산 장군이 '하나 된 버마'를 이루는 데 연대와 지지를 표명한 다양한 소수민족 지도자들과 팡롱 회담(Panglong Conference)을 열어 협정에 서명하다.

1947년 7월 19일: 집행위원회(권력 이양을 준비하기 위해 영국이 세운 그림자 정부)가 모임을 갖던 랭군 시내의 사무국 건물에 불법무장 괴한들이 난입, 아웅 산 장군은 물론 그의 손위 형인 바위(Ba Wi)를 포함 6명의 각료를 암살하다. 내각의 비서와 경호원 역시 살해당하다. 이 암살은 아웅 산 장군과 경쟁관계에 있던 정치가 우서(U Saw)의 명령에 의해 실행된 것으로 추정되는바, 그는 결국 재판에 넘겨져 교수형에 처해진다.

1948년 1월 4일: 버마 연합이 영국 연방에서 벗어나 독립 국가가 되다. 버마는 영국의 의회 민주주의 전통을 따르기로 하다. 우누(U Nu)가 독립된 버마에서 민주 선거를 통해 최초 수상으로 선출되다.

1955년: 우누(U Nu)가 인도의 네루(Nehru) 수상, 인도네시아의 수카르노(Sukarno) 대통령, 유고슬라비아의 티토(Tito) 대통령, 이집트의 나세르(Nasser) 대통령과 함께 '비동맹국 연합(the Movement of Non-Aligned States)'을 공동창설하다. 이 기구는 냉전에 연루되지 않을 것을 선언함과 동시에 네루의 5대 원칙이 포함된 '세계평화와 협력의 증진에 관한 선언'을 채택하다. 네루의 5대 원칙이란 다음과 같다.
1) 각국의 영토 보전 및 주권에 대한 상호 존중
2) 상호 불가침
3) 내정 불간섭
4) 평등과 상호 이익 증진
5) 평화 공존

1958~60년: 버마의 집권당인 AFPFL의 분열로, 당시 참모총장이던 네윈(Ne Win) 장군이 이끄는 과도정부가 들어서다.

1960년: 15세가 된 아웅 산 수 지가 인도 대사인 모친을 따라 뉴델리로 가서 스리람여대(Lady Shri Ram College)에 입학, 1964년에 졸업하다. 우누가 이끄는 당이 버마 총선에서 압도적으로 승리하다.

1962년 3월 2일: 네윈 장군이 우누의 민주 정부로부터 권력을 찬탈하다. 우누와 각료들이 30명이 넘는 소수민족 지도자들과 함께 투옥되다. 네윈은 스스로 혁명회의 의장과 혁명정부 수상으로 추대하다.

1962년 7월 2일: 네윈이 '버마식 사회주의' 프로그램에 착수하다. 군법에 따라 자신이 이끄는 '버마 사회주의 계획당(Burma Socialist Programme Party, BSPP)'을 제외한 모든 정당을 폐쇄하다. 의회 해체, 헌법 유보, 국가 주도형 중앙경제 도입, 사기업의 국유화, 독립신문 폐간, 버마를 방문하는 외국인에게 24시간만 체류 허가, 체류 기간 연장 불허.

1969년: 아웅 산 수 지가 영국 옥스퍼드 대학교 세인트 휴 칼리지(St. Hugh's College)에서 철학, 정치학, 경제학 전공으로 학사학위를 받다.

1969~71년: 아웅 산 수 지가 미국 뉴욕 주재 유엔사무국 산하 '행정·예산 문제 자문위원회'에서 차관보조로 일하다.

1972년: 아웅 산 수 지가 부탄 왕국의 외무부에서 조사관으로 근무하다. 같은 해, 영국인 불교 신자이자 학자인 마이클 에어리스(Michael Aris) 박사와 결혼.

1973년: 영국 런던에서 아웅 산 수 지의 첫째 아들 알렉산더(Alexander)가 태어나다.

1974년 12월: 버마의 군사정부가 계엄령을 선포하다. 이듬해, 새 헌법이 발효되다. 군사정부가 네윈에게 권력을 이양, 네윈이 버마 사회주의공화국의 대통령으로 취임하다.

1974~88년: 네윈의 지도력 아래 버마가 점차 낙후된 시기. 1988년 중반경에는 쌀 부족과 이로 인한 국민적 불만이 위험 수위까지 오르다. 통화가치 하락으로 수많은 사람이 노후대비 저축을 해지하고, 반정부 시위가 촉발되다. 경찰이 시위하던 대학생을 살해하다. 전국 규모의 대학생 시위가 점화됨에 따라, 국민의 양심이 살아나다. 불교의 비구와 비구니는 물론 공무원들도 시위에 가담하다. 심지어 일부 경찰과 군인도 전국 각지에서 시위에 합류하다.

1977년: 영국 옥스퍼드에서 아웅 산 수 지의 둘째 아들 킴(Kim)이 태어나다.

1985~86년: 아웅 산 수 지가 방문학자 자격으로 일본 교토대학 동아시아학 센터에 머물다.

1988년 3월: 아웅 산 수 지가 모친의 병간호를 위해 버마로 돌아오다.

1988년 8월 8일: 버마 역사에서 이른바 '8888'로 기억되는 오명의 날. 수십만 명의 시위자가 전국 방방곡곡의 거리마다 쏟아져 나와, 네윈의 망조 들린 일당 독재가 민주적인 시민 정부에 의해 대체될 것을 부르짖다. 독재자에게 충성하는 군인들이 비무장 시위 군중을 향해 총격을 가해 수천 명이 학살되다.

1988년 8월 23일: 아웅 산 수 지가 유명한 슈웨다공(Shwedagon) 집회에서 50만 군중에게 연설하며 민주화 운동의 지도적인 역할을 떠맡다.

1988년 9월 18일: 군사정부가 1990년 5월 27일에 '공정하고 자유로운' 선거를 시행하겠다고 발표하다.

1988년 9월 24일: 아웅 산 수 지를 총서기로 하여 민족민주동맹(The National League for Democracy, NLD)이 결성되다. 이후 민주주의를 옹호하는 전국적 시위를 잠재우기 위한 군부의 술책으로, 어림잡아 3천 명의 비무장 학생 및 불교 승려 그리고 시민이 버마군에 의해 거리에서 학살되다. 수천 명의 활동가가 체포되고 심문받고 고문당하다. 군부가 온 나라에 계엄령을 선포하고 '국법과 질서회복위원회(the State Law and

Order Restoration Council, SLORC)'를 설치하다. 계엄령을 어긴 사람들이 군사법정에 회부되다. 군사법정은 오직 세 종류의 형벌만 부과할 권한을 지녔는데, 여기에는 투옥, 사형, 최소 3년의 중노동이 포함.

1988~89년: 아웅 산 수 지가 전국투어에 나서다. 수많은 대중에게 연설하면서, 국민이 박해의 공포에도 자신의 권리를 위해 일어서도록 용기를 불어넣다. 한편 수천 명의 운동권 학생들이 버마의 주요 도시를 떠나 태국과 버마 사이의 국경 지대를 따라 캠프를 치다. 이들이 버마의 민주주의를 짓밟는 독재에 대항하여 게릴라 전쟁을 수행하기로 결의하다. 하지만 조국을 구하는 일에 뛰어드는 동안 말라리아와 영양결핍의 희생자가 되었을 뿐만 아니라 버마군과 태국 당국 양쪽에 의해 처절한 공격을 받다. 이들은 투쟁 중 다수가 붙잡혀서 태국 유치장에 감금되다. 일부는 버마로 송환되어 감옥에 갇힌 뒤 고문당하다. 또 일부는 호주, 영국, 노르웨이, 캐나다, 미국으로 정치적 망명을 떠나기도 한다.

1989년 7월 20일: 아웅 산 수 지가 랭군의 호숫가에 있는 자신의 집에서 가택연금에 처해지다.

1990년 5월 27일: SLORC의 '자유롭고 공정한 다당제 총선'이 시행되다. 아웅 산 수 지는 가택연금을 당한 상태이고 NLD의 다른 주요 지도자들은 감옥에 갇혀 있음에도, NLD는 485석 중 392석을 확보하여 결정적 승리를 이끌어내다. 이에 SLORC는 선거 결과를 무효로 하고, 민주적으로 선출된 지도자들에게 권력 이양을 거부한다. 또한 NLD의 수많은 핵심 간부들과 선출된 의원 대부분을 체포하여 투옥하다.

1990년 7월: SLORC가 임시헌법에 기초한 시민 정부의 설립을 수용하지 않겠다는 내용의 '제1호 선언'(Order No. 1/90)을 발표하다. 이 선언은 또한 SLORC가 새 헌법을 통과시킬 권위를 지닌 국가회의를 소집할 때까지 권력을 유지하겠다고 선포하다.

1990년 10월 12일: 아웅 산 수 지가 보편인권의 기본적 이념과 원칙을 구현한 공로로 '토로프 라프토 기념상(노르웨이 인권운동가였던 토로프 라프토 교수를 기념하여 제정된 상으로, 우리나라의 고 김대중 대통령도 2006년에 이 상을 받았다. –옮긴이)'을 받다.

1990년 12월 18일: 5·27 총선에서 선출된 대표들에 의해 '버마연방국민연합정부(The National Coalition Government of the Union of Burma, NCGUB)'라는 이름으로 망명정부가 구성되다. 아웅 산 수 지의 사촌인 쎄윈(Sein Win) 박사가 망명정부의 수상으로 선출되다.

1991년 7월 10일: 아웅 산 수 지가 사상의 자유를 위해 애쓴 공로로 유럽의회에 의해 '사하로프(Sakharov) 인권상(구소련의 반체제 핵물리학자로서 노벨 평화상을 받았던 안드레이 사하로프의 이름을 따서 제정된 인권상 –옮긴이)'을 수상하다.

1991년 8월 10일: 군사정권이 법을 소급하여 개정함으로써 아웅 산 수 지의 가택연금을 연장하다. 이 법에 따르면, 아웅 산 수 지는 기소나 재판 없이 5년까지 가택연금을 당할 수 있다.

1991년 10월 14일: 아웅 산 수 지가 노벨 평화상을 받다. 노르웨이 노벨위원회는 "최근 수십 년간 아시아에서 시민적 용기를 보여준 가장 뛰어난 보기의 하나이며…… 민주주의와 인권을 위한 비폭력 투쟁을 이끈…… 아웅 산 수 지에게…… 노벨 평화상을 수여하기로 했다"고 발표하다.

1992년: 딴슈웨(Than Shwe) 장군이 SLORC 의장이며 수상이자 국방장관이던 서멍(Saw Maung) 장군의 자리를 대신하다. 노벨위원회는 아웅 산 수 지가 받은 1,300만 달러의 상금이 버마 국민의 건강과 교육을 지원하는 신탁기금을 조성하는 데 사용될 것이라고 밝히다.

1992년 3월: 유엔인권위원회(UNCHR)가 만장일치로 〈버마의 인권 상황〉에 관한 결의안을 채택하다. 유엔총회(UNGA)와 유엔인권위원회에 보고서를 제출할 유엔 인권 특별 조사관이 임명되다. 이 특별 조사관은 매년 10월에 소집되는 유엔총회 전에 해마다 버마를 방문할 의무를 지니는데, 그의 권한은 1993년 이래로 UNCGR의 연례 회기마다 매년 확대되고 있다.

1992년 9월: SLORC가 버마의 국호를 미얀마(Myanmar)로 개명하여 공포하다. 아울러 수도 랭군은 양곤(Yongon)이 되다.

1993년 1월: SLORC 국가회의 첫 회기가 열리다. 국민에 의해 선출된 대표들은 전체의 15.24퍼센트밖에 되지 않고, 다른 대표들은 모두 SLORC의 입맛에 맞는 사람들로 구성되다. 이 국가회의는 SLORC의 요구안대로 따라야 민주국가를 이룬다는 7단계 구상안 중 제1단계에 해당한다. 그러나 사실상 이는 군부의 권력 장악을 합법화하기 위한 수단으로 보인다.

1993년 12월: 유엔총회(UNGA)가 유엔 사무총장에게 〈버마의 인권 상황〉에 관한 결의안의 이행과 버마의 국가적 화해 과정을 돕도록 요청하자는 데 만장일치로 합의하고 결의안을 채택하다.

1994년 12월 21일: SLORC는 계엄법에 따라 아웅 산 수 지가 6년까지 억류될 수 있다고 공표하다. SLORC 정권은 또한 외무부 장관과 내무부 장관 그리고 국방부 장관으로 이루어진 3인 위원회가 협의할 경우, 억류 햇수가 추가될 수 있다고 덧붙이다.

1994년 2월 14일: 아웅 산 수 지의 가족 이외의 사람들에게 가택연금 중인 그녀에 대한 방문이 처음으로 허가되다. 이에 따라 UN 주재 대표 예한 라힘(Jehan Raheem), 미국 국회의원 빌 리처드슨(Bill Richardson), 〈뉴욕타임스〉 기자 필립 쉐넌(Philip Shenon)이 랭군에 있는 아웅 산 수 지를 방문하다.

1994년 9월 20일: SLORC의 딴슈웨 장군과 킨윤 중장이 아웅 산 수 지의 가택연금 이후 처음으로 아웅 산 수 지와 만나다.

1994년 10월 28일: 킨윤 중장과 아웅 산 수 지가 국빈관(State Guest House)에서 두 번째로 만나다.

1995년 7월 10일: 아웅 산 수 지가 6년 만에 가택연금에서 풀려나다. 이후 그녀는 버마 민주주의의 회복에 헌신할 것을 재확인하고, SLORC와 민주화 운동 집단, 그리고 버마 내 소수민족 집단들과의 대화를 요청하다. 또한 민주주의가 회복될 때까지 외국 기업들의 버마 투자를 재고하도록 촉구하다.

1995년 11월: NLD가 국가회의에서 퇴장하다. NLD는 국가회의가 현재의 모양으로는 다수 국민에게 수용될 수 없으며, 다수 국민이 수용하지 않는 것은 NLD도 수용할 수 없다는 내용의 성명을 발표하다.

1996년 3월: 아웅 산 수 지가 자신에게 여행 금지를 강요한 SLORC의 처사에 저항할 목적으로 만델레이(Mandalay)행 열차에 오르다. 하지만 그녀가 탄 객차는 '마지막 순간의 문제'로 인해 역에 남겨지게 된다. 아웅 산 수 지는 이후에도 자신에게 부과된 여행금지에 도전하며 랭군 밖의 장소로 떠나는 시도를 계속한다.

1996년 4월: 유엔 인권위원회가 버마의 고문과 강제노동에 관한 자료를 보고하다.

1996년 5월 26~28일: NLD가 1990년 총선에서 선출된 전체 위원들을 랭군에 소집하다. 아웅 산 수 지도 석방 후 처음 열린 NLD 대회에 참석하다. SLORC가 이 전당대회에 참가하러 오던 NLD 위원들을 200명 이상 체포하다.

1996년 6월: SLORC가 "공공질서를 어지럽히는 모든 행위"를 금지하고 "위반자들을 20년까지 투옥"하는 '제5호 법률'을 발표하다. 이 법은 또한 국가 헌법을 어지럽히려고 시도하는 사람도 누구든지 같은 형벌에 처할 수 있다고 명시하다. 억류된 NLD 의원 262

명 가운데 144명이 석방되다. 군경이 아웅 산 수 지의 52회 생일을 맞이하여 100여 명의 친구가 축하 방문하기로 한 것을 가로막다.

1996년 7월 31일: 군사정권이 "텔레비전과 비디오에 관한 법령"을 시행하다. 텔레비전과 비디오카세트 녹음기, 위성 텔레비전을 소지한 사람들은 정부 인가를 받도록 의무화한 법령이다. 이 법령은 또 "국가에 유해하거나 공격이 된다고 판단되는" 모든 자료를 금지하며, 당국에 "현장 감찰을 시행"할 권한을 부여한다. 위반자는 최고 3년의 투옥이나 미화 17,000달러에 해당하는 벌금이 부과될 수 있는데, 경우에 따라서는 둘 다 받을 수도 있다. 2000년에는 "인터넷 법"이 동일한 규정과 처벌기준으로 통과되다.

1997년: 버마가 동남아시아국가연합(the Association of South East Asian Nations, ASEAN)에 가입하다. 아웅 산 수 지의 남편 마이클 에어리스가 영국에서 전립선암 진단을 받다. 군사정권이 그가 버마에 있는 아내와 함께 있고 싶다며 신청한 비자를 거절하다. 아웅 산 수 지는 마이클이 1999년 3월에 세상을 떠나기까지 다시는 만나지 못하다.

1997년 11월 15일: SLORC가 '국가 평화개발위원회(the State Peace and Development Council, SPDC)로 이름을 바꾸다.

1998년: 300명의 NLD 당원들이 감옥에서 석방되다. 군부 통치위원회가 국회 소집 마감 시간을 따르라는 NLD의 요구를 거절하다.

1998년 7~8월: 아웅 산 수 지가 랭군 밖에 있는 NLD 당원들을 만나려고 시도하다. 경찰이 양쪽에서 그녀가 탄 차를 저지하는 바람에, 아웅 산 수 지는 으슥한 시골 길에서 며칠을 보내게 되다. 이윽고 SPDC 관리들이 아웅 산 수 지의 차를 장악하여 랭군에 있는 그녀의 집으로 강제로 몰고 가다.

2000년 8월: 아웅 산 수 지가 또다시 랭군 바깥 청년회원들의 방문을 금지당하다.

2000년 9월 2일: 200명가량 되는 SLORC의 폭동 진압 경찰들이 델라(Dala) 근처에서 아웅 산 수 지의 자동차 행렬을 둘러싸다. 9일간 교착상태가 계속되다가 결국 일행은 랭군으로 강제 귀환 당하다.

2000년 9월 21일: 아웅 산 수 지와 NLD 부의장 우띤우가 다른 지지자들과 함께 만델레이로 가기 위해 기차 여행을 시도하다가 체포당하다.

2000년 9월 23일: 아웅 산 수 지와 기타 NLD 지도자들에게 한시적 가택연금이 부과될 것이라는 보고가 전해지다.

2000년 10월: 아웅 산 수 지가 군부통치위원회와 신뢰구축을 위한 비밀 협상을 개시하다.

2000년 12월 7일: 미국 대통령 빌 클린턴이 아웅 산 수 지에게 미국에서 가장 명예로운 시민상으로 간주하는 '대통령 자유 메달(Presidential Medal of Freedom)'을 수여하다. 아웅 산 수 지가 직접 상을 받을 수 없는 관계로, 그녀의 아들 알렉산더 에어리스가 대신 수상하다.

2001년 1월 15일: 보도에 따르면, 군부 당국이 국영 매체를 통해 아웅 산 수 지에 대한 공격 정지를 명령하다.

2001년 1월 24일: 20명의 민주주의 수호 활동가들이 감옥에서 석방되다. NLD 부의장 우 띤우도 4개월의 감금에서 풀려나다. 군부정권은 1년 동안 추가로 180명 이상의 정치범들을 석방하다. 그러나 아웅 산 수 지는 여전히 가택연금 상태에 놓여 있고, 그녀에게 접근하려는 모든 시도도 엄격히 통제되다.

2001년 1월 30일: 유럽연합(EU) 대표단이 아웅 산 수 지와 만나다. 이는 4개월여 가택연금 기간에 그녀에게 허용된 두 번째 외교적 접촉이다. EU 대표단은 아웅 산 수 지가 2000년 9월 21일 이후 연금당하고 있던 그녀의 자택에서 두 시간 이상 머물다.

2001년 4월 5일: 5년간 버마를 방문하며 인권상황을 감시할 첫 번째 유엔 인권 조사관 파울로 세르히오 핀헤이로(Paulo Sergio Pinheiro)가 아웅 산 수 지와 만나다.

2001년 4월 28일: 30명 이상의 미국 상원의원들이 조지 부시 대통령에게 군사정권이 아웅 산 수 지와 비밀 회담을 계속해 나감에 있어 미국 대통령의 신호를 오인하지 않도록, 군부독재에 대한 제재를 늦추지 말도록 경고하다. 상원의원들이 대통령에게 보낸 서한에서, 투자 제재를 해지하면 군사정권이 아웅 산 수 지와 "협상하는 데 대한 인센티브가 사라질" 수 있다고 우려하다.

2001년 9월: 군사정권이 골든 트라이앵글(Golden Triangle) 지역에서 나온 마약 거래를 2005년까지 일제히 소탕하기로 약속하다.

2001년 9월 23일: 유럽연합 대표단이 군사정권과 아웅 산 수 지가 이끄는 야당과의 교착상태를 해결할 목적으로 4일간 방문하다. 이는 1999년 7월 이래 유럽연합 대표단이 처음으로 맡은 과업이다.

2001년 11월: 중국의 장쩌민(江澤民) 주석이 버마를 방문하여, 군사정권을 지지하는 성명을 발표하다.

2002년 5월 6일: 아웅 산 수 지가 19개월의 가택연금에서 풀려나다. 군사정부는 이것이 국가의 정치적 교착상태를 끝내기 위한 돌파구라고 밝히다. 정부 대변인은 성명서를 통해 이날이 "버마 국민과 국제사회를 위해 새로운 장"을 연 날이라고 말하다. 성명서는 아웅 산 수 지의 이름을 언급하지는 않았지만, "우리는 지역과 국가의 단합, 평화, 안정에 우선순위를 두면서, 모든 시민이 자유롭게 정치 과정에 참여할 것을 허락하기로 재결의한다"고 말하다.

2003년 5월 30일: 버마 정부의 지원을 받은 폭도들이 NLD에 연루된 사람들을 최소 70명 이상 살해하다. 이 참사는 일명 '디페인(Depayin) 학살'로 불린다. 아웅 산 수 지의 자동차 행렬도 나무 곤봉이나 쇠막대기, 뾰족한 철 회초리를 휘두르는 폭도들의 공격을 받다. 랭군으로 되돌아간 아웅 산 수 지는 인센 감옥에 갇히다. 몇 주 후, 인센 감옥에서 집으로 옮겨져 가택연금에 들어간 그녀는 이 책이 저술된 시점까지도 연금상태에 놓여 있다.

2003년 8월: 킨윤 중장이 수상 자리에 오르다. 그는 민주주의로 가는 '로드 맵'의 일부로 새로운 헌법 초안을 작성하기 위해 2004년에 국가회의를 재개하기로 제안하다.

2003년 11월: 유엔 인권사절의 방문 이후, 5명의 NLD 고위 지도자들이 가택연금에서 풀려나다.

2004년 5-7월: NLD의 참가 거부에도 헌법회의가 열리다.

2004년 10월: 권력 암투의 보도가 전해지는 가운데 킨윤 중장이 수상직에서 물러나다. 그와 그의 가족들은 가택연금에 처해지다.

2004년 11월 19일: 선두적인 민주주의 활동가들이 대거 감옥에서 석방되다. 이들 중에는 1988년 학생 시위를 이끌다가 고문을 받고 15년간 옥살이를 한 민코나잉(Min Ko Naing)도 포함되다.

2005년 2월: 아웅 산 수 지가 이끄는 야당과 기타 소수민족 집단들의 참여 없이 오직 정권에 의해 임의로 선출된 1,000여 명의 대표들이 참석한 가운데 국가회의를 재개하다.

2005년 6월 17일: 아웅 산 수 지의 60회 생일을 기념하기 위하여 전 세계의 버마 대사관 앞에서 대대적인 저항 시위가 벌어지다.

2005년 11월: 버마의 군사정권이 정부 소재지를 랭군 북쪽으로 200마일 떨어진 버마 중앙의 삐인마나(Pyinmana) 근교로 새롭게 이전하겠다고 발표하다. 한편 전 세계의 여성 인권을 보호하기 위해 활동하는 비정부기구(NGO)인 "지금 평등하게 하라(Equality Now)"가 아웅 산 수 지를 버마의 민주 선거를 통해 선출된 수상으로서 언급하며, 유엔 사무총장 자리의 잠정적 후보로 추천하다.

2006년: 유엔총회와 유엔인권위원회가 버마에 관한 29번째 연속 결의안을 채택하다. 그럼에도 버마 정권은 아웅 산 수 지에 대한 유엔 사무총장의 줄기찬 석방 요구를 무시하며 계속 유엔에 저항하다. 또한 이 정권은 강제노동을 청산하라는 국제노동기구(ILO)의 반복된 요구에도 저항하다.

2006년 5월 20일: 이브라힘 감바리(Ibrahim Gambari) 유엔 정무담당 사무차장이 가택연금 중인 아웅 산 수 지와 만나다. 이것은 2004년 이래 외국 관리의 첫 번째 공식적인 방문.

2006년 5월 27일: 코피아난(Kofi Annan) 유엔 사무총장의 직접적인 호소를 조롱하며, 버마의 독재자 딴슈웨 장군이 아웅 산 수 지의 가택연금을 1년 더 연장하다. 버마의 새 수도 나이삐더(Naypyidaw)에서 첫 번째 공식 행사로 '군인의 날' 행사가 개최되다.

2006년 9월: 2004년에 석방된 지 거의 2년 만에 민코나잉(Min Ko Naing)이 다른 4명의 학생 지도자들 — 고고지(Ko Ko Gyi), 테이줴(Htay Kywe), 민제야(Min Zeya), 삐용초(Pyone Cho) — 과 함께 다시 체포되다.

2006년 10월 10일: 군사정권이 새 헌법의 초안을 마련하기 위해 국가회의를 다시 열다. 이는 1993년에 처음 시작된 이래 제10회 국가회의.

2007년 1월: 중국과 러시아가 유엔 안전보장이사회에서, 버마 상황을 안건으로 올리자는 결의안이 미국과 영국의 지원을 받은 것이라 하여 거부권을 행사하다. 특히 중국은, 버마 정권이 국제 평화에 위협이 되지 않기 때문에 안보리는 버마 상황을 논의하기 위한 적절한 회의가 아니라고 주장하다. 한편 민고나잉과 '88세대 학생그룹'이 '열린 마음 운동(Open Heart Campaign)'을 전국적으로 조직하다. 버마 독립기념일에 시작된 이 운동은 전국의 모든 사람에게 표현의 자유를 행사하도록 고무하고, 딴슈웨 장군에게 군사정부 치하에서 사는 삶이 과연 어떤 것인지를 표현하는 편지를 쓰도록 장려하는 캠페인이다. '88세대 학생그룹'은 또한 정치범의 가족들에게 지지를 표명하고자 매주 일요일에 찾아가는 '하얀 일요일(White Sunday)' 캠페인도 시작하다.

2007년 5월: 버마의 독재자 딴슈웨 장군이 아웅 산 수 지의 가택연금을 1년 더 연장하다.

2007년 5월 16일: 셸 마그네 본데빅(Kjell Magne Bondevik, 전 노르웨이 총리), 빌 클린턴, 조지 부시, 지미 카터, 바츨라프 하벨, 레흐 바웬사, 김대중, 코라손 아키노, 메가와티 수카르노푸트리(Megawati Sukarnoputri, 인도네시아의 건국의 아버지 수카르노 전 대통령의 맏딸로, 군부 쿠데타에 의해 아버지가 권좌에서 물러나자 학생운동에 전념, 후에 야당 당수의 자리까지 올라 마침내 부통령에 이어 대통령직까지 수행한 정치가이다. – 옮긴이), 마거릿 대처를 포함, 58개국의 전직 대통령들과 수상들이 버마 군사정권에 아웅 산 수 지를 비롯하여 모든 양심수를 조건 없이 석방하도록 요구하는 서한을 보내다.

2007년 6월: 파리에 본부를 둔 언론 매체 감시단인 '국경 없는 기자단(Reporters Without Borders)'이, 버마 내 언론은 "끈질긴 사전검열"을 받는다고 언급하며, 버마를 세계 언론의 자유 순위에서 하위 10개국에 포함하다.

2007년 8월 19일: 민주주의 활동가들의 모임인 '88세대 학생그룹'의 핵심 지도자들이 랭군 거리에서 물가 상승에 항의하는 대중 시위를 이끌다. 군사정권이 8월 15일에 아무런 예고도 없이 연료비를 500퍼센트까지 인상한 데 대한 항의의 표시다. 시위가 전국으로 퍼져 나가다.

2007년 9월 3일: 시위가 탄력을 받다. 시위에 참가하여 행진하는, 샛노란 승복을 입은 승려들의 모습이 담긴 비디오들이 인기 있는 인터넷 사이트 유튜브(YouTube)에 오르다. 세계가 글자 그대로 '샛노란(Saffron) 혁명'을 목격하다. 정권이 그 비디오를 업로드하는 사이트에 대한 접근을 금지하다.

2007년 9월 5일: 랭군에서 북서쪽으로 370마일 떨어진 파코쿠(Pakokku) 마을에서 목격자들은 5백 명의 승려가 불교 경전을 암송하는 동안에 군인들이 그들의 머리 위로 공포를 발사하는 소리를 듣다. 노르웨이에 기지를 둔, 추방당한 반체제인사들에 의해 운영되는 뉴스 서버인 '버마 민주화의 소리(Democratic Voice of Burma)'는, 승려들을 격려하던 수천 명의 구경꾼 중 일부가 군사정권의 보안부대원들에 의해 구타당했다는 소식을 중계하다.

2007년 9월 6~18일: 연일 저항이 계속되다. 시위가 전국의 거의 모든 대도시로 확산되다. 기자들은 수천 명의 승려가 모든 생명체에 대한 자비와 보호의 염원을 담아 기도문을 암송하며 두세 줄로 맞추어 평화롭게 행진한다는 기사를 내보내다. 1988년에 있었던 전국적인 민주화 항쟁 이래, 버마의 승려들이 이 정도 규모로 시위에 참가한 건 이번이 처음이다. 승려들이 이끄는 평화행진은 고대 소승불교 언어인 팔리어에서 '파탐 니쿠이자나 캄마'(patam nikkuijana kamma)라고 알려진 공양 거부의 시작을 상징하다. 번역하면 '공양 그릇을 뒤엎다'라는 뜻인데, 이는 승려들이 1988년 이래 처음으로 군사정권과 그 가족들의 시주를 받지 않겠다는 선언이다. 이처럼 공양 그릇을 뒤집어엎음으로써 승려들의 시위는 한층 위험에 내몰리다.

2007년 9월 10일: 군사 당국이 50여 명의 민주주의 활동가들이 버마와 외국의 신문기자들에게 연락을 취하지 못하게 하려고 전화선을 차단하다.

2007년 9월 19일: 소식통은 딴슈웨 장군이 지역 당국들에 민주화 시위를 통제할 권한을 부여한다고 보도하다. 그는 필요할 때 시위자들에게 발포하라는 명령을 내리다. 그러는 사이에 그가 14년에 걸친 헌법 회의의 완성을 선언함과 동시에 군부의 계속적인 통치를 보증하는 일련의 헌장 지침을 만든 국가회의를 폐회를 선언한다. 이 지침에 따르면 군부는 주요 내각에 대한 지배를 지속하고, 모든 합법적인 기구들 안에 낙하산 인사를 위한 자리를 대거 마련하며, 국가 비상사태를 선포할 권리를 가지고 언제든지 권력을 장악할 수 있다.

2007년 9월 21일: 여전히 가택연금 중인 아웅 산 수 지가 2003년 이래 처음으로 랭군에 있는 자택 대문에서 잠깐 얼굴을 내밀다. 합장한 손으로 그녀는 5백 명의 승려가 자유와 인권을 위해 행진하는 행렬을 향해 존경을 표하다.

2007년 9월 23일: 달라이 라마가 "전 세계에 있는, 자유를 사랑하는 사람들에게…… 버마의 비폭력운동"에 호소하며, 노벨 평화상 수상 동료인 아웅 산 수 지의 석방을 요구하는 성명을 발표하다.

2007년 9월 25일: 미국의 조지 부시 대통령이 유엔총회에서 다음과 같이 연설하다. "미국인들은 군사정권이 19년이나 공포 정치를 하는 버마 상황에 대해 분노합니다. 버마에서는 언론의 자유, 집회의 자유, 종교의 자유 같은 인간의 기본적인 자유들이 심각하게 제한되어 있습니다. 소수민족들은 박해를 받고, 아동에 대한 강제노동, 인신매매와 강간이 공공연하게 일어납니다. 군사정권은 아웅 산 수 지 여사를 포함하여 1,000명 이상의 정치범들을 가둬두고 있습니다. 아웅 산 수 지 여사의 당은 1990년 자유총선에서 버마 국민에 의해 압도적인 지지를 받았습니다……."

2007년 9월 26일: 당국이 랭군에 있는 모든 인터넷 카페를 폐쇄하다. 대부분의 국내 휴대전화 통신망도 차단하다.

2007년 9월 26~30일: 군사정권이 시위 군중에게 총을 쏘는데도, 시위대들은 군대와 보안부대원들의 진압에 맞서 용감하게 평화시위를 계속하다. 학살이 일어나다. 수천 명이 체포되어 심문과 고문을 받다. 수많은 사찰이 군대와 진압 경찰의 총격 아래서 습격당하다. 버마 주재 미국 대사관 대표 샤리 빌라로사(Shari Villarosa)는 당시 상황을 묘사하기를 "사원 전체가 싹쓸이를 당했고", "랭군에서만 적어도 15개 사원이 완전히 텅비었다"고 설명하다. 다른 기자들도 여러 날에 걸쳐 50개 이상의 사원이 급습을 받고 약탈당했다고 전하다. 수천 명의 비구와 비구니들이 체포되어 성직을 박탈당하고 심문받고 투옥되다.

2007년 9월 28일: 군사정권이 버마 국내의 인터넷 서비스 업체 두 곳을 폐쇄하다.

2007년 9월 30일: 대도시에서 그동안 눈에 띄던 시위 군중이 사라지다. 보안부대원들이 주요 탑마다 바리케이드를 치고, 인구 5백만의 도시인 랭군의 거리 곳곳에 군인들이 쫙 깔리다. 국영매체는 시위 도중 사망자가 10명이라고 발표하지만, 목격자들과 반체제 인사들은 사망자가 2백 명에 육박할 것으로 생각하다.

2007년 10월 2일: 유엔 특사 아브라힘 감바리가 아웅 산 수 지와 만나는 것이 허용되다. 그녀의 집 밖에 수백 명의 진압 경찰들이 24시간 내내 진을 치다. 그녀의 집으로 들어오는 도로는 교통이 차단된 상태. 두 대의 해군 선박이 그녀의 집 근처 호수를 순회하다. 그녀의 집에 접근 가능한 사람은 두 명의 도우미와 매달 들르는 의사 한 명으로 제한되다. 음식은 보안요원들이 배달하다. 그녀는 전화는 물론 인터넷 접근도 할 수 없다. 아시아인권위원회가 다음과 같이 보고하다. "수백 명의 시위자가 시위 장소 안팎에서 일제히 검거되었다. 사실상 랭군의 모든 동네에서는 사람들이 아침에 집을 나갔다가 밤에 돌아오지 못한다는 보고가 있다. 하지만 전국적으로 훨씬 더 많은 사람이 자신의 집과 사무실에서 직접 붙잡혀갔는데, 특히 NLD 당원이거나 변호사 또는 인권운동가들의 경우가 더욱 그러했다. 이렇게 붙들려간 사람들은 고문과 비인간적인 대우를 받는다는 보고가 벌써 속속 나오고 있다."

2007년 10월 6일: 반기문 유엔 사무총장이 버마에서 평화시위자들을 진압하기 위해 무력을 사용한 것은 "혐오스럽고도 용납할 수 없는" 처사라고 천명하며, 버마 정부가 체포된 사람들을 석방하도록 촉구하다.

2007년 10월 11일: 얼마간 지체되기는 했지만, 유엔 안보리의 15명 대표는, 군사정권에게 민주야당과 협상하고 모든 정치범을 석방하도록 압력을 가할 목적으로, 시위를 벌인 버마의 평화시위대를 향해 군부가 강경 진압을 한 데 대하여 개탄하는 내용의 첫 번째 성명을 발표하다. 군사정권은 국영 텔레비전과 라디오를 통해 "버마의 현재 상황은 국내외적 안정에 영향을 주지 않는다"고 말하는 한편, 민주주의를 확립하기 위하여 자신들은 나름의 계획대로 따를 것이라고 주장하면서 유엔의 성명서를 거부하다. 군부의 성명서는 이와 같은 말로 결론짓다. "그러나 우리는 유엔 안보리가 국민의 열망에 반대되는 성명을 발표한 데 대하여 깊은 유감을 표한다."

2007년 10월 17일: 군사정권의 지배를 받는 신문 〈미얀마의 새 빛(The Light of Myanmar)〉의 일면에 실린 공식 선언문에서 군부는 "당국이 여전히 폭동에 참가한 시위자들을 색출하고 있다"고 시인하다. 또한 그 선언문은 "강경 진입이 시작된 이후 2,927명이 체포되었으며, 약 5백 명이 감금되어 있다"고 명시하다.

2007년 10월 23일: 반기문 유엔 사무총장에게 보내는 서한에서 버마의 외무부 장관 니안 윈은, 유엔 인권위원회가 일찍이 요구했던 파울로 세르히오 핀헤이로 유엔 인권 특별 조사관의 버마 방문을 공식적으로 승인하다. 이 서한은 또한 핀헤이로의 방문 날짜가 동남아시아국가연합 정상회의가 열릴 11월 17일 이전으로 정해지기를 요청하다.

2007년 10월 24일: 군사정권의 주요 무기 공급원이자 최고의 무역 상대국인 중국은 딴슈웨에게 영향력을 행사할 수 있을 것으로 생각하는 2~4개 나라 중 하나다. 그런 연유로, 버마 민주화를 요구하는 시위자들은 아웅 산 수 지가 가택연금을 당한 지 12년이 되었음을 상기시키기 위해 전 세계의 중국 대사관 앞에서 시위를 벌이다.

2007년 11월 1일: 버마의 마구웨 지구(Magwe Division) ― 80개가 넘는 사원이 있는 곳으로, 버마 불교의 중심지 ― 파코쿠(Pakokku) 마을에 있는 100여 명의 승려가 '메타 수타(*Metta Sutta*, 자비경)'를 암송하며 평화시위 행진을 벌이다. 9월에 있던 군사정권의 가공할 강경 진압 이래로 첫 번째 공식 시위. 승려들이 아웅 산 수 지를 포함하여 정치범들의 석방을 촉구하다. 노르웨이 오슬로에 기지를 둔 저항적 라디오 방송국인 〈버마 민주화의 소리〉가 한 승려를 인터뷰했는데, 그는 승려들이 "아웅 산 수 지와 모든 정치범의 즉각적인 석방뿐만 아니라 물가 인하와 국가적 화해"를 요구한다고 밝히다. 이름을 밝히지 않은 그 승려는 향후 더 많은 시위를 계획 중이라고 덧붙이면서 이렇게 말하다. "우리는 체포되거나 고문당하는 건 두렵지 않습니다."

2007년 11월 6일: 아웅 산 수 지가 이브라힘 감바리 유엔 특사와 접견하다. 아웅 산 수 지의 성명서 원문이 유엔 특사에 의해 2007년 11월 8일에 발표되다.

2008년 1월 11일: 버마에서 연속적인 폭탄 폭발이 일어나다. 국영매체는, 카렌족의 자치권 확보를 위해 싸우는 무장단체인 〈카렌 전국연합(Karen National Union)〉을 포함하여 '내란 파괴자들'을 비난하다. 공격에 책임이 있는 단체들이 규명되지 않고 있는 가운데, 일부 관측자들은, 9월에 있었던 평화 시위대와 승려들에 대한 잔인무도한 진압을 두고 고위 서열의 장군들과 하위 계급 사이에 불화가 생겼다는 소문에 근거하여, 폭탄이 군대의 재통합을 위한 책략으로 군사정권에 의해 매설된 것이라는 의혹을 제기하다.

2008년 1월 31일: 아웅 산 수 지가 NLD 지도자들을 만나, 대중에게 "우리는 최고의 상황을 희망하되 최악의 상황은 대비해야 한다"는 메시지를 전달해 달라고 요청하다.

2008년 3월 8일: 아웅 산 수 지가 이브라힘 감바리 유엔 특사를 만나다. 그러나 감바리의 다각적인 협상 시도 노력은 군사정권이 순수하게 협상에 응하려고 하지 않는 바람에 실패로 끝나다.

2008년 4월 9일: 군사정부가 국가회의에서 제안된 새 헌법을 공포하다. 이 법안에 따르면, 의회에서 4분의 1의 의석을 군부에 할당하고, 야당 지도자 아웅 산 수 지가 사무실을 여는 것을 금지하다. 정부는 5월 10일에 전국적으로 국민투표를 시행하겠다고 밝히다.

2008년 5월 2일: 사이클론 나르지스(Nargis)가 저지대에 있는 이야워디(Irrawaddy) 삼각주 지역을 강타하다. 일부에서는 13만 4천 명이나 되는 많은 사망자가 발생했을 것으로 추산하다. 군사정권이 국제사회의 도움을 제한하다. 5월 말경에 이르면, 어림잡아 2천 4백만 명의 사람들이 긴급 구호를 해야 하는 상태에 놓이게 되는데, 이는 정권이 사이클론의 피해를 가장 심하게 입은 지역에서 활동하기 위한 구호 활동가들의 자유로운 접근을 거부했기 때문이다.

2008년 5월 10일: 사이클론으로 인해 인도주의적인 위기에 놓인 한복판에서 국민투표가 시행되다. 정부는 92퍼센트가 헌법 초안을 지지하는 데 투표했다고 발표하다. 또한 외국의 도움 없이 사이클론 재앙에 대처할 수 있다고 장담하다. 국제사회가 이미 엉터리라고 일축한 이 국민투표는 매우 낮은 투표율에다가 투표장에서의 대량 속임수 발생이라는 상황에서 시행된 것으로, NLD는 정권이 국민투표를 조작했으며 사기에 의해 찬성표를 확보했다고 발표함으로써 투표 결과를 비난하다.

2008년 5월 27일: 군사정권이 아웅 산 수 지의 가택연금 기간을 갱신하다.

이 연혁은 다양한 출처에서 나왔다. 나는 이것을 작성하는 데 도움을 준 모든 이들에게 큰 빚을 졌다. 하지만 모든 실수 혹은 부정확한 정보는 순전히 내 몫이다. 가능한 한 역사적 사실에 충실하려고 노력했음에도 자료들이 너무나 많은 상이한 출처로부터 매우 짧은 기간 안에 수집된 것이어서 역사적 기록으로는 한계가 있으리라 본다.

영국의 BBC와 채널4, 국제 앰네스티, 인권감시단, 버마 인터넷 뉴스, 뉴욕타임스, 그 밖에도 영국의 버마 캠페인(Burma Campaign UK), 미국의 버마 캠페인(Us Campaign for Burma), 이야워디(Irrawaddy), 버마 망명정부, 버마연방국민연합정부(NCGUB) 등 수많은 버마 활동가 그룹들과 조사기관들에 특별한 감사를 돌린다.

옮긴이의 말

예수의 십자가를 대신 진 구레네 사람 시몬의 심정이 어땠을까. 그는 예수의 열두 제자 명단에 속해 있지 않았다. 이제 막 시골에서 올라온 그는 그저 웬 젊은 사내가 십자가를 지고 골고다 언덕을 오르는 장면을 구경하러 모인 군중 틈에 어정쩡 끼여 있다가 단지 로마 군인과 눈이 마주쳤을 뿐이다. 그런데 자기더러 그 사내의 십자가를 대신 지고 가란다. '억지로' 그 고된 일을 하려니, 모르긴 몰라도 심정적으로나 육체적으로 상당히 부대꼈을 것이다.

내 사정이 그랬다. 그야말로 옷깃 한 번 스쳤을 뿐인데, 북코리아의 이찬규 사장님이 잘 팔리지도 않는 나의 논문집 『호모 심비우스』(2009)를 흔쾌히 내주신 게 늘 고맙고도 미안하던 차였다. 작년 봄, 사장님이 아웅 산 수 지 여사의 책을 번역할 적임자를 소개해 달라며 전화를 주셨을 때만 해도 기쁘게 중매쟁이 역할을 떠맡은 것은 모종의 빚진 자 의식 때문이었다.

본래는 정치학이나 사회학 또는 역사학을 전공한 여성학자 중에서 찾아보려고 했으나, 뜻대로 되지 않았다. 그러다가 마침 좋은 심리학자와 말이 통하여 연결시켜 드리고는 까마득히 잊고 지냈다. 당시 나는 다른 책의 번역이 막 끝난 시점이라, 번역이라면 아주 지겹던 때였다. 번역은 의의로 품이 많이 드는 노동인 데 비해 보상이 별로 신통치 않다는 걸 뼈저리게 절감하던 무렵이었다.

그런데 갑자기 출판사에서 연락이 온 것이다. 내가 소개해드린 분이 갑작스런 사정으로 중도포기를 하게 되었다는 소식! 시간관계상 다른 사람을 찾기도 그러니 그냥 하란다. 무조건 책임지란다. 아뿔싸, 이 무슨 구레네 시몬의 황당 시추에이션이란 말인가.

원래 짐이란 게, 자기 몫의 것을 질 때보다 남의 것을 대신 질 때가 더 무겁다는 걸 절실히 깨달았다. 정말로 죽을 맛이었다. 일단 책의 두께가 장난이 아닌데다가, 인터뷰 문체를 옮기는 일은 문학적 소양이 훨씬 더 필요한 작업이었기 때문이다. 더욱이 그 인터뷰 대상이 아웅 산 수 지 여사라는 게 은근히 부담스러웠다. 번역은 반역(Translation is treason)이라는데, 혹시 내가 그분의 말씀을 오독(誤讀)하면 어쩌나 하는 두려움이 앞섰다.

이런 나에게 힘을 불어넣어준 건, 언제나 그렇듯이, 책 자체였다. 아웅 산 수 지 여사가 이 책에서 들려준 『아웅 산 수 지, 희망을 말하다(The Voice of Hope)』는 비단 군부독재 치하에서 고통당하고 있는 버마 사람들을 위한 것만이 아니고, 또 세계 곳곳에서 민주주의를 위해 싸우는 투사들을 향한 것만도 아니었다. 그것은 나처럼 이런저런 부담감과 두려움에 사로잡혀서 막상 자기가 해야 하는 일에 뛰어드는 데 불안해하며 핑계거리를 찾기 바쁜 나약한 인간에게도 '희망의 목소리'였다.

수 지 여사는 말한다. 두려움도 습관이라고. 두려움이 몸에 배게 되면, 그 다음엔 정말로 할 수 있는 게 아무것도 없어진다고. 하지만 나쁜 습관은 빨리 깰수록 좋은 법. 아무것도 두려워할 게 없다는 쪽으로 마음을 먹어보라는 것이다. 그 자신, 어릴 적 겁이 많아서 어둠을 무서워했단다. 그러나 그럴수록 자신의 행동반경만 좁아진다는 걸 깨닫고는, 어둠을 무서워하지 않기로 '결단'하고 '연습'했다. 그리하여 지금은 더 이상 아무엇도 두려울 게 없는 경지에 올랐다.

또다시 민주주의를 설파하면, 또다시 주말연설에서 '체제 전복적인' 말을 하면, 또다시 사람들에게 "자기가 하고 싶은 말을 하고, 자기가 하고 싶은 일을 하고, 자기가 가고 싶은 곳에 마음 놓고 가는" 그런 자유로운 세상을 열자고 선동하면, 언제든지 입에 재갈을 물리고 집에 가두어 놓겠다는 지배권력의 협박에도 여유롭게 연꽃 미소를 날릴 수 있게 된 그녀, 아웅 산 수 지 여사는 말한다. "그들이 몸은 가둘 수 있을지언정, 마음을 가둘 수는 없습니다. 마음의 주인이 되십시오. 언제나 자유롭다고 여기십시오." "용기는 두려움이 우리의 행동을 좌지우지하도록 놔두지 않는 습관을 계발하는 것에서 나옵니다."

이 책은 미국인 최초의 버마 승려 출신 기자요 작가이며 강연자이자 행동가인 앨런 클레멘츠가 1995년에 막 6년간의 가택연금에서 풀려난 아웅 산 수 지 여사를 직접 만나 인터뷰한 내용을 정리한 것이다. 초판은 1997년도에 나왔지만, 아웅 산 수 지 여사의 정치적 동지들이자 정서적 '삼촌'들이며 영적 길벗들인 민족민주동맹(NLD) 부의장 우지멍 선생과 우띤우 선생, 그리고 2007년도 '샤프란 혁명'의 지도자 우감비라 스님과의 100쪽이 넘는 인터뷰를 보완하여 2008년도에 새로 찍었다. 그러니까 이 책은 2008년도판 번역서인 셈이다.

꼬박 한 학기 내내 매달렸던 번역 원고를 출판사에 보내면서 나는 다시금 구레네 시몬을 떠올린다. 그는 과연 행복했을까. 공관복음(마태, 마가, 누가복음을 일컫는다.)에 잠시 등장했던 그가 다시 나오는 건 바울이 로마교회에 보낸 편지글에서다. 정확히는 그의 이름이 아니라 그의 아들 이름이지만, 어쨌든 바울이 그 가정의 안부를 살뜰하게 챙기는 걸 보면, 이후 시몬의 삶이 어땠을지는 보지 않아도 알만하다. '억지로' 진 십자가가 그의 삶을 바꾼 게 틀림없다. 우연히 만난 예수가 그의 심장에 들어와 박힌 것이다. 살면서 이런 만남을 가진다는 건 분명 행운이며 기적이다.

남아프리카공화국의 넬슨 만델라 대통령이나 우리나라 김대중 대통령과 나란히 이름이 거론되는 버마 민주화 운동의 상징인 아웅 산 수 지 여사와의 만남은 우리를 치열한 정치 현장으로 그리고 그보다 더 치열한 영적 구도의 여정으로 안내한다. 불교의 자비 사상에 근거하여 비폭력 정신혁명을 이끄는 아웅 산 수 지 여사가 인도의 '사티아그라하(진리파지)' 투쟁의 전설 마하트마 간디, 체코의 '벨벳혁명' 지도자 바츨라프 하벨, 티벳의 영적지도자 달라이 라마, 베트남의 참여불교 주창자 틱낫한, 미국의 흑인 인권운동가 마르틴 루터 킹에 버금가는 위상을 지닌 인물이라는 걸 아는 사람이 많지 않다. 게다가 그녀는 즐비한 남성 영웅들 사이에서 유일한 여성이 아닌가. 위대함에 더하여 아름답기까지 한 그녀를 독자들에게 소개하게 되어 개인적으로 커다란 영광이라 여긴다.

이 대목에서 번역자로서 자아 비판을 하나 해야겠다. 뭐고 하니, 나 역시 그녀를 잘 몰랐다는 점이다. 그녀의 이름은 '가택연금'이라는 기이한 단어와 조합되어 연상될 뿐, 그 이상도 이하도 아니었다. 그녀가 왜 그런 처지에 몰렸는지, 그 억울하고 분통 터질 상황이 그녀에게 어떤 영적 성숙을 가져다주었는지, 그녀의 정치 이념과 사상은 무엇인지, 그녀의 종교관은 정치에 어떤 영향을 미쳤는지 철저하게 몰랐다. 왜? 관심이 없었으니까.

아니, 더 솔직히 말하자. 버마는 국제 정세나 세계 경제에 크게 기여하는 바 없는 작고 가난한 나라여서 그런 것 아닌가. 작고 가난한, 힘없고 낮은 사람은 충분히 무시당해도 되는 것처럼 취급하는 우리네 오만과 편견 때문이 아닌가. 이웃에서 사람이 죽어나가도 눈 하나 까딱 않고 제 밥그릇만 챙기는 우리네 몰인정과 비인간성이 정작 문제가 아닌가. 하여 이 책에서 그녀가 때로는 정치가로, 또 때로는 영적 스승으로, 또 가끔씩은 한 인간 여성으로 들려주는 강하면서 부드럽고 나지막하면서 우렁찬 목소리에 귀를 기울이다 보면, 어느새 우리가 만나는 것은 '사람 사는 세상'이 어떠해야 하는가에 대한 밑그림인지도 모른다.

또 한 권의 번역서를 세상에 내보내면서, 번역은 수행이라는 생각을 잠깐 해본다. 누가 대신 해주면 좋으련만, 모든 수행이 그렇듯이, 저 홀로 하지 않으면 안 되는 고독한 작업이 바로 번역이다. 어차피 이리 옮겨도 말이 되고 저리 옮겨도 말이 되지만, 어떤 문장이 더 나은지를 놓고 머릿속으로 자꾸 되새김질을 하다보면 나중에는 완전히 만트라를 외우는 심정이 된다. 하루에 몇 시간 컴퓨터 앞에 엉덩이를 붙이고 앉아 있었느냐가 고스란히 작업에 반영되기에 함부로 딴청을 피울 수도 없다. 술술 진도가 나가다가도 어느 순간 턱 막혀 맥을 놓고 있다가는 출판사의 전화독촉을 피하지 못한다. 이거 완전 죽비소리가 아닌가.

그래도 번역하는 동안에는 이것저것 복잡한 일 다 잊고 몰입할 수 있다는 게 가장 큰 매력이 아닌가 싶다. 솔직히 이 숙제라도 없었다면, 나는 정말 미쳐버렸을 것이다. 지난 학기, 개인적으로 여러 가지 힘든 상황에서도 정신 줄을 놓치지 않고 버틸 수 있었던 건 순전히 이 숙제 때문이었다. 그런 의미에서 이 책은 나에게 '희망의 목소리'뿐 아니라 '위로의 목소리'까지 들려준 셈이다. 그리하여 돌아보면 모든 게 그저 감사할 따름이라는 기도가 절로 나오는 것이다. 남을 대신하여 진 십자가에도 삶은 언제나 감사의 선물을 얹어준다.

든든한 언니요 친구로서 늘 곁을 지켜주시는 오세정 교수님께 감사드린다. 이 책의 앞부분을 먼저 읽고 조언해주신 덕분에 이해가 훨씬 쉬웠다. 다음에 좋은 책을 만나 '공동번역'할 기회가 있기를 기대한다. 막바지에 다른 일정이 겹쳐 정신을 못 차리는 나에게 부록의 한 꼭지를 먼저 읽고 조언해준 이유진 선교사와 설동호 군의 노고에 감사한다. 우리말 표현에 도움을 준 박규환 목사의 수고도 여기에 기록해 둔다. 책에 등장하는 여러 가지 생소한 인명과 지명을 버마 발음에 가깝게 옮기는 데 조언해준 두 명의 버마 유학생, 연세대 박사과정의 항도리안 군과 숭실대

석사과정의 나탈루 양에게도 감사의 인사를 전한다. 끝으로, 북코리아의 이찬규 사장님에 대한 감사를 빼놓을 수 없다. 부디 이 책이 잘 팔리는 것으로 내 마음의 빚을 갚게 되기를 소원한다.

번역하는 동안, 버마의 근대사가 우리의 그것과 많이 닮아 있어 가슴이 아렸다. 기독교인으로서 산스크리트어와 팔리어로 된 불교 용어를 만날 때마다 좌절한 적도 한두 번이 아니다. 혹시 오역이 있다면 그건 전적으로 옮긴이의 무지 탓임을 밝힌다. 독자들께서 두루두루 양해해주시면 감사하겠다.

지난 11월 13일, 어느새 65세가 된 아웅 산 수 지 여사가 드디어 가택연금에서 풀려났다는 소식이 외신을 통해 전해졌다. 정치 인생 20년 동안, 통산 세 차례에 걸쳐 모두 15년을 가택연금 상태로 보낸 여사의 고난이 모쪼록 헛되이 산화되지 않고 아름답게 부활하기를 진심으로 기도한다.

2011년 5월
구미정

아웅 산 수 지(Aung San Suu Kyi)

1945년에 버마의 독립운동 지도자인 아웅 산 장군과 킨 지 여사 사이의 고명딸로 태어났다. 일찍이 아버지를 여의고 어머니와 함께 인도로 건너가 고등학교를 졸업한 뒤 영국 옥스퍼드 대학교에서 철학, 정치학, 경제학을 공부했다. 국제연합(UN)에서 일하던 중 영국인 마이클 에어리스 교수와 결혼하여 두 아들을 낳았다. 일본에서 방문학자로 연구하던 1988년, 어머니의 병간호를 위해 귀국한 그녀는 이른바 '88항쟁'을 겪으며 민주화 운동에 뛰어든다.

야당 및 재야 민주세력을 총망라한 민족민주동맹(NLD)의 사무총장이 되어 민주화 운동의 지도자로 급부상한 그녀는 군부세력에 의해 1989년 첫 번째 가택연금에 처해진 뒤 총 15년 동안 갇힌 몸이 된다. 2010년 65회 생일을 맞이하여 비로소 석방된 그녀는 그간 군부 독재에 맞서 비폭력 저항을 한 공로로 1991년 노벨 평화상, 2002년 유네스코 인권상 등을 수상했다. 저서로는 『두려움으로부터의 자유』(Freedom from Fear, 1991), 『평화』(Letters from Burma, 1998) 등이 있다.

앨런 클레멘츠(Alan Clements)

기자이자 작가이며, 불교와 인권 그리고 영적 · 사회적 행동주의의 통합에 관해 일가견이 있는 세계적인 강연자로, 버마에서 불교 승려가 된 최초의 미국인이기도 하다. 1984년, 버마의 독재정권에 의해 사찰을 떠나야 했던 그는 미국으로 돌아간 뒤 버마에서 자행된 인권 침해를 증언하고 기록하는 데 많은 시간을 쏟아 부었다. 앨런은 버마의 위기에 대한 국제적 각성을 불러일으키고자 설립된 〈버마 프로젝트〉의 공동창설자이자 책임자이다. 저서로는 『버마: 다음 번 킬링필드인가?』(1991), 『버마에서 일어난 영혼의 혁명』(1994), 『자유에의 충동: 영적 혁명을 위한 가이드─ 생활 속에서 해방을 찾기 위한 실천』(2003) 등이 있고, 버마의 자유 투쟁을 묘사한 장편 극영화 〈비욘드 양곤〉(1995)의 자문으로 활동하기도 했다.

구미정

이화여자대학교 철학과와 동 대학원 기독교학과를 졸업했다. 생태여성주의(ecofeminism)에 기반하여 기독교 신학과 윤리를 재구성하는 논문으로 박사학위를 받았다. 계명대학교, 대구대학교, 연세대학교 등에서 강의했으며, 현재는 숭실대학교 기독교학과에서 학생들을 가르친다. 여성과 자연, 생명과 평화를 화두로 여러 지면에 인문학적 글쓰기를 하고 있다. 저서로 『이제는 생명의 노래를 불러라』(2004), 『생태여성주의와 기독교윤리』(2005), 『한 글자로 신학하기』(2007), 『야이로, 원숭이를 만나다』(2008), 『호모 심비우스』(2009), 『핑크 리더십』(2010) 등이 있으며, 역서로 『교회 다시 살리기』(2001), 『기초생명윤리학』(2003, 공역), 『작은 교회가 아름답다』(2009), 『생명의 해방』(2010, 공역) 등이 있다.